鸣谢

本书出版得到了北京大学-香港理工大学中国社会工作研究中心（香港凯瑟克基金会思善基金项目）资助，特此致谢。

社会工作硕士专业学位研究生

MSW

教学案例集

（第二辑）

王思斌 主编

全国社会工作专业学位研究生教育指导委员会 组编

图书在版编目(CIP)数据

社会工作硕士专业学位研究生(MSW)教学案例集.第二辑/王思斌主编;全国社会工作专业学位研究生教育指导委员会组编.—北京:北京大学出版社,2022.11

ISBN 978-7-301-33361-7

Ⅰ.①社⋯ Ⅱ.①王⋯ ②全⋯ Ⅲ.①社会工作—研究生教育—教案(教育)—中国 Ⅳ.①D632-4

中国版本图书馆 CIP 数据核字(2022)第 169266 号

书　　　名	社会工作硕士专业学位研究生(MSW)教学案例集(第二辑) SHEHUI GONGZUO SHUOSHI ZHUANYE XUEWEI YANJIUSHENG (MSW) JIAOXUE ANLIJI(DI-ER JI)
著作责任者	王思斌　主编　全国社会工作专业学位研究生教育指导委员会　组编
责任编辑	董郑芳
标准书号	ISBN 978-7-301-33361-7
出版发行	北京大学出版社
地　　　址	北京市海淀区成府路 205 号　100871
网　　　址	http://www.pup.cn
新浪微博	@北京大学出版社　@未名社科-北大图书
微信公众号	ss_book
电子信箱	ss@pup.pku.edu.cn　dzfpku@163.com
电　　　话	邮购部 010-62752015　发行部 010-62750672 编辑部 010-62753121
印　刷　者	北京溢漾印刷有限公司
经　销　者	新华书店
	787 毫米×1092 毫米　16 开本　21.25 印张　351 千字 2022 年 11 月第 1 版　2022 年 11 月第 1 次印刷
定　　　价	66.00 元

未经许可,不得以任何方式复制或抄袭本书之部分或全部内容。
版权所有,侵权必究
举报电话:010-62752024　电子信箱:fd@pup.pku.edu.cn
图书如有印装质量问题,请与出版部联系,电话:010-62756370

落实国家发展战略　培养高素质专业人才
（代序）

王思斌

大力发展专业学位研究生教育,培养高素质专业人才,是落实国家创新发展战略、更好地服务于经济社会发展、助力我国社会主义现代化建设的重要举措。2009年,国务院学位委员会、教育部决定发展社会工作专业学位研究生教育。十多年来,在各方共同努力下,我国的社会工作硕士专业学位研究生教育得到了较快发展,至今已有180多家教学单位具备专业硕士学位授予权,教育质量逐步提高。大量社会工作硕士毕业生走向公共服务、社会服务部门和企事业单位,在服务改善民生、创新社会治理、推进社会建设方面发挥了重要作用。

社会工作专业越来越得到党和政府及社会的广泛重视和承认。今年9月13日,《国务院学位委员会 教育部关于印发〈研究生教育学科专业目录(2022年)〉〈研究生教育学科专业目录管理办法〉的通知》(学位〔2022〕15号)指出,决定在发展社会工作硕士专业学位研究生教育的基础上,发展社会工作博士专业学位研究生教育,这是我国社会工作教育发展的重大政策安排和制度创新,必将有力地推进我国社会工作学科建设,推进社会工作教育－实践体系创新,促进社会工作专业更好地服务于国家发展战略,服务于改善民生,参与和促进我国全面建设社会主义现代化国家的伟大事业。

我们也应该看到,我国的社会工作专业教育还处在打基础、上台阶的发展阶段,社会工作研究生教育还须更扎实、进阶发展,以使研究生具有更坚实的价值观,更有效地解决民生问题、参与创新社会治理的方法和能力,在推进社会建设中发挥更重要的作用。这固然需要进一步"畅通和规范社会工作参与社会治理的途径",

同时也需要提高研究生理论联系实际、面对实际解决具体问题的能力。除了专业实习和实践之外,案例教学是实现这一教育目标的重要措施。全国社会工作专业学位研究生教育指导委员会为落实国务院学位委员会和教育部的政策,于2016年1月编辑出版了《社会工作硕士专业学位研究生(MSW)教学案例集》,收集了资深社会工作教师撰写的社会工作实践教学案例,以促进研究生案例教学,发挥了很好的效果。

上述教学案例集出版后,全国社会工作专业学位研究生教育指导委员会即着手继续征集案例,编辑新的教学案例集(或称第二辑)。这项工作从2016年开始,经过个人报名和专家推荐、作者遴选、大纲讨论、初稿写作、修改补充完善等环节,历经五年,到2021年5月,共完成了13个案例。这13个案例大致涉及如下几个方面:一是农村社会工作。实际上这涉及在农村地区的对"三留守人员"、残障人士开展的关爱和服务活动。几个案例自然而然地把生计问题、社会资本培育当作主要内容加以介绍,说明了当前我国农村社会工作的一个重要特点:农村社会工作要面对很多问题,生计和发展是农村社会工作的重要关注点。二是困境人士服务。这是一些做得比较成熟的服务项目,积累了不少经验。三是社会工作事业发展。几个案例从不同角度,阐述和分析了在社会工作服务机构的发展、新的社会服务领域的开拓方面的经历、社会工作发展中遇到的困难和取得的进展,对于认识我国社会工作事业的发展实践是有启发的。案例大多数是综合性的,给读者的启发应该也是多方面的。

这本案例集的作者依然是我国社会工作教育界的理论与实践兼备的资深学者。案例基本上都来自他们的社会工作实践,同时融入了理论视角。案例的写法在行文上稍有不同:有的案例交代得十分清楚,给出了分析研究的方向;有的案例是事实与理论分析相结合,但侧重理论阐述。案例风格各异,也可供使用本案例集的老师和学生去选择。

我国已经进入新的发展阶段,全面建设社会主义现代化国家的伟大事业需要社会工作,需要更多高素质的社会工作专业人才。面对时代的重托,社会工作的教育和学生培养质量迫切需要提高。教学中理论与实践关系的处理问题、学生的创新意识和动手能力的培养问题,现实中社会工作专业化和本土化的关系问题,依然是需要面对的重要问题。这本案例集在这些方面应该能给读者以启发。

繁重的教学任务、新冠肺炎疫情肆虐拉长了本书的出版周期。感谢各位作者克服多重困难,积极合作,使文稿更加完善;感谢全国社会工作专业学位研究生教育指导委员会的指导和支持;感谢谢立中教授对本书的审读。这里还需要提及的是本书的编辑工作。近几年来,国家对教材出版更加重视,提出了更加严格的质量要求。基于此,本书编辑董郑芳在书稿编校方面做了大量工作,以保障本书的出版质量。作为主编,我由衷地感谢各位的支持。

主编谨识

2022 年 9 月

目 录
Contents

农村社会工作

从需求为本到资产为本：一个农村社区发展路径的转变和实践 …… 3
 一、服务缘起：校地"联姻"，合作共建 …… 4
 二、服务初期：需求为本，支援发展 …… 5
 三、服务转变：资产为本，内生发展 …… 9
 四、服务展望：骨干培育，居民参与，协同发展 …… 19
 案例使用说明 …… 20

培力社群，共迎新生——震后伤残人员的社会康复服务案例 …… 26
 一、案例简介 …… 28
 二、社会康复服务过程 …… 30
 三、服务反思 …… 42
 案例使用说明 …… 44

优势视角下的农村留守儿童学校心理健康服务 …… 57
 一、案例背景 …… 57
 二、服务对象的主要心理问题界定与需求评估 …… 59
 三、学校心理健康服务计划与实施 …… 62
 案例使用说明 …… 73

困境人士社会工作

小波的故事——生态系统理论视角下的通用过程与个案管理综融取向社会工作介入 ……… 85
    一、案例描述 ……… 85
    二、接案与综合性评估 ……… 88
    三、服务方案设计与实施 ……… 96
    四、服务成效评估 ……… 108
    案例使用说明 ……… 109

智障儿童家庭支持服务 ……… 119
    一、项目背景 ……… 119
    二、文献回顾 ……… 120
    三、需求评估 ……… 122
    四、项目目标 ……… 125
    五、理论依据与介入策略 ……… 126
    六、项目具体执行情况 ……… 127
    案例使用说明 ……… 135

社区矫正社会工作服务个案 ……… 139
    一、案例简介 ……… 141
    二、社区矫正服务过程 ……… 142
    三、服务反思 ……… 148
    案例使用说明 ……… 149

老年人社区参与的发展策略 ……… 158
    一、服务的缘起和概况 ……… 158
    二、目标社区的概况及老年人服务现状 ……… 161
    三、老年人社区参与项目的需求评估 ……… 162
    四、老年人社区参与项目的"阶梯"策略 ……… 163
    五、服务反思：老年人的社区参与、社会工作与社会治理 ……… 166
    案例使用说明 ……… 167

反家暴领域社会服务：妇女社会工作案例 ……………………………… 177
- 一、案例背景 …………………………………………………………… 177
- 二、服务机构介绍 ……………………………………………………… 178
- 三、案例情况 …………………………………………………………… 179
- 四、服务对象需求评估 ………………………………………………… 180
- 五、社会工作介入家庭暴力的原则和基本要求 ……………………… 182
- 六、服务方案与干预过程 ……………………………………………… 183
- 七、服务效果评估 ……………………………………………………… 186
- 案例使用说明 …………………………………………………………… 187

社会工作事业发展

学校社会工作多专业合作的实践——基于中国四川灾后学校社会工作服务项目的经验 …………………………………………………………… 199
- 一、问题背景 …………………………………………………………… 199
- 二、我国学校社会工作多专业合作的实践探索——"抗震希望学校社工服务项目" ……………………………………………………… 201
- 三、学校社会工作多专业合作的结构分析 …………………………… 203
- 四、学校社会工作多专业合作过程分析 ……………………………… 212
- 五、案例中的发现与启示 ……………………………………………… 216
- 案例使用说明 …………………………………………………………… 217

专业社会工作助推社区社会组织发展——以北京市 X 街道老年人协会发展为例 ……………………………………………………………… 227
- 一、案例背景 …………………………………………………………… 227
- 二、专业社会工作助推 X 街道老年人协会的前提 ………………… 229
- 三、专业社会工作助推 X 街道老年人协会的实践 ………………… 233
- 四、专业社会工作助推 X 街道老年人协会的成效 ………………… 239
- 案例使用说明 …………………………………………………………… 242

RF 社会工作服务机构的发展 ……………………………………………… 253
- 一、RF 社工机构成立的背景 ………………………………………… 254

二、发展历程：RF社工机构的五年成长路 259
三、RF社工机构发展过程中遇到的问题及其反思 268
案例使用说明 271

乐仁乐助组织的发展与变革 278
一、组织缘起与组织结构的亚创新 278
二、发展期与管理架构的系统变革 279
三、业务拓展期与跨界创新的管理架构 284
四、迭代与螺旋平台管理架构实现 288
五、反思 290
案例使用说明 291

从隔离到契合：社会工作在少年司法场域的嵌入性发展——以北京市的实践为例 305
一、机构简介 306
二、理念及政策背景 307
三、社会工作嵌入少年司法领域开展服务过程简述 308
四、社会工作嵌入少年司法场域开展服务的具体内容 309
五、社会工作嵌入少年司法的实践困境与行动策略 312
六、社会工作嵌入少年司法场域的结果 317
案例使用说明 321

农村社会工作

从需求为本到资产为本：一个农村社区发展路径的转变和实践

摘要： 资产为本的社区发展模式已经在越来越多的国家和地区受到重视并被广泛应用。该模式是一种运用社区组织方法，合理利用民间资源、发挥社区自助力量的社区介入模式。它关注的首先是社区居民及团体的资产；其次是将其策略集中在社区居民、社团和机构解决问题的能力上；最后是强调，社区发展过程是关系驱动的，需要不断建立和重建社区居民、协会和机构之间的关系。传统的社区需求为本和后起的社区资产为本是社区发展的两个重要介入模式。本文以一家农村社会工作机构，即武汉市阳光社会工作服务中心针对农村社区"三留守"（留守老人、留守妇女、留守儿童）群体开展的社会工作服务为例，展示了在农村社区社会工作方面，由社区需求导向到资产为本导向的变化历程，描述了该机构在对农村社区发展的目标设定、服务理念、项目设计、服务推进与展望等方面的情况。

关键词： 资产为本，社区发展，农村社会工作

王家河阳光社会工作站（社工站）位于湖北省武汉市黄陂区王家河街道，成立于2012年，是以高校教师领办，街道、社区共建为模式，由华中农业大学与王家河街道共同发起、共同建设而成。王家河阳光社工站自成立以来，以留守老人、留守妇女、留守儿童为主要服务对象，开展农村社区社会工作服务。建站初衷，主要是为华中农业大学社会工作专业大四学生综合教学实习以及MSW实习提供基地，以通过这种基层社会工作的经历磨砺学生的意志、提升其专业技能、培养其专业价值观和社会责任感。但在基地建设过程中，深切感受到：一方面农村社区迫切需要专业的社会工作服务，另一方面学生迫切需要通过正式的社会工作专业机构引入专

业实务人才,以对其进行指导。于是,从 2013 年到 2014 年,经过种种努力、克服重重困难,终于在 2015 年初正式注册了湖北省第一家专门从事农村社会工作服务的专业机构——武汉市阳光社会工作服务中心(以下简称"阳光")。阳光的愿景和使命是协力农村社区发展,让每一个留守家庭和个人享受城市般的社区生活,关注农村社区发展出现的问题,整合社区资源,动员留守农村的家庭和个人参与,以解决农村社区问题、改善社区生活、促进社区进步。在近 10 年的探索与实践中,阳光在推动农村社区发展过程中不断探索、逐渐成长。

一、服务缘起:校地"联姻",合作共建

随着市场化、城镇化的不断深入,农村社会结构呈现出新的特征:社会流动增加,社会分化加剧,家庭日益私密化,村民之间的陌生感增强,村民对村庄共同体的依赖和认同下降,等等。以血缘、地缘关系缔结的农村传统社会结构日益消解,使得与之配套的农村社会管理机制失灵,给农村社会治理带来了许多新情况和新问题,也对农村社会工作提出了新的要求并提供了新的发展机遇。政府积极转变管理职能以探求农村社区问题的解决之道。2013 年,党的十八届三中全会就提出了"推进国家治理体系和治理能力现代化"的总目标,并且要求统筹城乡社区建设,促进群众在城乡社区治理中依法自我管理、自我服务、自我教育、自我监督。2019 年党的十九届四中全会通过《中共中央关于坚持和完善中国特色社会主义制度、推进国家治理体系和治理能力现代化若干重大问题的决定》,进一步提出要"构建基层社会治理新格局"和"健全社区管理和服务机制"。社区治理的提出给农村社区问题的解决提供了政策依据。

社会工作是现代社会运行与管理体系不可或缺的组成部分,它通过提供服务、解决社会问题而对社会运行发挥着重要的影响,在维持社会秩序、促进社会和谐方面具有积极作用。但当前,社会工作服务主要集中于城市社区,农村社区社会工作服务资源严重匮乏。阳光将着眼点放在农村社区,希望成立农村社会工作服务站,通过专业服务,在培养农村社会工作人才的同时,服务农民、服务农村、发展农村社区。

王家河街位于黄陂区东北部,距离黄陂城区 9 公里、武汉市区 35 公里。街道辖区总面积 158.38 平方公里;耕地面积共计 5.44 万亩,其中,水田 4.87 万亩、旱地 0.57 万亩。王家河街道辖 46 个行政村、2 个社区居委会,总人口 7.11 万。王家河

的居民以农业和个体经商为主,随着工业化和城镇化的发展,大量的农村青壮年劳动力放弃土地,离开农村进入城市务工,留在村里的大多是老年人、妇女和儿童,造成大量村庄空心化严重。为更好满足农村"三留守"人员需求,区政府陆续出台了系列措施。例如,街道办事处支持成立了"社区老年学校"。老年学校有专门的教学活动场地,由校长或者副校长邀请社区的退休老师开展文体班、语文班、健身班、书法班,通过提高社区居民的文化素质来推动社区的发展。然而,由于缺乏专业人员的管理,2013年2月之后,老年学校名存实亡,无人负责。2011年底至2012年5月,王家河街道整合资源,投入近400万元资金,对辖区48个党员群众服务中心进行了升级改造,以"党务、村务、事务、商务、医务五务合一"的标准配备了硬件设施。然而,服务中心启动之后,除了位于街道办事处所在地的服务中心可以接待居民,提供开具证明、办理证照等业务之外,其他的活动中心几乎都处于空置状态。2012年前后的王家河街道情况显示:街道"三留守"群体问题多、服务需求强烈;基层和上级政府为解决问题做出了各种努力,依然力不从心,收效不大。

后来,经过多方沟通与联系,王家河街道与华中农业大学文法学院达成了合作意向。王家河街道将位于王家河社区的党员群众服务中心辟为服务场地,并为老师和实习学生提供食宿条件,给学生发放基本劳务补贴。华中农业大学文法学院派出社会工作教师、学生,为街道提供社会工作服务人才,同时链接所在高校资源,在学校"实习基地建设项目"支持下,投资5万元,按照专业社会工作服务机构标准,将王家河提供的场地装修一新,购置了文体等活动设施。2012年10月,双方签订了合作协议,"王家河阳光社工站"正式开始运营。

二、服务初期:需求为本,支援发展

作为政府主导引入的专业服务机构,在面对农村社区居民对"社工"这一新兴行业知晓度低的情况下,专职社会工作者进驻社区后当务之急是如何打开工作局面。因此,社会工作者需要解决两个问题:如何让当地居(村)民知道社会工作是做什么的?如何才能与他们建立良好的关系,继而获得他们的认可?为此,阳光社工站采取了两种方法:一是举办站点启动仪式,社会工作者高调亮相。2012年11月2日,华中农业大学与王家河街道举办了阳光社工站签约/启动仪式,邀请居(村)民、中小学生及各级领导参加,通过启动仪式向居(村)民宣传了社会工作和社工站的服务。这次活动不仅标志着湖北省首家农村社会工作服务站正式启动,也为社会工作进驻农村社区造势,让社会工作在社区的身份"合法化"。二是开办"四点半课堂",拉近与居民的关系。阳光社工站认为,儿童是家庭关注的核心,照顾者在留守儿童的学习辅导、家庭教育方面都深感力不从心,而社会工作从儿童的服务切入,可以由点及面地吸纳更多服务对象参与。为此,阳光社工站第一件事情就是开办了"四点半课堂",即在儿童每天下午四点半放学后,阳光社工站的社会工作者在社工站为儿童提供作业辅导和各种兴趣活动。此举深得当地居(村)民的欢迎,也促进了社会工作者与村(居)民的专业关系,增进了彼此的信任。

社会工作借此逐渐融入社区后,就开始社区走访、调查,明确社区的问题与需求。社会工作者通过深度访谈、问卷调查,与当地政府工作人员座谈、走访社区居民等方式了解了王家河街道的历史、居民的生活状况以及存在的问题和需求。特别是,社会工作者开展了入户走访,其内容分为三部分:推介社会工作及社工站服务、了解调查对象的个人及其家庭基本情况、了解调查对象的问题/需求。

王家河街道属典型的外出打工型乡镇,耕地基本都被流转给了当地的家庭农场和粮食企业,打工收入占当地居(村)民总收入的60%—70%。随着青壮劳动力的流出,常年留守在家的基本都是老人、妇女和儿童。街道总人口超过7万,"三留守"群体的人数分别是:留守老人7810人,留守妇女9636人,留守儿童20 894人。王家河社区属于王家河街道下辖社区,总人口为4558。其中老人826人,妇女600多人,儿童近800人。社区老龄化情况严重,且70%的老人为留守老人。同时,因为王家河社区是整个街道的教育、商业、行政中心,实际居住在该社区的还包括大量的陪读家庭等外来人口。总体上,"三留守"群体的需求包括:(1)留守老人在健康维护、精神慰藉和生活照料方面存有较大的服务需求。(2)绝大部分的留守妇女因子女教育、老人照料等缘由而不得不放弃外出务工的机会留守在家。她们基本都已不再从事农业生产,且没有职业,闲暇时间多,但闲暇生活较为单一,对文化娱乐需求大,对家庭教育存有需求;同时,因技能和就业机会局限,留守妇女的就业意愿强。(3)留守儿童因监护人文化程度有限,对学业辅导和课后素质教育需求大;长期缺乏父母亲情关爱和呵护,对儿童青少年心理、性格和成长造成了不同程度的影响,但家长或监护人对留守儿童心理关注和疏导缺位,留守儿童的心理健康和安全方面值得关注。

据此,阳光社工站绘制了王家河社区需求地图(见图1),试图从宏观、中观和微观三个层面还原社区的各种需求。需求评估是专业社会工作服务得以开展的基础,基于上述现实情况,阳光早期的服务策略以"需求为本",以"打造社区共同体"为总目标,希望:(1)创建社区综合服务平台,盘活社区现有资源,链接与整合社区外部资源,为打造集文化、娱乐与服务为一体的社区公共空间构建支援网络;(2)满足社区现有的发展需求,恢复和增强"三留守"群体的社会功能,促成服务对象的正向改变。

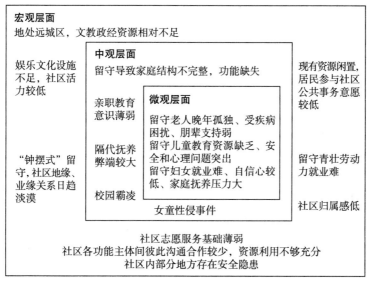

图 1　王家河社区需求地图

为此,阳光开展了一系列针对"三留守"群体的服务活动,包括:(1)"阳光伴成长"儿童青少年服务。为儿童青少年提供四点半后课业辅导、学习兴趣小组、多元智能开发、心理健康及安全教育服务。(2)"我爱我家"妇女家庭服务。为妇女及其家庭提供兴趣学习班、家庭关系辅导、亲子教育、个案辅导服务。(3)"花开夕阳"老年人服务。提供日常探访、健康保健、困难帮扶及文化娱乐服务。(4)"同心你我"社区服务。开展社区大讲堂、社区文化组织培育、社区志愿服务等。这些系列活动的开展,受到了社区居民的欢迎和极高的评价。

然而,随着服务的开展,阳光社工站人员发现所开展的活动越来越难满足村民的服务需求,在活动开展过程中也出现了一系列困境。

首先,因为服务对象文化程度有限,无力辅导孩子作业。社会工作者在"四点半课堂"给学生提供免费课业辅导,作业完成后还根据学生需要提供各种益智活动,这无疑解决了照顾者的一大难题。"四点半课堂"服务获得居(村)民口口相传,不少家长慕名送孩子到"四点半课堂"。教室外,不少学生家长织着毛衣或唠着家常等着接孩子。随着服务对象的增加,有限的社会工作者感受到了服务的压力,家长也开始"投诉"社会工作服务。家长反映:社会工作者没有及时解答孩子的问题;孩子作业没完成就去玩游戏,社会工作者也不管;社会工作人员数量不足等。甚至有些家长把孩子送到社工站后就去打牌了,社工站成了"免费的托管所"。

其次,为活跃社区文化氛围,满足居(村)民文化娱乐需求,社工站提供了老年人健身班、妇女舞蹈队、社区手工班等各项服务。起初,为调动大家的参与积极性,社会工作者每天都教老人、妇女健身、跳舞。随着参与者日益熟练,社会工作者就想退出带领的角色,让妇女和老人自发地练习或活动。但社会工作者发现,自己退出后,每天跳操、跳舞的人员骤减。不少此前学习跳舞、跳操的人又回到了社区牌桌。社会工作者了解后才知道,一些当地居民认为社会工作是给大家服务的,社会工作者不教了,他们去也没啥可参与的了。

经过多次对社区居民和社区干部开展深入访谈,阳光社工站的师生深入思考与分析,总结出了上述困境出现的主要原因:一方面,居(村)民对社会工作的理解有偏差,把社会工作者当成了他们问题的解决者、需要的满足者。他们对社会工作产生了依赖,有什么问题/需求都找社会工作者,一旦需求得不到满足,他们参与的积极性就会下降。社会工作者疲于处理居(村)民的不同问题和需求,难以有精力拓展新的服务项目。另一方面,因居(村)民对社会工作产生了依赖,成为社会工作服务的被动接受者,社工站有适合的服务活动,大家就被动参与,没有活动或活动不适合,大家就恢复到先前的生活状态。他们参与服务是从自我需求出发,故不能积极主动地关注和参与社区的事务活动。一些子女常年在外务工的独居老人在精神慰藉、居家安全、生活照顾方面都需要服务。因此,社工站计划在社区组织一支志愿服务队伍,对社区内的高龄、孤寡或患有重病的老人进行志愿帮扶。然而,这项服务因招募不到志愿者未能开展。

2015年,通过反思过往三年多的服务介入策略,阳光认识到,尽管需求为本关注到了居民最紧迫最现实的需要,也致力于解决他们所面临的困境,但随着服务的深入和推广,却遇到了比预想中更大的阻力,并且活动的开展与"助人自助""案主增能"的服务理念相去甚远。经过"反思—调整—实践—再反思—再调整"的探索路径,阳光逐渐认识到:(1)在以"需求"为导向的社区发展环境里,社会工作者的注意力集中在社区问题上,对社区及服务对象开展问题/需求诊断时是把服务对象当作有问题的"病人"来看待。这样的社区往往被看作"需要帮助的""有问题的"

"缺失的"社区。这些负面的标签一旦成形,社区居民的注意力往往被引向社区缺失什么,而不是社区有什么。同时负面的刻板印象也打击了居(村)民在社会环境中的自尊心和改变现状的行动力。(2)社会工作者俨然扮演着解决问题、包医百病的"医生"角色。找出社区的问题、解决问题进而满足居民的需求是社会工作的主要任务,因而社区居民将自己看作"有特别需要的""无助的"人,作为"受助群体",自己的福祉和解决问题的方法只能依靠外部的帮助。(3)社会各界长期以来用"有色眼镜"关注和讨论留守群体形成的负面标签,以及他们对外部帮助的过分依赖,导致社区居民的无力感和对社区的疏离感增强,降低了他们参与社区事务的动力,他们成为纯粹的服务对象,即服务的享受者,而不是社区的建设者。(4)农村社区的处境并非一朝一夕能够改变,这种转变也不能凭社会工作一己之力促成,长期供血不如造血;居民自身的能力建设和潜能发掘,是农村社区内生发展的重要因素,外部资源和内生动力应双管齐下。

因此,阳光决定转变服务视角,重新定位农村社会工作服务的方向,开始转向以资产为本的服务视角。在这种视角下,社会工作者秉持"助人自助"的工作理念,同时借助社区社会工作的方法,激发居(村)民的社区参与,培育其社区认同感,转变其等、靠、要的思想;通过激活社区资源,激发居(村)民的改变意识;通过发展居(村)民互助组织,提升居(村)民的自我服务水平和能力;通过建构社区服务自身的造血功能,探索农村社区和"三留守"群体问题的解决之道。其中,社会工作要注重培育和发展居(村)民的自我服务意识和能力以及居(村)民的社区共同体意识。

三、服务转变:资产为本,内生发展

(一)"欣赏性探访",挖掘社区资产

资产为本的社区发展视角关注的是社区资产,希望通过鼓励、动员社区资产,寻求社区发展与培养公民意识的机会,因此,以对"社区资产"的系统考察作为社区介入的基本原则。阳光改变以往"问题/需求"式探访方式为"欣赏性探访",运用"优势视角"(strength perspective)重新认识社区。在进行入户走访时加上了访问居民的个人才能、兴趣、经验、愿意为社区出力的技能意愿等问题;在服务对象建档表上登记了服务对象的强项及才能;拜访社区的部门、团体、组织等时注重了解

他们的强项及可为社区尽一份力的资源和意愿。

通过对社区居民开展大量、深入的入户探访,阳光发掘并总结了服务对象的个人资产。

首先,老人自助意识强烈。与我国其他地区老人一样,王家河社区的老年人都具有很强的家庭责任感,希望能为子女多奉献,通过自己的劳动为子女分忧,具有很强的自立意识和能力。虽然大多数老人都患有各种各样的疾病①,但是他们仍然负担主要的家庭劳动,承担对孙辈的学习和生活照顾。子女不在身边,为了不让子女操心,老人都很注重自己的健康,积极参与各种健身锻炼活动。每到傍晚,广场上、马路边,都能见到跳舞、健身、散步的老人。老人往往通过亲缘、趣缘、地缘,寻找朋友、伙伴,建立社会自助网络。平时有事,相互招呼照应,自己解决问题。老人的这种乐观、有为的生活态度成为他们的精神支撑。

其次,青壮年妇女闲暇资源充足且各怀技能。社会工作者发现,社区居民因不从事农业生产,闲暇时间很多,不少妇女在闲暇时间会聚在一起做手工鞋、织毛线、绣十字绣等手工活。访谈中了解到,当地妇女大多数都会这些手工活,老少都在穿手工做的棉鞋,而且按当地习俗,长辈每年要为家里的宝宝织一套毛线衣。愿意再就业、相对充足的时间、手工技能是当地妇女的优势和资产。

再次,社区拥有领袖潜质的文艺骨干。以往,社区居民在开展活动时对社工站存在依赖性,主要是由于社区中缺乏"人才"。但是通过走访,社会工作者发现,服务对象中不乏拥有各种艺术专长和优势的人才。比如,70多岁的余爹爹是王家河中学退休教师,既热心又有文艺专长,拉得一手好胡琴,通晓乐谱,还会唱歌、唱戏。以前在当地的老年学校教授合唱,后来去武昌带孙子,走了三年,回来后就没有再教了。五年前来社区陪读的刘奶奶,爱唱、爱跳,在社区人缘好,是广场舞的积极分子。王奶奶是卫生所的退休医生,有丰富的健康养生知识。楚剧是当地地方戏,老年人基本都爱听、爱唱楚剧,而社区的陈婆婆家是楚剧世家,她曾在楚剧团工作,特别热爱楚剧和宣传楚剧。

最后,经过对社区干部的"欣赏性探访",发现社区资产丰富。王家河街道自然资源丰富,辖区有木兰草原、木兰天池等国家级、省级自然风景区八处,旅游资源丰富,旅游业发展良好,大大带动了当地经济发展。土地资源丰富,当地政府鼓励

---

① 根据入户探访资料,60%的社区老年人患有慢性疾病,其中以高血压、糖尿病、心脏病为主,另外一些常见病包括骨质增生、肾结石、前列腺炎、肝囊肿、青光眼等。中风和癌症是影响老年人寿命和生活质量的主要病因。

村民将抛荒土地流转,吸引中法合资酒庄入驻,开发了8000多亩葡萄园,抛荒土地得到有效利用。在组织资源方面,王家河街道党委精干务实、团结奋进,党工委书记积极拓展当地发展渠道,锐意创新,有能力不断将外部资源引入街道。街道党委重视农村社会工作服务开展,为社工站及社会工作者提供了较好的服务支持。街道有中学、小学各一所,幼儿园两所,街道教育资源集中于此。王家河中心小学是省级优秀示范小学,也是省妇联设立的"留守儿童关爱中心"示范点之一。中小学与社工站合作开展留守儿童服务的意愿强烈。街道内的社会福利和服务机构较多,王家河福利院负责接收"五保户"、孤寡、残疾老人;"阳光家园"服务于街道智力障碍人士,为他们提供日托和矫正服务;"阳光驿站"是社区矫正机构,服务于缓刑、假释、社区康复戒毒等符合社区矫正条件的人员。

根据上述分析,列出了王家河社区资产表(见表1),从而为资产地图的绘制提供了资料上的依据。

表1 王家河社区资产列表

资源类型	资源明细
人力资产	留守妇女:拥有十字绣、毛线针织等手工技能 老年人:抚养孙辈,心态乐观 退休医生:免费为大家诊病,养生知识丰富 楚剧爱好者:爱好楚剧,希望发展楚剧
社区组织资产	社区老年学校:通晓乐谱,会弹胡琴、唱歌,人缘好,热心 社区党支部:党员队伍 妇女广场舞队:五个
社区团体和部门资产	中小学各一所、幼儿园两所 街道办、社区居委会、街道文化站、老年学校、"阳光驿站"、"阳光家园"、党员群众服务中心、福利院等
自然资源和物质资产	木兰旅游风景区八处 社区广场、阳光社工站场地
社区外资源	华中农业大学社会工作专业教师、学生志愿者

(二)绘制社区资产地图

由于过去社会工作开展服务是以人群来区分的,因而一定程度上导致了三个群体间的割裂,以上资源缺乏相互搭建的桥梁。如果助力、整合资源,就能够将资源转化为资本,成为社区发展的财富。阳光通过对王家河社区进行资源发掘和整合,形成了一张"资产地图",取代了之前的"需求地图",而且随着对社区了解的逐步深入,"资产地图"的内容也不断丰富(见图2)。

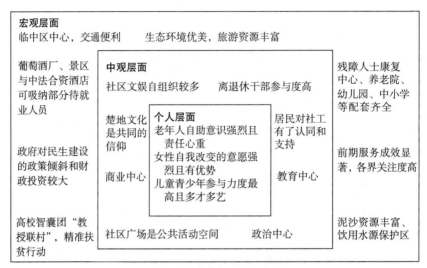

图2 王家河社区资产地图

通过资产摸底,阳光掌握了王家河社区所拥有的自然资源、组织资产、社会资本、人力资本,但回答这些资源对社区发展可起何种作用,能解决社区哪些问题,怎么才能发动社区内在力量和资源,推动社区发展等问题,成为阳光的主要任务。

(三)组织居民会议,结合社区资产,重新定位社区需求

以前,社会工作以专业调查、访谈结果来确定社区问题/需求。现在,则注重社区居(村)民、组织、团体的参与界定社区问题,并积极参与、推动社区问题的解决。首先,社工站举办了社区居(村)民大会,召集居(村)民参与讨论社区需要解决的问题有哪些。具体而言,在社区居委会同意的基础上,阳光以社区宣传招募及邀请的形式召集议事会成员。议事会成员包括老年人、妇女、儿童、社区舞蹈队负责人、文体中心负责人、分管社工站工作的政府人员、居委会人员等。其中有经常参与社工站活动的成员,也有未参加过的居(村)民。其次,社会工作者将前期社工站调研的结果向与会人员进行了汇报,在向与会的居(村)民介绍完社区资产之后,让大家一起补充和完善社区资产地图。最后,社会工作者以"说出你觉得社区需要解决的问题或需要提供的服务"为讨论议题,让每个参与者结合社区资产地图,提出五个问题或需要得到的服务,然后根据参与者的表决确定需要解决的问题。

最终,本次大会确定了服务需求:(1)儿童的学习辅导及教育服务需求突出。

当地家庭非常重视孩子的教育,但因父母外出务工,多数孩子由祖辈监护。监护人由于文化程度和教育能力有限,对孩子教育和学习的辅导经常感到力不从心。(2)社区文化生活单调。大部分居民不种田了,平时除了看电视就是拉家常,没正事干,也没地方活动。他们虽然对打牌的风气不满,但没其他娱乐活动可供选择,因此希望能有人组织一些有益的社区文化娱乐活动。(3)妇女创(就)业需求强烈。妇女普遍认为,自己留在家里是无奈的选择,因为孩子、老人都需要照顾。而家中只有丈夫一人挣钱,家庭负担太重。大多留守妇女都有外出务工的经历,她们自己不甘于在家中无所事事,急切想在当地找个工作时间灵活的工作岗位。这样既方便照顾家人,又能挣钱贴补家用。然而,苦于在当地没有条件,也没有门路,这一想法一直无法实现。(4)老年人居家生活照顾需求迫切。老人提出,现在从社区外搬来陪读的老人很多,大多数身体不好,而且还身兼照顾孙辈的重任。这些老人脱离了原来的熟人社区,在当前社区无亲无故,很少与社区邻居交往。特别是,他们如果出现突发意外,很难有人能够及时予以帮助。例如,一个经常在社工站跳操的老人讲述:自己心脏病突发,在家中昏倒,然而并没有被其他人及时发现。庆幸其疾病不太严重,没有危及生命。老人们期待能有人帮他们消除这些忧虑。

在这次居民大会上,社会工作者只起到了引导参与者发言的作用,可喜的是,参与者非常积极主动,向社会工作者表达了他们的需求或问题。这得益于居(村)民对社会工作者的信任和社工站的服务深得民心。

(四)资产为本的社区服务开展过程

在上述需求中,儿童的学习辅导及教育需求主要由社工站组织的"四点半课堂"服务来满足。这种需求与当前社工站正在开展的服务相契合。但是,学生人数的增多导致志愿者数量的短缺。在积极联系各大高校学生志愿者团队,引入大学生志愿者作为课业辅导老师的同时,社工站也动员中小学老师、退休教师参与课业辅导。另外三类需求则需要进一步挖掘社区资本,推动服务的开展来回应。主要的工作步骤如下。

1. 积极开展活动,深入挖掘社区资本,带动居民积极主动参与社区服务

社会工作者了解到,社区文化生活单调。居民喜欢看电视,喜欢看各种娱乐、选秀节目,平时聊天的内容也与之有关。何不如举办一场活动,发动社区的文艺骨干参与,也可从中发掘出新的文艺资源来?为了让活动达到预期效果,社会工作者在社区进行了大量的宣传造势,激发社区居民的好奇和期待。在宣传报名阶段,没想到居(村)民的参与积极性特别高,舞蹈队员、退休老师、商店老板、中小学生,甚至刚上幼儿园的孩子都报了名,有的还因报名晚了,拉着社会工作者说了很多好话,希望给个展示机会。社区三支舞蹈队队员更是积极,报名之后就主动跟社会工作者商量,希望社工站给他们提供一个排练的场地,他们除了晚上跳舞,下午也想到社工站练习表演的节目。因此,社工站专门安排了排练教室,给三支队伍分配了排练时间。

2014年11月15日,社工站举办了"王家河街道首届社区达人秀"活动。首次举办"草根"明星评选吸引了周边村庄的群众前来观看,围观的群众有三四百人。筛选出的近20个节目登台上演,虽然评选结果仅是颁发了一个荣誉证书,但对于能有一次这样的展示机会,他们特别开心。这次活动的举办也给社会工作者带来了意想不到的效果。活动结束后,参加表演楚剧的陈婆婆找到社会工作者说,她家是楚剧世家,一家人都在楚剧团工作,她前几年才从楚剧团退休。她自己热爱楚剧,楚剧是当地的地方戏,她想把楚剧在当地发扬传承下去。希望能像舞蹈队一样,在社区成立一个楚剧协会,想让社会工作者协助帮忙。社会工作者听到陈婆婆的请求特别开心,告诉了陈婆婆成立社区组织的流程,成立一个戏迷协会需要有人参加。陈婆婆说,她是本社区人,知道哪些人爱唱、会唱楚剧,她去找他们谈,一定能找到人。过了几天,陈婆婆还真带了十多个老人到社工站,不但有唱的,还有一位从黄陂请来的琴师。社会工作者组织他们一起商定了协会名称、管理架构、组织章程。由于陈婆婆是知识分子,并且在楚剧团工作多年,因此大家一致推选她做会长。他们自己准备资料交到了社区居委会备案,还制作了一块协会牌子挂在社工站门口。这让社会工作者见识到了居民发挥自身能力的效果。

楚剧戏迷协会的成立也带动了社区其他组织的成立,社区相继成立了妇女腰鼓队、交谊舞队、"老年友福"文体队。队伍组建后,社工站提供场地给他们进行练习,向街道文体中心申请为他们配备了音响设备。每支队伍参与练习的积极性都特别高。每天还没到社工站上班时间,他们已经聚在门口自发练习了。有些爱好打牌的老人,再也没时间去牌场了。有些人不但在社工站练习,还把排练内容复印或拷贝回家自己练。每天的练习也吸引了很多老年人观看。

为增进组织间的互动和交流,他们还办起了交流活动,几支队伍之间比试才艺,其他队伍作为嘉宾赠送一个节目给他们。有了这些文艺队伍,社区文艺活动较之前多了,文艺队员成为社区文艺会演舞台上的常客。这也带动了社区其他居民的参与积极性,每天晚上两三百人聚集在社区广场上,有的跟着舞蹈队跳舞,有的健身、聊天。文体组织的组建不但给社区爱好文艺的居(村)民提供了平台,也丰富了社区其他居(村)民的生活。它们广泛地调动了社区活跃、积极的居(村)民的参与热情,并且增强了他们对组织、社区的归属感和认同感,营造了社区积极、健康的文化生活氛围。

社工站也成了居(村)民可以自由介入的"公共空间",大家可以在此聊天、健身、阅读、培训、看电影、培养兴趣、参加服务活动等,居民的参与积极性提高、互动交流增加。

2. 通过培育骨干,发展社区互助组织

在一次社区探访中,社会工作者走进了一位年近90岁的黄婆婆家中。黄婆婆从湖南嫁到本地,是一位独居的孤寡老人,丈夫和独女都早已过世,仅有一个侄子住在本社区。在跟黄婆婆交谈中获得的一个信息,让社会工作者心酸不已。黄婆婆说,她前段时间生病卧床躺了几天,严重时无法下床做饭,那些天就靠一些饼干、小面包充饥。

王家河社区的老人有"三多":留守老人多、空巢老人多、独居老人多。根据社工站前期的入户走访发现,75岁以上独居老人有15位,12位存在生活自理问题,其中两位老人的情况特别具有代表性:(1)高婆婆,1934年生人,走访时已82岁,街道服装厂退休职工,患有高血压、白内障,左胳膊有摔伤。她有4个女儿,但出嫁后都不在身边。小女儿住汉口给子女带孩子,每月仅回来看望高婆婆一次。子女怕婆婆在外面走失或出现意外,特意嘱咐高婆婆不能出门,而高婆婆平时吃的菜都是在家门前自己种的。(2)赵爹爹,1938年生人,走访时已78岁,一直独居未婚,街道铸造厂退休合同工。患有类风湿、心脏病,曾住院2次。现居住在铸造厂老职工宿舍,居住条件非常简陋,水泥地面斑驳陆离,屋顶破损严重,窗户无玻璃,用废旧纸板遮挡,个人卫生情况也很差。

面对社区老人的这些酸楚的生活现状,社工站一直都希望能够发动社区居民,组建社区助老志愿者队,针对有需要的老人开展结对帮扶。但是,社工站招募了一年多都没将队伍组建起来。在发现黄婆婆等老人的事情后,社会工作者一致决定要想办法让社区居民有社区意识、互助意识,能够尽己之力帮助社区需要帮助的人。这一次,社会工作者转变了方法。首先,开始尝试组织阳光小志愿者看望、慰问社区老人,并将小志愿者的服务过程拍成视频,在表彰优秀小志愿者的时候,邀请志愿者的家长一起观看小志愿者的服务视频,让孩子们的行动感染家长。在接下来的助老志愿服务中,社会工作者告诉小志愿者可以带家长参与,结果发现有四位家长主动参与。如今,随着助老志愿服务的深入开展,阳光已经组建了一支10人的亲子志愿服务组。

其次,社会工作者通过系统评估老人的需要建立了社区支持网络,按照需求的重要程度,列出评估名单。对不能得到邻里或亲属支持的老人,将由社区志愿服务队结对帮扶。对身边有邻里可以帮助的,则逐步实施"邻里互助计划",促进邻里之间互济共助,营造社区互助、互爱的社区关怀氛围。王婆婆和李婆婆就是"邻里互助计划"的受益者。王婆婆,80岁,独居,患有心脏病、高血压;李婆婆,72岁,独居,患有风湿、"三高"。两位老人是十多年的邻居,平时经常聚在一起聊天解闷。两人因身体不好,腿脚不方便,很少到街上走动。菜场离得远,路上车又多,很不安全,出门买菜对她们来说都比较难。两个老人的子女都在外打工、做生意,对老人的生活照顾有限。而志愿者也仅能提供间隔性服务,老人的居家安全和健康监测、日常生活需求无法得到有效解决。社会工作者对老人的邻里支持资源进行了评估,了解到在她们周边有一位因陪读在这里租房住的刘阿姨。她50多岁,有两个孙女在身边:一个孙女正在上幼儿园;另一个刚一岁多,由她带着。刘阿姨搬来一段时间了,但跟本地人不太熟,交流也少,送完大孙女上学后,就带着小孙女去自己开的菜地种菜。社工找到刘阿姨,跟她谈了建立邻里互助的想法。刚开始她还顾虑两个老人是否愿意。一次走访中,社工带着她跟两个婆婆聊天,把想法跟两个老人交流后,老人很是高兴:一是多一个唠家常的人,热闹一些;二是刘阿姨可以每天帮两位老人买菜。刘阿姨有时把自己种的菜带给两个婆婆,在老人身体不舒服时过去帮忙做饭、照顾;两个婆婆也会在她有急事时帮她照看孙女。良好的邻里关系促进了她们在生活上的相互照应和帮助。

此外,与社区居委会协商后,在居委会的支持下,社区成立了"党员志愿者"服务队,开展为高龄、行动不便老人提供证件代办服务,以及邻里互助服务和政策宣传服务。

受这些服务的影响,社区居民不再只把眼光放在自己的需求上,他们也开始关注其他群体的需求,想为他们提供力所能及的帮助。率先这样做的是社区楚剧戏迷协会。陈会长是一个有管理能力又很热心的人。2015年中秋节,她组织楚剧戏迷协会到王家河街道福利院进行慰问,给福利院老人带去了慰问品,送去了精彩的节目表演,让福利院老人感受到了温暖和关怀。此外,楚剧戏迷协会每个月都开展一场送戏下村的义演活动,以丰富偏远农村地区村民的文化生活,收到了较好的效果。楚剧戏迷协会的这一举动影响了其他组织,其他组织陆续加入。义演需要的费用有些是陈会长动用人脉资源"化缘"所得,有些是这些组织的商演收入,各个文艺队伍合作,将丰富多彩的文化大餐送到了有需要的村庄。截至目前,社区组织免费下乡义演达22场,服务群众3600多人次,丰富和扩展了当地农村居民的精神和文化生活,产生了显著的社会效益。

3. 培育社区自助组织,满足留守妇女创业需求

阳光了解到,当地留守妇女擅长针织毛衣、线钩鞋袜、十字绣、服装制作等手工,这些手工品多用于满足家庭需求。她们怀疑:现在机器生产的东西好看又便宜,谁还会买手工做的东西?在当地,这些都是用来送人的,没人会买。社会工作者觉得,手工制作易学、时间灵活,很适于留守妇女居家创业。

2015年6月,阳光负责人蒋某专门到武汉参加丝网花培训班,掌握了其制作工艺。回到王家河阳光社工站后,蒋某召集对此有兴趣的妇女,开办了第一期妇女手工坊即丝网花制作小组,买材料,传授工艺。第一期招募了学员12人。掌握了基本制作技巧后,学员刘丽、吴兰还回到家里,通过网络学习了难度更高的花卉制作。同年8月,第二期妇女手工坊开班,刘丽担当召集人,与吴兰、蒋某一道培训留守妇女。社会工作者通过提供技术链接、家庭资源链接、经验链接、销售渠道链接等服务,支持和引导留守妇女创业。

在第一期手工坊技能学习中,社会工作者发挥了教育者的角色,教授妇女学习丝网花的制作;第二、三期,社会工作者负责提供材料,让她们发挥手工制作专长自学和创造,从"受助"到"自助"。社会工作者与手工坊的妇女建立了良好的关系,经常在手工制作过程中交流,听取她们的反馈和想法。一些妇女向社会工作者反馈,照顾和教育孩子的生活和学习影响了她们参加手工坊。为此,阳光在已开展的"四点半课堂""假期托管"服务的基础上,又开辟了"亲子乐园"服务,可满足学龄期及学龄前儿童的学习辅导、课余活动和托管服务,让留守妇女从对孩子的照料中解脱出来,有一定的参与项目的时间保证。

手工品制作出来,如何销售出去呢?社会工作者召集手工坊成员讨论了可行的销售渠道和消费人群定位。经过讨论确定,可以借助王家河街道得天独厚的旅游资源,在景区进行售卖,也可让社会工作实习学生带回高校售卖。在组织售卖时,手工坊妇女参与积极性很高,还带着孩子一起参与在景区的售卖。社会工作者

也联系了华中农业大学的志愿者社团,协助在学校进行手工品售卖。

要实现妇女手工创业团队的自我管理和运作,必须发展出骨干人员。为此,社会工作者召集手工坊成员开展了"创业交流会"。在会上,学员推选了带头人,手工坊有了负责人、技术骨干、后勤组,建立了组织机构。

经过近一年的运营,该项目在社区已经建立了固定的手工团队,手工团队已由留守妇女自己运营管理,成为阳光的品牌项目。该团队已在社区、旅游景区和高校组织了多场售卖,并产生了经济利润。这大大提高了妇女的积极性。当前,该项目也得到了街道的支持,街道准予其在木兰景区设立手工品销售摊位,帮助解决销售渠道问题。

4. 通过新建社区资本、引入外来资本,充实社区资本

社会工作者除发掘和开发社区已有资本,还注重在服务中新建社区资本、引入外来资本服务社区。

首先,组建"老年人健康互助小组"。社会工作者对一位患有"三高"病症老人进行服务的案例很有代表性。在社会工作者介入前,老人因健康问题情绪焦躁易怒,经常和老伴吵嘴;不愿与人交往,整天闷在家里;行为孤僻怪异,家庭关系一度非常紧张。介入初期,老人对社会工作者的工作极不配合,几次将社会工作者"逐出家门",有时干脆闭门不见。但社会工作者并没有放弃,而是改变了工作的方法和策略。社会工作者从其老伴入手,得知其对"三高"病症的严重焦虑后,积极链接相关方面的资源,联系乡镇医院医生免费义诊,为她量血压、测血糖,引导她用科学和积极的态度对待自身疾患,并对其日常生活和饮食起居予以指导,以缓解其病情症状。此举促使其逐渐认同和接受了社会工作者的服务。后来,社会工作者自己学习了测量血压和血糖的方法,每周上门两次为老人测量血压和血糖。在接下来几个月的时间中,社会工作者在提供常规检查服务的过程时积极与老人沟通交谈,认真倾听老人的想法和诉求,努力与之建立了良好的关系。同时也以专业服务者的视角,帮助她疏解疾病带来的压力,帮助她打开心结。老人逐渐敞开了心扉,产生了信赖、认同,并对社会工作者的工作给予了较高的评价。老伴看到社会工作者经过努力改善了她的情绪和精神状态,特别感激。他们将社会工作者引荐给认识的病友、邻居等老人,做起了社会工作服务的宣传者和"推销者"。社会工作者与两位老人商量,要组建一个慢性病老人健康服务小组,让大家相互分享经验,互相鼓励支持,战胜疾病。两个老人很赞同。他们积极向其他老人宣传,将有同样需要的老人组织起来，形成了一个互助小组。他们在其中扮演着服务联络人的角色，也将自己的经验分享给其他人，成为社会工作开展老年工作的得力助手和该服务小组的实际组织者与管理者。通过互助小组成员的助人服务，更多人得到了健康呵护。

其次，组建"天使妈妈志愿服务队"。农村留守女童性侵事件频发日益引起关注。社会工作者在走访中了解到，当地学生、家长和学校缺乏性安全知识、性安全教育和防范意识，有发生性侵犯事件的隐患。为此，受省妇联项目资助，阳光开展了"留守女童安全自护教育项目"。该项目不但对女童开展性安全知识和性防范知识的培训，还对其监护人开展相关的教育培训。为扩大项目服务受众范围，发动社区力量参与女童保护工作，社会工作者不仅依靠一己之力开展服务，也发动接受服务的家长成为项目的传播者，组建了"天使妈妈志愿服务队"。她们的职责是：协助项目的社区宣传；传播培训内容给身边的邻里或亲友，让更多人受益；与社区监护缺失的女童结对帮扶。她们深知做这样的工作是利人利己之事，并主动在社区进行宣传。该志愿服务队在项目结束后还一直活跃在社区。

最后，引入"社区讲堂"。社会工作者作为专业人员，也有其专业局限。对于社区中老年人健康服务的需求、儿童心理健康辅导的需求、农业技能培训的需求，社区缺乏可以利用和发动的资源。所以，引入外界资源为社区所用是一个很好的选择。阳光开办了"社区讲堂"，积极链接外界可用资源，与其建立服务合作关系。如邀请高校农业专家给种茶户进行茶树种植、农业合作社管理等的技术指导；心理健康咨询师定期在社区开展心理健康讲堂及辅导；与省健康促进协会签订合作协议，每年提供老年人健康培训、健康义诊及发展健身运动组织等。外界资源的引入很好地弥补了社区自身资源的不足。

四、服务展望：骨干培育，居民参与，协同发展

综上，阳光在探索农村社区发展的过程中，经历了从需求为本的社区发展模式向资产为本的社区发展模式的转变，目前已在农村社区针对"三留守"人群开展六个方面的服务：第一，挖掘社区资产，绘制社区资产地图；第二，结合社区资产与需求，设定与拓展服务项目；第三，开展活动，带动居民积极参与；第四，培育社区自助组织，为居民提供服务；第五，通过培育骨干，发展社区自助组织，引领与协调社区和谐发展；第六，不断挖掘新的社区资产，同时引入外来资产，充实社区既有资产。

2016年7月，王家河街道村民遭受了几十年一遇的特大洪灾，王家河街道王家

河社区近 600 户村民家中受淹,受损严重,王河村 100 多户村民全部受灾。面对这场突然而来的洪灾考验,社区居民发扬了邻里互助、团结起来共渡难关的精神,让我们看到了一个互助友爱的社区的新生。洪灾发生当晚,因事发突然,居民们来不及做防御准备。街道党委书记在发现洪灾险情后,直接在街上召集居民开展自救,并让村民挨家挨户通报险情和转移地点,帮助独居老人转移等。在阳光的居民 QQ 群里,很多居民向社区汇报着最新的水灾险情,告知自己家的附近有哪些需要援救的老人。有的居民还主动把附近的老人接到自己家楼上。有的居民家里无法做饭,邻居会做好饭菜送过来;有的居民的衣物、被子被水冲走,在政府的救援物资尚未来得及发放时,其他居民倾其所有主动接济。灾后,面对受损的家园,居民没有像以前那样"等、靠、要",而是第一时间投入自救,互帮互助,共同清理受淹的家园。正是因为有了这样的互助,这场洪灾虽然让居民们损失严重,但是社区仍保持了和谐共生的有序状态。社区内生力的发展提升了社区居民的社区凝聚力、社区意识,以及自主解决问题的意识和能力。这也是阳光致力于社区发展的初衷。在灾后总结大会上,街道党委书记在回忆事发当晚的情形时感触颇多,他印象最为深刻的是,居民在参与救援时居然没有一个跟他提过条件、要过工钱。

从几年的服务中,阳光的社会工作者深切地感受到:社区是社区成员的利益共同体;社区成员是社区发展的主体、是服务的受益者与使用者,只有他们最清楚自己的需要,也只有他们最关心与自己需求相关的服务。通过开展一系列服务,社区居民从不参与到参与、从被动到主动、从受助到自助和互助,情况发生了转变。社区居民认识到了自己与社区的密切联系,认识到了自己的优势与行动能力对社区发展的作用。阳光在唤醒居民主体意识的同时,还要持续开展居民培力服务,注重对居民能力的培育和对骨干人才队伍的培养,让居民在服务中培育自主管理和服务的意识,自发、自主地参与服务和提供服务,从而建设一个更健康、更富足及充满关顾的社区。

案例使用说明

一、教学目的与用途

本案例使用说明是以将此案例应用于社会工作专业课程中的"农村社会工作"的教学为基础撰写的,如将本案例应用于其他课程教学安排,需要做相应调整。

(一)适用的课程

本案例适用于"农村社会工作"课程,也可以作为"高级社会工作实务""社区工作"课程的案例。

（二）适用的对象

本案例适用的对象包括：社会工作专业硕士研究生，社会工作专业高年级本科生。

（三）本案例教学目标规划

1. 覆盖知识点

本案例在社会工作课程应用中主要覆盖的知识点有：

（1）社区工作的过程；

（2）社会工作介入社区建设的方法与技巧；

（3）问题/需求视角的社会工作服务；

（4）资产为本的社区发展模式；

（5）社区工作实务模式。

2. 能力训练点

本案例在社会工作课程中规划的能力训练点有：

（1）学会分析社区的需求；

（2）学会根据社区需要选择适合的社会工作实务模式；

（3）掌握社区社会组织培育的方法；

（4）通过社区社会组织培育，清晰社会工作者的角色及定位；

（5）学会资产为本的社区发展模式的理论和实务技巧；

（6）学会绘制"社区资产地图"或列出"社区能力清单"。

3. 观念改变点

本案例在社会工作课程中规划的理念有：

（1）以"资产镜片"或"能力镜片"了解社区；

（2）建立良好关系、发动服务对象参与，是社区建设、社区发展的核心；

（3）农村社区问题的解决者：社区居民自身、专业的社会工作者；

（4）农村社会工作者的角色：助力者、陪伴者、同行者等。

二、启发思考题

本案例的启发思考题主要有：

（1）在案例中，服务前期阳光遭遇的困境的原因何在？

（2）问题/需求视角的服务介入与资产为本的服务介入有什么区别与联系？

（3）你认为阳光在培育社区组织的过程中，扮演了什么样的角色？

（4）地区发展模式及社区计划模式的比较及适合运用的社区环境是什么？

（5）阳光规划将培养本土社区骨干人才。你觉得本土人才的培养方向有哪些？本土人才的培养会遇到哪些问题，有哪些解决办法？

三、分析思路

首先，对比分析阳光在资产建设视角建立前后的变化，从前后变化调整入手，分析社区发展定位，以及与社区服务对象互动的变化来进行思考。在社会工作服务初探期，社区发展的定位是什么？对社区服务对象的关注点在哪里？制订的服务计划有何不同，带来了哪些问题？

在该项目实施之初，社工站与街道达成合作共识：希望配合街道办事处解决社区中的问题，社会工作者被定位于街道引入的专业人员，以解决政府在社区服务中遇到的问题。所以，社会工作者在调研过程中，关注社区中存在的问题，更多地将视角放在社区空心化、人口流动率高、社区就业渠道窄小、留守人员多等负面因素，将解决问题的主体放在社会工作者层面，没有借助社区力量，也没有很好地链接社区外部资源。在半年的时间里，虽然阳光社工站通过积极服务供给赢得了良好口碑，但是却造成了服务对象对社工站的依赖，服务参与不足。通过第二次探访，阳光社工站改变了思路，从以服务的唯一提供者、问题视角看社区，转变为以服务的链接者、优势视角看社区。通过这种转变，社会工作者不仅发现了社区的个体层面资源，而且发掘了社区的自然资源、正式组织资源和外部的项目资源。在随后的工作中，社会工作者通过社区组织培育，互助、自助服务开展，社区资本的重建等方式，不仅较好地调动了社区居民的参与，还让居民看到通过自身的参与、自身能力的发挥带来的成效，增进了社区居民的社区意识和参与积极性。通过前后服务对比可以看出，社会工作者在初期服务中是以需求制订服务计划，每项服务都是为满足居民的某一具体需求。在这一过程中，社会工作者以专业者的身份介入，成为服务的直接提供者，事事"亲力亲为"。但转变服务后，虽然社会工作服务也是以居民的需求制订服务计划，但这些需求是由居民自身界定的。社会工作者在其中不限于服务的策划者、组织实施者，更多情况下，社会工作者在其中扮演的是引导者的角色，引导居民发现自身的优势和能力，引导居民在服务中发挥自身优势，引导居民成为服务的受益者，同时也是服务的提供者。服务转型后，社会工作的服务策略更注重对社区居民的主体意识的唤醒，让居民既是服务的受益者，又是服务的提供者。

其次，分析从社区资源到社区资本的视角转变意义。每个社区都拥有资源，但是在视角转变之前，社区资源很容易被忽略，尤其是在留守和流动人员多的社区，在重视家庭功能的文化背景下，留守和流动人员处于一个功能不完整的家庭之中，显得能力很弱，抗击风险能力非常脆弱。培养社区凝聚力，建立人们对于所生活社区的认同是从资源到资本的重要步骤。在案例中，阳光转变观念，改变从"解决问题"入手的惯例，采用了通过调动文艺资源的方法，活跃社区氛围，让人们关注社区的活动，关注身边的人，积极交友，建立归属感。阳光推动社区文艺积极分子组建文体队，多开会、多碰头，听取他们的声音。其他许多解决社区问题的资源，如"老年人健康互助小组"、妇女手工坊，都是运用了既有的社区资源。总之，通过对阳光做法的分析可以发现，每一个社区都是富含能量的，它们只是潜伏在土壤中，等待被一束光芒唤醒。阳光就是光芒，照耀土壤，让社区中的能量成长，成长为相互联结、相互支撑的网络，让每一位留守人员都能够获得支持的力量。

最后，资产为本的社区发展模式注重内在取向，为何要引入外界资源的参与？外界资源的引入对社区资源的使用是否有影响？在发掘社区资源、动员和运用社区已有资源开展服务、解决社区问题的同时，社会工作者和服务对象也会发现，对于有些需要解决的问题，社区不具备该方面的资源，如果不能有效地提出解决策略，这会让士气高昂的服务对象受挫，同时也会降低服务对象的积极性。虽然资产为本的特点是内在取向，但不代表不需要寻找外在力量的帮助，也不表示不需要争取社区外的资源。把外界资源作为社区培力或转化为社区服务的内部资源，或者与之建立长期的社区合作关系，可以起到重建社区资本或弥补社区已有资本服务局限的作用。

四、理论依据与分析

资产为本的社区发展模式（asset-based community development，ABCD）是优势视角在社区工作领域的一种发展。1993年，克雷茨曼和麦克奈特在《社区建设的内在取向：寻找和动员社区资产的一条路径》一书中提出了资产为本的社区发展模式。克雷茨曼和麦克奈特首先批判了传统的"社区需求或社区缺失"取向。他们发现，外来机构倾向把社区看作需要、问题和不足的集合体，而不认同社区的内在优势及现存的资源。这种分析和介入方式会削弱社区建设能力，甚至会给社区带来毁灭性的灾难。资产为本的社区发展模式提出，应以社区资产（community assets）或社区优势/能力（community strengths/capacity）为介入重点，强调不要用一种"需要镜片"(needs lens)去看社区,而应该用一种"资产镜片"(assets lens)或"优势/能力镜片"(strengths/capacity lens)去了解社区。①

创新的资产为本的社区发展模式强调:不要过分关注社区存在的问题及社区缺乏的,反之要注重社区的资产及其强项;建议用"还有半杯水满"(glass is half full)取代"没有了半杯水"(glass is half empty)的观点;深信每个社区都有不少资产及强项有待我们去开发及运用;社区居民、组织及团体都有能力去为社区做出贡献(capacity to act)。

该模式有三个特征:(1)资产为本(asset-based),社区发展以社区现有资产或优势为介入重点,包括个人、社区组织、团体及机构和自然环境等方面的资源;(2)内在取向(internally focused),即社区发展会首先培养本地居民、团体及机构解决问题的能力;(3)关系驱动(relationship driven),社区发展需要不断地建立当地居民、团体和机构内部及其之间的关系。

在本案例中,阳光立足于王家河街道既有资源,因地制宜地发展项目,更多扮演了资源链接者和助力者的角色。文艺团体的建设发动了社区文艺骨干,将社区成员推举为团体领导者,利用当地居民喜爱的楚剧作为主要演出项目,吸引当地居民;在了解到当地老年人有保健知识需求后,发现、联系当地中医,为社区居民提供定期的讲座和诊疗活动;利用当地妇女喜爱手工的资源优势,发展丝网花技艺,培养妇女运用网络营销,开发销售渠道,实现就地就业。当社会工作者发现问题时,一般会找到社区积极分子,开会面对面讨论,充分听取居民意见,梳理社区居民关系,发现解决问题的资源。如几个空巢、独居老人的互助小组都是基于个人既有关系,由社会工作者推动建立。而"天使妈妈志愿服务队"的12位妇女,也将自己的服务能力带入自己的社会网络关系体系,发挥了助人的力量。

资产为本的社区发展模式的介入步骤是:(1)资产地图。绘制个人、社区组织、团体/部门和自然环境等方面的资源资产地图。(2)建立内部关系。在社区内部建立有利于问题解决的关系网络。(3)资产动员。充分调动社区资产参与社区服务或促进社区发展。(4)社区展望。与社区骨干或代表性群体一起,进行社区发展规划。(5)建立外部资源链接。以发动内在资源为主,同时寻求或链接外在资源支持。

---

① John P. Kretzmann, and John L. McKnight, *Building Communities from the Inside Out: A Path Toward Finding and Mobilizing a Community's Assets*, Evanston, Illinois: The Asset-Based Community Development Insitute, 1993.

注重关系建立是资产为本的社区发展模式的特点之一,本项目在转型后服务的顺利开展,得益于社会工作者前期与居民良好信任关系的建立,社区居民会议的召开、社区组织的建立、社区资产的发掘和动员,都以这种信任关系为基础而得以实施。

五、关键要点

本案例分析的关键在于:把握社会工作者对农村社区问题的分析及运用的实务模式,以及社会工作者选择实务模式时的价值理念;掌握社会工作者在发掘、动员社区资产和培育社区组织、新建社区资本中运用的方法;理解社会工作者在组织培育中的角色或作用。教学中的关键要点包括:

(1) 社会工作者对社区问题的分析及回应;

(2) 社会工作实务模式的运用及其价值理念;

(3) 资产为本的社区发展模式在农村留守群体服务中的运用;

(4) 社区组织在社区发展中的作用;

(5) 社会工作者如何调动或发挥社区组织的作用。

六、建议的课堂计划

本案例的课堂计划可以根据学生的差异,尤其是对案例及其相关知识的知晓程度来进行差异化的设计。

本课程中案例主要按照 2 学时进行设计,以下的课堂计划仅供参考。

(1) 课前阅读相关资料和文献 2 小时、小组讨论 1 小时(可根据学生的不同背景适当增加课前阅读和讨论时间)。

(2) 课堂安排 90 分钟:案例回顾 20 分钟;集体讨论 40 分钟;知识梳理总结 20 分钟;互动环节 10 分钟。

在课堂上讨论本案例前,应该要求学生至少通读一遍案例全文,并对案例启发思考题进行回答。

本文作者:万江红,华中农业大学文法学院社会学系教授。

培力社群，共迎新生
——震后伤残人员的社会康复服务案例*

摘要：本文为残疾人社会工作服务案例，重点是关于地震伤残人员社会康复的服务。案例分两个部分。第一部分为案例介绍，首先介绍了"5·12"汶川地震后针对伤残人员的救助政策和相关服务状况，引出"社会康复"服务的问题；其次介绍了社会工作团队进入灾区对地震伤残人员为主的人群开展服务的过程，包括接案、预估、计划、介入、评估和总结等阶段，重点介绍了社会工作团队秉持发展取向，着力培育扶持以当地伤残人员为主体的各类行动组织，推动他们扩展社群网络支持、带领更多人共同走向新生活的做法内容。本案例值得反思之处包括：对于震后伤残人员、一般残疾人和其他受灾害影响的人群，物质救助、生理康复与社会康复的关系如何，社会工作者在服务介入时怎样把握？社群的持续培力怎样才能有效？社会工作者在此中的角色和能力要求如何得到满足？第二部分是案例使用说明，包括教学目的与用途、启发思考题、理论依据及案例分析思路、案例方法分析、关键点、建议的课堂教学计划等。

关键词：社会康复，增权/培力，优势视角，发展性社会工作

"社会康复"（social rehabilitation）是社会工作者从社会的角度，运用社会工作方法，帮助残疾人补偿自身缺陷、克服环境障碍，采取各种有效的措施，为残疾人创造一种适合其生存、创造、发展、实现自身价值的环境，使他们平等地参与社会生活、分享社会发展成果的专业活动。社会康复的实现，一方面依靠残疾人自己的努

---

* 本案例以绵竹青红社工团队的相关服务工作为基础进行编写，感谢所有团队成员的贡献。

力,另一方面依靠社会的大力帮助。① 其内容包括宏观政策制定和立法、社会倡导、无障碍设施建设等,也包括具体为残疾人提供在教育、劳动、医疗、家庭、婚姻、文化体育活动、娱乐、结社集会、政治、经济等方面的平等权利和机会。

在实务层面,相对于通过医疗等措施恢复和改善残疾人的身体状况和生理功能的"生理康复"而言,社会康复侧重通过各种介入支持,提升和改进残疾人的社会功能运作水平,使其能够正常地履行社会角色、参与社会生活,并获得自我发展与实现。因此,社会工作者常常可以在残疾人及其他各类由不同原因导致社会功能受损的人群(如受到严重自然灾害影响的人群)的社会康复服务中扮演重要角色,因其专业特长的核心即在处理人的社会功能运作方面的问题。②

2008年的"5·12"汶川大地震造成了数万人的死亡或失踪,以及数十万计的地震伤员,更多人还遭受了家庭房屋倒损、财产损失等巨大损失。党和政府在应对这场巨灾上采取了一系列有力的政策措施,包括应急阶段对灾区困难群众实施临时生活救助、在全国范围内及时救治伤员,为重伤员提供医疗康复,为受灾群众提供过渡安置、实施住房重建,以及支持开展心理抚慰和心理康复等。③ 这些政策措施起到了很好的效果,切实地帮助各类受灾人群从灾害的冲击和损害中恢复。不过,总的说来,这些政策措施偏重物质上的救助、援助和生理层面的医疗康复救助援助,而对灾难所引发的伤残人员、遇难者家属、一般残疾人等诸多群体社会功能运作上出现的困难或问题给予的关注仍显不足,相关社会康复的服务或相关措施也较为薄弱和欠缺。

而与此同时,地震发生后不少社会服务组织包括公益慈善组织、志愿者团体等也积极投入了灾后救援和其他服务活动。他们在紧急救援阶段的资源补充,过渡安置和灾后重建阶段的资源链接整合、多元化的需求应对和服务提供上,发挥了积极的作用。其中,一些来自不同地方的社会工作组织或团队开展了不同类型的服

---

① 马洪路主编:《社会康复学》,华夏出版社2003年版,第59页。
② H. Barlett, *The Common Base of Social Work Practice*, New York: NASW, 1970.
③ 当时的相关政策可参见《民政部、财政部、国家粮食局关于对汶川地震灾区困难群众实施临时生活救助有关问题的通知》(民发〔2008〕66号)、《民政部、财政部关于对汶川地震灾区困难群众实施后续生活救助有关问题的通知》(民发〔2008〕104号)、《汶川地震灾后恢复重建条例》(中华人民共和国国务院令第526号)、《国务院关于支持汶川地震灾后恢复重建政策措施的意见》(国发〔2008〕21号)、《国务院关于做好汶川地震灾后恢复重建工作的指导意见》(国发〔2008〕22号)和《民政部、财政部、住房和城乡建设部关于做好汶川地震房屋倒损农户住房重建工作的指导意见》,以及《住房和城乡建设部、财政部、国土资源部关于汶川地震灾区城镇居民住房重建的指导意见》(建法〔2008〕151号)、《国务院关于印发汶川地震灾后恢复重建总体规划的通知》(国发〔2008〕31号)、《卫生部办公厅关于加强汶川地震灾区受灾群众心理援助工作的通知》(卫办疾控函〔2010〕343号)等。

务活动,特别是体现"社会康复"关注角度的服务活动。例如,针对特定人群开展了关怀辅导、心理社会支持、支持网络构建、资源链接等。在此背景下,以当时中国青年政治学院等高校社会工作及相关专业师生为主体的团队得到某基金会"5·12灾后重建公开招标项目"经费的资助和有关各方的支持,于2009年4月进入地震极重灾区四川省绵竹市,在当时的汉旺镇武都板房区设立"绵竹青红社会工作服务站",开始了迄今十年多的专业服务。

绵竹青红社会工作服务站最初是非正式注册的机构,实际上是为执行基金会资助项目的项目团队的临时工作点。2010年4月,团队在绵竹市民政局申请登记成立了民办非企业单位"绵竹青红社工服务中心",标志着进入正式注册的社工机构阶段。十年多来,在绵竹青红社会工作服务站和绵竹青红社工服务中心服务过的工作人员(包括专业志愿者)发生了不少的变化,但核心的人员基本稳定,核心的服务目标和理念也基本延续一致。本案例即对绵竹"青红社工"团队在汉旺镇等地为地震伤残人员等群体提供社会康复专业服务的介绍。

一、案例简介

汶川地震造成了许多人的身体受伤,其中相当一部分虽经治疗康复仍留下了不同程度的残疾,他们为此遭受巨大的身心冲击,在重新面对正常社会生活上遭遇诸多困难和挑战。与此同时,另一些人未在地震中受伤或伤残,但因其家人遇难,这些遇难者家属经受着丧亲之痛的煎熬,很长时间难以走出痛苦,甚至失去继续生活下去的信心和希望。一些原先有残疾的人,历尽艰辛经营自己的生活,却因大地震一夕之间房倒屋毁、家计崩塌,境遇可说是"雪上加霜"。更有些人兼具几种处境,如自身伤残且有家人在地震中遇难。可想而知,其创伤之巨、之深,其复原之难、之不易。

社会工作团队进入震后过渡安置周边居民的汉旺镇武都板房区后,通过多种途径接触到当地受灾人员。举其中数例如下。①

刘哥,1964年生人,绵竹市天池乡村民,震前在村办煤矿做管理工作。地震中他被巨石砸压,不得已断腿求生,致右腿高位截肢;同时,其在技校读书的儿子在地震中遇难。震后与妻子相依为命。因儿子遇难痛不欲生,较长时间陷入消沉或麻

---

① 此处所述服务对象的情况参考了他们的口述史内容。

木情绪,不知如何面对未来。

马叔,1955年生人,绵竹市天池乡村民,震前务农。地震中双脚被砸,致两只脚掌前半段截肢,并常伴剧烈的"幻肢痛"①,实难忍受时自己以石砸击以求抗痛;他的儿子也在地震中因伤致残(失去一只脚),并深陷当时场景的阴影。马叔与妻儿一起生活。震后不满于当地政府的作为,与其他村民试图信访。

春燕,1972年生人,震前为绵竹市某国营煤矿工会干部。地震中左侧腰部、腿部受重伤,治疗期间多次处于危重状态,后致左腿高位截肢、脊柱受损,大便失禁。震后其与丈夫、儿子及母亲共同生活。曾萌发自杀想法并做尝试,甚难接受大便失禁一事。

杜姐,1975年生人,绵竹市汉旺镇居民,震前为餐馆配菜师傅。地震中左手和右腿、右侧腰部受伤,致左手掌截肢。震后遭遇离婚,与儿子共同生活。救治期间曾有过自杀念头,而且离婚对她的打击很大,很长时间处于压抑和自卑中。

凡姐,1971年生人,绵竹市汉旺镇村民。地震中双腿受伤,致一腿截肢,有强烈的"幻肢痛"。震后与丈夫、女儿及婆婆一起生活。一段时间里常感到难过、悲伤和无聊,不知活着有什么意思,深受"幻肢痛"折磨,并忧心和焦虑家庭的生计。

刘伯,1952年生人,绵竹市某单位退休职工,震前个体经营一家餐馆。地震中房屋倒塌,致一只腿高位截肢,妻子在地震中遇难。其与儿子、儿媳共同生活。震后对当地基层政府愤懑不平,对外界的人抵触;寻求又担忧重新经营饮食生意的可能性。

孟姐,1966年生人,绵竹市汉旺镇村民,震前在汉旺镇做买卖。4岁时因小儿麻痹症致残疾,其丈夫有智力问题,有一儿子。地震致其苦心劳作修建起的楼房倒毁,常感自身命运如此多舛,半生努力也一朝尽失,几无继续活下去的信心。

马姐,1974年生人,绵竹市汉旺镇村民,震前务农兼打临工。地震中上小学的女儿遇难。深陷悲痛,多次与丈夫彻夜痛哭。一时不知前路,想再生育又面临诸多难题而感无助。

孔姐,1972年生人,绵竹市汉旺镇居民,震前在美容院打零工。上小学的女儿在地震中遇难。震后与丈夫一起生活。长时间难以接受孩子遇难的事,对当地政府有抱怨和不满,又感到压抑不能宣泄,内心郁结难解。

---

① 一种医学现象,发生在伤残人员的肢体部分被施以手术截掉后。因截断处仍有神经感应,患者恍惚感觉原来的肢体部分仍在,由此引起剧烈的神经痛感。一般难以治疗,也几无医学缓解措施。

黄姐,1975年生人,绵竹市汉旺镇村民,震前务农。上小学高年级的女儿在地震中受重伤致左脚截肢,因而自暴自弃、正常学业受较大影响。震后其与丈夫、女儿、儿子共同生活,很为女儿担心焦虑。

可以说,以上十例代表了受地震伤害影响性较大的,同时又是相当普遍的一类人群。他们中多数是中年人,也有老有少;有的原先是企业或单位干部职工,有的担任过村干部(例如刘哥曾做过村团支部书记、生产队长即村民小组组长,马叔做过村委会主任),有的是个体工商户或打工者,而更多的都是普通的村民和居民。他们有的至亲(孩子或配偶)或其他家人在地震中遇难,也有家人都幸存的;有的经历变故而离婚,也有夫妻相守、彼此情义弥坚的。但一个共同点是,他们都遭受了地震带来的巨大伤害影响,除了房屋、家庭财产等巨大损失外,身心都受到较大创伤。特别是,相当一些人都受了不小的身体损伤,留下了不同程度的残疾,从腿部高位截肢、脊椎受损,到手脚伤损。相当一段时间里,悲伤、沉郁乃至绝望笼罩着他们,他们普遍有无助感或无力感,感受到生活的沉重压力、体会不到快乐轻松,更有人产生过自杀的念头甚至行为,也有人试图采取某种偏激的方式来对抗这一切。

二、社会康复服务过程

(一)接案阶段

由于服务对象在社区中较为分散,属于某种"隐蔽群体",社会工作团队采取多种方法主动出击,找出这些服务对象,并将之纳入社会工作的专业服务关系。

一是通过社区走访和入户家访发现服务对象。社会工作者花了很多时间做"社区行",敲开一户户的门询问了解并观察,确定是否为服务对象,进而与其交流沟通,邀请参加社会工作者组织的活动。社会工作者也利用板房区放"坝坝电影"(露天电影)或其他群众聚集的场合机会,去寻找和接触相关人员或获得线索。社会工作者在路上或公交车上偶遇伤残人士,还会去主动搭话交流,建立联系。这样发现了一些服务对象,并通过进一步的家访沟通,将关系初步确定下来。

二是从其他机构的服务中找到服务对象。社会工作者借助与服务站设址所在的当地职业技术培训学校的关系,设法参与该校举办的实用技能(如厨师、家政等)培训班,与班上的地震伤残人员和残疾人学员沟通交流,介绍社会工作服务站,邀请他们来参加"青红社工"的服务活动,借此也确定了一些服务对象。

三是通过"滚雪球"的方式,获得更多的服务对象。社会工作者请那些从社区家访和职校培训班中结识并确定的服务对象帮忙,介绍其他的地震伤残人员或遇难学生家长和残疾人,与他们接触交流,也基本确定了与他们的服务关系。

至2009年6月前,社会工作者与板房区及周边的十几位地震伤残人员、遇难学生家长、一般残疾人初步建立了关系,他们有意愿接受社会工作的专业服务。①

(二) 社会康复服务阶段

国内外有关一般残疾人的社会康复服务虽已有些理论和实务基础,但在针对地震伤残人员等群体提供相关社会工作专业服务方面并无多少先例可循或经验做法可资借鉴。有鉴于此,社工团队主要在社会工作一般专业理论和当地有关实际的具体结合中,探索开展和提供服务。这类似于一种"行动研究"的过程。②

1. 分析预估

社会工作者遵循社会工作服务的通用过程模式,在初步确定与服务对象的专业关系(接案)后,对服务对象的具体问题与需求等做出了分析判断,作为后续行动的基础。社会工作者结合家访交流观察、个别访谈(使用深度访谈法或口述史方法等)、社区调查分析,以及利用此前已掌握的情况和资料③等,同时自觉依据了一些特别的社会工作或相关领域的理论视角(如"社会发展"与"发展性社会工作"、增权/培力、优势视角、"哀伤辅导"等),对地震伤残人员等服务对象群体做出如下分析评估。

---

① 必须说明的是,这个过程并不简单,也非一次性完成。实际上,许多后来的服务对象在参加"青红社工"举行的第一次小组活动之时,心中尚存不少怀疑,不相信会有社会工作者这样的"好人"无私地来帮助他们,怀疑社会工作者是搞传销或卖保险的,甚至担心自己被骗,有的还特意叮嘱亲友做了防范。直到小组活动进行了几次,他们才真正对"青红社工"有了信任感。而这正是由于他们在参加活动中亲身感受到了社会工作者的态度和服务。

② 一般而言,"行动研究"过程强调从一定的理论思考出发,以之为基本指引来设计和开展特定的行动,但同时不断地进行反思,比照行动的效果与目标调整行动,乃至细化完善或改变所依理论;通过思考—行动—反思—再行动的螺旋式上升,逼近更佳的行动和理论思想。它不同于简单的从理论到行动的单向线性的理性行动过程模式。

③ 团队核心成员之前已深入参与过在灾区另外地方的对遇难学生家长群体的有关介入工作,因而他们对这一群体的情况有较多了解。

(1) 困难和需要方面

首先,由于地震灾害的突发严重性及其给相关人员等带来的各种"丧失"的经历,他们普遍出现了创伤性应激反应和不同程度的创伤后应激症状。多数人陷入严重的负面情绪状态,阻碍或妨碍了正常社会生活的行动。他们仅靠自己或家人也比较难于从这种状态中走出,且某些人因婚姻家庭的变故,不能从家人处得到支持帮助。对此,他们首先需要获得周到贴心而持续有力的心理安慰和支持,以释放和减轻各种负面情绪及其对自身的控制影响。

其次,多数人由身体健全变得身有残缺,或由正常的变成残破的婚姻家庭,由称职的持家者变成"失败者",因而普遍产生了自卑心理,自我评价降低。他们真实遭遇或主观感受到周围人的某种歧视或排斥,自卑感加重,并对外界敏感防卫。这导致他们行动起来包括通过正常社会交往获取环境资源来应对困难、重建生活的动力、勇气和信心不足,他们好似被"困"在了贬低、消极的自我与命运中而无力自拔。实际上,这是对他们的社会康复产生更长久不利影响的核心问题之所在。对此,他们需要一种能够真心被接纳、肯定、欣赏的人际社会环境,需要得到支持协助以重新确立有价值的自我形象和身份。

最后,当不得不逐渐调节情绪面对现实、不同程度去尝试思考和规划接下来的生活时,他们面临或感觉到各种各样的实际困难,如身体不便、能力欠缺和资金资产的缺乏,以及没有适合的外部机会和条件等。特别是,在当时的状态下,他们一时都难以看清楚合理的方向。有些已在尝试的服务对象也确实发现,这一过程很难,遭遇了许多挫折。这反过来加重了他们的负面情绪,动摇了他们正在慢慢恢复的信心和动力。对此,他们需要一定的引领,需要一些知识和技能,也需要获得适当的机会和条件,需要某些实实在在的有形支持和帮助,还需要较持久的陪伴,以在尝试行动及其成效中逐步巩固和增强信心、勇气与动力。

总结来说,从实现"社会康复"的角度看,这一人群需要有效的情绪安慰和疏解,更需要一种充分接纳和肯定的社会环境,还需要持续的引领和有力的支持,以使其投入重建生活的实际行动。

(2) 优势和资产方面

首先,无论是地震伤残人员、其他残疾人员,还是包括遇难学生的家长在内的遇难者家属,乃至其他一般村民和居民,都不同程度遭受了灾害的伤害性影响,但也都不同程度地展现出了自身的"抗逆力",实际上他们都是经历大地震"洗礼"后仍然屹立的人。许多人身上体现了难得的品质和力量,如刘哥和马叔在没有麻药、不靠医生的情况下切断腿脚自救,堪称"英勇悲壮";春燕自极危重的伤残中坚挺过来,并努力做康复,从只能瘫痪在床到站起来、走起来直到驾着残疾人专用三轮车"跑"起来,确然是自强不息,乐观向上;孟姐自幼时起即与残障抗争,历尽艰难磨砺撑起一个家,作为母亲给了儿子全部的爱和责任;孔姐心伤于女儿的遇难,但还牵挂着跟她有同样或类似遭遇的其他人。这些毅力、责任和良善品质不同程度地体现在服务对象身上,构成了他们十分珍贵的优势。

其次,他们虽遭各种巨创,特别是地震伤残人员的身心创伤,但只要人还在,就有一切可能。伤残者的身体经过治疗康复和适应过程,在逐渐增长各种能力,而不是相反,多数人已没有行走问题。这些人还蕴藏有很多其他的潜能。如刘哥、马叔和春燕的工作经历使他们拥有一定的组织协调能力,还可能有更强的沟通能力;刘伯和杜姐都有在餐饮副食方面的较丰富经验和知识;黄姐、马姐和孔姐相对年轻,且与丈夫和其他家人在一起,并且他们都长年生活在本地,拥有对当地风土人情等各方面的丰富知识以及各种生活经验。他们自身具有的这些多元的能力、知识或者拥有的亲人等关系都是宝贵的资产和优势。

最后,这些人能够挣扎求存、面对地震诸般伤害至今,除了生存的本能支撑,他们心底里还都有对更好的生活的愿望和念想,无论是为自己还是为家人。这愿望和念想驱使他们不论坎坷,一路向前。如今,这愿望和念想遭受打击挫折,甚至快要窒息湮灭,但终究并未完全消失。正是这愿望和念想使得他们挺到现在,并驱动他们开始不同程度地去做各式各样改变现状的尝试。不说别的,他们试着来接受社会工作服务,就是这样一种愿望和念想的表达。虽然,更好生活的愿望对于常人来说是再平常不过的,但对此时的他们而言,却具有重要的优势和资产之意义。

另外,从社区和更大的环境来看,国家和各级政府对灾后恢复重建的各项政策支持、相关行动举措,以及其他各方力量,特别是一些社会力量对灾区的援助和为包括服务对象群体在内的受灾群众提供的支持和服务,也是他们可利用的某种特别的优势资源。例如,地方的恢复重建工程会带来一些工作机会,从过渡安置到重建中也可能出现一些特别的商机;此前没有过的一些公益慈善机构、社会组织和志愿者的到来也代表了独特的资源。在过渡安置期的板房区里及周边,能够见到很多来自外界的人和物资。这些一并传递出一种信息:许多人会和他们站在一起,从而鼓舞他们朝前走、迈向未来。

2. 制订服务计划

社工团队结合优势和资产分析,基于对服务对象所面临的困难、问题和需要的预估,多次讨论服务工作的计划方案,首先明确了几个理念或原则:"助人自助",在此就是助这一群人自助;"发展性"取向,即不仅关注他们眼前的需要,提供当下的补救维持或恢复性服务,更谋求长远的改善,帮助他们实现更好的生活,达到更高程度的社会满足和自我实现;"可持续性",考虑到各种条件的制约,外来的社会工作者难以长期在当地服务,而地震伤残人员等人群社会康复服务目标的达成需较长的过程,服务介入必须不因社会工作者的离开而中断。最后制订的服务工作计划如下。

(1) 服务目标

总目标为:为服务对象提供协助,重在增强和运用其群体的优势力量并使之发挥出社群的多重功能,以改善成员的心理情绪状态、重建积极的自我身份,提升他们参与并贡献家庭和社会生活发展也即社会功能运作的水平,概括起来就是"培力社群,共迎新生"。

具体目标为:

① 为服务对象个别地提供初级心理安慰支持和社会接纳肯定,初步缓解负面情绪及其影响、减低自卑程度。

② 创建小范围的群体组织,营造支持性、接纳性的人际社会环境,通过群体内的心理社会支持进一步改善情绪状态,并逐步恢复自尊。

③ 提供各种支持协助,推动群体组织走向生计行动组织,带领成员相互帮助开展家庭生计活动,从中增强个人和集体的自尊感、信心与行动力。

④ 推动支持集体行动的组织进一步扩展吸纳更多成员,强化互助社群的多重功能,团结更多人自尊、自立、自强地一起前行,并参与和贡献于社会生活与社会发展。

⑤ 提供适合的平台和机会及有形的支持,协助服务对象重新确立新的社会角色,并助其实现。

(2) 服务策略措施

社会工作团队确定对地震伤残人员这一群体的社会康复服务是一个较长期的过程,因而不同阶段采取不同的服务策略和措施。

① 开始阶段,社会工作者利用各种机会、以多种方式向服务对象提供情绪照顾、人性化关怀等,为他们做尽可能细致周到的心理社会支持。

② 尽快创建一个小群体组织,初期社会工作者带领引导组织成员相互提供更多的心理社会支持,构建他们之间的小规模"支持网络"或"自助小组";中期提供

培训、资金和信息等支持,推动小群体组织转变为自我管理运作的生计行动组织,即"家庭生计互助小组",培育社群行动组织;后期推动家庭生计互助小组相对独立运作,作为社群组织开展行动、增强能力、发挥功能,社会工作者为其提供资源链接、陪伴等支持。

③ 随后阶段,推动支持以家庭生计互助小组及其管委会为核心的社群拓展构建,支持成立"春燕手工作坊""种植专业合作社"及"残疾人合唱团"。社会工作者协助处理它们的相互关系,建立更有力的共同社群。

④ 最后阶段,组织调整和角色分工,使社群核心成员及其他成员获得更明晰的身份定位,更有效发挥作用,助推社群运作发展。①

3. 服务介入

第一阶段,社会工作者为服务对象提供初步的情绪抚慰和支持,表达关怀和接纳,并进一步建立信任关系。

社会工作者首先对地震伤残人员等个体进行接触,在入户家访和其他方式的接触交流(如闲聊面谈和通电话)中,聆听他们讲述自己和家庭的情况特别是所遭遇的不幸,耐心和关注地听他们说出一些不好的感受、倾倒心中苦水,对有些对象表达出的拒斥或防卫态度给予充分包容。社会工作者在连续一两个小时与服务对象聊电话或者交流谈心中,从不表现出不耐烦或不愿意。同时,向他们表达出"感同身受"的同情和同理心,表示对他们所有的情绪、感受和想法念头的理解,也承诺会与他们共同去面对这一切。

在第一次召集十几位服务对象到板房区里的社会工作服务站的聚会活动中,社会工作者租车辆将他们一一接来;在他们到达现场时把他们细心搀扶到活动室;

---

① 必须指出,"青红社工"为地震伤残人员等群体开展社会康复服务的计划方案包括的具体目标和策略措施并非一开始就很完备清晰,也不是从头至尾没有变化的。相反,团队在不断因应情境、反思和明确及完善有关内容,必要时也做出了改变和调整。例如,最初计划是在一开头就进入"家庭生计互助小组",以此作为社群行动组织的培育建设阶段,并引导推动尽快带领组员开展生计活动。但根据实际情况,调整为先以提供相互间心理社会支持的"小网络"或"自助小组"来定位要组建的小组的性质和功能,服务第一阶段的重心从为服务对象创建和提供一个小范围的支持性、接纳性人际社会环境开始。又如,最初计划中并无非常明晰的关于一个整体的"青红社群"(包括青红社会工作机构团队,也包括其培育起来的手工作坊、合作社、合唱团等当地社群组织及其所紧密联系的人们)之有序构建和相关服务的内容(包括里面涉及的核心组织者的角色分工与身份定位等方面)。而随着这样的社群日益发展成形,内部的各种关系动力包括矛盾张力也有了更多的体现,计划也就相应明确了有关的服务目标和策略措施(如相关组织管理方面的调整安排)。在确定某些更具体的服务措施上亦如是,例如培育发展社群的生计行动组织是偏重鼓励支持合作性的组织与行动,还是也包容认可私人性或家庭制的类型或形态等,这是在服务实践的过程演进中有所调整改变的。

聚会期间准备点心茶水,并根据他们的口味进行调整,中间及时斟茶倒水、有人上厕所时小心陪护;中午为他们准备可口的免费午饭,大家边吃边聊;聚会活动结束时再搀扶他们上车,叮嘱司机安全地将他们各自送回。每次聚会活动过后,都进行电话回访,了解他们的感受和评价,寻求下次活动安排的改进。服务对象从内心开始接受和信任社会工作者。通过几次聚会,他们都更坚定且更深地进入与社会工作者的专业服务关系,强烈地希望来参加社会工作者举行的每次聚会,并开始主动在其他时间联系社会工作者进行交流。

第二阶段,社会工作者持续开展"家庭生计互助小组"活动,为服务对象构建支持性人际社会环境和互助网络,并推动其向社群行动组织发展。

在召集举行了两三次聚会活动之后,社会工作者向服务对象说明,为了长久地陪伴支持他们迈向今后的新生活,他们也应当团结起来、形成自己的组织,借以互相帮助,共同投入改善家庭生计和未来生活的行动。为此,社会工作者将提供一系列的协助、陪伴与支持。

从2009年6月开始,社会工作者以十位服务对象为基础(其中地震伤残人员七位、残疾人两位、遇难学生家长一位;女性六位、男性四位),正式组建成立了"青红家庭生计互助小组"(下或简称"生计小组"或"小组"),以不同的阶段性主题连续举行了近二十次小组活动,初期几乎每周进行一次,每月平均约三次。

初期,小组活动围绕着组员相互分享感受、充分表达和交流情绪情感,以及学习探讨家庭生计有关的知识等主题内容。社会工作者带领组员做各种游戏,促进组员间的熟悉和关系的建立发展,并通过鼓励每位组员开放和平等地发言等,引导创建一种宽松、安全和支持性的小组氛围。社会工作者鼓励组员间正式或非正式地交流内心感受、想法,互相安慰和劝解开导。接着,社会工作者为组员做了关于家庭生计的系列知识培训讲解,并引导大家尝试进行分析和讨论。对于组员提出的好的见解与想法,给予及时的肯定和反馈。

中期,除了继续提供相互交流的场合和机会,社会工作者还主要在小组活动上引领组员一起讨论改善发展家庭生计的互助行动组织应当是怎样的,如何才能有效运作。社会工作者提供一些知识和意见,并告知组员会为他们集体互助开展家庭生计活动提供一笔资金支持,请组员讨论如何进行组织管理。经多次讨论,大家达成了共识,即这样的小组需要建立一个管理委员会即"管委会",由它来带领组员运用外界的支持,持续开展互助式的家庭生计活动和相关行动。社会工作者发动组员自荐和推荐,主持一人一票的选举,产生出了第一期生计小组的管委会,成员为刘哥、马叔和杜姐。

后期,社会工作者的工作重点是促使"管委会"成为小组主角,发挥出在组员当中的领导和管理作用,亦使生计小组真正成为一个社群行动组织。由原先社会工作者单独设计和主持带领小组活动,逐步变为与管委会成员一起来设计和主持活动,直到变成由管委会单独设计和主持带领、社会工作者从旁协助活动。社会工作者给管委会成员打气鼓劲,并分享一些理念和方法技巧,帮助他们适应并更好地担任主持带领者的角色;针对一些组员遇事习惯性地找社会工作者的情况,社会工作者引导他们去找管委会成员,通过管委会或生计小组集体途径解决问题。之后,社会工作者推动和协助管委会在小组聚会上带领组员讨论制定生计互助小组的契约制度、各个家庭生计项目的规划、小组支持金的分配使用方案和管理规则,及用于家庭生计小项目的扶持资金发放办法等,成功地设制出了这些制度规则和方案办法。社会工作者适时与管委会和组员商议,邀请基金会资助方和当地政府有关人员一起,举行了"'梦想起飞'——家庭生计互助小组生计项目启动仪式",按方案向各个项目发放了扶持金,组员正式启动实施了各自的家庭生计小项目;管委会成员也代表生计小组宣示,将继续带领大家团结合作、互帮互助,投入追求美好新生活的共同行动。

第三阶段,社会工作者持续支持生计小组运作发展,并推动支持"春燕手工作坊""种植专业合作社""残疾人合唱团"等更多同类组织的成立和发展,理顺、增强它们的相互关系,打造有力的共同社群,助其发挥更深广的团结支持伤残人员等积极参与和贡献社会的作用。

在第一期生计小组活动期间,组员启动了各个家庭生计小项目,社会工作团队主要通过管委会为这些项目提供一些外部支持和帮助,包括链接信息和其他资源等,助力其发展。同时,社会工作者保持与管委会和组员的联系沟通,以不同方式参与生计小组举行的内部活动和包括组员的家人亲友等其他更多人参加的社区活动,表达对生计小组团结大家互帮互助、走向未来行动的支持。约半年后,社会工作团队争取到了某基金会第二期项目经费的资助,启动了第二期"家庭生计互助小组"的培育工作。社会工作者运用之前的经验,采取与第一期小组培育相同的模式开展服务,并充分调动第一期小组特别是管委会成员的协助支持,较快完成了第二期小组的培育服务,推动协助组员们民主选举出了两位管委会成员(其中一位是春燕)。接着,社会工作者推动第二期小组与第一期小组合并为共二十名组员的扩大了的生计小组,支持五人组成的大管委会带领组员们继续投入家庭生计小项目活动并努力谋求成功,也以各种方式支持小组继续更好地发挥团结互助行动的作用。

在第二期生计小组活动期间,春燕向社会工作者表达了与组内姐妹一起做一个手工方面的项目的意向,因为两期小组的主流生计模式以各家各户为单位做项目,她认为女性的伤残人员和遇难学生家长很难参与。社会工作者表达了对她这一想法的肯定和欣赏,并联系做类似手工的地方,供她们去学习了解,也提供了其他技术上和信息上等的支持,推动她发起成立了以串珠作品制作为业务的"春燕手工作坊",并在当地工商部门正式登记注册。此后,社会工作者一直关注支持作坊的发展,不断给予各种支持,例如请专业人士帮助作坊设计 LOGO、提供产品设计制作等方面的建议、组织外围友人伙伴爱心购买其产品、帮助联系媒体宣传推广等,也在其经营发展过程中遭遇困难挑战时给予鼓励陪伴,解决了一些实际的急难问题。

大约一年后,社会工作团队又争取到了另一基金会的项目资助经费,与管委会商议决定支持其中的成员(马叔和刘哥)作为核心骨干,带动天池乡二十三户村民乡亲,以劳力和土地入社,注册成立了"青红种植专业合作社"。社会工作者协同马叔、刘哥等骨干成员,开展了合作社的组织培育、管理建设和相关注册程序等工作,协助他们讨论确定业务方向和发展规划,并链接技术专家等资源。在合作社建立银杏苗圃、种育和移栽银杏树苗项目前后,社会工作者一起参与商讨并参加了各种劳动,始终表达鼓励支持,希望合作社带领因地震搬迁而生计受较大影响或有其他困难的村民团结合作,以集体的力量探索新型生计模式,寻求经济状况的改善和发展。

再往后,家庭生计小组组员和凡姐与刘哥等商议,想成立一个"残疾人合唱团",除了小组和"春燕手工作坊"的地震伤残人员、残疾人可以参加外,还面向汉旺镇乃至绵竹市更多的残疾朋友,以为大家提供一个娱乐和交流的平台,希望借此让大家的生活变得更有色彩和更愉快。社会工作团队赞赏了这个想法,并商议安排从经费等方面给予支持,还链接了外部爱心支持团员演出服资源等。

在这一过程中,社会工作团队已在当地正式登记成立了机构,办公场所也已搬到了灾后重建的汉旺新镇的居民楼里。社会工作者看到管委会成员中刘哥、马叔、春燕展现了突出的领导才能和组织管理能力,并对社会工作的理念有了较高程度的体认,考虑到从北京等外地来的高校社会工作师会逐渐撤离,机构的经费也不足以支撑聘用更多的专业专职社会工作者,于是先将刘哥吸纳进机构的日常管理团队中担任社会工作服务中心的副主任,随后不久,将马叔和春燕也纳入团队担任中心的副主任。机构也明确了他们三位的分工,除都参与协助中心的日常管理事务(特别是刘哥在财务等方面的参与协助)之外,还各自负有重点牵头带领几个在地组织的职责:刘哥侧重负责生计小组,马叔侧重负责合作社,春燕侧重负责手工作坊。合唱团建立后,团长凡姐更主动地参与到协助机构的一些日常事务中来。杜姐则从第一期生计小组被选为管委会成员以来,一直较活跃地参与各种集体活动,包括协助机构的一些日常工作。社会工作团队认为,这五位可组成生计小组新的管委会并同时作为机构日常管理运作团队①,要求他们既承接机构理事会等的领导和督导,又连接起生计小组、合作社、手工作坊、合唱团几个组织的成员。

此时,社会工作团队按服务计划做了具体把握,将服务介入的重心转变为:理顺一个大的社群("青红社群")的内外部关系,增强其力量,使其能够更好地发挥出互助支持和集体行动的功能,助益众人实现更积极的社会生活。

围绕基金会项目资助经费的分配使用情况,合作社与手工作坊成员及其负责人(同时是社群的核心人物)之间发生了利益矛盾和紧张状况,对此,社会工作团队引领几位负责人通过坦诚交流、协商讨论,找到解决方案,化解了彼此的矛盾,并引导其更深入理解社会工作的价值理念和社群的原则与精神,以求今后更好地面对类似情况。社会工作团队也针对因合唱团成立引出的社群范围扩大、超出先前的内外界限、原有成员对新成员出于各种原因表现出的不太接纳等问题和争议,做出处理回应,向大家强调,共同的目标任务是既帮助一些遇到困难的人从"受助"走向"自助",还推动自助者走向"助他",一起为更多人的成长和发展、为社会做出自己的积极贡献。社会工作团队也利用和创造了一些机会和条件,让刘哥、马叔、春燕等外出参加培训,增长对社会工作和相关知识的了解掌握。在外部方面,社会工作团队提供资源链接、能力建设和其他各种支持,协助生计小组管委会兼机构日常管理团队建立和加强与当地政府、其他组织,以及与更广大范围内一些机构和人员的关系,支持几位核心人物积极向外拓展联系、交流与合作,支持他们带领各组织和成员活跃地参与各种社会活动、扮演重要角色。如支持他们以机构名义与当地社区、村联合举办社区活动;支持他们以残疾人合唱团等名义在一些公开场合登台表演、展示自强不息的风采;也支持他们主动宣传机构和各个组织以及整个团体,使新的社会工作团队及以之为核心的社群在当地广为人知。

---

① 原第二期生计小组管委会的另一位成员因去外地打工,后来不再活跃于小组和机构的事务,实际上已退出。

4. 服务评估

社会工作者在绵竹市汉旺镇等地为地震伤残人员等群体提供社会康复服务的过程,历经十年多时间。此过程的不同阶段都可见到不同的服务效果,而最终则汇成了一定的整体成效。①

初期,社会工作者通过各种接触,向地震伤残人员、遇难学生家长及残疾人提供关怀、情绪抚慰和心理社会支持服务,特别是为他们举办"家庭生计互助小组"聚会活动,重在创建和提供组员间互相接纳、理解与支持性的人际社会服务。这使不少服务对象的创伤心理、不良情绪得到了很大改善。以他们自己的话说,他们觉得自己的遭遇和感受得到了关心和同情,有人来关注和倾听是很珍贵的帮助和安慰;他们从社会工作者那里获得了尊重和平等感。而当在小组中看到、听到比自己遭遇更难的情况时,他们不再那么难过了;当发觉比自己的境遇看似更难的人都仍未沉沦放弃,还回过头来给予自己安慰劝解时,便会反省自己有什么理由不去努力面对。特别是,在小组中大家都是同命人,又各有一些不同,更能互相理解彼此的际遇和感受,更听得进去道理,也更能接受加油打气。多数服务对象的心情因而变得平静下来,脸上重新有了笑容。他们的自我评价也有改善,自卑感降低,能更正常地看待自己,一些服务对象更因为得到周围人的赞赏和钦佩而增强了自信、提升了自尊。

在生计小组活动进入中后期,包括后来进入实际的行动期,即各组员投入小型生计项目并开展各种集体互助支持活动(如定期聚会等)时,社会工作者重点提供组织培育、各种能力建设支持、资源链接支持等服务,有效地帮助组员建立和发展了更紧密的支持性关系,提高了他们个人和集体的自信和行动意愿与能力。在此期间,服务对象普遍已从消极负面的情绪状态和自卑心理中走出来,并且显著增长了投入新生活的勇气、信心及实际行动。他们越来越开心地参加和投入小组活动和其他集体性活动中,无论是在活动上还是回到日常生活时都多了欢声笑语,能更合理且良好地处理与周边各种人等的关系,少了压抑和自卑。在生计小组进入行动期后,组员将更多心思投入各自的生计项目,为之不断探索努力,有了一定的成就后更感到自豪骄傲,并乐于与更多人分享,而其他不那么积极合理的想法和行为则逐渐消失;管委会的成员因此感受到了自己的价值和责任,日益主动地操心和为

---

① 关于服务对象接受社会工作服务介入过程中的一些变化情况,具体已收录入绵竹青红社工服务中心编写的《青红十周年口述史——铭记、同行、重生》,该文件尚未正式公开出版。

小组的事务付出,也在这样的忙碌投入中有了更多的喜悦、成就感与价值感等收获。可以说,此时服务对象们不仅是从地震伤残等伤害中得到了更多"治愈"恢复,也不同程度获得了自我的成长改变,释放出更多的能力与潜能。他们已获新生,向着重建生活和社会康复的目标迈进。

而当生计小组扩大,手工作坊、合作社及合唱团逐一成立并开展活动时,这些组织的领头人逐步成为社会工作机构的专兼职工作人员,担起了机构日常管理运行和团结带领各组织及其成员进行各种对内互助支持、对外拓展服务的双重职责,社会工作团队继续提供组织培育和组织运作支持服务、为本土社会工作转化成长的能力建设和社会工作机构管理运作相关服务,更有意识地为整个由社会工作者和有关服务对象构成的大社群提供培力服务,涉及相应的组织引领、关系调节和资源链接支持等,这些服务也取得了明显的成果效益。可以看到,在地震伤残人员、遇难学生家长、残疾人和搬迁村民中,越来越多的人回到了正常生活状态,许多人迸发出了新的能量,并为身边人乃至更多的人带来益处。例如,凡姐从长时间的消沉颓废、混乱摸索中找到了方向,成为残疾人合唱团的团长,为更多当地残友带来慰藉、欢乐和力量。马叔和刘哥深深地认同社会工作者的身份,为此而有的荣耀感溢于言表。马叔用了"青红精神"来指认所有这些人在一起的内在东西。刘哥说他找到了自己的事业,并乐此不疲。春燕带领姐妹们把手工作坊越做越红火,并坚持经济收益不是唯一甚至最主要的目标,她们看重的是,它让大家在一起有个共同的奔头,还能帮助其他人如特教学校里的智障孩子(为他们做培训、教他们学串珠),而她自感似乎又回到了曾有的生活模式——每天有个地方可去,并在那里感觉到了意义。马姐在各方的帮助下,成功再生育,诞下一对龙凤双胞胎,感受到了重做母亲的巨大喜悦,更活跃地参与活动。这样的例子不胜枚举。而重要的还有,由所有这些相关人组成的一个大的社群正在形成,并不断增长力量,越来越发挥出团结带领更多人相互支持成长改变、积极影响和转变周围环境、创建和发展大家共有共享的新的更好的社会生活共同体的作用。许多人,无论是曾经的地震伤残人员、遇难学生家长、残疾人、搬迁村民,还是生计小组的组员、手工作坊的姐妹、合作社的社员、合唱团的团员,都不断表达出对由最初和现在的社会工作团队联系起来的一个共同的更大团体的认同,强烈地希望它一直存在,而他们也会一直参与其中。这实际上表达的是对一个他们自身所构成的社群的寄托与归属。这个社群既作为实实在在的某种"平台"能够满足这些人的社会交往和相互支持等需求,也给不同人提供了发挥各种角色的机会、条件,还构成了一个精神家园,承载着他们和更多人共同的美好心愿与理想追求。

(三) 结案阶段

从社会工作者面向数十位当地的地震伤残人员、遇难学生家长、残疾人及其家人提供直接服务的角度说,至 2011 年前后,第二期家庭互助生计小组培育完成,并与第一期合并投入开展各个生计项目以及集体互助支持的行动,来自北京等外地的社会工作者逐渐撤离,可以说社会工作者的专业服务已到结案阶段。如前已述,此时对生计小组二十位组员及其亲密家人状况的评估显示,他们在情绪心理、自我身份认同、现实社会生活的参与行动等方面,都有了显著的改善,服务已较好地达成了提升他们的社会功能运作水平,也就是实现了其社会康复的目标。外来社会工作者陆续离开,减少了与这些人的各种接触交往,可以结束其专业服务了。社会工作团队与管委会商议后,举行了一次扩大的小组聚会活动,向组员郑重道别,表达了对他们所有人的不舍与感谢,并真诚祝福他们继续携手前行、迈向新生活。特别是,社会工作者切切叮嘱管委会成员,期望他们紧密团结,带领好兄弟姐妹们一起往前走,并表示若有需要,社会工作者将会以不同的方式继续陪伴和支持他们。

不过,从另一种角度说,社会工作的结案比上述情形要复杂得多。由于诸多原因,社会工作团队的服务实际上并未在上述时间立即结束。实际上,毋宁说这只是走向了一个新的阶段。持续至今,社会工作团队的服务呈现出跟先前阶段有所不同的新的内容与形态。何时结案?按照整体的服务计划应当是在由本土"青红社工"组成的机构管理和执行团队已经成熟,与之相连的各个在地行动的组织展现出强盛的生命力,整个社群已建构起有力和有利的内外部环境、能够充分发挥出其作为一个强有力社群的各种作用之时。但是,由于社会工作团队的本地化和奉献于当地社群营造的使命是永恒的,所以也许社会工作者与当地的联系并无一个真的结束的时刻。

三、服务反思

社会工作团队自身在服务的不同时期,特别是在各种阶段性转换时都对服务有总结和反思,并不断深化。以下是一些主要的总结性反观与思考。

（1）项目制的服务与常规化的服务问题。在本案例中,社会工作者最初作为项目团队从外地进入灾区开展服务,项目有周期也就是确定的时间框架（通常不会太长）,而外来社会工作者在当地的工作也是有周期的。这都不同于常态化的机构社会工作服务。如何在这种情况下保持专业服务的持续性、稳定性和一致性,其实是不小的挑战。但社会工作团队对此问题的意识和应对似乎存在诸多不足,实际上影响了服务的效果。在社会工作服务站转为正式注册的社会工作服务中心,向以机构方式来开展服务和运作的转变中,同样也有不少挑战。社会工作团队对此的准备和应对似乎也是不足的,这对服务效果产生了不利影响。

（2）社会工作的专业服务与政府(特别是地方政府)有关政策和工作的关系问题。社会工作团队进入当地开展服务的"落地"过程中其实颇多曲折,最后靠绵竹市政府方面有关人士的引荐才得以解决。开始时,社会工作团队与当地政府间是有联系的。但是,在接下来的服务工作中,团队与政府方面的对接、资源交换、配合行动却不足,这其实对服务的成效也是有不利影响的。除了其他外部和客观原因,这还跟社会工作团队的主动把握与作为能力明显不够有关,涉及更好地认识和处理社会工作专业服务与政府之关系的问题。①

（3）把握和回应服务对象多重需要及其变化的问题。从一开始,本案例中的社会工作团队就对所服务的地震伤残人员、遇难学生家长、残疾人等的需要,采取了各种方法去了解和把握,也基本上达到了较准确的判断认识,从而为后续行动奠定了有力的基础。不过,由于所在灾区情况的特殊复杂性,以及其他一些包括社会工作者自身方面的问题,社会工作团队对这些需要的掌握并未十分精准深入。比如,地震伤残人员需要更多身体康复服务的支持,较多人在经济和物质方面也有许多压力和对更直接援助的需要,以及在灾后首先获得心理社会支持以摆脱不良情绪并重建自信、自我的需要等,最初社会工作团队对此判断得不太准或在服务提供的回应上有偏差——其中重要的原因之一是,过早、过重地关注和强调投入集体互助改善生计行动的需要,忽视了这种行动的前提是解决身体问题、情绪心理问题和急迫的现实困难问题,它们存在辩证的关系。同时,服务对象群体内部存在共同需要,但也有一定的异质性,且随时间推移而可能不断变化,包括在后来更多人进入这一群体时更是如此。对此,社会工作团队及时掌握与回应能力不足,对服务效果

---

① 针对这两个问题,社会工作团队后来通过推动机构服务运作团队本地化、专业化,加强对当地政府在内的体制嵌入、关系嵌入或资源相互嵌入等,以寻求解决或改善。

也产生了某些可能微妙的不利影响。

（4）对"社群"及其培力途径的深入认识并运用于服务实践的问题。在案例中，社会工作团队一开始是较自觉地以"社会发展"和"发展性社会工作"为理论指引，并结合了优势视角、增权/培力等来开展服务的；在实务层面，则主要运用了"社区发展"和"社区组织"的模式，以及"自助小组""社会支持网络构建"等策略手法。但在认识层面，如何打通"社区发展"和"社会发展"？在服务行动层面，"培力"小群体如何通向"培力"社区直到"培力"社会？随着实践的发展，"社群"的概念或是对现实的更恰当概括，社会工作"培力"的对象也更清楚地指向了"社群"，借以最终走通从群体到社区再到社会的"培力"发展之路，从而也就能够完整实现"发展性社会工作"改善人的社会功能运作和形成社会进步变革的双重统一追求。但是社会工作团队在起初很长时间里并未达到这样的认识，这些认识多是事后才渐渐明晰的。而且，对于"社群"的认识可以说也仅仅是开了头，远未很好地破题。例如，社群的内部构造如何？基本组成部分及其结构关系怎样？如何才能有效运转并充分发挥对内、对外的各种作用？等等。显然，这也影响了对社群"培力"的途径之认识和把握。进而，这些认识还需要很好地运用到服务实践中去。以此观之，社会工作团队尚有很长的路要走。

（5）本土化与社会工作的专业性问题。在本案例中，社会工作团队逐步明确地实行了社会工作本土化的策略，无论它是出于哪些原因或考虑。就实际效果来看，这一策略产生了积极效应。不过，另外的问题又产生了，即如何保证社会工作的专业性？在现行的相关政策背景下，这还涉及一个相当实际的问题，即本土社会工作及社会工作机构的合法性问题。可以看到在案例中，社会工作团队尽管采取了一些措施和办法，寻求在社会工作本土化、机构在地化的同时保证或提升其专业化水平，但是仍存在许多困难和限制，尚未找到更有效可行的解决方案。①

案例使用说明

一、教学目的与用途

（一）适用的课程

本案例适用于"高级社会工作实务""残疾人/康复社会工作""农村社会工作"

---

① 对后面这几个问题，社会工作团队希望更坚定明确地诉诸"行动研究"过程来寻求解答。

等课程,也可作为"社会工作理论""灾害社会工作""社区工作"等课程的辅助案例。

(二)适用的对象

本案例适用对象包括社会工作专业硕士研究生、社会工作高年级本科(专科)生等。

(三)本案例教学目标规划

1. 覆盖知识点

(1)灾害及自然灾害、残疾人的知识;

(2)灾害救助、残疾人权益保障和服务有关政策;

(3)康复与社会康复;

(4)自助小组与社会支持网络;

(5)社区社会工作、社区发展、社区组织;

(6)社会工作行政和社会工作机构管理;

(7)社会工作通用过程模式;

(8)优势视角、增权/培力理论;

(9)社会发展与发展性社会工作。

2. 能力训练点

(1)社区调查分析;

(2)深度访谈、口述史;

(3)倾听和表达同理;

(4)接案和建立专业关系、预估、计划、介入、评估、结案;

(5)小组活动设计和带领;

(6)社区活动设计和带领;

(7)领导和管理组织;

(8)资源链接。

二、启发思考题

本案例的启发思考题涉及两个方面:

一是关于残疾人保障、康复的政策和知识,以及关于灾害救助政策的知识;二是关于社会工作服务在残疾人等社会康复中的专业性。

(1)我国残疾人权益保障和服务的相关政策及其实施情况如何,有何特点?

(2) 社会工作在残疾人社会康复服务中有何重要性？如何才能更好地发挥其作用？

(3) 我国的灾害救助相关政策及其实施情况有何特点？其中社会工作的地位和作用如何？

(4) 社会工作者可以通过何种途径和方式介入地震伤残人员的社会康复服务？

(5) 社会工作者在地震后直接为伤残人员等提供社会康复服务的途径和方式有哪些？

(6) 社会工作者在进入受灾社区提供对伤残人员等的社会康复服务时有哪些途径和方式，需要注意哪些问题？

(7) 社会工作者能够为震后伤残人员等的社会康复提供哪些专业服务？

(8) 在社区中如何接触到伤残人员等服务对象并取得他们的信任及建立专业关系？

(9) 如何准确了解和评估伤残人员等的服务需要？

(10) 如何开展伤残人员等的小组工作？

(11) 如何培育以伤残人员等为主体的社区或社群行动组织？

(12) 如何链接整合资源为伤残人员及其自组织等提供支持？

(13) 如何有效评估伤残人员等社会康复专业服务的成效？

三、理论依据与分析

（一）案例所涉及的理论

1. 灾害、危机与创伤

(1) "灾害"是指对较多人群造成各种伤害性影响的自然或社会事件。广义的灾害包括自然灾害、战争、重大事故、公共卫生事件等。因其突发性、伤害性，灾害常给人造成身心创伤，引发创伤反应和心理社会危机，导致个人和社会生活失序，并会产生其他不利后果。

灾害一般会经历从发生到应急救援、过渡安置再到恢复重建的几个阶段，不同阶段面临的问题不同，应对的重点也不同。

(2) "危机"是指任何较严重失序的情境或状态。个人危机状态主要是指个体由各种原因导致心理严重失衡、社会功能运作出现较大障碍的情形。通常，个人在面临危机时会调动自身潜能，寻求恢复平衡和正常的功能运作，但常常也需外界支持以度过危机甚而获得发展。

"危机干预"作为一种方法和实务主要是指对个人危机的介入,专业人员通过提供心理和社会支持及其他介入(如知识),协助个人摆脱危机状态并实现更好的功能运作。

(3)"创伤"(trauma)作为心理学专业术语是指个体遭受身心严重伤害或目睹他人身心受到严重伤害(特别是致死)而产生强烈的负面感受和经验,并伴随强烈恐惧等负性情绪。创伤后个人常发生心理情绪及行为等异常反应,表现为过度紧张、敏感、焦虑、退行等,被称为创伤后应激障碍(post-trauma stress disorder, PTSD),创伤可致个人陷入危机。

2. 社会康复

"社会康复"是残疾人全面康复的组成部分,是指依靠社会帮助和残疾人自身力量,减少和消除不利于残疾人进入社会的各种障碍,使残疾人充分参与社会生活,并为社会发展做出力所能及的贡献。除其他公共措施和社会行动外,通过特定的服务具体地为残疾人提供或协助他们自身创造在教育、劳动、医疗、家庭、婚姻、文化体育活动、娱乐、结社集会、政治、经济等方面的平等机会和条件,也是社会康复的重要内容。

在实务层面,相对于"生理康复"通过医疗等措施恢复和改善残疾人的身体状况和生理功能,"心理康复"较局限在改善残疾人的认知、情绪和心理功能状态而言,"社会康复"侧重通过各种介入支持提升和改进其社会功能运作水平,使其能够正常地履行社会角色、参与社会生活,并获得自我发展与实现。这常常既涉及对残疾人自身的干预,也涉及干预他们的周围环境,或两者相结合。当然,社会康复也须与生理康复、心理康复结合进行,互相促进,才能取得更好的效果。

就其应用范围而言,社会康复服务应不只适用于残疾人群体,其他由各种原因导致社会功能受损的群体,如遭受严重灾害或其他危机的人们也都有社会康复服务的需要。

3. 社会工作通用过程模式与社区工作

社会工作通用过程模式为接案—预估—计划—介入—评估—结案。社会工作通用过程模式也一般地适用于社区工作,不过可能有一定的变通调整,以适应社区及社区工作的复杂性。例如,社区工作的第一步"社区行"即广泛的社区接触和了解往往是必需的,此后才可能有成功的接案、准确的预估、合理的计划等。同时,按通用过程模式开展的每一步骤,也须注意应尽力以社区整体为一个单位来进行。

此外，社区工作中有不同的手法、模式。如在罗斯曼的"三分法"里："社区计划"是以专业人士为主来科学化地判断需求、整合资源和为居民提供服务；"地区发展"重在发动当地居民共同参与、自力解决共同的问题并共谋改进；"社会行动"是以组织社区民众采取某些较激进对抗的方法来维护和增进本地人的权利或利益。更简明的"两分法"则是："社区服务"以专业人员为主体、以社区居民为对象，前者为后者提供服务，后者只是接受服务；"社区发展"推动社区居民成为主体，专业人员与他们一起服务，甚至让他们自我服务，而专业人员仅从旁协助。

4. 优势视角

如萨利贝所言："当案主开始探寻、重新发现和修饰自己的才能和天赋之时，你会看到他们之中的火花。这些火花将点燃充满希望的、充满活力的、忠诚奉献的和行之有效的社会工作的火焰。"①

作为社会工作中的一种视角，"优势视角"首先在于打开社会工作者看待和认识服务对象的独特眼界，不再着重看她/他(们)的不足、缺陷或问题。所谓"需要"也不再是用外界人眼光去看他们未获满足的那些标准化的东西，相反，它指引社会工作者着重去发现和看见服务对象身上及其周围所有的积极有利的事物，并高度重视服务对象自己的愿望、想法与追求。

当社会工作者这样去看服务对象时，他们将能从服务对象看似不幸的处境中看到处处皆有的希望和可能，从服务对象的脆弱和偏常甚至成问题的情绪与行为中，看到他们拥有的优秀品质、独特知识、能力或潜能。一句话，看见他们的长处和力量以及机会与资源。正如萨利贝所认为的，看见人们的体验、个人品德、天赋、感悟、故事、灵性、意义和社区资源，这所有一切皆是案主(们)的优势。②

优势视角中还有一个重要概念即"抗逆力"或"韧性"(resilience)，它是指人们在面对挫折困难乃至灾难境遇时具有的忍受力和反弹力，也就是抗击逆境的内在力量。它不同程度地存在于每个人身上，没有人是完全没有的。抗逆力正是服务对象的优势中最宝贵、最重要的部分。

优势视角进而还要求，社会工作在发现和与服务对象一起看见其优势的基础上，努力使这些优势得到充分的施展和运用，并不断使之增强壮大，直到在服务对象的生命和生活中变得常规化。

---

① 何雪松：《社会工作理论》，格致出版社、上海人民出版社2007年版，第199页。
② 同上。

总之,优势视角是一种设法让服务对象成为应对困难与挑战的主角、成为自己生活的主体和命运的主宰的社会工作视角与手法。优势视角的倡导者坚信,社会工作者只有这样看和这样做,其服务才能真正取得成效,也才更为符合专业的使命——有效避免服务对象的不接受、依赖或被压迫。

5. 增权/培力

对"empowerment"这个词有不同的中文翻译,如"赋权""增能"等,分别传递出不同侧重的意味。但在社会工作领域,就最初 B. 所罗门在《黑人的增能:受压迫社区中的社会工作》(Black Empowerment: Social Work in The Oppressed Community)一书中提出这一概念时所表达的思想而论,"增权"或是更恰切的译法。因为,所罗门认为,黑人处境糟糕但又消极无为的表现是由压迫性的社会政治权力关系最终造成的,黑人要从中摆脱和改变也必须增长其在与外部关系中的权力。不过,"增权"这词又似不能充分体现要摆脱消极无为状态,除了对外增强权力外,亦须对内培养和增强自身行动力这个同样重要的含义。于是,我国台湾社会工作界更多采用的"培力"一词似乎更为合适。某种程度上,这一概念译法上的问题跟其词根英文"power"之词义的多重性也有关系。它既可做"权力"解,亦可做"力量"解,还可更具体地做"能力"解。①

虽有上述复杂之处,但社会工作在将"增权/培力"作为一个理论或视角的内涵方面还是存在相对清晰的共识性理解的。

首先,许多服务对象的处境和问题的关键是,其在长期被外界不公平对待同时"污名化"的过程中,内化形成了低自我形象、产生了"无力感"(powerlessness)并难以挣脱。因此,介入既需要改变外界的不公和歧视性对待,改变服务对象在实际的社会政治关系中无权、无势的现状,也需要设法改变服务对象的自我认知和评价,使其摆脱无能为力的心态。事实上,这两者还须互相结合,方能真正奏效。只不过在实务中,具体的切入点、着手处和中间路径或可有不同的选择。

其次,增权/培力的基本途径是设法让服务对象行动起来,哪怕是尝试性的,使其在此过程中寻求取得实际的成就、获得心理上的成就感,也增进更多的能力,最重要的是建立和增长自身的力量与力量感。一旦成功,他们可进而运用到

---

① 在英国哲学家培根的名言"知识就是力量"中,"力量"一词用的是"power";而后现代思想家福柯在谈论"知识—权力"或"权力—知识"时,其"权力"一词对应的英文较为确切,就是"power"。至于对"权力"单独的分析则已有太多的理论看法。

更多方面,带来更多的积极效应,反过来又进一步增强力量(感),这样服务对象就从原先的"恶性循环"进入"良性循环"。一些具体实践往往多采用集体性的行动尝试,假定服务对象单个人很难迈出这种尝试性步伐,也不容易产生成就与成就感。

最后,一些学者试图将社会工作者设法协助服务对象增权/培力总结为三个层面:(1)个人层面——提升自我认知和评价,在尝试和投入个人事务中增强自我效能感或自我力量;(2)人际层面——在尝试与他人进行人际交往和相处中,获得和提升自尊、自信,增强相应能力,增强人际关系中的积极力量,实现平等的人际关系;(3)社会层面——在与社会上更多人、更多群体的交往中,拓展关系、增强能力,增长积极力量,实现公正平等的社会关系,通常表现为以正面的群体身份认同积极、公平地与其他群体和全社会打交道。

除此外,还有人提出了第四个层面——政治层面,即服务对象或群体展现出能力和力量,在法律制度等中寻求改变,并实现其政治权利地位的公正合理改善和提升。

6. 社会发展和发展性社会工作

"社会发展"和"发展性社会工作"是两个相互联系紧密的理论,在社会工作中也是相对较新的理论(尤其是后者)。

(1) 社会发展

"社会发展"(social development)理论在20世纪八九十年代由J. 梅志里(J. Midgley,也译J. 米奇利)等做了较为系统的阐发。① 他认为,对于像亚洲、非洲中的一些发展中国家面临的问题——相当多的人处于贫穷、匮乏及其引发的其他不利状况中,想寻求改善生活但又遭遇机会缺失和限制等各种障碍,且主流的经济增长模式造成了"扭曲的发展"(发展不平等、一些人群被排除在外、分配不公、贫富悬殊等)——传统的慈善、社会福利政策行政以及社会工作等社会服务并不能有效应对,须诉诸"社会发展"的路径与手法。

梅志里定义,"社会发展"是与经济发展动力过程相结合的改善整体人口福祉的有计划的社会变迁过程。它是一种综合性、系统性的干预策略,涉及结合运用国家政府、市场企业、民间社会,特别是地方社区民众等机制力量,重在提升更多人群

---

① 可参见 J. Midgley, *Social Development: The Developmental Perspective in Social Welfare*, Thousand Oaks, CA: Sage, 1995;安东尼·哈尔、詹姆斯·梅志里:《发展型社会政策》,罗敏等译,社会科学文献出版社2006年版。

对经济生活的参与性和生产性(productivity),以积极地促进共同的经济发展、生活改善与长久福利。相比于以往策略手法的补救、维持及消耗性质,"社会发展"是积极的、发展性和生产性的,主要采用人力资本投资等社会投资(social investment)思维和具体做法,来达到持久改善人们的问题并使之需求获得更好满足的目的,也可实现社会发展与经济发展相互促进的"双赢"。例如,对贫困者不再以救助来补充和维持其基本生活,而是通过教育培训、改善健康素质、扶持就业或支持创办小企业等使其能够自食其力、自力更生。

社会发展视角下逐步形成了一些具体的实践模式或操作方案,如"资产积累与建设"及其"个人发展账户方案""社会投资"等许多具体的领域和做法。

(2) 发展性社会工作

总的来看,"社会发展"较为宏观,难以具体把握和实操,因而对社会工作特别是实务的指导意义不是很强。进入21世纪,梅志里与康利合作编著了《社会工作与社会发展——发展性社会工作的理论与技巧》,尝试更具体清晰地阐释发展取向的社会工作即"发展性社会工作"模式究竟是怎样的,尤其是如何将其运用于社会工作的实务当中的。①

发展性社会工作的核心理念有:

① 追求改变和变革(change);

② 优势为本和增权/培力(strength-based and empowerment);

③ 社会整合与正常化(social integration and normalization);

④ 自决和参与(self-determination and participation);

⑤ 重视社会权利(social rights)。

此外,他们还强调其国际视野,并与全世界范围内不同类型的社会工作对话,来建构更合适的社会工作理论和实践形态。

在实务上,发展性社会工作有两个突出特点:一是以采用社区工作和团体/小组工作方法为主;二是将社会投资策略运用于专业实务中。具体表现为,使用多种方法技巧和投资手段等,提升服务对象的可行能力,并建立各种资本,推动其在社区正常生活中的广泛参与和贡献,谋求实现整体社会经济政治文化环境的进步改

---

① 参见 J. Midgley, and A. Conley, *Social Work and Social Development: Theories and Skills for Developmental Social Work*, New York: Oxford University Press, 2010. 中译本为《社会工作与社会发展——发展性社会工作的理念与技术》,除了阐述发展性社会工作的理论内涵,也探讨了其在一些社会工作实务领域(主要是美国社会工作的主流服务领域)中的应用。

变的结果。

7. 社会支持网络、自助小组

"社会支持"是人们从身边人等获得的有助于其应对困难、满足需要的各种帮助支持。它可以分为表意性支持(如情绪安慰、情感交流等)和工具性支持(如提供急需之物或帮忙做具体事宜等)这两类,它们共同的特点在于都是通过社会环境中的其他人得到的。按照与其他人等的关系类型,又可区分为非正式支持(来自血缘、亲缘等非正式关系的支持)和正式支持(来自政府和正式社会组织机构的支持)。社会支持理论认为,没有人是完全可以不需要社会支持的,特别是某些情境下社会支持对于个人尤为重要。

"社会支持网络"即由为个人提供社会支持的人际关系多重交织构成的网络。这意味着社会支持来源于不同的关系人,他们一起发挥对有需要的个人的支持作用。这种网络越丰富、越强,个人获得的社会支持也越充足有力,也就越有利于其应对困难问题和促进正常良好的生活。因此,社会工作实务中常开展社会支持网络工作,如针对一些处于困境的对象,协助为其联结疏通关系、编织人际网络、强化支持提供等,使其得到更多帮助,以利于其面对和走出困境,甚而获得发展。

"自助小组"(self-help group)是社会支持网络在社会工作实务中具体的运用方式:为处境相同或近似的服务对象组建一个小组(或小团体),使之成为可供成员进行相互分享交流和帮助等社会支持的较稳定存在,进而使服务对象有一个特别的社会支持网络,从中获得更多有力支持。也就是说,在这样的小组中,成员自己帮助自己,而不太依靠可能不确定的其他支持来源。要使这种小组更好地发挥功能,通常社会工作者需要激发小组内部的动力,培养他们的主体性等。

(二)案例分析思路

案例的第一部分介绍了"青红社工"团队投入当地开展地震伤残人员等服务的各方面背景,包括社会康复及其中社会工作发挥作用的理论性背景,地震灾害的基本情况和国家政府、社会各方有关的应对行动,特别是国家的一些相应政策举措,还包括绵竹青红社会工作服务站、绵竹青红社工服务中心的基本背景情况,以及有关服务对象的一些基本情况等。目的是供学生了解这项专业服务是如何发生的,其中可能遇到的各种情形与挑战,以及怎样做好相关准备,启发思考政策服务组织体制等相关问题。

案例的第二部分先是关于社会工作团队开始服务的接案阶段。介绍了社会工作者如何采取各种办法,通过不同途径去接触服务对象,初步取得他们的信任并确立专业服务关系的过程与结果。其中,"社区行"、家访交流、抓住偶遇机会、利用已有关系、与其他服务机构合作等都是重要的方法。关键之处是,在灾后过渡安置社区开始服务工作、服务对象群体又由于各种原因而属于较为隐蔽的存在这一特定情境下,社会工作者展示出了主动出击和敏锐、敏感的风格。这提示学生思考在类似情境中如何成功有效地接案,有哪些可用的方法,其中需要把握的核心理念是什么,以及某些地方基层社区社会工作专业服务的状况及其基本的问题和挑战有哪些等。

案例的第二部分后是关于社会工作者进行社会康复服务的全过程。介绍了社会工作团队采取多种方法对服务对象的困难和需要及优势与资产做出分析预估,讨论制订服务计划,特别是明确原则目标和确定策略措施,进而努力实施了不同阶段的各项介入服务,包括必要的调整行动,直到对服务的成果和效应做出评估总结,以及结案。

案例的第三部分是对服务的反思。

案例展示出了许多重要的节点,呈现了服务过程中的多元化,但也介绍了重点和中心的介入内容与方法技巧,包括小组工作、社区组织、间接实务等,以及其中运用的增权/培力等具体做法。除了符合社会工作专业服务过程及领域的一般要求,也有不少特别的地方,如"社群"及其培力,社会工作机构的在地化、社会工作的本土专业化,当然还有关于震后伤残人员等残疾人以及其他人群社会康复中社会工作专业服务的特有手法、模式等。此部分涉及可供学生思考讨论的内容更为丰富,包括"服务反思"部分所指出的和"思考题"中已列出的。此外,学生还可借以思考实际场景中社会工作服务过程的性质与特点,认识"行动研究"的意义等。

四、方法分析

本案例整体上采取了"社群培力"(近于"社区营造")和"发展性社会工作"的模式与手法。在专业上具体可说是"整合的社会工作方法"的运用,其中社区工作和小组工作及其具体方法运用较多,还有一些宏观或间接实务的方法。

小组工作方法用于最初阶段服务对象的聚会活动中,特别是在两期"家庭生计互助小组"的初期阶段。具体包括招募组员、设计系列活动主题、主持带领小组活动、活动反馈评估等工作,以及平等关注、接纳理解、发挥小组动力等技巧的运用,起到了"社交小组"和"学习小组"的作用,发挥出了为组员提供交往交流机会、获得支持、缓解情绪,并获得某些积极的知识等功能。

社区工作用于生计小组中后期到行动期,以及培育发展其他组织("春燕手工作坊""种植专业合作社""残疾人合唱团")工作的大多数阶段中,是更多使用的方法。具体包括骨干领袖培养、组织能力建设等社区组织的方法和技巧的运用,也包括链接资源支持组织集体行动、自立为主改变内外环境,推动组织在社区中发挥作用、促进社区改善等"社区发展"的方法及技巧的运用,还包括设计举办社区活动的方法和技巧的运用。

在宏观或间接实务方法上,社会工作机构行政、团队协调,筹资获取资源,对政府和公众倡导等也有相应的运用。特别是,更大社群的培力或营造涉及多方面手法、多种技巧,诸如矛盾调解、关系处理、平台搭建、共识建构、资源体营造盘活等,也在不同时间加以运用,还包括社会工作机构的在地化、本土社会工作专业化的相关内容。

本案例显示,当前中国一些地方开展了有一定创新性的社会工作专业服务,其方法技巧既可援引专业中已有的东西,更须结合实际不断探索创造或将已有之物具体化,为此"行动研究"或是对这类服务实践颇为适合的概念与模式。而对于地震伤残人员、残疾人等的社会康复服务,基本上可以认为,贯彻增权/培力、优势视角等"发展性社会工作"和"社区为本的整合社会工作"手法是适用且有效的。

五、关键要点

本案例的关键要点在以下三个方面。

一是关于服务的背景。震后伤残人员等的社会康复服务需放置在地震灾害及其应对、残疾人保障和康复政策服务等大背景下来认识和把握。在本案例中,由于震后各种特殊情势和长期以来我国残疾人政策服务之状况,特别是基层地方的现状,以及社会工作的发展程度,相关人群社会康复服务的需要一方面是非常强烈迫切的,另一方面却又远未获得适当的回应,甚至可以说很少得到关注与满足。同时,这种社会康复的过程又必定较长,对相关服务的挑战也更大。这些是在理解和看待本案例时需要首先注意的。举例说,它们影响了服务对象一开始对于社会工作的接受性,还影响了社会工作团队获取资源支持的可能性,这些又进而影响了社会工作的服务提供及其效果。

二是关于服务的复杂性和某种特殊性。案例中社会工作相关服务的整体设计与实施、团队的整个行动过程中都有相当多的特殊与特异之处,也可说充满复杂性。这可能超出了对社会工作专业及其实务的常有想象,但却是值得重视并反思的。对于在震后面向伤残人员、遇难学生家长等在地开展社会康复的社会工作服务,如何具体运用优势视角?增权/培力究竟怎么做?社会发展是什么?发展性社会工作到底有没有、能不能行,怎样用于实务?"社群"及其培力或营造怎么做?对这些的思考认识与行动把握将贯穿本案例,也使服务表现为似乎庞杂又特别的样子。的确,不能说那些问题都得到了很好的解答,案例中社会工作的整个服务呈现出高度清晰一致的图景,但是它们涉及的东西,以及案例中社会工作团队尝试做出的回答,当得到应有的正视和积极的讨论。因为,它或正是社会工作如何因致力于将理论与实践紧密联系而成为专业的服务之关键所在。

三是关于对社会工作专业性的挑战。如果说上面的第二方面是来自外部(包括社会工作界除案例中团队之外的其他人)可能的就社会工作服务的专业性提出的某些质疑或疑惑,此一方面则是案例中社会工作者指向自身的有关专业能力、专业表现等的反省。即使他们对服务的整体设计与设施在大的方面是合理的,但在很多小地方,他们是否具备相称的能力去做好、做专业?比如,对于社区组织和社区发展中更为复杂的动力学,伦理权衡中更多的挑战,他们是否都能恰当地认识理解和应对?对于生计小组等发展性组织的培育支持,甚而使之构成社群持久有力运作的重要基石,需要与经济相关的知识和技能,他们又能否满足?且不说由社会工作的本土化、机构的在地化引发出来的那些有关专业性的问题了。

总的来说,本案例的服务是比较综合性地运用了社区为本的整合社会工作方法。当然,综合也好、整合也好,都对社会工作者提出了更高的能力要求,可能确实意味着要突破某些既有的专业框架,但同时,仍需要在此中保持继而提升得到承认的社会工作专业性。这是非同小可的挑战性课题。

六、建议的课堂计划

(一) 学生预习的知识

(1) 残疾人方面的知识,我国关于残疾人权益保障、康复服务等的政策;

(2) 灾害,特别是地震相关知识,我国关于灾害救助的政策体系;

(3) 康复、社会康复相关知识;

(4) 社会工作通用过程模式、社区工作相关知识;

(5) 小组工作及个案工作基本知识(价值伦理、方法技巧等);

(6) 社区工作模式、方法及价值观;

(7) 宏观或间接社会工作实务知识;

(8) 社会工作理论,尤其是优势视角、增权/培力、社会发展等。

(二) 时间安排

4节课,每节课45分钟(见表1)。

表1 课堂教学安排计划

课前预习
阅读相关资料(灾害、残疾人和我国灾害救助、残疾人保障政策等相关知识)
第一节课 案例概述
(1) 案例介绍(30分钟) (2) 案例提问:学生对案例进行开放式提问(15分钟)
第二节课 社会工作在残疾人康复中的地位和作用
(1) 分组讨论(20分钟) 社会工作者如何定位和发挥其在残疾人康复中的角色? (2) 课堂交流、总结(25分钟)
第三节课 社会工作理论与实务的关系
(1) 分组讨论(20分钟) 案例中运用了哪些理论或视角?如何运用?有哪些不足?如何改善? (2) 课堂交流、总结(25分钟)
第四节 案例总结
(1) 分组讨论(20分钟) 案例修正和反思 (2) 课堂交流、总结(25分钟)
布置作业
每个学生撰写一份案例分析报告

本文作者:陈涛,博士,中国社会科学院大学社会与民族学院教授、博士生导师。

优势视角下的农村留守儿童学校心理健康服务*

一、案例背景

随着我国城市化进程的加快,农村留守儿童的数量不断上升。本文中的留守儿童是指由于父母双方或一方外出打工而被留在农村,需要其他亲人或委托他人照顾的处于义务教育阶段的儿童。家庭是儿童初级社会化的最重要的场所,父母是孩子的第一任老师,家庭核心角色(父母)的缺位、家庭教育缺失及长期的亲子分离是否会对留守儿童的心理健康产生影响呢?

1948年世界卫生组织(WHO)成立时,它的宪章中提到的概念为:健康乃是一种在身体上、心理上和社会上的完满状态,而不仅仅是没有疾病和虚弱的状态。随后逐渐形成了健康的生理—心理—社会模式。随着人们对健康广泛而深入的理解,心理健康以及社会适应也受到越来越多的关注。在之前的学科分类中,总是把生理健康、心理健康以及社会的良好适应区分得很清楚。但是,在本文里,笔者认为三者(生理、心理、社会)共同属于一个整体——人,它们之间相互影响,相互联系。任何一个方面出现问题,其他的两个方面也会受到影响。所以,本文依据马斯洛的人格动机理论中人的基本需要的观点,认为心理健康是指人满足了生理、安全、爱与归属等的需要,最终在适应社会环境中实现自我的一个完满状态。[①]

目前,对该问题的研究主要集中在心理学、教育学和社会工作等学科。心理学对农村留守儿童心理健康的研究主要集中在对其心理健康现状的描述及其成因分

---

* 本文在已发表原文基础上进行了案例修改,原文参见石丹理、韩晓燕、李希希主编:《儿童青少年社会工作与家庭社会工作评论(第二辑)》,华东师范大学出版社2014年版。

① 亚伯拉罕·马斯洛:《动机与人格》,许金声译,中国人民大学出版社2007年版,第18—71页。

析这两个方面,少量研究关注解决留守儿童心理健康问题的方法与对策。研究方法以定量研究为主,最常见的是心理测量及问卷调查的方法,但研究结论不太一致。有的研究认为,农村留守儿童心理健康水平低,总体状况比非留守儿童差。① 有的研究发现,留守与非留守儿童心理健康水平没有本质性的差异。② 有的研究发现,留守儿童的心理健康情况比同龄其他儿童好,认为孩子在父母外出打工后,变得更加坚强和自信,自理能力增强,能够理解父母的做法,把对父母的思念、感激变为学习的动力,自觉上进,表现良好。③ 在对农村留守儿童心理问题的影响因素分析上:有的研究认为,学习成绩和学习困难程度对留守儿童的孤独感有一定的影响④;有的研究认为,父母在孩子越小时外出打工对儿童的焦虑水平影响越大⑤。

教育学研究的重点是农村留守儿童的教育问题,而留守儿童的心理问题健康常常成为其教育问题的影响因子。有的研究者认为,目前农村留守儿童的主要教育问题是缺少关爱而导致家庭教育的缺失;留守儿童的学习动机发生变化;部分留守儿童因为缺乏监管和关心出现厌学、逃学甚至过早辍学等现象;留守儿童违法犯罪现象较为严重。这些问题的原因主要是留守儿童的家庭教育不足,学校教育没有做好弥补工作,学生心理健康出现问题,最终导致教育问题。⑥ 在农村留守儿童心理健康的应对策略上,有的学者提出,家长需要和子女加强沟通交流,多关心子女的学习生活;强化体制创新,促进教育公平发展;强化学校教育,弥补家庭教育缺位;强化社会保障,使留守儿童健康成长。⑦

社会工作在中国尚处于发展的初期,对农村留守儿童心理健康的研究不是很多,大部分研究从社会工作的理论视角去寻找影响留守儿童心理健康的各种因素,从而提出介入的策略和方法。和秀娟从生态学理论的四个方面,即社会环境、事件

---

① 陈广云:《解析留守儿童的心理问题》,《华章》2009年第2期。
② 杨婉秋、高万红、刘毅:《贫困少数民族地区农村留守儿童与非留守儿童的对照研究》,《教育教学论坛》2014年第37期。
③ 周宗奎、孙晓军、刘亚、周东明:《农村留守儿童心理发展与教育问题》,《北京师范大学学报(社会科学版)》2005年第1期。
④ 王良锋、张顺、孙业桓、张秀军:《农村留守儿童孤独感现况研究》,《中国行为医学科学》2006第7期。
⑤ 刘正奎、高文斌、王婷、王晔:《农村留守儿童焦虑的特点及影响因素》,《中国临床心理学杂志》2007年第2期。
⑥ 贾梅、张炳明、刘雪娟:《农村留守儿童教育现状与对策》,《学理论(上)》2013年第1期。
⑦ 李佳圣:《农村留守儿童教育存在的问题及对策——关于鄂东南农村留守儿童教育问题的调查报告》,《教育探索》2011年第12期。

与能量、适应与应对、相互依赖去寻找留守儿童心理健康的影响因素①;张剑对社会工作介入留守儿童的问题方法及模式进行了实践探索②;王章华、戴利朝等提出通过对留守儿童的社会支持体系的间接介入来帮助留守儿童,社会支持体系包括家庭、学校、社区、政府、法律法规、政策制度、社会文化等③。

综上所述,目前国内大部分关于留守儿童心理健康的研究是从问题视角来描述和分析留守儿童的心理健康的,关注其成长中的不利因素带来的危机,并提出解决留守儿童心理问题的建议和对策;大部分研究属于描述性和解释性研究,干预性的实务研究不多。本研究将从社会工作的优势视角出发,以云南保山市 L 区的两所农村半山区学校项目点为例,探索从学校社会工作的层面、以提升留守儿童的抗逆力为切入点来提高留守儿童心理健康水平的途径和方法。

二、服务对象的主要心理问题界定与需求评估

云南保山市 L 区的 J 小学和 P 小学两所乡镇小学是地处半山区的农村小学。J 小学有教师 37 人,学生约 700 人,其中留守儿童约占 30%;P 小学有教师 68 人,学生约 1500 人,其中住校生约 900 人,留守儿童约 150 人(约占 18%)。在"苗圃行动"的资助下,四个云南大学的社会工作专业硕士生(以下简称社工)在这两所学校以住校社会工作者的身份开展了为期一年的心理健康服务。

在开展服务之前,社工运用焦点小组和个案访谈的方法对留守儿童及其班主任老师进行了访谈,以了解服务对象存在的主要心理问题与服务需求;在服务过程中,社工采用自编问卷和参与式观察法评估了服务效果。

(一) 留守儿童主要的心理问题

1. 孤独感较强

大部分留守儿童和祖父母生活在一起,祖辈一般只能照料孩子的生活,不关心

---

① 和秀涓:《农村留守儿童的心理健康:一个生态学的视角》,《河北青年管理干部学院学报》2007 年第 1 期。
② 张剑:《社会工作介入农村留守儿童问题的行动研究》,《社会工作(学术版)》2011 年第 9 期。
③ 王章华、戴利朝:《社会工作在农村留守儿童教育问题中的介入模式探索》,《现代教育管理》2009 年第 7 期。

孩子的学习,也没有辅导孩子学业的能力,缺乏与孩子的心灵交流,留守儿童的内心普遍感到比较孤独。此外,留守儿童和父母见面时间少,感受不到父母的关爱,也易产生孤独感。80%的留守儿童只有在过年的时候才能见到父母,有的留守儿童已经六年都没有见到自己的父母了。大部分留守儿童一般通过电话和父母联系,通话频率最高为一周一次,其次为一个月一次、三个月一次,通话的主要内容是父母询问孩子的身体和学习情况。例如,"妈妈会一星期给我打个电话,问我学校的情况和家里的生活情况";"我父母从不给我打电话,都是我打给他们,有时候一个月打一次,有时两三个月打一次"。一位班主任老师说:"我教过的四年级这个班,当时有34个学生,留守儿童就有七八个。我们也跟家长进行沟通交流,打电话,这些学生心里还是或多或少缺少一些母爱、父爱。去年我们班写的那个作文叫《我想对谁说》。有个留守儿童,就是刚才你们见到的那个小男孩,他的作文里面就写了……真的是我读了都淌眼泪,很心酸。孩子说:'我非常想我的爸爸妈妈,我不是希望他们过年过节回来给我几百块的压岁钱,我不需要这样,我需要的是他们的爱,需要他们多陪陪我。'真的写得很可怜。我当时觉得很感动。"在一次访谈结束时,一个留守儿童问笔者:"老师,你真的觉得世上的父母都爱他们的孩子吗?"面对这个孩子怀疑的目光,笔者感到心情十分沉重。

2. 自卑

社工在 J、P 学校开展需求评估时发现,很多留守儿童不敢主动和老师讲话,害怕老师,社工最初在和留守儿童交流时也感到困难。受访的老师普遍认为,留守儿童在班级里一般都不善于表现自己或表达自己的观点,比较自卑;上课积极回答问题的同学几乎都不是留守儿童;有些学生也瞧不起他们;对于学校组织的各种活动,如文艺表演、体育竞赛与才艺比赛,留守儿童很少主动报名参加,即使少部分留守儿童参加了活动,一般也不会有好的表现。

在留守儿童焦点小组访谈中,笔者问:"你们和其他同学有什么不同吗?"很多人回答说:"别的同学,他们父母在家,很幸福。"一位老师说:"留守儿童的学习和生活习惯比较差,心理也可能存在问题,我们班有个留守儿童王某某,出生才六个月他父母就到上海去打工了,到目前为止他再没有见过父母一次。而且他现在不是跟爷爷奶奶住,是跟他的阿姨在一起,反正他的内心非常自卑。有时候问他怎么了,他就哭着跟我说,'我想爸爸了,我想妈妈了'。"访谈中我们还发现,大部分农村留守儿童放学回家后要帮助爷爷奶奶分担家务劳动,有的还要照顾年幼的弟弟妹妹,平时与同伴交往不多,只有一两个朋友。

3. 心理压力大

大部分留守儿童的生活和学习压力很大。生活上,留守儿童要学会自我照顾,年龄稍大的留守儿童还需要照顾家中的老人和弟妹。有的说:"平常在家里也是很忙,总要帮助爷爷奶奶做家务,到田里去帮忙干农活,为家人准备饭菜,我完全没有独立的时间去玩耍或者学习。"学习压力主要来自同学之间的竞争和老师对成绩的要求,一个农村小学的毕业生要想进入当地比较好的初中,其成绩必须名列前茅。有的说:"老师给了我们很大的压力,因为如果考试成绩下降,老师会严厉地批评我们。"个别同学甚至因为没有考得理想的成绩而有过极端行为。

4. 人际交往能力不足

与其他同学相比,留守儿童平时不太主动与老师和同学交流,其人际交往能力明显不足。有的学校老师说:"现在的学生多数缺乏集体荣誉感,留守儿童遇到学习困难时,很少有同学会主动帮忙,大家都想着这不关自己的事,所以无所谓,有的同学甚至(对留守儿童)表现出嘲笑、讽刺,等等。"有的留守儿童说:"平常在学校,我们只和自己村里的同伴玩,一般不和乡镇里的同学玩,因为他们看不起我们。"

(二) 问题背后的需求与资源

从优势视角开展心理健康服务,最重要的是透过对问题的分析,看到问题后面的需求,充分挖掘留守儿童自身的潜能和环境中的保护因子,并通过社会工作服务来满足这些需求,建构一个支持、关心、期待的学校环境。通过对留守儿童心理问题的分析,我们看到留守儿童有以下心理需求:(1)需要掌握更多的生活学习技能,照顾好自己;(2)需要提升人际交往能力,建立社会支持网络,以应对生活和学习中的困难;(3)需要减轻学习压力,快乐成长;(4)需要树立生活目标,增强自信心;(5)需要得到外界的关爱。

除了心理需求之外,社工也看到了留守儿童自身及学校环境中的资源。一些留守儿童有着积极乐观的心态,能勇敢地去面对生活中的困难,认为虽然父母不能给予他们良好的照顾,但这让他们有更多的机会学习自我生存和自我照顾的生活技巧和经验;一些留守儿童拥有较好的人际关系网络,会相互照顾、相互支持;一些留守儿童有各方面的才艺,有的唱歌好,有的学习成绩好,有的擅长画画,有的写字很好,有的会做手工,有的擅于演讲,等等。从学校环境方面看,尽管农村小学教师的工作和生活压力很大,但有一些老师仍非常关心留守儿童,常常利用自己的业余时间为这些孩子排忧解难;有些非留守儿童的同学也很乐意和留守儿童交朋友。这些都是我们开展留守儿童心理健康服务不可忽视的重要资源。

三、学校心理健康服务计划与实施

(一)理论指导

1. 优势视角

优势视角是一种以优势去看待社会问题,提出解决问题方案的全新视角,它注重人们自身的力量以及周围环境的优势资源。优势视角不同于问题视角,问题视角的关注点是"问题",而优势视角的关注点是"人和优势",它充分发挥人自身的巨大潜能和周围的优势资源去应对生活中的问题和困难。但优势视角并不忽视问题,并非要去否认人们所面临的困难,而是把困难和问题看作挑战和机遇。用优势视角开展社会服务的第一原则是相信人有学习成长和改变的潜能。我们需要去寻找两个方面的优势:个人优势和环境优势。

个人优势主要包括三个基本优势:想望,在遇到和解决困难的时候,人不能消极地去面对,积极的思想和希望才是解决问题的目标和动力;能力,相信每一个人都或多或少拥有才能和力量,这些能力包括天赋、技能、熟练的事务、才艺等,个人所拥有的这些能力都应该得到尊重和加以应用;自信,当个体有了目标和能力要付诸实践的时候,还需要有信心,对于没有自信的人,社工要做的就是努力发掘其过去和现在的正向经验,哪怕只是一瞬间的正向经验,都可以用来鼓励增加其信心。

环境优势指环境中的资源,可以是有形资源和服务两类。有形资源就是指一些公共基础设施,而服务是指服务的人员和机构,这些资源最好来自当事人所熟悉的环境,这样改变才可持续。此外,社会关系也是一种重要的资源,它包括家庭关系、同辈关系、社区以及社会网络等,我们需要依靠从社会关系中得到的支持力量去促成改变。机会代表着发生改变的可能性和改变的巨大空间,优势视角倡导我们建立一种心态:认识到社区是资源的主要来源,有待根据服务对象的想望和能力去发掘和开创。①

在留守儿童心理健康服务计划的制订中,社工把培养留守儿童的生活兴趣作为激发其生活愿望的起点,把培养其生活技能和自信心作为服务的主要目标,并通过积极挖掘留守儿童在学校中的人际关系资源,增强留守儿童与教师、同学之间的互动和联结,让留守儿童得到更多的社会支持,达成其生活愿望,增强其自信。

2. 抗逆力理论

抗逆力理论是优势视角的一个基本理论,对抗逆力的研究开始于 20 世纪 70 年代的美国,当时一些学者发现处于高危环境中的儿童不一定都成为"问题儿童",一些生活在逆境中的孩子能够顺利地成长,可以成为有价值、有能力、值得信赖和关心别人的人。抗逆力研究的先驱者加梅齐对伦敦六个贫民区的家庭进行了观察,发现这些家庭中的成员虽然生活在充满犯罪、毒品和暴力的环境中,但他们的孩子并没有成为"问题儿童",主要原因是父母对他们的教养和反应具有弹性,注重其在校成绩,给他们灌输积极的人生观,维持了家庭的良好气氛。他把上述特质归纳为三项保护因子:积极人格特质的建构,家庭支持系统的建立及社会支持和外在资源的建构。他认为,抗逆力是每个人身上都有的潜质,但需要被激发,也就是说抗逆力是先天遗传和后天训练的结果,是在个体和困难环境抗争的过程中体现出来的。② 抗逆力有三个构成要素:外部支持要素(我有,"I have");长期发展以应对逆境的内部要素(我是,"I am");效能要素,即应对现实逆境的人际交往和问题解决技巧(我能,"I can")。

留守儿童心理健康服务的设计是围绕着抗逆力的上述三个要素开展的。在个体层面,通过以小组工作为主、个案工作为辅的方法,提升留守儿童自我照顾的技能(I am);在学校环境层面,运用小组工作的方法,提升留守儿童之间与师生之间交往的社交技巧,以在班级和学校中获得更多的关怀与支持("I have"),此外,通过对班主任老师开展心理健康教育的培训,增强留守儿童在学校的教师支持("I have");在个人与环境互动层面,将心理健康服务嵌入学校的班队活动和常规大型活动,为留守儿童提供更多参与学校和班队活动的机会,增强其与环境的互动,并帮助其取得好的成绩,体会成功的喜悦,提升其自我效能感("I can")。

---

① 参见宋玉丽、施教裕:《优势观点:社会工作理论与实务》,社会科学文献出版社 2010 年版。
② 田国秀:《抗逆力研究对我国学校心理健康教育的启示》,《课程·教材·教法》2007 年第 3 期。

(二) 服务目标

总目标是通过对农村留守儿童抗逆力的建设,全面提升留守儿童的心理健康水平。

具体目标是:

(1) 帮助留守儿童发现自己的优势、能力,学习生活技能,学会更好地照顾自己("I am")。

(2) 提升留守儿童的人际交往能力,建立稳定的社会支持网络("I have")。

(3) 增强留守儿童在学校生活中获得成功的体验,提升其自信心("I can")。

(4) 提升教师的心理健康教育能力,为留守儿童的健康成长提供持续性的服务(强化外部支持)。

(三) 实施过程

1. 开展留守儿童生活技能培训,提升其自我照顾能力

针对留守儿童需要获得生活技能的需求,住校社工利用学校下午放学后及晚自习后的课外时间,开展了六个不同主题的小组工作,以满足留守儿童学习生活和学习技能的需求,具体包括:

(1) 同伴交往小组。主要活动内容是让留守儿童意识到同伴交往的重要性,学会与同伴进行友好交往的技能。

(2) 卫生健康小组。帮助留守儿童懂得良好卫生习惯的重要性,学习预防常见疾病的知识技能,养成良好的卫生习惯。

(3) 压力管理小组。让留守儿童认识到自己的压力来源,了解压力的正向和负向功能,学会应对压力的方法。

(4) 学习管理小组。帮助留守儿童正确认识学习的意义,转变学习观念,由被动学习转变为主动学习;纠正学习中存在的问题;培养自主解决问题的能力。

(5) 情绪管理小组。让留守儿童认识到自己是谁,学会发掘自身的优点;引导留守儿童学会合理地控制情绪和消除负面情绪的方法。

(6) 改善师生关系小组。让留守儿童意识到教师作为重要他人在其生活中的重要性,学会换位思考,学会理解教师,学会与教师沟通的基本原则与方法。

2. 开展兴趣小组和游戏活动,丰富留守儿童的课余生活,增强其同伴支持

为了丰富留守儿童的课余生活,社工、班主任及少先队辅导老师共同合作开展了以培养学生兴趣爱好、丰富学生生活、增强学生的同伴支持为目的的兴趣小组和游戏活动。首先,社工根据学校环境中的留守儿童的优势资源,开展了两个兴趣小组:一个是以唱歌为主题的"欢乐合唱团";另一个是以环保为主题展示留守儿童的手工和绘画技能的"环保创意时装秀小组"。社工邀请有这两个方面才艺的老师一起设计和实施服务计划,调动老师的优势和强项,一起服务学生。

其次,利用晚自习后的休息时间开展游戏活动,包括:

(1)游戏会。游戏会主要是让留守儿童在一天的学习之后得到放松,同时穿插一些智力训练。比如训练观察能力的游戏"谁是领头人",培养人际沟通能力的游戏"传话""你画我猜",训练反应能力的游戏"大西瓜、小西瓜""数字七",训练团队协作能力的游戏"青蛙跳""一个好汉三个帮"等。

(2)电影分享会。看电影是很多留守儿童的愿望,既能缓解学习的压力,还能从中学习和体会一些做人的道理。经过学校同意,社工定期利用晚自习之前的时间进入教室给学生放电影(DVD)。比如,《放牛班的春天》让学生看到了老师的内心世界,懂得老师严厉行为背后的对学生的关心;《冰川时代》让学生们明白了团队协作的重要性,朋友之间要互相帮助、相互理解;《风雨哈佛路》让学生懂得只要努力,不管过程是多么艰辛最终都能够达成目标,实现自己的愿望。看完电影后的分享会是我们活动的重点,学生们分享自己的感触,社工帮助留守儿童聚焦电影的主题,并将电影的主题与现实生活连接,帮助留守儿童建立人生目标,学会处理个人与他人、个人与社会之间的关系。

3. 承办大型文体活动,展示留守儿童的才艺,提升其自信心

学校每年都会定期举行几次大型的全校性文娱活动(如六一儿童节活动)和体育活动(如冬季运动会)。社工主动与学校的有关部门合作,共同策划这些大型活动,将心理健康服务融入学校的大型文体活动。社工利用学校"六一儿童节"和"文化艺术周"的舞台,让有各种才艺的留守儿童展示自己,以满足他们的自尊、自我实现的需求。之前,留守儿童在这些活动中常常只是观众,没有机会展示自己,现在社工将兴趣班活动的成果推上了学校的大舞台,让全校的师生看到了留守儿童积极、正面的形象,留守儿童的自尊需求得到了满足,自信心得到了提升。此外,

社工还利用一些小组工作中常用的互动游戏在 P 小学举办了一次师生趣味运动会,强调学生与教师的合作。活动的直接效果之一是改善了师生之间的关系,拉近了师生的心理距离。

4. 培养学校心理健康教育骨干师资,提升心理健康服务的可持续性

为了让更多的老师关注留守儿童的心理健康,参与我们的服务,我们在 P 校校长的支持下,对该校的全体教师开展了四次心理健康教育培训,内容包括:

(1) 教师的自我心理保健讲座。讲授心理健康的重要性,教师常见的心理问题,以及介绍自我心理保健的方法。

(2) 教师压力管理。认识压力的来源,以正确的心态面对压力,学习减压的自我调节法。

(3) 教师情绪管理。认识情绪,认识合理控制情绪对自身的重要性,学习合理宣泄情绪的有效方法。

在培训中,我们还有意识地穿插了很多开展学生心理健康教育的方法,教给老师一些简便易行的操作方法和技巧,如何使学生集中注意力、进行班集体建设、与学生进行有效沟通等。培训方法包括讲授、游戏、角色扮演及绘画等。

为了留守儿童心理健康服务在项目结束之后能得到持续,我们在当地教育局的协助下,从 L 区的十多个小学中选出了 30 名教师作为心理健康教育骨干师资,并对其进行了一年的培训及督导。30 名骨干教师经过 60 个小时的系统培训,学习了心理健康教育的基本理论、知识和技巧。经过一年多的学习与实践,30 名骨干教师在心理健康意识、心理健康知识、心理健康教育能力方面都有了明显的提升。

5. 心理健康服务与班队活动结合,帮助留守儿童树立人生目标和信念

儿童青少年阶段是人生观形成的关键时期。针对部分留守儿童对未来缺乏信心、学习动力不足的情况,社工协助 J 小学和 P 小学的心理教育骨干教师,将心理健康教育与班队活动(以班级为单位的少先队活动)相结合,以班级为单位开展了"个人成长"团体辅导活动,以帮助留守儿童树立人生目标和信念(具体见表 1)。该活动主要涉及三个模块:

(1) 自我认知与成长。首先让学生对自己有一个全面认识,进而接纳自己,最终的目标是自我价值感的提升。

(2) 成长中的人际关系。让留守儿童通过积极参与班队活动,在过程中体会

和领悟人际交往的重要性,学习人际交往的原则和方法,最终改善与同伴及教师的关系,从学校活动中获得更多社会支持。

(3)感悟生命。主要是让学生学会以感恩的心态面对生活,养成乐观、积极的人生态度。在这个活动中,骨干教师是服务主要提供者,社工则是协助者。

表1 班队活动一览表

目标	内容	主题活动
自我认知与成长	认识自我	我很特别
	欣赏自我	我有信心
	展示自我	我相信我能行
成长中的人际关系	尊重接纳	友善的力量
		欣赏、接纳、宽容待人
	关爱互助	爱心比对错更重要
		我们是一个集体
感悟生命	生命教育	认识生命
		珍爱生命
	感恩生命	感恩父母
		感恩老师
		感恩生命中的重要他人

6. 由学校心理老师对有特殊需要的留守儿童开展个案心理辅导

经过项目组的培训和督导,大部分心理骨干教师能将个别心理辅导的方法融入对留守儿童的日常管理,师生的心理距离拉近了,留守儿童感受到了教师的关爱和期望,留守儿童的心理和行为问题得到了改善或消除。以下是孙老师(项目培养的学校心理健康教育骨干教师)所做的个案。

(1)个案背景

蕊(化名),女,9岁,四年级学生。三年级时父母外出打工,转到P小学就读,平时由外公外婆照顾,品学兼优,善良,有爱心,自尊心强,胆小。蕊曾在二年级时看到妈妈与一个男人的亲密举动,妈妈不让她把这件事告诉爸爸。蕊选择替妈妈隐瞒事实的真相,认为如果告诉爸爸,会失去家庭,但又觉得这样做对不起爸爸,两者的矛盾引发了她内心的强烈冲突。将近一年半来她一直处于矛盾冲突中。心理压力达到极值后,蕊经过反复考虑,找到孙老师求助。

（2）个案工作过程

放学后,孙老师一个人在办公室看书,蕊再三犹豫后(孙老师从窗户看到的)向孙老师走来,孙老师(以下简称师)起身相迎。

蕊:孙老师!（有一点紧张）

师:蕊,你好!来,请坐!

蕊:孙老师!我想请问你:如果一个人知道一件事,说出来这件事后果很严重很严重;不说出来,又会觉得对不起另一个人,这件事是应该说出来还是不应该说出来?(蕊语速很快,急于解决问题,寻求答案)

师:(我非常警觉,直觉告诉我,事情不简单,我起身把门关上,温和地对蕊说)你可以说得具体一点吗?

蕊:是这样的,我知道了妈妈的一个秘密,如果说出来,爸爸就会打妈妈;如果不说出来,又觉得对不起爸爸!

师:你知道的这件事,如果说出来了,爸爸就会打妈妈;如果不说出来,你又觉得对不起爸爸。那么,这个对不起爸爸的感觉是你和妈妈都有呢,还是只有你有?

蕊:不,妈妈没有,是我觉得如果不说就对不起爸爸。

师:如果你愿意的话,你可以说说这是一件怎样的事吗?当然如果不说,也是可以的。

蕊:孙老师,我想告诉你这件事,但是你可以不告诉别人吗?（眼泪流了出来,情绪激动）

师:(递纸巾)谢谢你对我的信任,当然,这件事我一定不会告诉其他任何人的,这是属于我们两个人的秘密。

蕊:我爸爸不在家(外出办事),有一天,有一个男人来我家约我爸爸去打工。我爸爸不在,他就走了。又过了几天,那个男人又来了……

师:那个男人把妈妈叫出去了,你听到什么了吗?

蕊:我听到那个男人说让我妈妈嫁给他。

师:妈妈说什么了吗?

蕊:妈妈说不行,爸爸快回来了,让他快走。

师:哦!（点头）你看到什么了吗?

蕊:我看到妈妈和那个男人有亲密举动。（蕊哭得很伤心,表情非常痛苦）

师:哦!你还看到什么了吗?

蕊:别的就没有了。

师:那后来呢?

蕊:后来那个男人走了。过了一会儿,我爸爸回来了。我很害怕,我在哭。妈妈让我不要把这件事告诉爸爸,她还骗爸爸说我哭是因为我牙疼,我那个时候经常会牙疼。

师:你说当时你很害怕,你害怕什么?

蕊:我害怕如果妈妈嫁给那个男人,妈妈是会要我还是哥哥;如果我跟了爸爸,我还会有个后妈。我知道,后妈不好!

师:为什么说爸爸知道了这件事就会打妈妈呢?

蕊:是有一天我睡着,听见爸爸和妈妈在说话。爸爸说,如果下次还这样,就饶不了妈妈。

师:好的。我们来设想一下:如果告诉了爸爸会怎么样?

蕊:爸爸会打妈妈!

师:然后呢?

蕊:我会失去妈妈!

师:还有呢?

蕊:(稍想片刻)我还会失去爸爸,因为警察会来把爸爸抓走。

师:嗯,是的,那你呢?

蕊:我就成了一个没有爸爸、没有妈妈的孩子!(大哭)

师:是啊!如果说了,蕊就成了一个既没有爸爸,也没有妈妈的孩子!(语气放缓)

师:现在爸爸和妈妈怎么样了?

蕊:那次以后,妈妈就和爸爸去深圳打工了,再没和那个男人联系了。

师:爸爸和妈妈在一起吗?

蕊:是的。

师:你看,事情没有你想的那么糟糕,对吗?

蕊:(点头,微笑)

师:你决定了吗?说还是不说呢?

蕊:我决定了,不说!(语气坚定)

师:心里还难受吗?

生:不难受了!

师:好的!那你早点回家吧!(起身相送)

生:谢谢你,孙老师!谢谢你帮助了我!

师:(拥抱她)不用谢我,是你自己帮助了自己,谢谢你对我的信任,这是我们两个人的秘密,我不会告诉别人的。

生:嗯!(点头感激,笑容灿烂,如释重负)

师:如果还有别的困惑,欢迎你随时来找我,我很乐意和你分担。

生:好的。老师再见!

(3)蕊的情绪问题形成的心理机制分析

埃利斯的理性情绪疗法认为,引起人们情绪困扰的不是外界发生的事件,而是人们对事件的态度、看法、评价等认知内容,因此要改变情绪困扰不应致力于改变外界事件,而应改变认知,通过改变认知,进而改变情绪。其 ABC 理论强调,个体的情绪问题是由非理性信念引起的。常见的非理性信念有绝对化要求、过分概括化、糟糕至极的结果等。理性情绪疗法是帮助求助者解决因非理性信念产生的情绪困扰的一种心理治疗方法。

蕊的非理性信念有:① 绝对化要求。蕊觉得爸爸是自己的亲人,要对他说真话,要诚实,不能欺骗他,否则就是不对的,就是坏孩子,就对不起爸爸。妈妈骗爸爸是不对的,自己帮着妈妈骗爸爸也是不对的,继而她产生了内疚、自责的情绪体验。② 过分概括化。蕊认为妈妈和另一个男人发生亲密举动,妈妈就会离开这个家,离开自己。③ 糟糕至极的结果。蕊认为如果把真相告诉爸爸,爸爸一定饶不了妈妈,而且爸爸也会被警察带走。这样是她无法接受的,两难的选择使她被负面情绪反复折磨。

在整个个案辅导的过程中,孙老师主要采用了理性情绪疗法。首先,让蕊充分宣泄内心压抑的不良情绪。通过对其无条件的积极关注及充分运用同理心、具体化等咨询技术,帮助她用理性的态度代替原有的消极态度,认清自己的非理性信念,走出困境。

(4)个案辅导效果

蕊的压力感降低,蕊知道自己该怎么做了,不再担心,压在心里的大石头被搬走了;蕊的情绪也恢复了正常。辅导之后孙老师又问过蕊几次,蕊表示已经没问题了,她看待问题的角度也更加积极了,心情好多了。

在蕊的个案中,服务对象遇到困难主动求助的态度是个案咨询能够达到较好效果的一个重要原因,也是咨询取得良好效果的关键;辅导老师对理性情绪疗法的理论和技术的恰当运用是短期内取得较好效果的保障。这个案例也告诉我们,父母的任何一个不经意的行为、动作,都可能对孩子幼小的心灵造成巨大的伤害。留守儿童的父母也应当竭尽全力为孩子营造和谐的家庭氛围,让孩子充满阳光,健康成长。

(四)服务效果评估

1. 留守儿童的自我照顾及人际交往能力明显提高

通过自评和他评的方法发现,留守儿童的生活压力得到了缓解,生活态度、技能和行为方式有了明显改变。正如一些留守儿童在评估问卷中写的,他们"认识到了自己的压力,学会了组员之间要相互团结,不能嘲讽他人","自己感觉压力在减轻,感觉这是一个温暖的大家庭,今天是自己第一次向别人说心里话,感觉心理舒服了一些","面对压力,朋友之间可以相互帮忙","明白了老师有时候对我们严厉是担心我们的学习(成绩下降)"。很多班主任也反映,留守儿童的行为有了积极改变,如卫生习惯变好了,衣服和头发比过去整洁了,不交作业的情况减少了,一些不爱说话的同学会主动与老师打招呼了等。

同时,我们还随机抽取 30 多个留守儿童,通过画人际交往同心圆的方式,了解其在人际交往上的变化。人际同心圆共分为三层,服务对象要根据自己的情况画出自己的人际关系网络,在最里面的圆中填写和自己关系最紧密的人,依次向外,关系依次减弱。通过统计三个同心圆中的人数和类别的情况,来判断留守儿童的人际交往基本情况。统计结果显示,在参加了团体辅导以后,留守儿童交往对象的人数有明显的增加,特别是,外层人际交往的人数由原来的 0.46 增加到了 2.06。这说明,留守儿童的人际交往面扩大,人际交往能力得到提升,具体可见表 2。

表 2 人际关系同心圆前后测对比

	第一层		第二层		第三层	
	前测	后测	前测	后测	前测	后测
极小值	2.00	1.00	0	1.00	0	0
极大值	3.00	5.00	3.00	4.00	2.00	4.00
均值	2.96	3.35	1.43	2.65	0.46	2.06

2. 留守儿童的生活目标更为清晰,自信心提升

通过参与式观察和自我评估,社工发现很多留守儿童的自信心得到提升,他们能看主动发现自己的兴趣、优点,生活目标比之前更为明确。例如,一个原来在老师和同学眼中的"胆小、不愿意讲话"的留守儿童,现在开始在课堂上主动回答问题,可以和班级中的其他同学成为好朋友;一个原来班里的"小霸王"变得会帮助其他同学了;一个原来因为父母不和而成绩突然下降的留守儿童,现在得到了更多老师、朋友的支持,感觉自己并不孤单,其学习成绩也得到提升。

3. 学校教师逐渐成为留守儿童心理健康服务的主力

L 区的 30 名骨干教师经过 60 个小时的系统培训、一年的实践和督导,心理健康教育能力有了很大提高,心理健康意识有了明显的改变。通过问卷调查,这三项指标的平均得分分别约为 1.15、1.35、1.5①,说明其心理健康教育意识改变比较大,心理健康教育的能力有了很大提高(见表 3)。同时,大部分骨干教师能独立开展对留守儿童的个别心理辅导和团体心理辅导,并取得了积极的效果。

表 3 骨干教师系统培训改变得分

问题	答案得分均值
对自身的帮助	1.1923
对心理健康教育知识和技能掌握的帮助	1.3462
对提升心理健康教育意识的帮助	1.1538
对提高心理健康教育能力的帮助	1.5000
对日常教育教学工作的帮助	1.4615

例如,访谈中部分教师说道:

自己以前感觉有心理问题,通过这几次的培训以及给学生开展活动,受益匪浅,对生活的态度改变了,对学生的态度也改变了,这个项目是我参加过所有培训中受益最大的一个。

这次的培训内容更加深入,我把体验式的学习方式用到班队活动中,学生们都很喜欢。

---

① 1 分表示变化非常大,2 分表示变化比较大,3 分表示没有变化。

优势视角下的农村留守儿童学校心理健康服务

自我调控情绪的能力增强了,解决问题的方法多了,能够站在学生的立场上换位思考;明白了问题学生和后进生更需要老师的关爱和理解。学会等待学生慢慢成长。

心理健康培训让我能更好地对学生进行心理疏导,帮助他们排解心理困扰,学会同理聆听。

自己对心理健康从无知到了解,多了一分爱心和耐心,学生与自己的关系近了,并且在教学中可以得到应用;学会多鼓励与表扬,用心与学生相处,学生与教师做到相互尊重,在课堂是师生关系,在课后是朋友关系。

心理健康培训对团队建设有帮助,自己能把培训中学到的知识带回去培训(其他)班主任,学会对学生进行心理疏导,帮助同事排解心理困扰,学会同理聆听。

案例使用说明

一、教学目的与用途

(一)适用的课程

此案例可以应用于MSW"高级社会工作实务""儿童社会工作"等课程中困境儿童群体的实务干预部分,也可用于"社会服务项目设计"中作为项目设计的案例进行讨论。

(二)适用对象

本案例适用对象为社会工作专业硕士生、高年级本科生。

(三)本案例教学目标规划

1. 覆盖知识点

本案例在"高级社会工作实务"中的覆盖知识点主要有:社会工作实务通用过程模式、整合的社会工作、社会工作实务理论与方法、需求与服务效果评估方法。在"儿童社会工作"中的覆盖知识点主要有:儿童社会工作的理论与方法、困境儿童面临的主要心理问题,具体包括:

(1) 心理健康的基本内涵；

(2) 儿童心理问题的主要类型；

(3) 影响儿童心理健康的主要因素（保护因子与危险因子）；

(4) 儿童的同伴关系、师生关系与心理健康；

(5) 儿童成长中的主要需求及其评估；

(6) 服务成效评估的主要方法；

(7) 社会工作与学校政治思想工作的区别与联系；

(8) 整合的社会工作；

(9) 优势视角理论；

(10) 抗逆力理论；

(11) 社会支持理论。

2. 能力训练点

(1) 学习掌握通过个别访谈和焦点小组来开展儿童心理健康服务的需求评估。

(2) 学习用抗逆力理论和优势视角理论来开展整合的学校心理健康服务方案设计。

(3) 如何通过学校的社区活动、学校日常的节庆活动（如六一儿童节活动、国庆节活动、学校运动会等）来开展心理健康服务？

(4) 如何运用小组工作开展专题性的心理健康服务（压力管理、情绪管理、人际关系改善、自信心提升等）？

(5) 如何从服务对象的"问题"背后找到其解决问题的优势和能力？

(6) 如何用把个案工作、小组工作和社区工作的方法结合起来开展心理健康服务？

(7) 理性情绪治疗模式的主要内容和技术是什么？

3. 观念改变点

传统心理健康服务是问题取向和缺陷取向，其逻辑思路是找到问题产生的原因，通过以心理治疗模式为基础的个案工作和小组工作来解决问题，其关注和服务的重点是服务对象心理问题的症状的消减。从社会建构理论的视角看，心理健康问题（包括精神病）是个人在社会情境中社会建构的结果，它的产生是社会建构的结果。个体支持系统缺乏导致其需求与支持不平衡，需求与资源的失衡导致其身心的失衡，从而产生精神方面的障碍。如果社会能够提供与个体需求相适应的资源,个体达到平衡,将有利于其康复。

从优势视角来看,心理健康问题的形成很多时候是由压迫性的社会环境所造成的:服务对象心理问题的形成其实与他们不良的成长过程、家庭背景、过去创伤和伤痛的周围环境有关;他们每天都在与周遭的不良环境、困难和问题挣扎和适应;除了问题、困难和缺陷外,每个人都有其潜能、能力、兴趣和特长;只要给予他们合适的条件、环境和鼓励,他们内在的动力、潜能、特长都会发挥出来;他们周围的环境除有一些不良的影响之外,也会有一些支持、鼓励、接纳他们的人和条件,只要留意也会找得出来。因此,优势视角下心理健康服务的逻辑起点不是心理问题的症状及服务对象的无能、缺陷,而是问题背后被环境及服务对象本人所忽视或隐藏起来的作为正常人的需要,重要的是:令服务对象发挥潜能、能力和长处;注重服务对象背后的感受与需要;强调服务对象的潜能;从无奈、绝望到希望、期待,通过提供满足个体成长所需要的资源,提升个体从环境中获取资源的能力;通过促进人与环境的平衡进而促进个体心理问题的解决,提升群体的心理健康水平。

二、启发思考题

(1)社会工作者如何把心理健康服务与学校德育工作相结合?主要的途径和方法有哪些?

(2)如何运用抗逆力理论来设计整合式的学校心理健康服务方案?

(3)用抗逆力理论来分析,影响留守儿童心理健康的保护因子和危险因子有哪些?

(4)分析本案例中社会工作者在学校心理健康服务中的主要角色及其角色实践过程。

(5)如何用萨提亚的冰山理论分析留守儿童心理问题背后的需求与渴望?

(6)如何通过整合的社会工作服务方案设计和社会工作介入来提升留守儿童的心理健康水平?

(7)本案例中服务的不足有哪些?

三、理论依据与分析

本案例中,留守儿童心理健康服务的主要理论基础是抗逆力理论和优势视角。

(一)优势视角

"优势视角"是社会工作实践理论中一种以优势去看待社会问题、提出解决方案的全新视角,它注重人们自身的力量以及周围环境的优势资源,与问题视角相反。人们总是习惯于这样一种解决问题的方式:首先发现问题的存在,其次寻找问题的原因,最后根据原因来提出解决问题的对策。问题视角的关注点是"问题",而优势视角的关注点是"人和优势",是充分发挥人自身的巨大潜能和周围的优势资源去应对生活中的问题和困难,但是优势视角并不忽视问题,并非要去否认人们所面临的困难,可以把困难和问题看作挑战和机遇。①

在优势视角指导的留守儿童心理健康服务中,贯穿整个服务过程的第一个原则就是,留守儿童有学习成长和改变的潜能。我们需要去寻找两个方面的优势:留守儿童的个人优势和学校的环境优势。个人优势主要包括三个基本优势:(1)想望,"凡存活的人皆有其想望,尽管微不足道却贴近个人且真实"②。(2)能力,相信每一个留守儿童或多或少拥有才能和力量,这些能力包括天赋、技能、熟练的事务、才艺等,他们所拥有的这些能力都应该得到尊重和加以应用。(3)自信,当留守儿童有了目标和能力,要付诸实践的时候,还需要有信心。对于没有自信的留守儿童,我们首先应该做的就是努力发掘其过去和现在的正向经验,哪怕只是一瞬间的正向经验,都可以用来鼓励其增强信心。在环境优势中,我们需要去寻找:(1)环境资源,这项资源可以是有形资源和服务两类,有形资源如学校中的基础设施,而服务则包括可以提供服务的人员。这些资源最好都是来自留守儿童日常生活的环境,这样才可以促使改变可持续。(2)社会关系,这项资源是资源中比较重要的一项,包括师生关系、同辈关系、社区以及社会网络等,留守儿童需要从社会关系中所得来的支持力量去促成改变。(3)机会,它代表着发生改变的可能性和改变的巨大空间,优势视角倡导我们建立一种心态——认识到学校是资源的主要机会来源,有待根据留守儿童的想望和能力去发掘和开创。

根据以上两个方面的优势,我们要找到留守儿童心理健康服务的社会工作手法和介入的步骤。第一步为通过课余活动和学业辅导与服务对象接触并建立关系,在此过程中要注重激发留守儿童改变的动力和希望;第二步为优点评量,发掘服务对象的想望,在这个过程中需要与留守儿童建立良好的关系,并且让他们参与其中;第三步是建立目标,有效的途径为合作与对话,通过与留守儿童的讨论,和他们一起制定服务目标;第四步为订立工作计划,其中要把留守儿童的优势资源与其

---

① 参见 Dennis Saleebey 编著:《优势视角——社会工作实践的新模式》,李亚文、杜立婕译,华东理工大学出版社 2004 年版。
② 宋玉丽、施教裕:《优势观点:社会工作理论与实务》,社会科学文献出版社 2010 年版,第 39 页。

学校生态环境资源进行整合并且充分应用,也就是把个案和小组工作的工作成效(如留守儿童自信心、才艺的提升等)通过组织社区大型活动(学校六一儿童节活动、师生趣味运动会等)进一步展示、强化和提升;第五步为巩固优势并且结案,这个过程中我们需要把已改变的优势进行巩固和强化,使其可持续地发展下去。

(二)抗逆力理论

1. 什么是抗逆力?

在中国,对于"resilience"一词,台湾地区的学者将其译为"复原力",香港地区的学者则将其译为"抗逆力""压弹",大陆(内地)学者称之为"心理弹性""韧性"。[①] 20世纪50年代,"resilience"一词开始出现在精神科医生与心理咨询中,经过几十年的发展,目前尚未对其形成统一的定义。综合各观点,对抗逆力的界定主要有以下几方面。

(1)抗逆力是个体具有的一种能力

诺曼界定"resilience"是"当个人处于不利的情况下有迅速复原或成功地适应的能力"[②]。"美国心理学会把抗逆力定义为个人面对生活逆境、创伤、悲剧、威胁或其他生活重大压力时的良好适应,它意味着面对生活压力和挫折的'复原能力'"[③],"克服不利环境的能力,纵使每日在复杂的环境下面对一连串的挑战,仍能实际地做出有建设性的生活抉择"[④]。沃尔什也称抗逆力为从危机中重新振作,克服生命挑战的能力,抗逆力意味着抗压、克服危机与承受漫长困境的能力,抗逆力超越了复原,不仅是恢复至过去良好的适应状态,更是能从逆境中发展出的新能力。[⑤]

(2)抗逆力是应对逆境的正向力量

马克斯特伦等认为,"resilience"是一种"有适应能力、对抗压力的个人特质,纵使面对不幸的生活经验,个人亦能克服而成长"[⑥]。霍利和德哈恩将抗逆力定义为

---

① 于肖楠、张建新:《韧性(resilience)——在压力下复原和成长的心理机制》,《心理科学进展》2005年第5期。

② E. Norman, "Introduction: The Strengths Prospective and Resiliency Enhancement of Natural Partnership", in E. Norman, ed., *Resilience Enhancement: Putting the Strengths Perspective into Social Work Practice*, New York: Columbia University Press, 2000, pp. 1-16.

③ 于肖楠、张建新:《韧性(resilience)——在压力下复原和成长的心理机制》,《心理科学进展》2005年第5期。

④ Nora M. Hagelberg, "Social Work in a Pain Clinic", *Scandinavian Journal of Pain*, 1, 2010, pp. 211-212.

⑤ 参见芙玛·华许:《家族再生——逆境中的家庭韧力与疗愈》,江丽美、李淑君、陈厚恺译,(台北)心灵工坊2008年版。

⑥ C. A. Markstrom, S. K. Marshall, and R. J. Tryon, "Resiliency, Social Support, and Coping in Rural Low-income Appalachian Adolescents from two Racial Groups", *Journal of Adolescence*, 23, 2000, pp. 693-703.

个体在面对逆境时,能从逆境中弹回到顺境时的状态或较原有状态更佳的功能,强调个体积极地运用个人资源和正向力量的行为。[1]

(3) 抗逆力是个体与环境交互作用下产生的一种动态过程

图萨尔和戴尔认为,抗逆力是危机因子与个人特质或环境保护因子相互平衡的过程,是三者相互作用而产生的动态历程。[2] 沃尔什亦定义抗逆力为从困境中站起来而且变得更强壮,更有运用资源的能力,这是一种在面对危机与挑战时,忍耐、自我修正与成长的积极过程,他将抗逆力视为一种从逆境中弹回到常态的能力,是一种动态过程。[3]

2. 抗逆力之因子与特性

关于抗逆力的特性或者说要素,学术界众说纷纭。沃林等的研究发现,抗逆力有七个内在特性,包括主动性、独立、有洞察力、建立关系、幽默感、创新性及有道德。[4]

弗拉西将抗逆力要素提炼为十二点:健康的自我形象;独立思想和行动能力但不惧怕向他人求助;良好的支持系统与倾诉对象;高度的自律与责任感;对新事物保持开放并易吸收;敢于梦想;兴趣多元;幽默感;了解自己及别人的情绪,且懂得表达;认识及懂得发挥自己的才干;忍耐力;热爱生命,具备一套了解人生意义的哲学。[5]

谢启文等指出,人的抗逆力至少包括四方面的因素:良好的自我形象(了解自己、接纳自己、自尊和自信);归属感(能够得到理解和支持);较强的处理问题的技能(能有效地解决困难);对生活持乐观的态度(在逆境中也能看到希望)。[6] 田国秀等通过三"I"结构,对抗逆力要素进行分类、整合,三"I"结构包括"I have"(我有)、"I am"(我是)、"I can"(我能)。[7] 其中"I have"主要是指人的外在支持

---

[1] D. R. Hawley, and L. DeHaan, "Toward a Definition of Family Resilience: Integrating Life-span and Family Perspectives", *Family Process*, 35, 1996, pp. 283-298.

[2] K. Tusaine, and J. Dyer, "Resilience: A Historical Review of the Construct", *Holistic Nursing Practice*, 18(1), 2004, pp. 3-8.

[3] F. Walsh, "A family Resilience Framework: Innovative Practice Applications", *Family Relations*, 51(2), 2002, pp. 130-137.

[4] S. J. Wolin, and S. Wolin, *The Resilient Self: How Survivors of Troubled Families Rise above Adversity*, New York: Villard Books, 1994.

[5] 陆小娅:《青少年挫折承受力从何而来》,《中国青年报》2001年4月15日。

[6] 谢启文、余毅:《艾滋致孤未成年人的抗逆力培养》,《中国社会导刊》2008年第24期。

[7] 田国秀、蒋剑玫:《抗逆力视角下对地震灾区青少年的成长干预研究》,《少年儿童研究》2010年第12期。

因素;"I am"主要是指人的内在能量,包括自信、乐观、充满希望、有信念;而"I can"为效能因素,涉及人际交往和解决问题的能力。

四、关键要点

本案例分析的关键点在于准确把握留守儿童心理健康服务的需求,树立正向的心理健康服务理念,在优势视角和抗逆力理论的指导下,分析留守儿童的心理问题背后的需求,以提升其抗逆力为切入点开展服务,以全体学生与教师为服务对象,积极建构影响留守儿童心理健康的保护因子,改善留守儿童学校的生态环境,提升其心理健康水平。教学中的关键点包括如下内容。

(一)优势视角下心理健康服务理念的主要内容

关注优势、淡化问题是当代学校心理健康教育的新视角。优势视角认为,问题存在于语言当中,问题本身不是问题,如何看待问题才是问题。① 在开展留守儿童学校心理健康服务时,社会工作者要转化视角,看到留守儿童心理问题后面的意义、需要,并通过正常化的途径,通过激发留守儿童自身的各种兴趣和潜能,增强留守儿童与环境的互动,从环境中获得更多的资源,提高其抗逆力以战胜因父母缺位而带来的困难和挑战,促进其心理健康水平的提高。当然,淡化问题不等于忽视问题,根据抗逆力的积极连锁效应理论,某些积极成功的经验会促发个体更多的积极特征与社会支持资源,提高其压力应对能力,最终打破"高压力—心理问题"之间的恶性循环,使个体走向良性循环的道路。② 也就是说,在留守儿童的抗逆力提升之后,他们就有动力和能力来应对压力,避免心理问题的产生,同时在解决心理问题时更有自信和效能。

(二)留守儿童心理健康服务的对象

从系统理论来看,教师系统和学生系统是学校系统中关系最密切、互相影响最大的两个系统。教师本应该是学校心理健康服务的主要提供者,但是由于种种原因,农村小学教师普遍缺乏开展学生心理健康教育的能力,自身也面临很多压力,很多老师处于亚健康状态,少部分教师患有心理疾病。农村小学教师自身的心理问题如果得不到解决,将对学生的心理健康产生不良的影响。教师系统也是留守儿童学校心理健康服务的对象。在一年的服务中,项目人员用了近一半的时间和

---

① 田国秀:《抗逆力研究对我国学校心理健康教育的启示》,《课程·教材·教法》2007年第3期。
② 席居哲、左志宏:《抗逆力(Resilience)研究需识别之诸效应》,《首都师范大学学报(社会科学版)》2014年第1期。

精力来帮助教师解决其心理问题,取得了积极的效果。实践证明,这些农村小学教师通过亲身体会社会工作服务的成效,从"受助者"变成"助人者",最终成为学校心理健康服务的主力。只有先让教师从心理健康服务中受益,才会有更多的教师认同并自愿加入心理健康服务的队伍。因此,在本土处境下,留守儿童心理健康服务的对象需要兼顾教师和学生两个群体,在服务学生的同时,社会工作者要投入资源来提升农村教师的心理健康教育能力。

此外,要面向全体学生开展心理健康服务。开展留守儿童心理健康服务不应把留守儿童当作另类、当作一个特殊群体从其他学生中隔离出来开展服务,而应用正常化的思维,把留守儿童与其他学生放在一起来开展服务,把留守的经验当作其社会化的一个过程,提供积极的、预防性的服务。对于少数问题严重的留守儿童,在提供正常化的服务之后,还应再做一项深入的、跟进式的治疗性服务。

(三) 心理健康与学校德育工作的区别与联系

目前,在中国的学校教育管理体系中,心理健康教育属于德育的一部分。尽管这样的制度安排对心理健康服务的专业化有一定的影响,但是面对这样一个本土处境,社会工作者作为一个外来的专业人士,在进入学校开展心理健康服务时需要与学校德育/思想政治工作队伍合作,以获得教师的接纳和认同。合作的方式包括帮助做好对学业及行为不良的"问题学生"的转化工作、策划与实施班队活动、做班主任的助手等,只有让班主任老师看到社会工作服务的效果,社会工作才能得到学校的接纳和认同而进一步扩展服务的时间和空间。

(四) 学校心理健康服务的主要方法及其整合

整合是指把社会工作的三大服务方法结合起来开展服务,以提升服务的效果。在本项目中,我们把小组工作方法作为最基本的服务方法,通过举办各种发展性小组工作来促进学生的潜能发展,在小组工作中识别出有特殊需要的"问题学生",并通过个案工作的方法跟进。再通过运用社区工作的方法,举办全校性的文娱活动来展示小组和个案工作的成效。实践证明,这种整合的工作模式能取得积极的效果,并能到师生的欢迎。

(五) 将心理健康服务与寄宿制管理结合

目前大多数农村留守儿童寄宿在学校,学校是开展心理健康服务的主要场所。如何将心理健康教育融入学生的寄宿制管理,使其生活更加"人性化",将宿舍营造成"替代式家庭",使留守儿童在学校生活中得到亲情方面的呵护与照顾,以补偿父母外出造成的亲情的缺失,促进其人格健康成长,需要进一步研究。

（六）以留守儿童兴趣小组为切入点，设计以提升其人际交往能力的服务方案

增强同伴支持对改善农村留守儿童的心理健康有重要的作用。社会工作者从留守儿童的兴趣入手，组建小组，通过对组员进行人际交往的训练，增强其同伴支持。

五、建议的课堂计划

（一）学生预习的知识和理论

留守儿童的心理特点；心理健康的基本内涵与主要服务模式；依恋理论、优势视角理论和抗逆力理论；社会工作服务计划设计的程序。

预习时间大约3小时。

（二）教学时间安排

本案例教学时间为3课时（125分钟）设计，其中：

案例回顾30分钟；

小组讨论30分钟；

小组讨论课堂汇报30分钟；

知识梳理20分钟；

提问与解疑（师生互动提问）15分钟。

本文作者：高万红，云南大学民族学与社会学学院教授、博士生导师；杨月明，滇西科技师范学院管理与经济学院讲师。

困境人士社会工作

小波的故事
——生态系统理论视角下的通用过程与个案管理综融取向社会工作介入

一、案例描述

（一）去天堂找姥姥

社会工作者杜丽正在办公室写文案，六年级一班的班主任黄老师急切地推门而入："我们班有一个学生想自杀！"杜丽立刻迎上去："这个学生现在在哪儿？""在班里，是一个学生告诉我的。""你确认还在班里？快去看看！"杜丽和黄老师快速来到教室，看到学生们正在课间玩耍、喧哗，却有一个男生低头坐在座位上，还有一个女生站在他的身边，杜丽见状松了一口气。黄老师告诉杜丽：那个男生叫张小波，女生叫赵小芳，就是赵小芳告诉自己小波要自杀的；她说，小波说自己不想活了，想去天堂找姥姥。

杜丽马上意识到这是个需要紧急危机介入的个案。考虑到马上要上课，不便惊动班级其他同学，杜丽迅速对环境做了初步评估：六年级一班在教学楼的一层，不存在楼层高度上的危险，并排除了文具盒里铅笔刀的危险。她便与黄老师商议，先让小芳陪伴小波上课——一刻不离陪伴在他身边。

中午下课后，杜丽约见了小波。通过会谈，杜丽了解到，小波的姥姥刚去世，姥姥生病卧床期间经常和小波说自己要去天堂了。妈妈告诉小波，姥姥在去世前不断地叫着小波的名字。通常，小波放学后都会直接回家，可就在那天，因为受同学欺负，小波怕回家被姥姥看见自己哭红的眼睛，就一个人在公园里溜达了一会儿，回晚了,没能见着姥姥最后一面。对此,小波后悔不已,一直心有愧疚,几次痛哭。小波太想姥姥了,就和同学小芳说不想活了,想去天堂找姥姥。

通过多方收集信息,杜丽的初步评估是小波并没有强烈的自杀意念,也没有自杀的任何准备。为了以防万一,杜丽仍然做了初步的危机介入:邀请老师、小芳、小波的妈妈组成暂时陪伴小组,老师和小芳负责白天在学校陪伴小波,小波妈妈负责接送小波及晚上在家里陪伴他。

(二)家族的宠儿、得意的小明星

小波的爷爷、小波的爸爸都是独子,小波是在整个家族的期盼中出生的。小波出生时,爷爷激动得不停地说:我们家是三代单传啊!姥姥全家也欢喜。两大家子人把小波当成宝贝,奶奶和姥姥争着抢着轮流帮妈妈带小波。后来,妈妈与奶奶之间因婆媳冲突而疏离,小波就一直由姥姥帮带。小波聪明伶俐,多才多艺,三四岁时就会唱歌跳舞,尤其是模仿迈克尔·杰克逊的表演惟妙惟肖,常常引起围观欣赏。

小波是个心地善良的孩子,非常孝顺姥姥,时常帮忙做家务。上学后也是受老师喜欢的好学生,对同学团结友爱,不仅学习好,也是文艺骨干。同学们最佩服的是小波的意志力,有一次老师组织学生玩游戏,让大家坚持蹲马步,小波是坚持到最后一个起来的。

(三)尴尬的疾病:遭遇排斥

和其他孩子一样,小波六岁就上学了。三年级的时候,有一天他突然在教室晕倒,口吐白沫,人事不省。后到医院被诊断为患有脑部疾病。医生通过对小波家里情况的了解,怀疑小波可能食用了没有免疫的猪肉制品,导致了脑部受侵害。原来,小波的爸爸做过熟食制作的小生意,很有可能购买了没有经过检疫而患有囊虫病的猪的肉来制作熟食,被小波食用。经过进一步的检查,小波的脑部及身体中并没有囊虫,被确诊为脑脓肿。

小波做了脑部手术,手术还比较成功,全家人都舒了一口气。可是好景不长,手术后不久,小波又出现轻微的症状。手术时,医生就说过手术的一些风险:如果过多切除病灶,有可能导致某些功能丧失,例如身体的活动能力受影响;但是如果切除过少,就可能留有病灶残余而不能完全祛除病灶。小波妈妈清楚地记得,手术后,小波从麻醉状态苏醒过来,他们急切地盯着孩子的左侧身体,看到孩子的左手、左腿都能动弹,小波父母欣慰地流下了眼泪。但是,再现的症状告诉他们,小波脑部仍有病灶残余,医生经过会诊,建议再次进行手术。因为没有凑够医疗费,就一直拖到了现在。

小波发病时眼球上翻、口吐白沫、全身抽搐,状态很恐怖,引发同学恐惧甚至厌恶。慢慢地,同学们由害怕、厌恶到歧视、排斥,开始疏离小波,个别同学有时还欺负小波。小波开始变得沉默、脾气暴躁,对同学也有强烈的防卫意识与敌意,有时会和同学发生冲突,甚至打架。只有同桌的小芳和他沟通得比较多,也很理解他。但是,有的同学常拿他和小芳的关系取笑,说他俩"谈恋爱"。一位老师曾因此当众批评他俩,甚至有时候显得很严厉。因此,小波变得不愿意来学校,有时逃学逃课,独自一人在街上游荡或在网吧度日;即便来上学,上课也不注意听讲,经常完不成作业,学习成绩下滑,以至于在期末考试时拖了班级的后腿。班主任老师因没有评上"优秀教师",迁怒于小波,对他也怀有反感甚至愤怒情绪,曾当着全班同学的面批评、挖苦小波。此后,同学们更加疏远、孤立、欺负小波。

(四)家庭变故:父母离异

给小波治病,特别是实施脑部手术,用掉了家里所有的积蓄,还欠了别人很多钱。小波爸爸的小生意时好时坏。自从小波手术后,家里经济条件越来越不好,小波爸爸就经常借酒消愁,情绪越来越差,时常找碴儿责骂小波妈妈、责打小波,对小波妈妈也动过手。小波妈妈性情比较懦弱,越来越恐惧,经常处于焦虑之中。后来,小波爸爸以生意忙为理由,经常出差不回家,不久就有了外遇。后来小波的父母离异了。离婚后,妈妈带小波搬到了姥姥家。自从姥爷去世后,姥姥就一直一个人生活。小波舅舅家生活条件好,让姥姥搬去和他们一起生活,但姥姥不喜欢住在楼房里。小波和妈妈搬回来住,姥姥打心眼儿里高兴。

小波爸爸从小生长在胡同里,没有读过大学。高中毕业后就和一些朋友一起做小生意,虽然赚了点小钱,但为了给小波治病,现在负债累累。离婚时,爸爸承担了所有的债务,但也因此经常拖欠小波的抚养费。小波妈妈读了护理大专,现在一家养老院做护理工作,工作非常辛苦。

小波爸爸离婚不久后就再婚,并且又有了孩子。妈妈非常恨爸爸,经常在小波面前表现出怨恨爸爸,并且阻挠小波与爸爸来往,甚至不让小波和爷爷奶奶及姑姑来往。所以,爸爸和小波接触减少了。

小波不恨爸爸,但十分恨继母,始终认为她抢走了爸爸,尽管继母其实很善良。小波的爷爷奶奶觉得儿子对不起小波和小波妈妈,想多帮助小波,可小波妈妈拒绝与其来往。小波姑姑有时会到学校看望小波,并带些食物。但妈妈只要知道了,就会非常气愤,甚至会扔掉那些食物,为此还打过小波。小波姥姥家是在老城区的两间平房,没有供热,自己烧火取暖。虽然屋子不大,但小波可以在院子里玩耍,还可以和其他小朋友一起玩。

(五)陌生的家:恐惧、压抑

小波基本上是姥姥带大的,和姥姥最亲。虽然小波妈妈工作忙,但先前还是和小波生活在一起。可是,去年(2016年)小波妈妈又嫁人了,离开了姥姥家。因为继父不愿意接纳小波,小波只好留在姥姥家,与姥姥一起生活。妈妈倒是经常回来看小波。可是,一个月前,姥姥去世了,妈妈只好把小波带回自己的新家。新家是高楼里一个60多平方米的两居室:妈妈和继父一间,另一间是书房,小波只好暂时睡在客厅的一角。

由于继父的态度,小波在新家感到非常压抑,非常想姥姥,经常在夜里哭醒。小波妈妈经常加夜班,家里只剩小波和继父,小波越来越紧张,有深深的恐惧感,经常头疼犯病晕倒,继父对此十分反感。小波几次跑回姥姥家的平房。老邻居都知道小波的遭遇,大家很同情他,经常给他一些帮助。例如,小波回来时,邻居们让他在自己家吃饭。特别是邻居张奶奶,她就像姥姥一样心疼小波,她的孙子小强正在上高中,小波很愿意和他聊天。后来小波不想住在妈妈家了,提出要到姥姥的房子里一个人生活,妈妈当然不同意。

小波处于一种极度的悲伤、紧张、焦虑、失落、痛苦、恐惧之中。加之在学校遭遇个别老师和同学的歧视、排斥和欺负,他越发想念姥姥。小波想起姥姥经常说的天堂的美好,就萌生了到天堂见姥姥的想法。

二、接案与综合性评估

(一)接案

与小波的初次会谈是在那天的中午。杜丽事先到食堂买好了饭菜,下课铃声响起,她已经等在教室门口了。杜丽邀请小波来到了社会工作室,与小波一起进餐,餐间与小波聊了一些轻松的话题。

  杜丽:来,小波,请进来。这里是社工室,我是咱们学校的社工。

  小波:老师好! 我知道老师是社工。

  杜丽:知道社工是做什么的吗?

  小波:是帮助人的吧?

  杜丽:对呀! 来,坐这里。今天午饭咱俩一起吃吧,看,我都打回来了。你看看,喜欢吃什么饭菜,你先选。(说着,把从食堂打来的饭菜摆给小波看)

  小波:什么都行(不好意思的表情)。老师,您先选吧。

  杜丽:这几样都是我爱吃的,所以你先选吧,我打了好几样,总有你喜欢吃的吧?

  小波:谢谢老师!

  杜丽:刚才上的是什么课呀?(本来想问"你都喜欢吃什么?",话到嘴边改了话题,因为担心勾起小波怀念姥姥做的饭菜而悲伤的情绪,影响进食)

  小波:英语课。

  杜丽:喜欢学英语吗?

  小波:还行。

  杜丽:哎,咱俩试着用英语说几句话呗?(从黄老师那了解到,小波的英语不错,发音也好)

  小波:我不行啊!(不好意思的表情)

  杜丽:简单的,你先说。

  小波:……

  杜丽:What's your name?

  小波:My name is Zhang Xiaobo.

  杜丽:Which animal do you like most?

  小波:I like the dog. Teacher, which animal do you love most?

  杜丽:I like you, but also like the dog. 咱们想想,狗都有什么特性,用英语说。

  小波:Lovely, loyal and brave……

杜丽:And?

小波:……

杜丽:给你看看我家狗狗的照片。(打开电脑给小波看小狗照片)

小波:我家小狗也特可爱,可是,我叔叔不让我把小狗搬到妈妈的新家。

杜丽:(糟糕!还是又绕到伤心处了)

吃完饭,小波主动去洗了碗。回来后,杜丽与小波进行了正式的接案会谈。

杜丽:请坐这里吧,我们谈谈。听黄老师说你最近很不开心,能和我说说吗,看我能不能帮你?

小波:……(低头)

杜丽:小波(用手抚摸小波的胳膊),你有什么话都可以和我说,和我说什么我都不会告诉别人。

小波:……(流眼泪)

杜丽:(递给小波面巾纸)

小波:我想姥姥……我姥姥去天堂了,我只有在梦里能看见她,当我要和姥姥拥抱时总是醒来……我想去天堂找姥姥……

杜丽:(把小波拥抱在怀里)

小波:(放声地哭了)

杜丽:姥姥去世了,所以你非常想念她。(慢慢放开小波,扶着小波坐下来)

小波:嗯。(点点头)

杜丽:(杜丽马上意识到,小波需要哀伤辅导,但是当务之急是要评估小波的自杀意向与行动,并进行紧急干预)小波,你刚才说你"要去天堂找姥姥"是什么意思?

小波:只有死了才能去天堂,我也不想活了。

杜丽:你很爱姥姥,姥姥也很爱你,所以姥姥去世了你非常难过……

小波:嗯。

杜丽:除了姥姥爱你,还有谁也爱你呀?

小波:妈妈……

杜丽:那你不活了,妈妈会非常难过的,姥姥去世的时候多大年龄?

小波:70多岁。

杜丽:你现在几岁?

小波:11岁。

杜丽:那么你要是不在了,妈妈会不会更痛苦?

小波:(点头)

杜丽:小波,想念一个人有很多种表达方法,例如像你刚才说的在梦里相见,还可以怎么样?

小波:看姥姥的照片,抱着姥姥的枕头能闻到她的味道……

杜丽:还可以回忆和姥姥在一起时的生活。小波,你每个周三的中午都来我这里吧?你还可以把姥姥的照片带来,我想听听你讲姥姥的故事。

小波:好的,老师。

杜丽:那你今天放学回家去整理一下姥姥的照片①,明天先带来,还是中午来我这里一起吃饭。

小波:好的,老师。(面有悦色)

就这样,杜丽与小波约定每周三中午面谈。

杜丽送小波回到教室,看着他坐到了自己的位置之后,马上做了如下工作:与班主任黄老师会谈,商讨协助计划,即让小芳关注陪伴小波,并随时向杜丽报告;与小波的母亲通电话,并去养老院与之面谈。

虽然尚没有发现小波更多的自杀行动信息,但是杜丽仍然做了些安排:让小波妈妈在小波一放学时就赶到学校接其回家,并保持小波在她视线范围内,而且要坚持接送小波上下学。

此外,在接下来的两天杜丽做的工作有:与黄老师、小芳进行会谈,访谈几位其他同学,查阅小波的学生档案,约见并与小波爸爸妈妈进行深入会谈,并且做了家庭访问,进行了家庭环境观察与评估。

全面收集资料、对服务对象进行全面且立体的评估十分重要,是社会工作助人的前提和介入的依据,如果此环节出错,后续的工作就会受影响。杜丽带着从多种渠道收集来的信息面见了督导,在督导的指导和建议下,共同讨论出了对服务对象多元取向的评估框架。

---

① 此处运用了"约定"的技巧。

(二)生态系统评估

1. 服务对象个人生态系统评估

生态系统理论认为,个人由生理、心理和社会三个面向构成,除此之外,本案例中还涉及灵性面向的因素。因此,要同时对服务对象小波的生理、心理、社会及灵性等四个方面进行评估。

生理状况评估包括小波的生命周期、健康状态、生命体征及行动能力等方面(见图1)。从生命周期的角度看,小波已经接近青春期。由于荷尔蒙的作用,处于青春期的青少年会出现各种生理现象,例如形象的变化、生理反应及对性的渴望。这一阶段的重要任务是帮助青春期青少年重新接受变化了的自我形象、排解荷尔蒙导致的性压力及建立自我同一性。小波身上还没有明显的青春期反应,但健康状况需要特别注意,如严重的脑部疾病需要治疗,且从小波的生命体征看,他发育正常,略显瘦弱,身体动作协调。

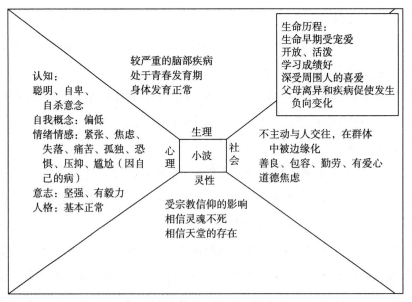

图1 服务对象个人生态系统图

心理评估可以从认知、自我、情绪情感、意志、人格等方面进行考察。在认知方面,小波从小聪明伶俐,有较高的智商。小波这个年龄段的认知水平处于具体运算阶段与形式运算阶段之间。从案例描述中可以看到,小波对人、对事的认知存在一些偏差,例如对继父和继母的认知,特别是对生命的简单盲目认识及自杀的意念是需要解决的问题。在自我认知方面,小波有较为严重的自卑心理,自我概念偏低,自我接纳度不高。在情绪和情感方面,小波处于极度的丧失及悲伤之中,且伴随着较严重的紧张、焦虑、失落、痛苦、孤独、恐惧、压抑、尴尬等情绪;内心有太多负面的感受及体验。在意志力方面,小波比较坚强且有毅力。人格基本正常。

社会功能评估主要看其社会适应、人际关系及道德发展等方面。小波的社会适应中出现了较为明显的障碍和人际交往困境,如不能正常主动与人交往,不受老师喜欢,遭遇群体孤立与排斥,处于群体的边缘。其家庭生活处于与继父关系紧张、冲突的状态,与亲生父亲关系疏离。在道德方面,小波是个善良、勤劳、有爱心的孩子,因没能最后与姥姥告别而自责,内心产生较为强烈的道德焦虑。

灵性评估主要是关注信仰与观点等对服务对象的影响,本案例主要是消极的影响。特别是姥姥在生命的最后阶段,因病痛的折磨而不断地传递给小波一些相关的信息,于是小波在遭遇丧亲、环境改变、群体排斥等多重压力时,就产生了要"去天堂找姥姥"的念头。

从服务对象生命历程的角度来看,在妈妈的描述中我们了解到,服务对象小波作为独生子,在父母两个家族的期待和盼望中诞生,当时的家境虽然不富裕,但生活无忧。小波出生时健康可爱,很少哭闹,属于"容易型"气质的婴儿,人见人爱。小波说话很早,聪明伶俐,活泼可爱,很小就喜欢唱歌表演,经常在人前模仿杰克逊。小波主要是由姥姥带大的,妈妈也始终在其身边,只是工作忙的时候不能陪伴左右,虽然爸爸缺席,做生意忙,经常出差,但只要在家,他也会很投入地和儿子玩。发现自己得了脑病给小波的心理造成了极大的影响。后来的手术、休学、爸爸的变化,直至父母离异、姥姥病逝等一连串的重大家庭危机导致了小波的极大变化。

2. 服务对象家庭生态系统评估

对于11岁的小波来说,目前的遭遇和困境主要来自家庭的影响。父母离异,与亲生父亲及其原生家庭成员的关系疏离;姥姥去世,丧失了最信任的亲密关系。与继父、继母的关系中有误解、压力及伤害。在这里,我们看到了家庭关系中疏离、压力和伤害给小波带来的负面影响,也看到了小波妈妈、姑姑等对小波的关怀与支持(见图2)。

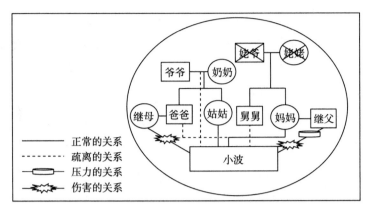

图 2　服务对象家庭生态系统图

3. 服务对象社会生态系统评估

从收集到的资料看,影响小波的社会生态系统主要是学校、社区、社会服务及政策等因素(见图 3)。目前,在学校,小波不受老师喜欢,师生关系紧张,遭遇同学孤立和排斥,在班集体中被边缘化。但有小芳的理解与支持,有专业的社会工作者的支持;在社区,有老邻居的关照,特别是张奶奶和小强哥哥的关怀与支持,还有就近的医疗资源,但是需要医药费资源的链接;在宏观环境中,青少年相关的医疗救助体系亟待完善。

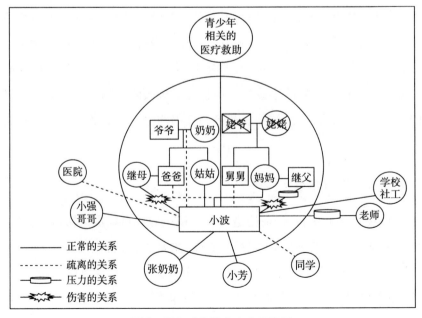

图 3　服务对象社会生态系统图

(三) 服务对象需求与资源评估

1. 服务对象的需求、问题与困境评估

由图1、图2、图3三个生态系统图我们看到,小波个人生态系统的需求与困境部分包括:(1)生理方面。较严重的脑部疾病,需要再进行手术治疗,缺乏医疗经费。(2)认知方面。由于父亲在家庭生活中的缺席,小波有自卑心理,由以前的聪明、活泼可爱,变得内向、孤僻离群、消极以及对继父母的偏见等。(3)情绪、情感方面。仇恨、失落、沮丧、痛苦、紧张、焦虑、恐惧等情绪的困扰严重。(4)行为方面。不能完成作业,上课不能集中精力听讲,学习成绩严重下滑,且受极端、偏差的信念影响,想以结束肉体生命,寻求灵魂解脱并与姥姥见面。

按照马斯洛需要层次理论框架,对服务对象小波需要的综合评估见表1。

表1 小波的需要

需要层次	具体需要
生理需要	尽快手术治疗脑部疾病,进行手术的医疗费
安全需要	消除自杀意念 手术成功,建立对疾病治疗的信心 安全、自在的家庭生活环境和学校学习环境
爱与归属的需要	得到父母更多的爱和关怀,建立良好的沟通 得到继父的接纳,没有压力的沟通,建立对新家的归属感 得到老师、同学的接纳和认可,与同学友好交往 融入班级集体,建立对学校、班级的归属感
尊重的需要	得到父母更多的关注和重视、继父的尊重 得到老师及同学的关注、肯定、尊重和赞美
认知的需要	调整认知,尊重生命 建立正面的自我概念 补习功课,提高学习成绩
审美的需要	有机会展现歌唱和表演的才能
自我实现的需要	成为更好的自己

问题与困境的部分包括服务对象自身的问题和环境障碍:(1)脑部疾病问题。(2)认知问题。自杀意念、自卑、对继母等人的认知偏差等。(3)情绪问题。重度

悲伤及较为严重的紧张、焦虑、失落、痛苦、恐惧等。(4)行为问题。完不成作业、课堂听讲时注意力不集中、不主动与同学交往等。(5)环境障碍。主要包括家庭环境压力、父亲形象缺失、与继父关系紧张、老师的压力、同学的孤立与排斥等。

从危机介入视角分析,服务对象小波正遭遇四重严重的困境或危机:一是姥姥的去世导致亲密关系丧失,此重大事件带来了事态危机;二是生活环境改变,由以前与姥姥的亲密无间的轻松自由的生活环境转变为来到妈妈与继父家的陌生、压抑、紧张环境,带来境遇危机;三是由以前被老师、同学等周围人喜爱的人际关系,转变到遭遇老师的责骂、同学的孤立与排斥,带来人际关系危机;四是正面临青春期,带来发展性危机。

2. 服务对象的优势与资源评估

服务对象小波的个人资源与优势表现在聪明,会歌唱表演,曾经学习成绩好,心地善良,有爱心,待人友好,热心,有毅力等。

服务对象的社会资源包括:(1)对小波有支持的系统包括妈妈的爱、姑姑的关心、同学小芳的支持、邻居张奶奶的帮助及小强哥哥的友好支持;(2)爷爷、奶奶、爸爸、舅舅和班级同学是能够给予帮助的系统,但是现在的关系是疏离的,爷爷奶奶有强烈的帮助小波的愿望,舅舅的优势是经济条件好,班级同学是每天与小波朝夕相处的伙伴;(3)医院的资源需要医疗费用的链接;(4)给小波带来压力的部分包括老师的不满和失望,这侧面说明老师希望小波提升学习成绩,与继父的冲突主要来自小波的偏差认知,而"继母人也很善良"也可以被看作资源。

三、服务方案设计与实施

(一)服务目标确立

1. 过程目标

通过助人过程,帮助服务对象小波渡过多重危机、调整身心状态、链接资源,以使其恢复社会功能,适应正常的家庭生活与学校生活,健康成长。

2. 任务目标

(1)消除自杀意念,阻止自杀行为;

（2）通过哀伤辅导，走出丧失亲人的悲痛情绪；

（3）协助筹集手术的医药费，进行手术；

（4）通过调整认知、提升自信，改变对继母等人的偏差看法；

（5）疏导和排解紧张、焦虑、失落、痛苦、恐惧等情绪；

（6）通过行为训练，以按时完成作业、集中注意听讲、主动与同学交往等，并提高学习成绩；

（7）亲职效能提升，包括促进妈妈对小波的关怀与沟通、能经常见到爸爸并有很好的交流、与继父继母有正常的交往；

（8）资源链接，包括得到奶奶等家人的关怀和支持，拉近与舅舅等家人的关系，强化现有支持资源；

（9）环境改善，包括改善学校人际关系环境，如融入班级集体，与老师和同学关系融洽，改善新家的居住环境，适应新家的生活；

（10）学习青春期知识。

（二）操作性概念界定

在服务过程中，社会工作者需要与多方人员打交道，梳理、界定不同人员及角色系统的边界，这也有助于服务的推进。

1. 改变媒介系统

改变媒介系统是指社会工作者及其所属的社会工作机构。在这个系统里，社会工作者个人的专业技能、价值理念、努力程度直接影响着助人历程。社会工作者杜丽需要自我觉察与反思：作为一名大四的在读学生，学习成绩优秀，专业素养良好，有志于优先服务青少年群体，在四年的学习过程中曾经在五家不同的机构实习，积累了比较丰富的经验；但是，毕竟是一名在读大学生，需要督导紧密的支持和及时的指导。因此，杜丽必须及时与督导沟通、讨论，方可推进服务进程。在改变媒介系统里，杜丽背后的督导及机构对服务历程的影响更为重要。"心灵相约工作室"是某高校一个社会工作专业服务项目（团队），其使命定位在借助高校师生的专业力量，在为教师、学生提供实践教学平台的基础上服务青少年。机构使命、机构人员等都为此次个案服务提供了助益。"改变媒介系统"概念的意义在于，提醒社会工作者在服务之前进行自我觉察、自我反思，客观地评估自己的能力、资源和局限，同时也提醒社会工作者要充分考虑机构的支持及其他影响因素。

2. 服务对象系统

服务对象系统是指社会工作助人过程中的服务受益者。通常在一个案例中，服务对象系统包括现实服务对象和潜在服务对象两个部分。现实服务对象是指社会工作者已经接触到，并实施了社会工作服务的服务对象，本案例中的小波便是现实的服务对象；潜在服务对象是指还没有与社会工作者接触，没有提供社会工作服务的对象，本案中的小波妈妈、小波爸爸都是潜在服务对象。"服务对象系统"的概念提醒我们，在服务中要始终顾及为谁的利益着想、与谁签订服务契约。在本案例中，社会工作者杜丽至少要与小波和小波妈妈签订服务契约。

3. 目标系统

目标系统是指助人历程中需要改变的部分。在本案例中，为了解决服务对象小波的问题，除了需要小波做出一些改变外，需要改变的部分还包括小波妈妈、小波爸爸和小波的继父、老师、同学及环境。"目标系统"的概念非常重要，它让我们清楚地知道为了服务对象的利益与需要去改变什么，也让我们思考这些改变的难度及应该做的工作。

4. 行动系统

行动系统是指在服务历程中协助社会工作者一道工作的部分，包括专业的协同者及与服务对象相关的资源系统。在本案中，专业的协同者可能包括医生、其他社会工作者、心理咨询师等；服务对象相关的资源系统可能包括小波妈妈、小波爸爸和小波的老师、同学等，因为帮助小波的过程需要他们的配合与支持。"行动系统"的概念有助于我们整合服务资源，提高服务效率。

（三）介入策略与理论选择

通过以上评估可以判定，这是一个遭遇疾病、穷困、丧亲、排斥等多重问题，面临多重需要与困境的服务对象。通过与专业督导讨论，杜丽决定选择个案管理与通用过程模式综融取向，运用直接介入与间接介入相结合的综合介入策略推进服务。

1. 危机介入

阻止自杀行为、消除自杀意念。

哀伤辅导：发展性地运用哀伤辅导技术，如情绪疏导与宣泄—深刻缅怀—赞美与保留记忆—澄清期望—对逝者承诺。

环境适应：对物理环境、人际环境的适应。

2. 医疗救助（社会支持理论选择）

与医院沟通：以其家境困难、已经在此医院做过全费的手术等为理由，与医院协调沟通，争取减免医疗费用。

与小波的父母、继父母、祖父母、姑姑、舅舅等亲人沟通，争取适当的经济援助。

与小波所在学校的领导及相关人员沟通，争取捐款赞助。

与媒体沟通：联系北京电视台《大宝真情互动》节目，借用媒体力量，寻求企业赞助。

协助就医、实施手术。

3. 情绪疏导

放松技术：运用个案辅导的心理—社会模式，即探索—描述—宣泄，让小波放松。

小组体验活动：与他做游戏。

行为训练：让他歌唱表演。

4. 认知调整

与小波讨论，正确认识信仰，改变其对继父的偏差认知；调整其自我认知偏差，提升自信、自尊。

5. 行为修正（行为理论）

就各种改善目标订立行为契约：要求小波按时完成作业、集中注意力听讲、主动与人沟通等，适当强化，并监督执行；人际交往小组：提升自信，学习人际交往。

6. 祛除负面影响（增能理论）

与老师面谈，改变其对服务对象的态度与行为。

班级融入：与老师合作，为小波营造有利的班级人际关系环境，如开展小组活动等。

7. 环境改善

开展家庭探访及家庭联合会谈以协助沟通,协调关系,建立健康沟通模式;动员小波继父让出自己的书房给小波住;协调小波建立正常的生活秩序。

8. 链接资源

与小波妈妈实施会谈以调整其认知,消除其对前夫及前夫家人的偏见,与之建立正常的关系,不剥夺孩子享受亲情的权利,支持小波与家人来往。

约谈小波的生父,帮助其意识到自己对小波的责任,协助其尽责,给予小波关怀和爱护,并与之建立行为契约。例如,按时付抚养费,每周与小波有一次沟通。

访谈继母,使其不干涉小波爸爸对小波的关心。

协助小波与爷爷、奶奶、姑姑交往沟通,鼓励小波参加爷爷奶奶家的家庭聚会;帮助小波与舅舅交往沟通,鼓励小波经常拜访舅舅以得到关怀与帮助。

9. 倡导

机构倡导:通过建言、培训、宣导,倡导"关怀的校园"。

政策倡导:通过参与政策制定、学术发言、媒体发声、提交建议等方式,呼吁医疗政策/医疗制度的改革创新,以利于青少年成长。

(四)介入行动总结

在近五个月的服务历程中,杜丽坚持同时推进几方面的工作,见表2。

与小波的工作主要是自杀干预、哀伤辅导、协助就医、恢复自信。在自杀干预的工作中,杜丽了解到小波的自杀意念并不强烈。杜丽通过和小波讨论关于亲情、生命价值等议题,引导其消除自杀想法,树立尊重生命、珍惜生命的理念。

哀伤辅导运用了强化与接受现实、描述与宣泄情绪、深刻缅怀与赞美逝者(深度情绪释放)、选择珍贵记忆、讨论逝者期望、向逝者承诺等环节与技巧,引导小波接受姥姥去世的现实,释放悲伤情绪,重构生命意义,转移生命关注点,并强化其与亲人、老师与同学的联结。

协助小波融入班集体的小组活动收到了非常好的效果,详见表3。

表 2 服务推进表

周次	小波	小波妈妈	小波爸爸	黄老师	同学	医疗救治	学校
1	自杀评估与介入 建立信任关系	约谈小波 告知小波近况 行为小契约：接送小波		会谈收集信息			
2	自杀评估与介入 哀伤辅导 冥想与放松练习	家庭探访、会谈 收集信息		调整认知 行为契约		探访医院了解情况，请求减免费用	
3	哀伤辅导 冥想与放松练习	家庭探访及与小波父母联合会谈 促进改善小波的居住环境 讨论小波手术的事项	收集信息 亲职辅导 行为契约：每周与小波见面一次，及时给抚养费		小组活动：相亲相爱一家人 ——"你是"明星" 你的优点 向你道歉 给你承诺		
4	哀伤辅导 冥想与放松练习	继父让出书房给小波居住			小组活动：相亲相爱一家人 ——"我信任你""盲行" "信任跌倒"		

（续表）

周次	工作对象						
	小波	小波妈妈	小波爸爸	黄老师	同学	医疗救治	学校
5	冥想与放松练习	调整对前夫及其家人的认知			小组活动：相爱一家人——我的名片"我要自信""优点轰炸"		
6	行为契约	商量小波手术的费用	家庭探访及与小波父母及其他家人联合会谈商量小波手术费用	请求学校基于医疗救助的支持	小组活动：相爱一家人——取长补短"置换会""互助窗"		
7	商议手术事项	商议手术事项	商议手术事项	商议手术事项	小组活动：相爱一家人——合作与竞争我们的团队	商议手术事项	与政教处沟通请求学校捐助医疗费提议开展"关怀的校园"主题活动
8	调整对继父母的态度				小组活动：相爱一家人才艺展示		商议"关怀的校园"主题活动
9	讨论对老师同学的态度						策划"关怀的校园"主题活动

(续表)

周次	小波	小波妈妈	小波爸爸	黄老师	同学	医疗救治	学校
10	协助实施手术	协助实施手术	协助实施手术			实施手术	"关怀的校园"主题活动海报、墙报、班级倡导
11	协助康复	协助康复	协助康复	探望小波		协助康复	"关怀的校园"主题活动海报、墙报、班级倡导
12	协助康复 帮助建立自信	协助康复	协助康复	给小波补习功课	给小波补习功课	协助康复	"关怀的校园"主题活动海报、墙报、班级倡导
13	协助康复 帮助建立自信	协助康复	协助康复	给小波补习功课	给小波补习功课	复查	"关怀的校园"主题活动海报、墙报、班级倡导
14	陪伴 帮助建立自信	亲职辅导	亲职辅导		小组活动：相亲相爱一家人——欢迎归来		"关怀的校园"主题活动海报、墙报、班级倡导
15	陪伴 帮助建立自信	亲职辅导	亲职辅导				"关怀的校园"主题活动海报、墙报、班级倡导
16	陪伴 帮助建立自信						"关怀的校园"主题活动海报、墙报、班级倡导
17	评估	评估	评估	评估		评估	"关怀的校园"主题活动海报、墙报、班级倡导
18	评估	评估	评估	评估		评估	"关怀的校园"主题活动海报、墙报、班级倡导

表 3 相亲相爱一家人——班级融合小组活动

项目序号	主题	目标	内容与形式	时间(分)	场地与物资	反思
1	你是明星	(1) 引导积极关注小波 (2) 通过道歉消除隔阂 (3) 通过承诺去除排斥 (4) 帮助小波与同学建立正面联结	(1) 热身 击鼓传花选3个明星:学生围圈而坐,通过巧妙设计将花传给小波;小波被选为明星并被邀请坐到中间 (2) 互动 "你真棒!"每位同学轮流对"明星"说出其一个优点,之后大声喊出:"你真棒!" (3) 互动 "爱的鼓励":全体同学站立,节奏鼓掌 (4) 互动 "对不起……我保证……":每位同学轮流对小波说:"对不起……,我保证……" (5) 回应与总结	10 15 1 15 4	清除教室桌子,将椅子按人数摆成一圈,学生围圈而坐	当小波被选为明星被请到中间时,有的同学在一起哄 如果再多选出两位明星,会让同学更易于接受
2	我信任你	建立同感与信任	(1) "盲行"体验/"信任跌倒" 把同学分成A、B两组,A组同学蒙住眼睛,B组同学每人拉起一位A组同学,在工作员的带领下,经历一段曲折之旅,回到原位站好后A组同学取下蒙眼布 (2) 感受分享 "猜猜你是谁?",找到搭档 AB对话 告诉大家我的感受 (3) 回应与总结 短讲:同感与信任	20 20 5	蒙眼布25条	在"猜猜你是谁?"的环节有点混乱耽误了时间,在"盲行"及分享感受时同性搭档与异性搭档有很大的差异

(续表)

项目序号	主题	目标	内容与形式	时间(分)	场地与物资	反思
3	我要自信	提升自信	(1) 热身 "照镜子"：两人一组，每人对着镜子仔细看自己长得最好看的部位，"我的……最好看"，告诉对方自己最好看	5		
			(2) 互动与短讲 "你是最优秀的生命!"	5		
			(3) 手工制作 "我的名片"：名片上3个信息为最喜欢别人对自己的称呼，称呼前加上自己最得意的优点，画上自己最喜欢的小动物	15	小镜子50个	有一些同学很排斥照镜子的环节，可能是青春期反应
			(4) 分享 每人轮流到前面大声介绍自己，同学集体大声高喊："你是最棒的!"	20		
4	取长补短	(1) 促进同学之间的联结 (2) 宣扬环保理念 (3) 培养互助精神	(1) 热身 齐唱："请、请、请朋友，你是我的好朋友"	10		
			(2) "置换会" 将自己不用的物品与其他同学自由置换	15		
			(3) "互助窗" 事先在教室后面墙上布置一个"互助窗"；发给每位同学一张彩色纸片，写上自己需要的帮助和自己的名字，贴在互助窗上；大家自由地观看，阅读，如果看到了自己能够提供帮助的纸片，就揭下这张纸片，找到这个人，提供帮助	15	布置展台，"互助窗"，彩色纸片50张	活动效果非常好，可以作为持续的班级活动
			(4) 回应与总结	5		

（续表）

项目序号	主题	目标	内容与形式	时间（分）	场地与物资	反思
5	合作与竞争	(1) 培养合作能力 (2) 积极竞争 (3) 胜不骄,败不馁	(1) 热身："进化论"游戏 (2) 马兰花开分组 (3) 合作 6个人一组 创建团队文化:组名、主题、标识、组歌、口号,用大白纸展示 工作员主题提示:环保、公益、文体、爱好等 组下排练节目 (4) 上台展示 (5) 总结回应 每次班主任课堂课前展示一组 两周后投票排序	10 5 20 5 5	大白纸、彩纸、彩笔、剪刀、胶条、双面胶	在团队文化的理解上,有些工作员做了反复的讲解
6	才艺展示	(1) 训练自我表达能力 (2) 展示自我 (3) 感受成就感 (4) 培养荣誉感	"马兰花开"组为单位表演节目 (1) 评奖:艺术奖、创意奖、合作奖、表演奖等 (2) 颁奖:发表获奖感言	4 5	舞台布置、化妆品、服装、奖状	同学们的才艺真是了得!应该给他们提供更多的展示机会

特别值得一提的是,杜丽以优势视角及抗逆力为理论依据(见图4),在帮助小波提升自信的工作中收到了很好的效果。

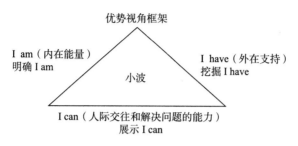

图4 抗逆力架构

通过造句子的技巧,帮助小波发现了自己的优点与资源。杜丽让小波用"我是一个……的人""我能/会……""我有……"造句子。在具体的要求和解释之后,小波写了这样的一些句子:

我是一个聪明的人。我是一个善良的人。我是一个助人为乐的人。我是一个诚实的人。我是一个勇敢的人。

我是妈妈的好儿子。我是姥姥的好外孙。我是小芳的好朋友。我是听老师话的学生。我是个有责任心的人。我是一个孝顺的人。

我会唱歌。我会跳舞。我能帮妈妈洗碗。我能帮姥姥做饭。我能帮小芳修文具盒。我能帮老师拿作业本。我会骑自行车。我会做手工。我会组装赛车。我会打乒乓球。我会修小闹钟。

我有妈妈的爱。我有姥姥的祝福。我有小芳做我的朋友。我有小强哥哥。我有张奶奶的关心。我有老师和同学的鼓励。我有房子住。我有学上。我有爸爸。我有姑姑的关心。我有一个有钱的舅舅。我有饭吃。我有书读。

在与妈妈的沟通工作中,亲职辅导得以顺利开展,双方能够履行契约,但在与其讨论改变对前夫及其家人态度的工作中出现了阻力,特别是当杜丽提出要与小波爸爸进行联合会谈时,小波妈妈表示拒绝。后经个案辅导才有所改善。

与小波爸爸、黄老师的沟通工作都进展顺利。

四、服务成效评估

通过比较阅读会谈记录、工作日记、服务对象等多方个案访谈和任务完成测量、满意度测量、目标核对等方法进行了服务成效评估,服务对象及其支持系统都发生了期望的改变。小波的改变如下:

(1) 消除了自杀的意念。小波最初的想法是"去天堂见姥姥",现在的想法是:"我如果死了妈妈会难过,我不能让妈妈难过;天堂没有痛苦,所以姥姥在那里很快乐,姥姥希望我能快乐,能好好学习;等我长大了,等我老了,再去天堂见姥姥。"

(2) 脑部手术很成功。手术费用主要来自家庭资源的支持,小波的父母、爷爷奶奶和姑姑都给予了一定支持,特别是舅舅给了很大的支持。与媒体沟通未果;学校方面没有捐资,但学校给了2000元的慰问金;医院做了适当的费用减免。手术很成功,术后恢复也很好,到结案时没有再出现以前的症状。

(3) 基本从丧亲的悲伤中走出来了。虽然也会有深深的想念,但是不会影响正常的学习和生活,也不会因此有自杀的想法,悲伤的情感和情绪有了升华——好好学习、快乐生活,这是姥姥期望的。

(4) 认知改变。消除了对继父母的对立、仇恨及恐惧心理,能以正常的心态面对他们。接纳了父母的生活状态,理解了父母离异、父母再婚是大人的事情,总有一定的道理。

(5) 家庭环境改善。继父让出了自己的书房,小波有了自己独立的生活空间,可以按照自己的意愿布置房间,小波与继父的相处放松了许多。基本消除了紧张、焦虑、失落、痛苦、恐惧等情绪,小波能够用一种正常的情绪状态去学习和生活。

(6) 增强了自信,发现了自己很多的优点和长处,变得乐观开朗了。能够按时完成作业,课堂表现良好,学习成绩提升很多。

(7) 被班集体接纳,能够主动与同学交流,除了小芳,还有几个同学成了小波可以经常交流沟通的好朋友。老师也积极关注小波,经常给予肯定和鼓励。

(8) 增进了与爸爸的感情,每个月两人有一段亲子时光,经常参加爷爷奶奶家的聚会。爸爸也按月支付抚养费。

(9) 时常与妈妈、继父与舅舅家聚会。

学校的"关怀的校园"主题活动圆满结束,同学和老师之间形成了关怀的气氛,同学之间以互相关怀为荣,以相互羞辱排斥为辱。老师之间形成了营造关怀的班级文化的竞争氛围。在社会工作者杜丽的协调下,学校提出了每学期进行"关怀的班级"评选活动的工作计划。

案例使用说明

一、教学目的与用途

(一)适用的课程

本案例使用说明主要为社会工作专业硕士的"高级社会工作实务"课程撰写,适用于"高级社会工作实务""青少年社会工作""学校社会工作"课程,也可作为"个案管理""小组工作"课程的辅助案例。

通过本案例教学的课前阅读思考问题、课堂讨论和角色扮演、课后作业等环节,帮助学生学习消化社会工作理论知识,了解并熟悉社会工作服务实操过程及相关的技术技巧。具体包括帮助学生建立以生态系统理论、优势视角等理论框架为指导的全方位、立体性评估服务对象状态、处境、需要、问题及资源的分析视野;了解并训练操作社会工作实务通用过程;学习掌握个案管理的方法与技巧;学习运用危机介入模式、心理社会治疗模式、认知行为治疗模式、哀伤辅导等相关的理论视角及介入技术开展服务;训练提高个案会谈、小组工作活动设计和带领等操作技巧。

(二)适用的对象

本案例适用于 MSW、社会工作专业本科高年级学生。

(三)覆盖知识点

(1)理论框架:生态系统理论、优势视角、社会支持理论。

(2)工作方法:个案辅导与个案管理、小组工作。

(3)介入模式:危机介入模式、心理社会治疗模式、认知行为治疗模式、哀伤辅导、互惠性小组、治疗性小组。

(4)技能技巧:会谈、探访、立体评估(预估)、认知重建、放松训练、行为契约、自杀介入、资源链接与整合等。

二、启发思考题

(1)请画出自己的生态系统图、家庭生态系统图及社会生态系统图。

(2)请评估自己的需要、资源及资源障碍。

(3)请以"生命河"为题作画,描述自己的生命历程。

（4）立体评估服务对象包括哪些维度？

（5）评述社会工作者杜丽接案阶段的应对处理。

（6）如果自己是接案的社会工作者，如何看待和处理服务对象小波"去天堂见姥姥"的想法？

（7）评述"相亲相爱一家人"的小组活动设计。

（8）以"关怀的班级"为主题，运用互惠性小组工作模式，设计一份小组工作计划书。

三、理论依据与分析

从案例教学的角度，可对上述呈现的案例及服务历程进行如下的分析和反思。

（一）理论支持

社会工作专业的助人是一个科学、技术与艺术融为一体的助人历程：科学意味着在助人历程的各个阶段都需要科学的理论作为依据，技术是指操作的标准化和阶段的程序性体现，而艺术是指社会工作者在科学的指导下发挥有创造性的技术技巧。

运用理论对现象做出解释，并依据理论发展具体的助人技巧是社会工作专业性的黄金指标，这在本案例中体现在两个层面。

1. 生态系统理论与优势视角融合的通用过程模式与个案管理模式

本案例依据青少年服务对象的人群特征，服务对象小波的个体特征如遭遇多重困境、面临多重问题、具有多重需要，选择了生态系统理论及优势视角作为分析评估的框架，以通用过程与个案管理综融取向作为介入的理论框架。

（1）生态系统理论

生态系统理论是一个开放的理论系统，在不同的时代融合了许多不同的理论概念。生态系统理论最早可以追溯到1859年达尔文在《物种起源》中创立的进化论，之后吸收生物学、系统理论等观点整合为系统的理论则是社会工作学者的贡献。

在对服务对象不良处境因素的评估中，社会工作理念有一个变化的过程。在社会工作发展之初，服务者将服务对象即案主的问题或不良处境归因为道德，认为是案主道德的败坏、不良恶习导致了其不良处境，例如吸毒、懒惰等，应对的办法是物质救助、劳动改造、道德教化等。然而，在社会工作者通过慈善组织会社直接深入服务对象的生活后，发现有些服务对象没有道德问题、很勤劳、没有不良恶习但仍然身处困境与苦难,这是恶劣的社会生活环境对案主的影响。社会工作学者玛丽·里士满提出了"社会诊断"的概念。接着,精神分析学派对案主的个人心理的解释一时成为主流,认为案主的问题产生于过往的生活经验和童年的心理创伤,解决之道转向集中探索案主的心路历程,修复其童年的创伤。到20世纪60年代,由霍利斯等人总结出了心理社会学派,提出了"人在情境中"的概念,社会工作者开始重视对案主社会环境因素的考察。①

在生物学和一般系统理论的影响下,1979年布朗芬布伦纳(Bronfenbrenner)出版了《人类发展生态学》(*The Ecology of Human Development*)一书,提出人类行为是人与环境间持续性、互惠性、历时性的互动过程。查尔斯·扎斯特罗进一步强调,个人的生存环境的完整性是由微观系统(microsystem)、中观系统(mezzosystem)和宏观系统(macrosystem)构成的生态系统。在这个系统中,微观系统是指个体自身,每个人都是由生物、心理和社会系统构成的。② 在本案例中,社会工作者发展性地运用生态系统理论架构,运用"人在情境中",将服务对象小波放置在生理、心理、社会及灵性四个架构中进行评量。在此基础上考察了服务对象小波的中观系统和宏观系统,进而画出小波的家庭生态图和社会环境生态图,关注并处理了其中的复杂的家庭影响因素、学校影响因素、社区影响因素、社会服务影响因素及政策影响因素。

布朗芬布伦纳的生态系统模型关于时间维度(choronosystem)或历时系统的概念,即将时间和环境相结合来考察个体发展的动态过程具有重要意义。随着时间的推移,儿童生存的微观系统环境不断变化。引起环境变化的可能是外部因素,也可能是个人自己的因素。因为人有主观能动性,可以自由地选择环境。而个人对环境的选择是随着时间不断推移、随着个体知识经验不断积累的结果。布朗芬布伦纳将这种环境的变化称为"生态转变",每次转变都是个体人生发展的一个阶段。比如升学、结婚、退休等。布朗芬布伦纳提出的时间维度关注的正是人生的每一个过渡点,他将其转变分为两类:正常的(如入学、青春期、参加工作、结婚、退休)和非正常的(如家庭中有人病重或去世、离异、迁居、彩票中奖)。这些转变贯穿终生,常常成为发展的动力。③ 在本案例中,社会工作者关注到了小波的生命历程,包括出生时的良好家庭氛围、正常的生命过渡点即青春期及非正常的生命过渡

---

① 许莉娅主编:《学校社会工作》,高等教育出版社2009年版,第54页。
② 参见查尔斯·扎斯特罗等:《人类行为与社会环境(第6版)》,师海玲等译,中国人民大学出版社2006年版。
③ 郑丽珍:《生态系统观点》,载宋丽玉、曾华源等:《社会工作理论——处遇模式与案例分析》,(台北)洪业文化2002年版,第10页。

点,如父母离异、迁居、丧亲等因素的影响。

(2) 优势视角

优势视角在关注服务对象问题与需要的同时,更关注其资源与优势。优势视角认为,任何个人及社区都充满资源与优势,即便疾病、灾难、丧失也会提供成长的机会。在本案例中,社会工作者不仅较为全面立体地评估了服务对象的需要与障碍,更从小波个人及其身处环境中积极寻找资源与优势,并且在介入的过程中,通过帮助服务对象积极挖掘自身潜能,促使小波发现更好的自己、重建生活的信心。

(3) 通用过程模式

通用过程模式是把社会工作助人过程中的基本要素和基本步骤剥离出来,从而形成一种可以用于解决共性问题和帮助更多类似服务对象的共通的助人方法和一般过程,强调一种适用性强的具有普遍性的工作过程和方法。它代表对助人过程一般规律的认识,是社会工作助人活动的基本指引。通用过程模式为社会工作者的实务提供了一个关于社会工作价值、知识和技巧的运用框架,适用于社会工作中的微观实务,也涉及中观和宏观层面的实务。从工作手法上来说,它适用于个案工作、小组工作和社区工作。这个过程包括结案、预估、计划、介入、评估、结案等基本环节,既是一个时间的过程,也是一个逻辑的过程。当然也必须意识到实际情况的多样性,通用过程模式只是提供一个基本的指导,其具体内容还需要视具体情况灵活变通。① 在本案例中,社会工作者在遵循此过程的基础上适当变通,例如在接案的环节发现了危机情形,立即开展危机介入(排除危险因素、安排24小时无缝隙陪伴、及时链接资源等)。

(4) 操作性概念

A. 平克斯和 A. 米纳汉在社会工作实务发展的过程中发现,助人的历程并不是单纯的社会工作者与服务对象之间的一维互动,在服务过程中,社会工作者除了与服务对象互动外,还要和很多人一起工作。他们认为,应该厘清这些与社会工作者一起工作的不同系统,明确不同的关系和职责,才能有效帮助服务对象。因此,他们提出了社会工作实务助人关系的四大系统,包括改变媒介系统、服务对象系统(现实服务对象、潜在服务对象)、目标系统(需要改变的部分)和行动系统(支持力量)。在本案例中,社会工作者杜丽在确立服务目标之后,清晰地界定并分

---

① 参见全国社会工作者职业水平考试教材编写组编写:《社会工作实务(初级)》,中国社会出版社2014年版。

析了改变媒介系统、服务对象系统、目标系统及行动系统,为服务开展提供了清晰的指引。

(5) 个案管理

个案管理是将管理理念运用于社会工作实务中的介于社会工作直接服务与间接服务之间的一种整合性服务方法。个案管理社会工作服务模式出现在20世纪70年代的美国,是对社会工作面对不同领域中多元的服务体系、服务资源的相对有限性、服务成效的不确定性,以及服务对象多重问题和需要的挑战的积极回应。①

个案管理服务的对象是同时面临多重困境和需要的服务对象。单一的服务方法不能帮助服务对象解决多重的问题,个案管理者需要运用综合的方法,整合服务资源,才能满足服务对象的多重需要。个案管理通常是以那些遭遇疾病及贫困而缺少支持的儿童、老人、残疾人,以及承担过多压力、遭遇权力压迫的妇女为服务对象。本案例中的服务对象小波同时面临疾病、经济压力、丧亲、迁居、排斥等多种困境,单纯的个案会谈不能满足服务对象的需要,因此需要采用个案管理的方法。社会工作者杜丽同时作为个案管理者为小波提供服务。个案工作者主要的角色是照顾者、安抚者、治疗者,而个案管理师除了可以通过个案会谈进行个案辅导,还主要扮演着资源链接者、使能者、教导者、协调者、经纪人及倡导者的角色。杜丽在每周陪伴小波进行个案辅导、哀伤辅导的同时,还要联结小波的家人、老师、同学、医院等资源,并进行整合,协助筹集医疗费,进行机构倡导和政策倡导等。

个案管理过程具有连续性与重叠性。连续性体现在,个案管理过程贯穿着"关系""评估""计划"与"服务"四条线索。"关系"线索意味着,个案管理过程是个案管理者与服务对象建立关系、发展关系、深化关系、淡化关系、结束关系的过程,同时还是通过个案管理者,促使服务对象与其他服务资源建立关系、发展关系、深化关系、稳定关系的过程。在工作的初始阶段,杜丽通过一起吃午饭、聊轻松话题与小波建立了信任关系,可谓用心良苦。"评估"线索是指,从一开始对服务对象的问题与需求预估,到随着信息收集调整预估,再到在服务中不断进行资源评估,直到服务结束后对服务过程及服务成效的评估,个案管理整个过程都需要持续不断的专业评估与判断。"计划"的线索是指,整个个案管理服务的过程需要依据服务对象的变化持续不断地对服务计划进行调整与修订。在本案例中,由于运用了个

---

① 参见许莉娅主编:《个案工作(第二版)》,高等教育出版社2013年版。

人与环境生态系统、生命历程(时间维度)、需求与资源等立体多维度的评估,并以此制订服务计划,因此在评估与计划的线索上没有太大的变化与调整。"服务"线索是指,服务活动不单单是制订计划之后的介入即服务实施的环节,从开始的接案建立关系,预估服务对象的状况、处境与需要,到最后的服务效果评估及结案的处理,都具有治疗与服务的功能,这要求个案管理者在任一环节里的工作都要充分敏感地意识到对服务对象的正面影响。在这方面,专业督导会及时提醒杜丽。重叠性意味着上述四条线索的工作呈现着交替重叠的状态。

2. 介入过程中的多元理论模式与技巧运用

具体的服务中综合运用了个案工作危机介入,心理社会治疗,认知行为治疗,哀伤辅导,互惠性、治疗性小组工作模式,社会支持网络等理论与技巧,见表4。

表4 理论模式与技巧运用一览表

序号	理论模式	项目		反思
		介入行动及技巧	主要对象及环节	
1	危机介入	及时评估并排除自杀危险因素 24小时陪伴 个案辅导,调整认知	对象:小波 环节:接案	针对有自杀意向的服务对象,第一时间介入非常重要,社会工作者需要具有极强的评估能力和专业敏感性
2	心理社会治疗	"根由诊断":把服务对象过去的经历与现今行为间的互动做垂直的分析	对象:小波 环节:预估	要以发展性的视角关注与评估服务对象的生命历程,防止只是平面关注服务对象的现状,也要避免陷入精神分析生命经历决定人格的偏见
		直接治疗—非反映技巧—支持: 社会工作者通过了解、接纳和同感等,减轻服务对象的不安,给予服务对象必要的肯定和认可	对象:小波、小波妈妈、小波爸爸、继父 环节:接案、预估、介入	支持是建立信任关系的关键,通过"支持"与小波、小波妈妈、小波爸爸建立信任关系比较容易,与继父之间有些艰难;不可急躁,要给对方转变的空间,要按照对方的速度进行
		直接治疗—非反映技巧: 探索—描述—宣泄	对象:小波、小波妈妈 环节:预估、介入	既可运用于预估环节,收集资料以进行专业判断,更可用于介入的环节,帮助服务对象释放情绪和压力

(续表)

序号	理论模式	项目		
		介入行动及技巧	主要对象及环节	反思
3	认知行为治疗	理性情绪治疗—辩论 认知重构:通过对错误认知的辨认、理性选择方式的列举,以及认知排演等,帮助服务对象认识和改变无效的自动念头和图式,加强服务对象的理性认知能力	对象:小波、小波妈妈 环节:介入	试图运用辩论技巧帮助小波妈妈修正对前夫及其家人的不合理信念,但效果不好,可能是因为信任关系还没有稳固,或对方不接受此方法;后来以认知重构技巧促使小波妈妈将"前夫及其家人是自己的仇人"转变为积极合理的认知,即前夫及其家人是儿子的支持资源
		行为契约	对象:小波、小波妈妈、小波爸爸、继父 环节:介入	行为契约一定是社会工作者与服务对象协商的结果,帮助服务对象意识到这是对自己的承诺;行为契约需要签订仪式,仪式感会强化执行,必要时给予适当强化
		结构化:培养服务对象一个行为习惯,通过让服务对象设计日程安排和提供反馈的方式,帮助服务对象规划自己的生活,提高服务对象的学习能力,充分地发挥面谈辅导的治疗效果	对象:小波 环节:介入	协助小波做出日程安排后,请老师和小波妈妈监督执行,此时老师和妈妈是行动系统;需要行动系统的支持
		放松训练:呼吸放松—肌肉放松—想象放松—自我训练	对象:小波 环节:接案、预估、介入	在工作员带领下做呼吸放松、肌肉放松和想象放松;训练的效果好于自我训练
4	哀伤辅导	强化接受现实、感受悲伤,并释放情绪、建立新连接、适应新环境	对象:小波、小波妈妈 环节:接案同时介入	值得欣赏的创意和做法:接受姥姥去世的现实,陪伴小波去墓地看望姥姥;感受悲伤,释放情绪:陪伴小波看相册、聆听小波讲姥姥的故事、对姥姥进行"优点轰炸"、讨论姥姥对自己的期望、写下对姥姥的五个承诺;建立新连接:写下生命中最重要的五个人(在世的),进行排序,给每个人写一封信

(续表)

序号	理论模式	介入行动及技巧	主要对象及环节	反思
			项目	
5	互惠性、治疗性小组工作模式	小组活动设计与带领	对象：小波、同学 环节：介入	班级融入小组活动融合了互惠性与治疗性，从班级同学互动、互助，增强团队合作力的角度可谓互惠性，从为小波改善群体环境、建立归属感的角度可谓治疗性
6	社会支持网络	正式支持与非正式支持资源链接	对象：小波 环节：介入	个案管理取向的介入服务强调资源链接

（二）价值伦理

1. 社会主流价值观与信仰

作为专业的助人服务，社会工作强调价值与知识合二为一地发展出助人技巧，价值信念是社会工作专业活动的灵魂，社会工作专业活动将同时受到五个价值观系统的影响和制约，包括所在社会的主流价值观、服务机构的价值观、社会工作专业的价值观、社会工作者的价值观及服务对象的价值观。在本案例中，服务对象小波深受其姥姥信仰的影响，以至于萌生要去天堂找姥姥的想法，这对社会工作者是一个很大的挑战。杜丽在督导的指导下，她避开与服务对象讨论天堂是否存在及人去世之后能否进天堂的问题，而是将服务对象引向与其他亲人即与妈妈的联结。还通过提供信息的个案会谈技巧，告诉小波先要完成人生任务，例如要好好学习，长大后为社会做贡献，要孝敬妈妈、爸爸，将来自己也要成为一名爸爸，还要像姥姥、妈妈照顾自己一样去照顾自己的孩子。

2. 服务对象利益与疾病隐私

疾病是一种隐私，保护、尊重服务对象的隐私是社会工作专业伦理的要求。在本案例中，服务对象小波患有较为严重的脑部疾病，发作时不仅有病痛，还有形象上的损伤，虽然同班同学目睹过小波病情发作，但小波依然不愿意更大范围内的人知晓自己的疾病。协助小波治病是服务的目标之一，而服务对象经济上的困难需要链接广泛的资源。这里就出现了保护小波的病情隐私与让更多人知晓病情以筹集医疗费用的两难困境。杜丽遵循了案主自决的原则，向小波及其妈妈说明了这种两难,让服务对象自主选择。服务对象在保护自己的隐私与筹集医疗费实施手术之间选择了后者。本案例中小波的病情还不算是特别敏感的疾病,如果在服务中遇到如艾滋病等情况时,这种两难处境就更为棘手。面对这种情况,社会工作者常常除了需要向服务对象说明情况,由案主自决,还需要帮助服务对象接纳自己及自己的疾病,祛除歧视和排斥。

3. 案主自决与保护案主利益

自杀介入是社会工作者面对的一种极端情境,社会工作的处理原则是第一时间阻止自杀行为。这似乎与社会工作的案主自决原则有悖。在本案例中,服务对象小波是一个小学生,自杀意念来源于学校和家庭环境(人际、物理)的压迫、亲人丧失等,但没有自杀的心理准备和行为准备,也就是说,小波只是一时起念。社会工作者杜丽通过个案辅导、资源链接、环境改善等工作消除了这种危机,显然是值得支持的。但是,如果社会工作者面对的服务对象是一个成年人,经过周全思考做了自杀的决定,此时该如何处理案主自决与保护案主利益的价值两难?——保护生命安全为社会工作的首要原则。

4. 工作员资格

在本案例中,提供服务的杜丽是一位社会工作专业在校学生,还没有完成全部的社会工作专业训练,没有参加资格考试、未获取社会工作师的资质,杜丽是在督导的指导和陪伴下完成服务过程的。目前,许多社会工作机构在实施项目时有很多社会工作专业学生参与实习。从对服务对象负责、遵守专业伦理的角度,必须要对实习学生参与服务项目进行严格管理,对实习学生参与项目的程度、参与的环节、提供的服务等严格规定,并且要严格督导制度。

四、建议的课堂计划

本案例课堂计划以 MSW"高级社会工作实务"为例设计,计划为 10 学时(见表 5)。

表 5 课堂教学安排计划

	教学内容	教学方法	时间	备注
课堂教学	生态系统理论视角下的社会工作实务通用过程	讲解	2课时	前续课程
课前准备	生态系统理论、优势视角、社会支持理论 案例描述	个人阅读与思考 小组阅读与讨论	3小时	不计课时 可计实习时间 只给学生案例描述资料

（续表）

	教学内容	教学方法	时间	备注
课堂教学	服务对象生态系统评估 服务对象生命历程评估 服务对象问题、需要与资源评估	小组课堂习作 分享 引导同学回应 老师点评与讲解	2课时	
课下功课	制订服务计划	小组集体讨论完成	3小时	不计课时 可计实习时间
课堂教学	制订服务计划	小组汇报分享 引导同学回应 老师点评 派发案例服务计划资料,学生小组为单位阅读 老师讲解案例并总结	2课时	
课下功课	画个人生态系统图、家庭图及社会生态系统图 评估自己的需要、资源及资源障碍 以"生命河"为题作画,描述自己的生命历程	个人独自完成 小组分享	2小时	不计课时
课堂教学	服务成效评估与分析 理论反思总结	老师讲解 讨论与回应	2课时	
课下功课	案例描述（另发）	小组阅读讨论	2小时	后续课程准备 不计课时 可计实习时间
课堂教学	案例教学（另发）	角色扮演 讨论回应 老师点评总结	2课时	后续课程

本文作者:许莉娅,中央团校(中国青年政治学院)社会工作系副教授。

智障儿童家庭支持服务

摘要：整合性社会工作是社会工作临床实践中的一种重要方法，被广泛地运用于社会工作服务项目的设计、管理与评估中。整合性社会工作服务强调在充分了解服务对象相关背景资料、文献资料基础上，根据有效的需求评估和确定的理论指引，提供整合不同服务系统、专业知识、工作方法、社会资源的系统性服务，以帮助服务对象全面成长与改善，达成与环境的适应性平衡。本案例以上海市嘉定区一项智障儿童家庭支持服务为例，展示了项目过程中整合性社会工作服务的要素、内容、专业历程以及整体与部分之间的内在逻辑关系。

关键词：整合性社会工作服务，生态系统理论

一、项目背景

根据第六次全国人口普查及第二次全国残疾人抽样调查资料推算，截至2010年，我国共有残疾人8502万人，其中智力残障者为568万人，占比约为6.7%。据中国残疾人联合会《2021年残疾人事业发展统计公报》显示，截至2020年，全国共有850.8万持证残疾人得到了基本康复服务，其中智力残疾者约68.8万人，占比约为8.09%。① 而据《2020年上海市残疾人事业发展统计公报》显示，截至2019年年底，上海市的持证残疾人约59.5万人，比上年增加了1.7万人，其中得到基本康复服务的持证残疾人约为16.7万人，得到基本康复服务的智力残疾者约为1.2万人，

---

① 中国残疾人联合会：《2021年残疾人事业发展统计公报》，2022年3月21日，https://www.cdpf.org.cn/zwgk/zccx/tjgb/0047d5911ba3455396faefcf268c4369.htm，2022年4月1日访问。

0—17岁儿童约0.4万人。①

上海市某区某街道民政部门希望通过政府购买服务的方式,为辖区内的智障儿童的家长提供支持性服务,项目的总金额为16万元,项目期限为一年(实际上因项目完成后评估效果良好,项目持续了三年)。项目辖区内有智障儿童40人,其中重度智力残疾儿童6人,智障伴有脑瘫儿童10人,智障伴有自闭症儿童12人,唐氏综合征儿童4人,语言障碍儿童3人,轻度智障儿童5人,这些儿童在领取"阳光宝宝卡"时均经医学鉴定,平均智商不到70分。由于智障儿童的特殊性,其主要照顾者在生理、心理、社会交往层面都面临巨大压力,需要政府、社区和社会组织更多的关注与支持。

截至本项目开始前,项目辖区内除区残疾人联合会、一所特殊学校外,无其他专业机构为智障儿童及其家庭提供专业、系统的服务。复源社会工作师事务所作为一家专业的社会工作服务机构,根据需求评估,承接了政府购买的"智障儿童家庭支持服务"项目。

二、文献回顾

2002年,美国智能和发展障碍协会(AAMR)将"智能障碍"定义为:智能障碍发生在18岁以前,主要表现在概念、社交和实用适应能力方面,是一种在智力功能和适应行为方面存在实质性限制的障碍。我国的"智能障碍"的定义为:智能障碍是由于大脑受到器质性损害或由脑发育不完全造成的认识活动的持续障碍以及整个心理活动的障碍。

智能障碍又称智力残疾,智力残疾的等级一般根据世界卫生组织的分级标准,按智力商数(IQ)及社会适应行为来划分,分级参见表1。② 我国目前也按此标准划分:一级最严重,没有生活自理能力;四级最轻,生活基本可以自理,并能到普通学校随班就读。③

---

① 上海市残疾人联合会:《2020年上海市残疾人事业发展统计公报》,2021年9月2日,https://www.shdpf.org.cn/clwz/clwz/ztwz/tjgb/2021/09/02/4028fc767b9b2b35017ba42b49fc180c.html,2021年12月1日访问。
② 王辅贤主编:《残疾人社会工作》,北京大学出版社2008年版,第4—5页。
③ 《全国残疾人残评定新标准》,http://www.fxcl.org.cn/article_show.asp?articleid=300,2021年10月1日访问。

表 1　智力残疾的分级

智力水平	分级	IQ（智商）范围	适应行为水平
重度	一级	<20	极度缺陷
	二级	20—34	重度缺陷
中度	三级	35—49	中度缺陷
轻度	四级	50—69	轻度缺陷

本项目中的智障儿童是指 18 岁以下、智商测试在 70 分以下的智力残疾儿童。智障儿童具有如下特点：智力发育低下，情感表达更具依赖性、更直接、更简单，在与人交往过程中存在表达不清晰或不准确、理解困难、语言发育迟缓或语言障碍、肢体运动功能障碍或缺陷等。[①]

目前，国外关于智障儿童的研究多集中在早期干预、社会融入、社区康复和教育问题上，而早期干预研究特别强调社会支持网络的重要性，并指出只有当提供的支持服务与特殊儿童家庭的需要相匹配时，才能充分发挥支持服务的效用。邓斯特认为，早期干预是一种环境变量，包括儿童、家长、家庭等，以及多种多样的社会支持服务，这些都可以作为早期干预的形式，有着重要的功能。[②] 库利认为，专业人员应该鼓励家庭与支持人员之间的合作，进而提升家庭的自信心、自主感和控制感。[③] 威廉姆斯分析了社会工作者在社区康复中承担的角色，指出社会工作者的角色主要在包括对患者生理、心理、行为、家庭环境的评估，并且提供长期或短期的治疗服务，整合社区资源，危机干预等方面。她强调，社会工作者与护士等物理治疗师的不同之处主要在于，社会工作者旨在解决那些由社会、情绪等导致的阻碍健康及治疗的问题，在社区康复中应尽量扮演资源整合者的角色。[④]

国内也有不同视角的关于智障儿童早期干预支持的研究。学者认为，智障儿童早期缺少干预与其遭到社会排斥、生活状况封闭、缺少社会融入息息相关。[⑤] 贾

---

① 密忠祥：《智力障碍儿童的心理特点》，《中国残疾人》2004 年第 7 期。
② C. J. Dunst, "Rethinking Early Intervention", Analysis and Intervene On Developmental Disabilities, 5, 1985.
③ W. C. Cooley, "The Ecology of Support for Caregiving Families", Journal of Developmental and Behavioral Pediatrics, 2, 1994, pp. 117-119.
④ Elaine Williams, "The Mental Health Team in Home Health Care: The Psychiatric Nurse and Social Worker Roles", Home Health Care Management Practice, 9 (1), 1996.
⑤ 杨希洁：《我国大陆特殊儿童早期干预研究综述》，《中国特殊教育》2003 年第 4 期。

婵娟介绍了美国以医护服务为中心、以家庭为依托和以康复中心为基础的三种特殊儿童早期干预模式,提出要加大政府支持力度,提高从业人员的专业素养,实施多渠道、全方位的早期干预。①

20世纪60年代,法贝尔首创残疾儿童家庭研究。② 1995年,穆克利调查了智障儿童父母的需要,60%智障儿童的家长"不需要"福利机构抚养子女,但在专业指导、康复服务、经济补助和精神支持方面的需求强烈。③ 秦春生、华城波等指出,智障儿童情感较低级、多变,智障儿童的家庭教养方式对智障儿童情感形成有重要影响。④ 张宁生指出,智障儿童的家长从得知到接纳事实一般会经历五个阶段:否认—自责和罪恶感—困惑—沮丧—接纳。家长克服心理障碍,接受孩子和接受自己,将负面情绪转化为积极的态度,需要自我理性支持、家庭情感支持以及社会服务支持。⑤ 他通过编制《残疾儿童父母心理压力问卷》对残疾儿童的父母的心理压力进行了测量,结果显示残疾儿童的父母的心理压力从大到小依次为:终身照顾、经济负担、个人与家庭问题、缺乏成就感和过分保护。其中,81.67%的父母在终身照顾方面感到压力。⑥ 谷长芬等人对北京市313名0—6岁残疾儿童的家长的教育需求状况进行了问卷调查,结果显示残疾儿童的父母在法律政策、康复服务信息、儿童身心发展与教养技巧、专业指导与专业合作、家长心理建设与成长等方面的需求都相当高。

以上研究显示,在智障儿童康复中,早期干预非常重要,但智障儿童早期干预不应局限于对儿童本身的干预,家长的参与也是其重要的组成部分,强调要提升家庭信心、自主感和控制感,有些研究还特别强调了早期干预中社会支持网络的重要性。

三、需求评估

复源社会工作师事务所对项目辖区内36个智障儿童的家庭(辖区内共有40户智障儿童家庭,其中4户家庭因父母双方皆智障、人户分离等原因无法完成调

---

① 贾婵娟:《美国特殊儿童早期干预模式》,《现代特殊教育》2011年第1期。
② B. Farber, "Effects of a Severely Retarded Child on Family Integration", Monographs of the Society for Research in Child Development, 24 (2), 1959, pp. 113-124.
③ 穆克利:《关于我国弱智学生家长需要问题的调查研究》,《特殊儿童与师资研究》1995年第3期。
④ 秦春生、华城波:《浅谈智障儿童情绪和情感的特点及培养》,《吉林教育》2005年第4期。
⑤ 张宁生、荣卉:《残疾儿童的父母如何调适心路历程》,《心理科学杂志》1997年第5期。
⑥ 张宁生、荣卉:《〈残疾儿童父母心理压力问卷〉的编制》,《中国特殊教育》1999年第1期。

查)进行了问卷调查和深入访谈,建立了智障儿童的家庭档案。在36份有效问卷中:男性13名,女性23名;年龄主要集中在30—45岁,占总数的82.4%,其中:30—35岁占比为32.4%,35—40岁占比为35.2%,40—45岁占比为14.8%;在婚31人,分居1人,离婚3人,丧偶1人;夫妻双方的职业主要以工人和服务业从业人员为主。在孩子康复方面,11个孩子曾接受过行为技能训练,17人曾接受过医疗康复训练,26人曾在普通幼儿园学习,4人曾在普通小学学习,20人曾接受过特殊儿童学校教育,5人未接受过任何康复训练。

(一)智障儿童的家庭评估状况

1. 智障儿童的家庭一般状况

(1)智障儿童的家长的教育状况处于中等水平,有55.9%的家长具有高中、中专以上学历。(2)家庭收入状况较差,家庭每月总收入集中在5000元以下,占比为76.5%:1000元以下的占5.9%,1000—3000元的占50.0%,3000—5000元的占20.6%。53.6%的家长认为收支基本相抵,稍有剩余;18.6%的家长认为收入勉强够用,日子过得很紧;12%的家长认为难以为继。因病致贫、因贫延治的现象较普遍。(3)家庭照顾压力大,母亲或爷爷奶奶是智障儿童的校外主要照顾者,两者占比为68.6%。(4)83.0%的家长选择了生育二胎,家中除了智障儿童,还有1—2个孩子需要照顾,这给主要照顾者带来很大的压力。

2. 智障儿童家长的心理状况

在情绪方面,在"相当一部分时间里我会感到内疚"的选项中,23人选择了"比较符合"和"完全符合",占比为64.0%;43.0%的家长对自己感到很失望,还有27.0%的家长表示不确定,两者占比为60.0%;43.0%的家长表示对未来没有信心,还有8人选择了"我现在常常想哭泣",占比为22.0%,两者相加占比达75.0%。内疚、失望以及对未来没有信心是这些家长的主要心理情绪状况。

3. 智障儿童的家庭支持系统状况

(1)家庭系统内相互支持不足。51.0%智障儿童的照顾问题落在了家庭中的某一个成员身上,令该成员不堪重负,有个别家长甚至不清楚自己的孩子就读于哪个年级。(2)社区支持不足。居委会每年来看望1次的共有13户,从来没看望过的有16户,两者占总体比例的80.6%。在社区帮助方面,8户家庭近半年来曾接受过社区帮助,占仅22.2%。在社区内,关系好到可以登门拜访的小区居民家庭数为1—2户的共有19人,占比为52.8%;0户的共有11人,3户以上的仅有6人。可见,大多数家庭与社区内其他家庭联系比较少,基本上处于自我封闭的状态。近半年来接受过社会机构帮助的家庭仅有10户,74.0%的家庭未接受过社会组织的帮助,没有一个家庭每季度社区走访次数超过3次。(3)学校系统支持不足。有87.0%的家长只是通过家长会、老师告知等方式与学校老师联系,还有3.0%的家长几乎从不与学校联系。(4)社会支持不足。85.0%的家长没有参加任何社会组织,50.0%的家长不愿意向他人袒露心扉,76.0%的家长没有可倾诉心事的好友。

(二) 智障儿童的家庭需求

经过评估,智障儿童的家庭需求分为两部分。

1. 表达性需求

表达性需求来自个人或团体,是通过行动和表达明示出来的需求。其内容包括:

(1) 学习教育和照顾孩子的技能。家庭对孩子的期望依次是掌握基本生活技能、满足基本生存需要、掌握就业技能、学会情绪表达,其中掌握基本生活技能的需求占比为67.9%。有90.0%的家长希望可以学到更多的教育和照顾孩子的技能,如日常饮食、行为矫正、语言训练等。

(2) 获得更多的社会保障和社区的有效帮助。家长认为,他们很少从社区获得有效帮助,对于社区资源的了解也很不充分,他们希望获得更多的社会保障和来自社区的相应帮助。

(3) 期待社会的接纳和关爱。外界的歧视和冷漠让智障儿童家庭处于更加自卑与封闭的境地。家长表示,孩子在公共场所经常遭遇异样眼光,令他们十分难堪、尴尬。问卷中的所有家长都期待社会和人们的接纳和关爱。

(4) 期待与其他智障儿童家长建立有效联系。有97.0%智障儿童的家长希望与其他家长建立联系。家长表示,学校与家长的主要沟通渠道是家长会,家长会上也主要是告知学校的相关事宜,很少组织家长开展以教授简单照顾技巧和舒缓压力为主的活动,他们很希望在保护家庭隐私的情况下,更好地参与一些类似或更丰富的活动,也更好地与其他家长建立联系。

2. 规范性需求

规范性需求是指由专业人员、专家学者或行政人员根据专业知识和现存规则,制定在特定环境下的人类所需的标准。① 在项目初期,通过入户走访了解了36户家庭的基本生活状况及需求,建立了家庭档案,后通过《家庭亲密度和适应性量表》的测量和深入访谈,评估后发现智障儿童家庭存在的主要问题表现在:

(1) 家长在对智障儿童的抚养过程中,由于早期对孩子的期望值较高,投入很大的热情,但康复的效果不明显,因此许多智障儿童的家长不但身心疲惫,而且影响了继续教育的信心。

(2) 因为孩子的问题,家人间意见不一致,相互抱怨,冲突不断,有的家庭甚至出现夫妻中的一方退出,家庭解体,使原本就不幸的家庭雪上加霜。

(3) 一部分家长将抚养责任完全推托给爷爷奶奶,很少过问孩子的状况,尤其是在生育了二胎的家庭中,这种现象更明显。

(4) 半数以上的智障儿童家庭存在关系纠葛,家长对孩子过度保护,在一定程度上影响了家庭成员的分化和家庭整体的发展。

综上,社会工作者评估智障儿童的家庭在长期的照顾和康复中,面临巨大压力,需要适当的介入与调整,包括缓解压力,舒缓情绪,增加与家人、他人间的积极互动,获得认同和情感支持等。

四、项目目标

在文献回顾和项目需求分析的基础上,项目组拟定了项目开展的总目标和子目标。

(一) 总目标

协助智障儿童的家庭获得照顾信息,学习照顾技巧,舒缓照顾压力,构筑家长间的支持、互助网络,为家庭帮助智障儿童康复、有效融入社会提供有力的支持。

---

① 顾东辉主编:《社会工作概论》,复旦大学出版社2008年版,第6页。

(二) 子目标

(1) 建立智障儿童的家庭档案,提供智障儿童的家庭个案服务。

(2) 提供智障儿童的家长支持小组服务,协助家长间相互分享与学习。

(3) 建立智障儿童的家庭互助小组,建立家庭间的互助网络。

(4) 整合资源,帮助智障儿童的家庭更好地获取社区资源,协助智障儿童康复。

(5) 政策倡导,社区宣传,提高社会对智障儿童的接纳,帮助智障儿童更好地融入社会。

五、理论依据与介入策略

本项目选择社会支持理论作为理论依据。社会支持理论于20世纪70年代被提出,学者们强调,社会支持是指个体通过正式和非正式途径与他人或群体接触,并获得信息、安慰与保证。社会支持包括情感支持、物质性支持、工具性支持、抚育性支持、尊重支持等。社会支持帮助个体减轻心理应激反应、缓解精神紧张状态、提高社会适应能力。[①]

依据社会支持理论的观点,一个人所拥有的社会支持网络越强大,就越能够应对各种来自环境的挑战。本项目强调,针对那些社会支持不足或者利用社会支持能力不足的智障儿童的家长,协助其构建家庭内外的社会支持网络,帮助他们扩大和学习利用社会支持资源,缓解压力,提高其解决问题及应对困难的能力。

根据社会支持理论,本项目以智障儿童的家庭为服务对象,运用生态系统理论从三个次系统整合性介入:

(1) 以家庭为系统介入。协助智障儿童家庭改善家庭结构、调整家庭关系,并进而协助家庭成员改变认知,学习情绪管理和照顾技巧,舒缓压力,建立起家庭内强有力的支持系统,以维持良好的家庭照顾功能。

(2) 从家庭之间的互助系统介入。建立家长间的支持和互助团体,通过团体

---

① 周林刚、冯建华:《社会支持理论——一个文献的回顾》,《广西师范学院学报(哲学社会科学版)》2005年第3期。

经验,分享照顾中碰到的压力与困难,共同寻求解决的方案,以增强他们面对问题的勇气和信心,提升他们解决问题的能力。

(3)在社区系统层面介入。帮助智障儿童家庭了解和链接社区现有资源,并整合资源,增加智障儿童家庭参与社会、与社区互动的机会,共同为智障儿童的康复和社会融入提供有效支持。

六、项目具体执行情况

根据介入目标、理论依据和介入策略,具体推动项目的开展。

(一)家庭内部支持系统的建立

针对上述智障儿童的家庭情况,在与智障儿童的家长建立专业关系后,社会工作者进行了家庭个案工作,共完成25个家庭个案,其中有4个家庭是自愿求助,其余为工作者根据家庭内部关系需要介入程度并愿意接受个案辅导筛选成为的个案。

1. 建立专业关系

在家庭个案的介入过程中,最重要的就是和服务对象建立专业关系。

(1)接触家庭。因为大部分智障儿童都是项目辖区内一所特殊教育学校的学生,社会工作者和学校详细沟通,告知了项目及其意义,通过学校的班主任老师和家长取得了联系;对于剩下的孩子,社会工作者走进社区,和社区居委会相关人士进行沟通,通过社区工作者接触其家庭。

(2)取得家庭"守门人"的同意。每个家庭都有一个关键的"守门人",没有他的同意,外人很难进入家庭,社会工作者特别留意和这个"守门人"的接触,赢得了他(她)的认同。

(3)走进家庭。告知家庭这一项目的内容和意义,解释社会工作的角色,澄清他们的权利和义务,了解他们的需求,倾听他们的困苦与抱怨,同理他们的感受,并真诚地回应;植入希望,但不做太多的承诺;在取得他们的信任后签订专业服务协定,进行家庭个案工作。

2. 理性情绪治疗

理性情绪治疗模式(Rational-Emotive Therapy,简称 RET)是 20 世纪 50 年代由埃利斯在美国创立。理性情绪治疗模式是一种通过改变人的认知过程、改变人的观念来纠正人的情绪和行为的理论与技术,强调人自身的认知、情绪和行为这三个维度机能的统一性。其特点是认知、行动并重,理性、经验并存,具体过程如下。

(1)寻找。帮助智障儿童的家长找出自己的非理性信念。如"我一辈子没做过坏事,为什么我的孩子会这样","生出这样的孩子一定是我上辈子作了孽","我会一辈子被套牢,没有任何未来","那天如果我如约去做产检,就不会发生这样的事了,全是我的错"。

(2)认识。帮助智障儿童的家长认识非理性信念与自己目前行为的联系。如"我一直觉得孩子这样是我的错,这样的念头已经压得我喘不过气来了,更糟糕的是我不停地自责,慢慢地,我老公竟认为孩子这样真的是我的错","我自认自己这辈子没做过坏事,应该不会生出这样的孩子,所以一直不愿意接受这个现实,结果把孩子最好的康复期错过了"。

(3)领悟。帮助智障儿童的家长承认这些非理性信念的存在及其产生的根源。如"我很内疚,但这些内疚除了让我的生活一筹莫展外,真的什么也没有带给我。我问过医生,医生明确地告诉我,不是我的错。为什么我还要紧守不放呢?是不是这样被内疚紧抓住不放,我就不用去面对其他的问题了?我在逃避?"。

(4)放弃。采用与非理性信念辩论的方法,帮助服务对象认清其信念的不合理性,进而放弃这些不合理的信念。如"冬儿虽然长得和其他孩子一样,比那些唐氏综合征的孩子看起来正常很多,有的时候他看起来甚至还很漂亮,但他是个自闭症孩子,他活在自己的世界里,我没法和他交流,他从来没有亲过我,无论我为他做什么。我再不承认,这也是个事实"。又如"以前我一直觉得太不公平,我一辈子勤勤恳恳,踏踏实实,从没做过什么坏事,为什么要这么对我?为什么是我的孩子?我觉得自己是这个世上最惨的人。……但在抱怨中,我的生活却过得越来越糟。我逃避解决问题,夫妻关系越来越紧张,孩子也错过了最佳的康复期,老板和同事对我的工作也越来越不满。是我把自己的生活弄成这样的,是我自己,我太不像个男人了"。

(5)重构。从改变智障儿童的家长常见的非理性信念入手,帮助他们学会合理的思维方式。如"我的孩子是自闭症。以前我不承认,每天逼他学习,不停地训练他,我以为别人花10分钟,我花半个小时、1个小时、2个小时总可以吧?结果那是自欺欺人。孩子很痛苦,我也很受挫、很沮丧……我很感激你,因为你让我看到,我儿子画画不错,这我真没想到。还有,我也应该感激孩子,他不会亲我,但他知道叫我妈妈,他不舒服的时候会叫妈妈,出去时他感觉不安全时会紧紧拽住我的手。我不想再抱怨,不管怎样,他都是我的孩子。你说得对,我要做个接受现实的、快乐的妈妈。我要明白,我要接受现实,只有这样我才能更好地陪伴和照顾我的孩子"。又如"现在,我终于想明白了,我是丈夫,是爸爸。无论怎样,他都是我的孩子。有人说自闭症的孩子是天上的一颗星星,那么也许是上天看得起我,才让我来照顾他的(仰起头,眼泪夺眶而出,但很快低下头,再看向我们时,脸上是一副此前从未有过的坚定的表情)"。

通过理性情绪治疗,项目帮助智障儿童的家长改变了非理性的想法、信念以及非理性的思维方式,树立了积极的能带来生存快乐的信念,从而使其获得更好的情感体验,增进合宜的行为。

3. 家庭治疗

家庭包含家庭的结构、发展与功能几个层次。家庭治疗将个体所存在的问题或症状从个体转向了关系,治疗师通过与全部或部分家庭成员的治疗性会谈以及其他专业技术,协助家庭成员改善家庭关系,建立良好的家庭互动模式,进而处理和消除个体所存在的问题。

在本项目中,社会工作者利用结构式家庭治疗和萨提亚家庭治疗的理论与技术,帮助家庭改善了家庭结构,在家庭内部建立起相互合作的支持系统。

(1)教授家庭成员间积极沟通的技巧,改善家庭关系。帮助家庭成员了解良好沟通的意义,练习在行为层面、情感层面更好地倾听、表达和回馈,避免那些不一致的,如讨好、指责、超理智和打岔型的沟通方式,学会一致性沟通。

(2)改变家庭结构,厘清家庭界限。帮助家庭正视那些功能失调的结构形态,如纠葛型或疏离型的家庭结构,认识其对家庭关系造成的不利影响,强调功能良好的家庭界限对家庭成员成长的重要性。特别要协助家庭认识到,残疾孩子也是一个独立的个体,有自己的发展任务,需要适当的支持,但家长也不可过多剥夺其成长的自主性,不要因为太多关注孩子,而影响夫妻关系次系统以及个人次系统的发展。

(3) 澄清家庭成员的角色,促成家庭成员间的相互合作。在智障儿童的家庭中,照顾孩子的重任常常被放在某一个家庭成员身上,令其不堪重负。通过萨提亚的冰山技术和角色扮演,澄清主要照顾者的感受和期待,通过家庭沟通和协约帮助家庭成员重建相互理解与合作的关系。

在家庭系统的介入中,社会工作者对每户家庭开展了至少6次个案及跟进工作,对改变智障儿童家长错误的认知和改善家庭结构、调整家庭关系、建构家庭支持体系产生了明显的效果。

(二)家庭之间支持系统的建立

家庭之间支持系统的建立分成两部分:三个支持小组的建立和活动开展、互助团体"共勉俱乐部"的建立与活动开展。

1. 三个支持小组的建立和活动开展

最初,项目组设计了一份小组计划书,希望在所有智障儿童的家长中重复性开展活动,但两次尝试下来,发现效果不佳。因为这些智障儿童中有自闭症、唐氏综合征、脑瘫等几种类型,不同类型孩子的情况不同、康复需求不同,家长面对的压力也不同,放在一起开展小组活动,家长之间的分享缺乏共鸣,彼此之间的支持也没有针对性。因此,项目组决定针对智障儿童类型的差异分别开展小组工作,开设了"感恩的心"——自闭症儿童家长支持小组、"恬美的心"——脑瘫儿童家长支持小组和"有爱的心"——语言障碍及唐氏综合征儿童家长支持小组三项支持性小组工作。

第一,"感恩的心"小组,针对12名自闭症儿童的家长。自闭症儿童的家长相对于其他家长在获得资讯及孩子康复训练方面的需求更为强烈,并在长期照顾和与孩子沟通不畅的压力下,逐渐失去了自我认同感和信心。小组主要目标是协助家长了解自闭症儿童的特点,以及如何面对长期康复训练中的压力。

小组共8节,内容分别是:(1)我们在一起:认识小组成员、表达期待、形成小组规范;(2)这就是生活:接纳孩子,学会处理日常的困扰;(3)亲子互动模式探讨:认识亲子互动的重要性,学习亲子互动的技巧;(4)如何舒缓压力:舒缓家长照顾的压力;(5)情绪通道:帮助家长面对负面的情绪;(6)了解自闭症儿童的特点:分享和了解自闭症儿童的特点,获得专业的解答;(7)社区资源知多少:了解和学会获取更多的社区资源;(8)自我照顾和自我发展:学会自我照顾,寻求更好的自我发展。

第二,"恬美的心"小组,针对 10 名脑瘫儿童的家长。脑瘫儿童的家长没有自闭症儿童家长那么强烈的康复需求,他们面临最大的困扰反而是康复信心以及与孩子的沟通问题。小组设计将重点放在与孩子互动模式的学习,以及康复信念的建立上。

小组共 7 节,内容分别是:(1)我们在一起:认识小组成员、表达期待、形成小组规范;(2)这就是生活:接纳孩子,学会处理日常的困扰;(3)亲子互动模式探讨:认识亲子互动的重要性,学习亲子互动的技巧;(4)如何更好地和孩子沟通:学习更好地与孩子沟通的技巧;(5)康复和训练重要吗:帮助家长了解康复训练的重要性,树立信心;(6)你教我,我教你:帮助家庭掌握更多康复训练的信息与技巧;(7)鼓励与祝福:回顾学习、祝福以及离组。

第三,"有爱的心"小组,针对 12 名语言障碍及唐氏综合征儿童的家长。语言障碍和唐氏综合征儿童相对于自闭症和脑瘫儿童而言,障碍程度较轻,从前期的问卷调查和访谈中了解到,大部分家庭经济条件属于中等以上,家长主要的困惑在于由本可以通过筛查预防的问题导致的内疚、自责等负性情绪与错误认知。因而,小组设计的重点是改变家长的错误认知,使其更好地管理自己的情绪。

小组共 6 节,内容分别是:(1)相亲相爱一家人:认识小组成员,了解小组目标,分享期待,制定规则;(2)管理你的情绪:了解情绪以及在情绪背后的认知作用;(3)你的认知图:了解影响个人情绪背后的认知;(4)转化负性认知:了解负性情绪背后的认知的意义,发展积极的认知;(5)内疚与自责:了解内疚与自责产生的原因、对自己和生活的影响,以及如何更好地回归对自己的认同;(6)回顾与总结:学会更好地审视自己,为自己的人生找寻意义,回顾、祝福和离组。

在小组工作实施过程中,每类小组都和组员共同商定选取一首歌作为小组暖身歌曲(三个小组分别选择了《隐形的翅膀》《阳光总在风雨后》《相亲相爱一家人》),并在一次次的传唱中建立起了小组共同的仪式感。每次小组活动结束前留 5—10 分钟的时间,组员一起进行本节小组工作的总结,分享所得,社会工作者会询问组员有没有未被满足的期待,并对一些组员的期待做出回应,为下次小组活动提供改进目标。

通过小组活动,小组氛围经历了沉默—部分融入—完全融入的过程,组员的内心也经历了质疑—将信将疑—信任—完全投入—深层次个人分享的历程。组员通过自我表露,分享了自己内心的痛苦、创伤、压力和期待。社会工作者通过小组活动化解了成员部分的伤痛,植入了希望。组员之间通过资讯和建议分享,获得了更多照顾和康复训练的信息和方法;通过互动中的相互学习,从他人那里获得了更多的照顾技巧;还通过利他主义和接纳,感受到了被理解、被关怀和认同,感受到了自己的价值。

2. 互助团体"共勉俱乐部"的建立与活动开展

在个案工作与支持性小组工作的基础上,社会工作者协助家长成立了"共勉俱乐部",建立起了家长之间持续的相互支持机制。

"共勉俱乐部"是一个自助团体。一方面,单纯就一个家庭来说,其所了解的信息、接触的服务面、可联系的资源总是有限的,但是俱乐部可以把信息、资源、服务进行共享与整合;另一方面,当这些家庭以组织的形式与社会及政府联系时,也更容易得到相应的支持。俱乐部作为家庭与社会之间的一条纽带,承载着更好地争取资源和服务的功能,可以帮助家庭争取到更多的社会支持,增加家庭的抗风险能力。

在"共勉俱乐部"建设过程中,一开始家长很被动,参与活动的积极性不高,有些家长会问:"参与活动对我们有什么好处?"有的家长会说:"我的孩子没那么笨的,和那些孩子在一起,好的没学会,情况岂不是越来越差?"所以,最初社会工作者投入较多,包括寻找场地,召集组员,设计活动方案,在活动中发现和培养家长中的领导者,协助家长之间相互沟通,解答家长之间的困惑,协调可利用的资源等。

三次活动后,俱乐部初步形成了自己的机制,俱乐部的部长由智障儿童的家长担任。当俱乐部建立起了自己的支持网络时,社会工作者开始逐步退出,由家长自主管理,维持运行。

俱乐部参与者基本由四部分群体组成:家长、志愿者、孩子、社会工作事务所的社会工作者。四个群体分工合作,组成了智障儿童的家庭社会支持体系,见表2。

表2 "共勉俱乐部"参与者

身份	职能
家长	讨论需求
志愿者、家长	寻找服务资源,设计活动方案并实施,满足需求
孩子	学习、锻炼,培养责任心和自理能力
社会工作者	整合资源,提供良好的活动空间以及环境支持,创造外部条件

（1）家长。家长有自己的需求。如有的家长认为，孩子一个人出门不认识路，很不放心，孩子要是学会认路标、认识公交站牌就好了；也有的家长认为，自己的孩子不会买东西，必须要家长陪同才可以。那么，认路、购买物品等就是家长的需求，家长讨论、明确这些需求后，志愿者和其他家长一起协商解决。

（2）志愿者。志愿者主要是指特教专业背景的志愿者，他们根据家长的需求，和家长一起设计活动方案，并协助具体操作实施。在此过程中，通过活动，原来家庭很难完成的特殊教育功能被转移向社会，减轻了家庭负担，也实现了良好的教育效果。

（3）孩子。孩子走出家庭，融入俱乐部，逐步在生活中接受教育，学会常识、技能、交往、自理等。俱乐部可以为孩子提供一个良好的成长环境。他们通过相互照顾，培养了自己的责任心和自理能力。这样的锻炼机会和成长环境是单个家庭无法提供的。

（4）社会工作者。社会工作者需要考虑的是如何协调资源，如帮助俱乐部解决场地问题，为智障儿童的家庭创造良好的活动空间，或排除一些障碍，协助活动顺利开展。社会工作者需要整合资源，借助残疾人联合会、学校、企业、医院等专业机构的支持。

目前，在近半年的运行过程中，"共勉俱乐部"开展了丰富多元的活动，如"老带新"活动让更多新的家长认识并参与到俱乐部中来；"心与心交流"活动通过沙龙或茶话会的形式，让家长分享各自的生活感受或困惑，解决了一些家长在抚育孩子过程中碰到的现实问题；"亲子融合活动"（如《麦兜当当伴我心》电影观摩活动）、"复源杯"家乡美摄影比赛、"才艺大比拼"活动、"孩子，我想对你说"征文比赛等充分调动了孩子及家长的生活热情，也使家长更多地发现了孩子的优点，形成了更积极的亲子关系；俱乐部还与辖区内的特殊教育学校合作，成功开展了踏青游辰山、观赏马戏、秋季趣味运动会等活动，充分整合资源，增进了智障儿童的家庭与社区的互动。这些活动既能调动智障儿童及其家庭的自主性，使其走出自我封闭的生活状态，又能协助成员之间相互支撑，共同成长，共享社会资源。

（三）家庭外部支持系统的构建

家庭外部支持系统的构建通过以下几方面的服务完成，见图1。

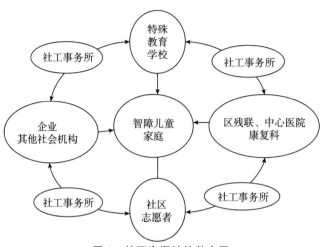

图 1　社区资源链接整合图

（1）协助家庭进行康复训练。针对由脑瘫造成的肢体残疾儿童，社会工作者联系当地中心医院康复科的医生，借助特殊教育学校的康复器材，对脑瘫儿童进行了肢体康复训练指导；链接资源，在残疾儿童的家庭中安装无障碍设施，方便残疾儿童活动；整合资源给残疾儿童送助步器，方便儿童出行。

（2）组建志愿者队伍。社会工作者在社区中招募了26位志愿者，对志愿者进行了三次培训，帮助他们熟悉和了解智障儿童及其家庭，与智障儿童家庭结对，并增进互动，在其出现困难时给予必要的帮助。

（3）开办专家讲座。邀请教育、医疗相关单位资深的老师、医师和康复师为智障儿童的家长开办各类专题讲座，包括邀请上海复旦大学社会发展与公共政策学院的老师为智障儿童的家长做题为《你们是他们最坚强的支撑》的心理辅导讲座；邀请上海华新残疾儿童康育院院长，为智障儿童的家庭支持服务对象做《怎样认识您的孩子》专题讲座；针对智障儿童的家庭普遍关心的康复训练及残疾人就业两方面内容，邀请区残疾人联合会工作人员和特殊教育学校康复师，开展"展翅飞翔，关注孩子未来"咨询会，进行集中答疑。

（4）促进社区融合。联系社区、学校、企业和区残疾人联合会共开展了6次主题活动，如"手拉手进社区""爱在蓝天下"等小型社区活动，松江之行、苏州之行等主题活动，"心系你我，点亮未来"大联欢社区融合活动。活动运用社区动员，进行了大范围宣传，通过发传单、拉横幅等方式，让更多的家庭了解并关注这个群体；链接资源如政府部门、企业、学校、医院、其他社会组织志愿者加入，形成了共同助力智障儿童的意识和行动；同时通过智障儿童自主参与，智障儿童家庭不断地参与转变观念，释放了内心的病耻感，形成了积极的家庭信念。

案例使用说明

一、教学目的与用途

本案例教学使用说明是以将此案例应用于"高级社会工作实务"课程,用于讲解高级社会工作实务中整合性社会工作服务设计与开展的内容为基础撰写,案例的编写、案例的分析和总结也是基于这一目的。若将本案例用于其他课程,则可参考本案例使用说明做相应调整。

（一）适用的课程

本案例适用于"高级社会工作实务",也可以作为"残疾人社会工作""社区社会工作"等课程的辅助案例。

（二）适用的对象

本案例适用对象包括社会工作专业硕士研究生、高年级社会工作专业本科生。

（三）本案例教学目标规划

1. 覆盖知识点

本案例在"高级社会工作实务"课程中应用主要覆盖的知识点有：

（1）整合性社会工作的概念；

（2）整合性社会工作开展的基本要素；

（3）开展整合性社会工作的专业路径；

（4）整合性社会工作整体与部分之间的逻辑关系；

（5）生态系统理论。

2. 能力训练点

本案例在"高级社会工作实务"课程中规划的主要能力学习训练点有：

（1）识别整合性社会工作所包含的要素、步骤与专业脉络；

（2）了解服务对象需求的不同层次以及进行恰当的需求评估；

（3）在整合性社会工作中整合不同资源；

（4）学会在整合性社会工作中整合不同专业方法；

（5）学会运用必要的理论指导,进行整合性社会工作服务项目的设计与开展。

二、启发思考题

本案例的启发思考题主要对应的是案例教学目标中知识的传递和能力的提

升,启发思考题与案例同时布置,另外要让学生在课前大量阅读并熟悉相关知识点。因此,在案例讨论前需要让学生阅读教材中有关整合性社会工作服务的相关内容,包括整合性社会工作服务的前提条件、内容、服务历程。

(1) 你认为一个好的整合性社会工作服务的前提条件有哪些?本案例中有哪些体现,又有哪些不足?

(2) 你认为一个整合性的社会工作服务包括哪些社会工作者角色的整合?本案例中有哪些体现,又有哪些不足?

(3) 你认为一个整合性的社会工作服务包括哪些社会工作者具体知识的整合?本案例中有哪些体现,又有哪些不足?

(4) 你认为一个整合性的社会工作服务包括哪些服务系统的整合?本案例中如何体现,又有哪些不足?

(5) 你认为一个整合性的社会工作服务包括哪些方法的整合?本案例中如何体现,又有哪些不足?

(6) 你认为在一个整合性社会工作服务中如何体现资源的整合?本案例中如何体现,又有哪些不足?

(7) 你认为在一个整合性社会工作服务中,理论依据是否重要?它的意义在哪里?

三、分析思路

案例分析的思路是阅读案例相关情境材料,通过事先设计好的提问,逻辑引导案例讨论,进而总结提升。因此,本案例分析设计的重点是学习整合性社会工作服务的设计与执行。案例设计与实施过程是案例分析的关键路线,服务开展背后的内在逻辑是教学目标。

本案例的主要设计与评估点有:
(1) 整合性社会工作开展的前提条件;
(2) 整合性社会工作的实施过程;
(3) 整合性社会工作中的整合的内容与意义。

因此,案例分析的基本逻辑是:
(1) 阅读文献,了解整合性社会工作的基本概念和相关知识;
(2) 阅读案例,找出整合性社会工作服务包括的基本要素和专业脉络;
(3) 分析案例中项目的项目背景、文献检索、需求评估、理论依据、目标,寻找其对于整合性社会工作开展的意义；

（4）根据案例中项目的开展历程，对项目进行过程分析，分析整合性社会工作服务中知识、方法、服务系统资源、社会工作者角色之间的整合历程；

（5）利用生态系统理论分析项目整体与各部分之间的逻辑关系。

四、关键要点

本案例分析的关键要点如下：

（1）随着社会问题的复杂化、服务对象需求的多元化和社会工作实践的发展，社会工作界开始认识到，服务对象是一个生活在一定社会结构中的整个社会系统中的有机部分，与周围环境存在复杂的互动关系，因此不能孤立地使用某种单一的社会工作方法，而是要综合地使用多种方法，发展出一种整合的社会工作理论和方法，这样服务对象才能够获得整全的服务。整合性社会工作实务的开展是将不同的工作方法整合在对服务对象的服务系统中，采取直接或间接服务的模式，强调从各个次系统分别介入，将服务对象社会系统与资源系统连接起来，以提供不同类型的服务，既满足个体的需求，支持和促进个人社会功能的恢复与发展，也促进社会结构的改变，维持整个社会的公平与正义。

（2）整合性社会工作实务需要进行处境分析。处境分析是指活动和服务推行的状况或背景因素，即社会工作介入时对问题的理解或需要分析，这些分析便成为推行该项活动或服务的依据。假若社会工作者对处境分析不够全面或未能做出清晰而准确的判断，则容易造成目标设定不合理或未能适切地响应服务对象的需要。处境分析包括介入背景分析、相关文献的回顾、详细的需求评估，以及可能影响服务成果的外在因素分析。

（3）整合性社会工作实务需要合适的理论基础。理论基础是指在推行整个服务计划时对服务对象所持的信念、活动过程中需要遵守的重要原则或达至成效的理论架构等，是服务设计的重要依据。应寻找合适的理论基础，并围绕理论形成服务框架，以理论统领整个服务，将不同的服务整合在一起。

（4）整合性社会工作的开展是在同一个系统内，需要突破不同次系统之间的服务、不同社会工作方法之间的碎片化，通过一种内在逻辑关系，将不同次系统之间、不同服务方法整合在一起，以达到既定的目标。找到这种内在的逻辑关系是设计整合性社会工作服务的关键。

（5）整合性社会工作服务的评估有着重要意义，通过系统性的评估方法完成对服务有效性的评估,包括对效益与效率、短期效果和长期效果的评估。特别要注意的是,除了关注个体福利的增进,还要考虑到社会工作"社会性"的结构改变。

五、建议的课堂计划

本案例课堂计划可以根据本科生和 MSW 的差异,进行区别化教学设计。本案例主要按照 3 学时进行设计,课前应将案例的发生地背景以及政府购买服务的情况告知学生。

A 计划:本科学生可以将需求评估和方案设计的讨论放在课内进行,因为学生这类临床经验较少,因此案例讨论过程中教师引导的内容要相对多一些。

B 计划:MSW 学生已经具备相应的实践经验,知识储备也相对充足,可以让他们在课外对文献回顾、需求评估、理论基础和策略模式进行必要的探索,在课堂中进行展示和讨论。

两种课堂教学详细计划与安排见表 3:

表 3 课堂教学安排计划

A 计划	B 计划
	课前文献阅读至少 1 小时
考虑到本科生的知识基础和实践经验相对缺乏,要适当增加讨论前的知识讲解和讨论后的知识总结时间。	考虑到 MSW 学生的知识基础和实践经验较丰富,建议将文献回顾、需求评估等内容放在课前,而小组干预方案的设计和讨论置于课堂中进行。
课堂安排:135 分钟	课堂安排:135 分钟
知识讲解:30 分钟	案例回顾:10 分钟
案例回顾:10 分钟	文献回顾:10 分钟
案例分析:20 分钟	需求分析:15 分钟
分组讨论:20 分组	小组讨论:40 分钟
集体讨论:25 分钟	集体讨论:40 分钟
知识梳理总结:20 分钟	知识梳理:10 分钟
问答与机动:10 分钟	问答与机动:10 分钟

本文作者:赵芳,复旦大学社会发展与公共政策学院教授;顾伟萍,上海复源社工师事务所总干事。

社区矫正社会工作服务个案[*]

摘要:本文为社区矫正社会工作服务个案,分为两部分。第一部分为案例介绍。首先介绍了社区矫正的相关政策。其次介绍了社会工作者协助社区矫正机构开展社区矫正对象社会工作专业服务的过程,包括接案、预估、计划、介入、评估、结案等阶段。重点包括社会工作者本着社会工作专业价值观,为服务对象改善低自我观、非理性认知,调适家庭关系和朋辈关系,提升其社会适应能力的专业服务活动。本案例值得反思的重点是:如何针对非自愿服务对象开展社区矫正社会工作服务?如何发挥社会工作服务在社区矫正工作中的专业作用?第二部分为案例使用说明,包括教学目的与用途、启发思考题、政策及理论依据、方法分析、关键要点和建议的课堂教学计划等。

关键词:社区矫正,社区矫正对象,个案社会工作

社区矫正(community correction)是一种不使罪犯与社会隔离并利用社区资源教育改造罪犯的方法,是所有在社区环境中管理教育罪犯方式的总称。简单地说,就是让符合法定条件的罪犯在社区中执行刑罚。国外较常见的包括缓刑、假释、社区服务、暂时释放、中途之家、工作释放、学习释放等。我国的社区矫正工作历经了十多年的实践探索及不断的政策优化。2019年12月28日第十三届全国人民代表大会常务委员会第十五次会议通过出台了《中华人民共和国社区矫正法》(以下简称《社区矫正法》),对社区矫正的目标、任务、要求等作出了明确规定。

自2003年7月10日《最高人民法院、最高人民检察院、公安部、司法部关于开展社区矫正试点工作的通知》发布以来,关于社区矫正工作的政策规定不断完善。

---

[*] 本案例是以上海市新航社区服务总站《新航社工工作集锦(2013年)》中的个案案例为基础进行编写,在此深表感谢。

2012年颁布的《社区矫正实施办法》规定：县级司法行政机关社区矫正机构对社区矫正对象进行监督管理和教育帮助；司法所承担社区矫正日常工作；社会工作者和志愿者在社区矫正机构的组织指导下参与社区矫正工作。文件明确了社会工作者在社区矫正中的任务，即在机构的组织指导下，参与对社区矫正对象的公共道德、法律常识、时事政策等教育学习活动；开展修复社会关系、培养社会责任感、集体观念和纪律意识的社区服务活动；针对矫正社区矫正对象的违法犯罪心理、提高其适应社会能力所需的心理状态、行为特点等开展个别教育和心理辅导；并协调有关部门和单位开展职业培训和就业指导，帮助落实社会保障措施。2014年11月，司法部、中央综治办、教育部、民政部、财政部、人力资源和社会保障部联合印发《关于组织社会力量参与社区矫正工作的意见》（下简称为《意见》），对进一步鼓励引导社会力量参与社区矫正工作、进一步解决好社区矫正对象就业就学和社会救助、社会保险等问题作出整体部署。《意见》首次提出了引导政府向社会力量购买社区矫正社会工作服务的原则和要求。明确指出，要按照有利于转变政府职能、有利于降低服务成本、有利于提升服务质量和资金效益的原则，公开择优向社会力量购买社区矫正社会工作服务。意见明确了鼓励引导社会力量参与社区矫正工作的主要途径，并首次为社区矫正工作试点以来已由政府公开招聘的社区矫正社会工作者制定了薪酬保障机制、专业技术水平评价和表彰奖励机制等保障措施。

2020年7月1日起施行的《社区矫正法》，对社区矫正的目标、主要任务、社会工作者参与社区矫正工作的要求等作出了明确规定。例如，第1条提出：为了推进和规范社区矫正工作，保障刑事判决、刑事裁定和暂予监外执行决定的正确执行，提高教育矫正质量，促进社区矫正对象顺利融入社会，预防和减少犯罪，根据宪法，制定本法。第2条规定，社区矫正对象包括被判处管制、宣告缓刑、假释和暂予监外执行的罪犯，社区矫正要对社区矫正对象开展监督管理、教育帮扶等活动。第11条提出：社区矫正机构根据需要，组织具有法律、教育、心理、社会工作等专业知识或者实践经验的社会工作者开展社区矫正相关工作。第25条提出：社区矫正机构应当根据社区矫正对象的情况，为其确定矫正小组，负责落实相应的矫正方案。根据需要，矫正小组可以由司法所、居民委员会、村民委员会的人员，社区矫正对象的监护人、家庭成员，所在单位或者就读学校的人员以及社会工作者、志愿者等组成。社区矫正对象为女性的，矫正小组中应有女性成员。第40条规定：社区矫正机构可以通过公开择优购买社区矫正社会工作服务或者其他社会服务，为社区矫正对象在教育、心理辅导、职业技能培训、社会关系改善等方面提供必要的帮扶。

社区矫正机构也可以通过项目委托社会组织等方式开展上述帮扶活动。国家鼓励有经验和资源的社会组织跨地区开展帮扶交流和示范活动。《社区矫正法》的颁布为社会工作者开展社区矫正服务提供了法律依据。

2002年底,上海开始试点社区矫正工作;2003年起,社区矫正工作成为上海市预防和减少犯罪工作体系的重要组成部分。在"政府主导推动、社团自主运作、社会多方参与"的理念和原则指导下,通过政府实施购买服务制度,上海的社区矫正社会工作服务在全市范围内得以实施。

上海市新航社区服务总站成立于2004年1月,受政府购买服务委托,开展社区矫正社会工作服务。至2022年已在全市各区设立了工作站,并在所属街镇设立了社会工作点,聘用社会工作者500余名。本着"以人为本,助人自助"的服务宗旨,社会工作者运用社会工作技巧,为社区矫正对象和五年内刑释解教人员本人及其家属提供专业化帮教服务,使服务对象法治意识和道德观念有所增强,心理状态和行为习惯得到改善,实际困难得到解决,社会环境得到改变,从而实现其顺利融入社会、避免重新违法犯罪的目的。在多年来的本土化、专业化实践探索中,上海市新航服务总站专业服务日趋规范,也形成了较为丰富的社区矫正社会工作服务经验。

一、案例简介

社区矫正对象李某,男,1984年1月生,初中文化程度,已婚。李某伙同他人在多个区县4次盗窃轿车,窃得财物价值共计13万余元。案发后,李某主动向公安机关自首,并协助公安机关抓获其他同案犯,有立功表现,从轻处罚,人民法院判处其盗窃罪,有期徒刑三年,缓刑五年。缓刑期自2007年11月14日起至2012年11月13日止。

李某在三岁时父母离婚,由法院判为母亲抚养。李某现在对父亲已经没有什么印象。家有一室一厅,母子同住。母亲多年没有工作,平时喜欢搓麻将,而李某则靠打零工维持生活。他做过饭店洗碗工、车铺洗车工等,因为没有一技之长,加上身材瘦小、不善言辞,李某经常失业,没有稳定的经济收入。李某家庭的生活来源主要依靠母亲的男友和亲戚接济,家里的事情平时都由舅舅说了算。李某舅舅是本街道的刑满释放人员,回归社会后依然游手好闲,不久前因为在饭店吃饭不付钱并殴打他人被公安机关拘留十五天。

母亲除了让李某吃饱穿暖外,很少关心李某。小时候李某总是看见母亲不断更换男友,有时还把男友带到家中同居。邻居时常对李某一家指指点点,议论纷纷。从懂事起李某就觉得这是母亲带给他的耻辱,因此常和母亲吵架。有一次,母亲让其当时的男友"教训"了李某,李某被打得鼻子出血,母亲也没有阻止,这个羞辱让他刻骨铭心,母子俩关系逐渐恶化。李某委屈愤懑时很想得到家族长辈的保护和安慰,可因为母亲离婚、经济上又要人接济等,李某一家被亲戚看不起,李某从小被排斥和歧视,得不到关心和照顾。在学校里,李某常因学习成绩差被老师惩罚,又因家庭情况被同学嘲笑欺负,甚至被打。舅舅知道这些事后,不但不与学校老师沟通联系,不引导李某妥善处理,反而嘲笑他是个"窝囊废",连打架都不会。每年过年家里要给小孩发压岁钱时,李某总是得不到或者拿得比别人少。对此,年幼的李某觉得很委屈,向家人讨要时舅舅居然说:"就是不给你,有本事自己去外面'挣',养你这种白吃饭的窝囊废有什么用。"李某初中毕业后一时找不到工作,曾经想向家里人借钱去学开车,可家里人都反对,说他是个窝囊废,到时不被别人骗、车的零件不被别人拆了卖了才怪呢!一直到案发前,李某都没有正式工作,只能靠别人介绍打些零工维持日常开销。

李某性格孤僻、内向、敏感,人际关系较为单一,没有什么朋友。他打零工时认识了几个哥们儿,他们带着他吃喝玩乐,对他表示关心。李某受到欺负或工资遭拖欠时,他们帮他出头。李某很感动,真心把他们当作朋友,以致他们叫他一起去偷车时,他虽然犹豫过,但认为"朋友之情不能辜负",再加上他也想证明自己不是没有用的"窝囊废",于是参与了偷车。

二、社区矫正服务过程

依据社区矫正工作的相关规定,以及政府购买服务合同的目标要求,社会工作者为社区矫正对象开展专业服务。

(一)接案阶段

本阶段,社会工作者主要介入前期调查阶段和矫正宣告阶段。

在前期调查阶段和矫正宣告之前,社会工作者需要完成几项工作:第一,受街道司法所委托,对李某实地开展调查评估工作;第二,参加司法所组织召开的评议会;第三,形成社会调查报告,并协同社区矫正机构制订个别化的矫正服务方案;第四,在矫正宣告会之前,详阅并整理收集法律文书复印件;第五,通过实地走访,与相关人员会谈,了解、掌握李某的基本情况,填写基本情况表。

矫正宣告会中,社区矫正工作人员对李某进行了社区矫正宣告,内容包括法律规定及社区矫正日常管理要求等,这是社区矫正监督管理任务的执行过程。在这个过程中,社会工作者协助社区矫正机构,行使社会工作者的专业职责,主要任务有:第一,主动、规范地向李某介绍机构和社会工作者的职责及所提供服务的内容;第二,解释并签订帮教服务协议;第三,告知社会工作机构的地址及社会工作者的联系方式,并预约下次服务的时间、地点。

在上述工作完成之后,社会工作者根据调查评估结果制订初步的个别化矫正服务方案。

(二)矫正服务阶段

社会工作者必须与社区矫正对象保持接触、面谈,接触面100%;重点对象帮教服务率100%;一般对象关注率、基本情况及社区表现掌握知晓率100%,同时社会工作者要为社区矫正对象提供专业化帮教服务。

1. 预估

本案例中,社会工作者定期走访了李某及其家庭和所在社区等,以掌握李某的思想动态和现实表现;定期与社区矫正小组成员沟通情况。在前期社会调查的基础上,社会工作者对李某的个人方面、环境方面、个人与环境互动方面,通过多次访谈等收集基本资料,形成了如下预估判断。

(1)个人方面

第一,心理层面。李某长期受到来自家人、周边环境的不公正评价和歧视,又因为在现实生活和工作中缺乏成功的体验,自我评价有偏颇,产生了强烈的自卑心理,性格内向、忧郁、孤僻。他长期生活在压抑环境中,童年、少年时期遭受的心灵创伤和对家人的憎恨在其心理上形成了一个固结,无法释怀,逆反心理强,有时还颇为大胆。李某十分渴望获得成功,来证明自己的价值,得到家人和朋辈群体的尊重。这种性格的两面性和人格分裂趋势是由长期得不到关注、认可、尊重所致。

第二,认知层面。李某文化程度不高,法治意识淡薄,缺乏辨识能力,自我观念消极。当社会工作者问及犯罪原因时,李某说只是想让舅舅和母亲看看,也想证明给自己看看,自己不是个没有用的人,可李某没有意识到这样做的后果及其严重性。

第三,生计及就业层面。学历低,没有一技之长,再加上性格内向、不善言辞,李某很难找到一份正式的工作,只能到处打零工。不断找工作,不断失业,周而复始,使李某对自己越来越没有信心。加上女友怀孕,李某又增加了新的经济压力。

(2) 家庭方面

第一,李某三岁时父母的离婚对其心理造成了很大创伤。李某从小生活在残缺的家庭环境里,母亲疏于对孩子的亲情教育。

第二,家庭结构混乱。母亲和男友同居,对李某缺乏关爱和教育,导致应有的亲子关系疏远乃至对立,出现了病态的"疏离型"家庭结构。

第三,家庭中榜样的缺失。在李某的成长过程中产生重要影响的舅舅没有为他树立良好的榜样,也没有对他进行正确的教育和引导,并且在管教方式上颇为不当。不良的家庭环境使得李某对家庭缺乏归属感。

(3) 朋辈群体方面

李某因性格内向孤僻,很少有朋友来往。他在打零工时认识了几个哥们儿,他们带着他吃喝玩乐,对他表示关心、帮他出头,这让从小缺少家庭温暖的李某很感动,他真心把他们当作朋友,以致伙同偷车,朋友之情、哥们义气胜过了对社会规范的敬畏,加上李某想让母亲和舅舅知道自己不是没有用的"窝囊废",于是留下了犯罪记录。

(4) 社区环境方面

李某生活的小区是嘈杂的老式石库门里弄,邻里之间频繁串门走动,邻居对李某母亲的行为议论纷纷,对李某一家常投有异样眼光,这让李某觉得很羞耻,抬不起头,难以做人。另外,该社区周边环境复杂,对李某的不良行为产生了潜移默化的作用。

在对李某的犯罪原因做出上述分析后,社会工作者按照问题的优先顺序,确定了李某所面临的主要问题为:自我认同低下,自我价值感低;自我心理调控能力薄弱;社会适应能力薄弱。社会工作者决定首先针对李某个人开展矫正服务工作,其次对其家庭关系、朋辈关系等进行干预。

2. 制订服务计划

(1) 服务目标

总目标为提升服务对象的生活适应能力,改善其社会关系,为服务对象创造一个良好的发展环境。

具体目标如下:

① 完善自我心理调控系统,包括:改善心理状况,走出心理阴影,提高自我意

识水平;增强道德调节作用;树立正确法律意识。

② 转变认知,包括:认清犯罪的危害,激发改善动机;正确归因,认识问题的根源;检查观念体系,转变不良价值观念。

③ 培养生活适应能力,包括:培养良好的沟通和协商能力;改变不良习惯,培养健康的生活方式;增强应对环境的变化和压力的能力。

④ 协助寻找合适的就业岗位。

⑤ 建立正向支持,重塑朋辈关系。

⑥ 改善母子关系,推动家庭关系的改善。

（2）服务措施

① 整合社会资源,帮助申请补助、寻找就业岗位。

② 情绪疏导,增强自我认同感和自信心。

③ 激发自身优势,靠自己的力量解决困难。

④ 介绍加入社区的青年职业规划小组,改变朋辈群体环境。

⑤ 通过家访及家庭辅导,促进母子沟通交流,改善亲子关系。

3. 服务介入

第一,以解决实际困难为契机,进一步建立良好专业关系。根据李某的实际情况,社会工作者联系了街道民政、居委会等相关部门,整合社会资源,协助其申请了帮困补助金,让李某一家感到了温暖,他也对社会工作者建立了信任。然后,社会工作者努力协助李某找工作。由于李某自身条件有限,加上现在服刑人员的身份,他难以获得就业面试机会。而李某女友怀孕待产,急需费用,找到一份工作是当务之急。为此社会工作者做出如下帮助:

（1）提供就业信息,寻找就业岗位。社会工作者与劳动相关部门联系,根据李某的实际情况,特别提供了几个适合李某的就业岗位面试机会。

（2）辅导面试技巧。李某性格内向,不善言辞。社会工作者多次对李某进行面试技巧辅导,包括衣着打扮,谈吐举止指导和模拟面试场景等。

（3）不断鼓励,树立其自信心。由于在以前的面试中失败体验较多,因此李某缺乏自信。但他的长处在于诚恳、踏实、肯干,社会工作者反复辅导李某要看到自己的长处,在每次模拟面试结束时都予以鼓励和表扬,并不断激励:"你一定能行的,一定会成功的。"

第二,增强服务对象的自信心,鼓励其通过自身的力量改变现状。李某曾告诉社会工作者:"我的女友为我放弃了很多,又不嫌弃我穷。出事后也是她劝我去公安部门自首的,要不是她我早就被判十几年了。我打算上班后赚到了钱,和她一起开个小店。如果我妈和家里人非要把我们拆散,那我也不想过正常生活了,我会想办法进监狱。我的女友是我生活唯一的希望……"对此,社会工作者及时予以鼓励和肯定,强化李某所感受到的生活中的美好和希望。李某更为清晰地认识到,虽然目前生活出现了困难,但因为年轻,一切还可以转变。女友对他的不离不弃和积极规劝、街道劳动、民政部门和居委会等对他的关心和帮助,都是他克服困难的重要支持力量,改变了他的无力感,增强了他通过自身的力量改变现状的信心和解决问题的动机和能力。

第三,疏导情绪,改善心理状况,转变错误认知。社会工作者在与李某建立良好的专业关系之后,以尊重、平等的态度去关心他,真诚、无条件地接纳他,鼓励他倾诉生活经历中的不如意,宣泄积存于内心的压抑的负面情绪,以使其达到心理平衡,心理状况得到改善。李某自述:父母离异,自己得不到父母之爱;被人歧视;对别人的看法很在乎;爱钻牛角尖;孤僻、不合群、渴求成功却总是失败;等等。通过倾诉,社会工作者协助李某认识到,李某的自我评价很低,容易把以往失败的经验都归结为自己是"窝囊废"、没有用。社会工作者运用人本主义疗法,引导李某大胆地面对自己,看清自己,还原自己,改变错误的内在归因的认知,形成正向的自我观念和评价。

针对李某常常出现的负面认知,社会工作者协助李某发现,其自身的思考方式存在自动化思想,即事情一发生,他就会犯"特征式的逻辑错误",本能地用自我反射的方式来驳斥客观的事实。社会工作者协助李某认识到,其已经形成的内在对话主宰了其行为。社会工作者着重运用"内在对话"技术,以矫正李某错误的自我暗示;通过对内在对话的了解,使李某明了其内在想法及如何思想;借由内在对话,改变李某的归因方式、信念、概念等。社会工作者协助李某把在"内在对话"训练中得到的感悟转移至日常生活情境中,强化其面对困难、解决问题的能力;懂得接纳自己、尊重自己、肯定自己,将自己内在的潜力发挥到极致。每次面谈之后,社会工作者会嘱咐李某回家完成"正向的内在对话",要求李某每天回家完成一次自我练习:先用想象技巧,假定自己即将参加就职面试,站在镜子面前,看着自己,用坚定的语气自我暗示、自我提醒,鼓励自己,例如"我一定做得到""我真的很棒""我的表现愈来愈好"等,以正向的内在对话勉励自己,积极面对,超越自我。

第四,建立正向支持,改变朋辈群体环境。社会工作者运用社会学习理论,通过榜样示范等方法,协助李某改变其生活方式。如结合日常管理中的集中学习和个别化教育活动,介绍李某学习先进人物事迹、阅读法律书籍、观看富有教育意义的影片,引导其重塑人格,走向正途。另外,社会工作者还介绍李某参加了社区举办的青年职业规划小组。一方面,李某可以在小组中学习求职、人际关系、理财等方面的技能、技巧;另一方面,他可以认识一些新朋友,建立正向的朋辈支持,改善其朋友圈。

第五,改善李某的家庭关系。李某的问题与他的家庭环境息息相关。因此,社会工作者把服务重点之一放在改善其母子关系方面:协助其母亲了解李某成长过程中的身心发展状况及其对现在生活的影响;强化母子间的沟通技巧与沟通渠道。改善李某母亲对其的管教态度;建立母子之间的积极沟通。

一方面,改变母子对彼此的看法。社会工作者多次上门家访,与李某母亲交谈,告诉她关爱李某不仅是家庭的责任,也是承担社会预防犯罪的一项义务;将李某的想法告诉其母亲,还将他平时写的思想汇报给其母亲看,让其了解他的想法和心结所在。社会工作者联合居委会干部、街道妇联工作人员等对其母亲进行劝说,希望她可以放下成见,接纳李某的女友。同时,社会工作者也教育李某,要尊重和谅解自己的母亲,理解母亲一人抚养他所背负的沉重生活负担;希望李某与母亲多沟通,寻找合理的解决办法。

另一方面,提高李某母亲的亲职教育能力。告知李某母亲,要重新行使自己的权利和责任,给李某多一点关心,少一点质疑和批评,协助李某重新树立对生活的信心;多关心儿子在外面干什么,与儿子在相处方式上达成共识,互相体谅。这样才能化解矛盾,修复亲情,增加李某对家庭的归属感,改善母子关系。

4. 服务评估

经过李某本人不断的努力和社会工作者的帮助,一年多后,李某终于面试成功,被一个快餐公司录取试用。工作后,李某勤恳、踏实,顺利度过了试用期,签订了正式合同,被分配在厨房做快餐,每月有稳定收入,单位还为其缴纳了社会保险金。李某很珍惜这份工作。在良好的环境下,李某也认识了新朋友。这次就业成功使李某对自己有了全新的认识,自我价值得到了体现,自信心得到了很大的提升,他坚信自己不再是"窝囊废"。

通过居委会干部、街道妇联工作人员等多次上门和其母亲谈心,李某的母亲也认识到,反对李某的女友进家门反而会害了儿子。于是,李某结婚了,不久后妻子生下了一个男孩,全家都很高兴。有了正常稳定的生活,李某开朗了许多,与其母亲的关系也有所改善,母亲对他的态度也有了变化,有时也会帮助他们小夫妻俩带孩子。李某对未来的生活充满信心。为了感谢社会工作者的服务,在孩子满月时,李某特地送来一篮自己煮的鸡蛋,与社会工作者分享他的幸福和快乐。

(三)结案阶段

鉴于个案初期的服务目标基本实现,李某的个案进入结案阶段。社会工作者与李某回顾了一年多来的努力与改变,让李某从个案中总结获得的成长与收获,并与李某共同拟订了今后的生活准则和生涯发展目标。李某对目前的生活很满意,也对未来的生活树立了信心。由于李某的服刑期未满,因此社会工作者还会对李某持续关注,定期走访和了解情况,安排其参加教育矫正服务活动,并视具体情况安排李某接受其他不同层面的专业服务,协助其顺利度过社区矫正期。等到李某社区矫正期满时,社会工作者会参加李某的矫正期满宣告会,并根据其在接受社区矫正期间的表现、社区意见等,向社区矫正机构提供书面鉴定意见和安置帮教分类建议。

三、服务反思

第一,在本案例中,服务对象从小因家庭及社会支持不足,形成了偏差的心理和行为。除了通过社会支持建立其自信和适应社会的能力外,家庭关系的调适和重塑也非常重要。社会工作者重点针对家庭沟通技巧开展了服务,但家庭治疗的模式及技巧能力还比较薄弱。开展家庭治疗需要与家庭建立良好的专业关系,服务周期较长,对社会工作者的专业能力是一个较大的挑战。

第二,倡导平等观念,减少社会歧视。人人都知道"人生而平等"这句话,但未必人人都能做到。在本案例的工作过程中,社会工作者在为服务对象寻找就业岗位时一波三折,用人单位不是当场拒绝,就是在政审时对李某关上了大门。最后,社会工作者不得不求助街道相关劳动部门,为服务对象特别提供了几个适合他的就业岗位面试。就业和生活中存在的歧视往往会阻碍社区矫正对象重新融入社会。像李某这样愿意真心悔过的"失足青年"仅仅靠社会工作者个人的帮助是不够的,还需要社会这个大家庭给其一次改过自新的机会,用平等、宽容的态度,让他甩开包袱,走向未来。社会倡导和整合社会资源的任务也是社会工作者必须长期担当的。

第三,处理监督管理和专业服务之间的关系。社区矫正对象经过矫正宣告,进入社区矫正的日常管理系统之后,要参加各类监督管理活动,接受教育矫正,完成社区服务。社会工作者也需要依据社区矫正对象的心理、认知、情绪、人际关系、家庭关系、社区关系等,为其制订个案管理服务方案。作为刑事执行的日常管理与作为专业服务的个案管理,在社区矫正过程中是相互结合实施的。社会工作者需要在协助矫正对象完成教育矫正和帮扶任务的过程中凸显专业成效,这对社会工作者的专业能力有很高的要求,需要社会工作者在平衡各种工作要求的过程中,建构社会工作在社区矫正中的角色和功能。在社区矫正服务的实施过程中,社会工作者常常面临行政协助者和专业服务者的几重角色冲突,这与司法行政部门对社会工作者的独立专业角色的认知不足有关,与基层政社关系复杂性有关,也与社会工作者专业性和权威性彰显不足有关。找到刑事执行和专业服务之间的平衡点,将是今后较长时间内社会工作者必须完成的任务和面临的挑战。

案例使用说明

一、教学目的与用途

(一)适用的课程

本案例适用于"社会工作方法""社会工作实务""司法社会工作""社区矫正社会工作"等课程,也可以作为"社会工作概论""社会工作理论""社会工作伦理"等课程的辅助案例。

(二)适用的对象

本案例适用对象包括社会工作专业硕士研究生,社会工作专业高年级本科生等。

(三)本案例教学目标规划

1. 覆盖知识点

(1)社区矫正制度和相关政策;

(2)个案社会工作;

(3)社会工作通用过程模式;

(4)通用过程模式的四个基本系统;

(5)增能理论;

(6)生态系统理论;

(7) 认知理论。

2. 能力训练点

(1) 接案、建立专业关系；

(2) 预估；

(3) 计划；

(4) 介入；

(5) 评估；

(6) 结案；

(7) 认知治疗技术；

(8) 平等、接纳；

(9) 资源整合；

(10) 与社区矫正机构及其他行政系统的合作。

二、启发思考题

本案例的思考题有两个方面：社会工作专业服务与社区矫正机构的社区矫正工作之间的关系；矫正社会工作服务的专业性。具体如下：

(1) 如何发挥社会工作专业在社区矫正中的功能与作用？

(2) 如何建立社会工作服务机构与社区矫正机构的合作关系？

(3) 社会工作服务如何与社区矫正工作相结合？

(4) 社会工作者如何与社区矫正对象建立专业关系？

(5) 社会工作者能够为社区矫正对象开展哪些专业服务？

(6) 社会工作者如何为社区矫正对象回归社会提供专业服务？

(7) 社会工作者在为社区矫正对象开展专业服务中可以整合的社会资源有哪些？

(8) 如何开展社区矫正个案管理工作？

(9) 如何提升社会工作专业在司法行政系统内及社区内的社会认同？

(10) 如何彰显社会工作专业服务在社区矫正中的成效，尤其是社会效应？

三、政策及理论依据

(一) 案例所涉及的政策及理论

本案例涉及社区矫正相关政策，以及社会工作服务的相关理论。

1. 社区矫正政策

社区矫正政策法规主要包括:《社区矫正法》;最高人民法院、最高人民检察院、公安部、司法部于 2003 年、2006 年、2009 年颁布的社区矫正工作相关规定,于 2020 年颁布的《社区矫正实施办法》;司法部、中央综治办、教育部、民政部、财政部、人力资源和社会保障部 2014 年联合印发的《关于组织社会力量参与社区矫正工作的意见》;等等。

2. 社会工作理论①

（1）社会工作通用过程模式

接案、预估、计划、介入、评估、结案。（此处略）

（2）生态系统理论

生态系统理论包括"栖息地"和"生存空间/活动范围"两部分。

所谓"栖息地"是指人生活的环境,包括物理环境和社会环境。当栖息地有丰富的资源,能够提供有机体成长和发展所需时,人就会逐渐地繁殖和成长;当栖息地缺乏必要的资源时,人的生理、社会、情绪的发展和相关的行为功能则会受到严重的影响。在这个意义上,人们和他们所处的环境也被视为相互依赖且彼此辅助的一个整体,人和环境在这个整体里,互相进行着持续的改变和塑造。

所谓"生存空间"指的是人在社会中所处的地位和扮演的角色。从发展心理学的角度看,成功扮演社会赋予的社会角色是每个人成长过程的生命任务之一。生态系统理论认为,人类发展过程所建构起来的生存空间是成长中的个人与其环境间长期交流的结果,而不是单一的个人特质因素的产物,个体需握有取得资源的机会,否则无法建立自己的生存空间。

生态系统理论的核心概念和内容如下:

第一,生命周期。生命周期是指人作为生物体从出生、成长、成熟、衰退到死亡的全部过程。在这一过程中,影响个人发展的相关社会结构及历史变迁中的生活事件对个人生活产生意义。由此,社会工作者运用"时间线"分析方法,可以重现服务对象所经历的集体历史事件,从中找出不同社会力量对个人生命发展阶段的影响。

第二,人际关联。人际关联是指每个人都需要也拥有与他人联结而建立关系的能力,并因此建构出个人在未来生命周期中的各种互惠性的照顾关系。对人际关联能力与状况的评估是认识人与其环境关系的重要指标。

---

① 主要参考全国社会工作者职业水平考试指导教材《社会工作实务（中级）》《社会工作综合能力（中级）》（均为中国社会出版社 2014 年版）。

第三,能力。能力是指个人可以与环境交流,有效掌控环境。具体而言,此种能力涵盖了从幼年生活经验发展出的自我效能感,与他人建立有效而关怀的人际关系,做决定的自信,动员环境资源及社会支持等方面。

第四,角色。个人在社会中的角色表现是互惠性期待的、社会层面的。角色所具有的社会性使其成为个人内在历程及社会参与的桥梁,因此角色表现受个人感受、情感、知觉和信念的影响。

第五,栖息地与地位。如上所述,栖息地是指个人所在文化脉络中的物理及社会环境,地位是指个人在其所在的环境或社区中所拥有的成员地位。

第六,适应力。在人与环境的交流过程中,如果人与环境间相互影响和反应已达到最佳调和度,即表示人对环境有良好的适应力。生态系统理论认为,适应良好与病态、偏差等问题无关,是天时、地利、人和的成功交流,而适应不良则是个人的需求和环境提供的资源、支持之间无法搭配调和的状态。

(3) 优势视角和增能理论

优势视角认为,个人、群体、组织和社区都有其内在的能力,包括天赋、知识、社会支持和资源,只要存在适当的条件,就可以建设性地发挥自身功能。

优势视角有如下特点:

第一,非疾病假设。优势视角与传统社会工作的疾病模式不同,它从一个完全不同的角度看待服务对象、他们的环境和他们的现状;它不是孤立地看待或专注于问题,而是将目光投向可能性,在创伤、痛苦和困难的荆棘之中看到希望和转变的种子。

第二,强调社会工作的任何过程都要重视服务对象的优势。优势视角的实践意味着:社会工作者所做的一切都要立足发现和寻求、探索和利用服务对象的优势和资源,协助他们达到自己的目标,实现梦想,并面对他们生命中的挫折和不幸,抗拒社会主流的控制。

第三,强调整全性干预服务。优势视角的理念与生态系统理论高度内在契合。生态系统理论暗含一个基本假设:个人痛苦是政治性的,社会工作的实践也是政治性的。社会工作的优势视角契合了生态系统理论的这种假设,倡导一种生态系统的方法,强调全体与完整,并且要在评估和介入过程中对服务对象的经验予以关注。

优势视角的重点如下:

① 个人、小组、家庭和社区都有优点,都有其内在和外在资源;

② 创伤、虐待、疾病和挣扎可能是伤害,但也可能成为挑战和机遇;

③ 认真地对待个人、群体和社区的抱负;

④ 工作者只有通过与服务对象的协作,才能更好地为他们服务;

⑤ 每一种环境中都充满资源。

增能理论强调在三个方面开展服务:

① 个人层面:发展一个更为积极、更有影响力的自我意识;

② 社区层面:获得知识、提高能力,以便对个人周围的社会政治环境有一种更具批判性的理解;

③ 社会层面:获得更多的能力和资源,以实现个人和集体的发展目标。

(4) 认知治疗理论

认知行为理论着力于改变人的行为,但把关注的焦点放在促生人的行为的内心世界。认知治疗理论认为,人的不良行为主要产生于认知上的错误或理性思维能力的缺乏,社会工作者的主要任务就是帮助其获得对世界的正确认知或完善其理性思考的能力,从而使其行为能得到正确、理性的引导。如改变服务对象的思考方式,协助服务对象反省自身的自动化思想等。认知理论认为,有情绪困扰的人往往有一种倾向,即事情一发生,就会犯"特征式的逻辑错误",即本能地用自我反射的方式来驳斥客观的事实。这是因为服务对象的内在对话主宰了行为。矫正服务对象错误的概念和错误的自我暗示是治疗情绪和行为失调的有效方法。

理性情绪治疗模式成为个案辅导的一种重要治疗模式。

理性情绪治疗模式的 ABC 理论中"A"代表引发事件(activation events),是指服务对象所遇到的当前发生的事件;"B"代表服务对象的信念系统(beliefs),是指服务对象对当前所遭遇事件的认识和评价;"C"代表引发事件之后出现的各种认知、情绪和行为(consequences)。

理性情绪治疗模式指出,服务对象的认知、情绪和行为的反应受服务对象的信念系统的影响。如果服务对象用一些非理性的信念看待引发事件,这种非理性信念就会使服务对象在情绪和行为上出现困扰。所谓非理性信念是指那些把特定场境中的经验绝对、普遍、抽象化之后与实际情况不符的想法和观点。

理性情绪治疗模式的治疗技巧包括:

第一,非理性信念的检查技巧,即对服务对象情绪、行为困扰背后的非理性信念进行探寻和识别的具体方法,主要包括:①反映感受。让服务对象具体描述自己的情绪、行为以及各种感受,从而识别出背后的非理性信念。②角色扮演。让服务对象扮演特定的角色,重新体会当时场景中的情绪和行为,了解情绪和行为背后的非理性信念。③冒险。让服务对象从事自己所担心害怕的事,从而使情绪、行为背后的非理性信念呈现出来。④识别。根据非理性信念的抽象化、普遍、绝对等不符合实际的具体特征,分析、了解服务对象情绪、行为背后的非理性信念。

第二,非理性信念的辩论技巧,即对服务对象情绪、行为困扰中的非理性信念进行质疑和辨析的具体方法,主要包括:①辩论。让服务对象对自己的非理性信念的不合理的地方进行质疑,动摇非理性信念的基础。②理性功课。③放弃自我评价。鼓励服务对象放弃用外在的标准评价自己,逐渐消除非理性信念的影响。④自我表露。社会工作者借助表露自己感受的方式,让服务对象观察和学习理性的生活方式。⑤示范。社会工作者通过具体的示范行为,让服务对象理解和掌握理性的行为方式。⑥替代性选择。借助替代性方法,帮助服务对象逐渐克服极端化的非理性信念。⑦去灾难化。让服务对象尽可能设想最坏的结果,直接面对原来担心害怕的事件(灾难),从而使服务对象担心害怕的非理性信念显现出来。⑧想象。让服务对象想象自己处于困扰的处境中,并通过设法克服不合理的情绪和行为的反应方式,学习和建立理性的生活方式。

(二)案例分析思路

案例的引言部分以及附录中的"上海市新航社区服务总站社区矫正专业化帮教服务流程图"主要介绍了目前社区矫正工作的政策背景,以及社会工作服务机构开展社区矫正社会工作服务的制度规定。目的在于,帮助学生了解本案例的相关政策背景和社会工作服务机构的专业服务现状。

社区矫正服务过程的接案阶段介绍了社会工作者介入社区矫正对象矫正服务的时间节点、介入的途径及主要角色、任务。其中,社区矫正前的社会调查工作及撰写社会调查报告、参与社区矫正机构的矫正小组工作会议并发表专业意见、社区矫正宣告会中社会工作者的角色和任务、制订社区矫正个别化帮教服务的初步方案等,是社会工作者介入社区矫正系统的第一步,也是社会工作者在社区矫正系统呈现专业角色的重要时期。

社区矫正服务过程包括预估、计划、介入、评估和结案阶段。服务过程的每个阶段都呈现了专业服务的阶段性要求,包括:预估阶段的问题优先排序、专业判断;计划阶段的目标和措施的制定;介入阶段的社会工作价值观(平等、接纳、个别化、尊重、同理等)运用,以及理论模式(认知治疗理论、优势视角和增能理论等)在服务介入过程中的运用;服务成效的评估;结案与跟进的主要工作;整合社会资源、建立社会支持网络,开展政策倡导;个案工作与个案管理的关系;社会工作服务与社区矫正管理的关系;等等。

四、方法分析

本案例主要综合运用了个案服务、小组工作和社区资源链接等多种专业方法。在本案例中,个案方法主要面向服务对象个人及其家庭。

针对服务对象个人形成的较低自我认定,社会工作者以平等、接纳、尊重、鼓励等专业态度和价值观,给予服务对象积极回应,激发其改变动机。针对服务对象非理性的自动化思考模式,社会工作者开展了认知治疗。但是在认知治疗的过程中,相关治疗技术的运用或者说理论与实践的结合还不足,社会工作者可以把理性情绪治疗模式做得更为细致、深入和专业。

在本案例中,社会工作者分析了服务对象家庭成长环境和家庭关系的复杂性,也尝试运用家庭治疗的方法开展服务。但由于相关专业能力的不足,针对家庭关系的相关治疗并没有实现,只是做了一些沟通技巧及亲职能力的辅导。这是本案例的不足,有待改进。

在本案例中,社会工作者意识到了社会倡导的重要性,对于如何在服务对象回归社会的过程中实现去污名化、去标签化,如何减少社会排斥、增加社会支持,社会工作者提出了思考,但还没有在行动上形成具体的策略。

本案例显示,矫正社会工作服务实施过程中存在多种因素影响,如专业关系的建立、服务对象的求助动机、家庭支持、服务资源、社会工作者的专业能力、服务的规范性、社会认同度、各工作系统之间的协调合作等。综合回应上述各因素的影响,专业地开展社区矫正社会工作服务,是一项非常有挑战性的专业活动,需要不断探索和实践。

五、关键要点

本案例的关键要点包括两个方面:

一是社会工作者必须依据社区矫正的法律要求及政策规定,协助社区矫正机构开展专业服务,实现社会工作专业服务与社区矫正刑事执行工作的有机结合。

根据《社区矫正法》的相关规定,社会工作者可以在社区矫正机构的组织指导下,遵循专业伦理规范,运用社会工作专业知识、方法和技能,为社区矫正对象在教育、心理辅导、职业技能培训、社会关系改善等方面提供必要的帮扶。

二是社会工作者必须具备较强的专业能力,包括:

(1)社会工作专业技能(建立专业关系、预估、服务计划、介入过程中理论与实

践的有机结合、介入技术、评估、社会倡导等);

(2) 专业服务规范性建设(个案服务流程建设等);

(3) 社会环境资源整合(社会工作制度环境、社会资源整合、政策支持等);

(4) 建立与司法行政机关的联系,建立良性政社合作关系。

六、建议的课堂教学计划

(一) 学生预习的知识

(1) 社区矫正政策与制度;

(2) 社区矫正机构等行政组织管理体系和方式;

(3) 社会工作通用过程模式;

(4) 个案社会工作方法、个案管理;

(5) 社会工作价值观;

(6) 社会工作理论,如优势视角、增能理论、认知治疗理论等。

(二) 时间安排

可分为 4 节课,每节课 45 分钟(见表 1)。

表 1　课堂教学安排计划

课前预习
阅读相关资料(社区矫正政策)
第一节课　案例概述
(1) 案例介绍(30 分钟) (2) 案例提问(学生对案例进行开放式提问,15 分钟)
第二节课　社会工作服务与社区矫正工作的关系
(1) 分组讨论(20 分钟) 如何发挥社会工作者在社区矫正中的功能和作用? (2) 课堂交流、总结(25 分钟)
第三节课　社会工作理论与实务的关系
(1) 分组讨论(20 分钟) 案例中运用了哪些理论,如何运用,有哪些不足,如何改善? (2) 课堂交流、总结(25 分钟)
第四节　案例总结
(1) 分组讨论(20 分钟) 案例修正和反思 (2) 课堂交流、总结(25 分钟)
布置作业
每个学生撰写一份案例分析报告

附 录

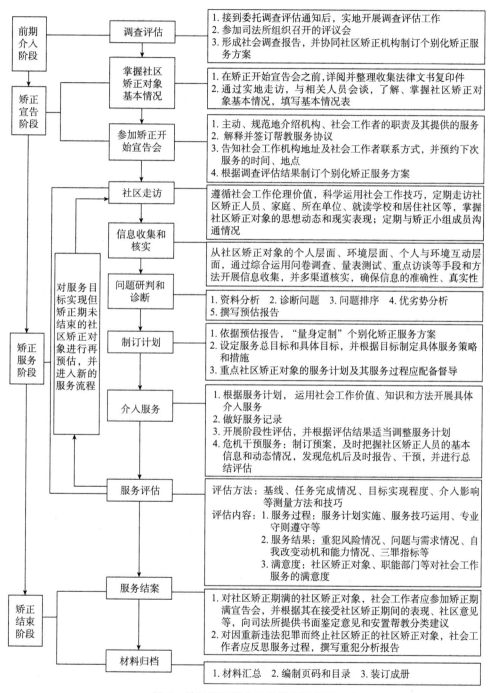

图 1 社区矫正社会工作服务流程图

本文作者:费梅苹,华东理工大学社会工作系教授、博士生导师。

老年人社区参与的发展策略

济南市基爱社会工作服务中心(以下简称基爱)成立于2007年,是山东省首家专业社会工作机构。基爱坚持专业服务项目的规范化、机构主体化运作模式,以整体服务项目形式推进专业服务发展,主要扎根社区,开展弱能人士服务、社区居家养老服务、社区儿童及青少年成长服务、妇女与家庭服务、社区服务、党建服务等六类十余个社会工作专业服务项目。基爱拥有多年的社区老年人社会工作服务经验,并建立了一支由香港及山东济南高校老师组成的督导队伍。基爱对老年人社区参与的认识是一个不断探索和反思的过程,是一个螺旋式上升的过程。

一、服务的缘起和概况

(一) 项目设立背景及项目计划

基爱之所以关注老年人的社区参与,主要基于对中国老龄化的严峻形势、老年人社会服务现状的研判,以及机构所秉持的理念与之前积累的服务经验。

截至2014年底,我国60岁以上老年人口已经达到2.12亿,占总人口的15.5%,远超过世界卫生组织规定的10.0%。中国已进入老龄化,处于老龄化逐步加深的阶段。据世界卫生组织预测,到2050年,中国超过60岁的人口将达到占比35.0%,届时中国将成为世界上老龄化最严重的国家。基爱所在的山东省包括济南市的老龄化趋势也不容乐观:2014年底,山东省60岁以上老年人口达1800万,占全省人口总数的18.0%;2020年第七次全国人口普查数据显示,山东省常住人口中,60岁及以上人口为2122.1万,占比为20.90%,65岁及以上人口为1536.4万,占比为 15.13%。① 济南市常住人口中,60 岁及以上人口为 183.7 万,占比为 19.96%,65 岁及以上人口为 129.5 万,占比 14.07%。② 可见,山东尤其是济南的人口老龄化程度进一步加深。

面对如此严峻的老龄化态势,国家采取了多种措施予以应对。一方面,全面实施一对夫妇可生育两个孩子政策;另一方面,倡导"积极老龄化"的理念,积极完善现有养老制度,同时积极鼓励老年人通过各种形式参与社会活动,发挥自己的价值,实现"老有所为"。鼓励老年人社区参与是实现积极老龄化的重要途径,社区参与对老年人实现自身价值、促进社区发展都有积极作用。作为一个拥有八年老年人社会工作服务经验的机构,基爱在服务过程中发现:社区老年人以空巢、独居为主,即便是对于跟子女一起生活的老人,子女由于工作等原因对老人照料不周,导致一种老年人的"隐形"的空巢状态:老年人被给予相对周全的物质帮助,但其精神生活相对空虚,价值感难以得到满足;传统的由居委会等提供的服务未能满足老年人的多重需求,单一的服务不能提供参与的机会和渠道。老年人真正参与社区事务的机会相对较少,即便有,也多流于形式,广泛性和深度不足。基爱秉承"助老扶弱、服务家庭、关怀社区、发展睦邻"的理念,相信老年人是有能力的,他们可以改变自己的处境。根据上述情况,基爱尝试从社区参与入手,增强老年人的能力,促进社区发展。

2014 年 5 月,基爱申请到了民政部、李嘉诚基金会资助的"大爱之行——全国贫困人群社工服务及能力建设项目",开始探索老年人社区参与的实务模式。项目申请成功之后,基爱的项目负责人在项目督导和机构督导的指导下,组建了"1 个项目负责人+2 名项目社会工作者+2 名社会工作研究生"的团队,并于 2014 年 7 月底进入济南市 L 社区和 X 社区。之所以选择这两个社区,是主要考虑到:第一,两个社区都属于老旧小区,老人年龄结构以中高龄为主,老龄化程度高于全国平均水平;第二,社区内配备有老年人活动场地和设备(社区资源),但长期空置,造成资源浪费;第三,济南市历下区民政局基于这两个社区的性质,加之街道办事处与居委会的积极申请,希望该项目能够落地至 L 社区和 X 社区。

老年人社区参与项目的实施共有如下阶段:第一阶段是筹备、宣传、需求评估、

---

① 山东省统计局官网,http://tjj.shandong.gov.cn/art/2021/5/21/art_6293_10287509.html,2022 年 4 月 11 日访问。
② 山东省济南市统计局官网,http://jntj.jinan.gov.cn/art/2021/6/16/art_18265_4742904.html,2022 年 4 月 11 日访问。

修订项目任务书和建立专业关系阶段。内容包括建立健全相关保障措施,保证项目负责人和一线员工到位,完成前期宣传和对一线社会工作者的培训。第二阶段是项目具体实施阶段。内容包括依据各社区的特点和需求开发"子项目",如生命故事、老济南文化保育、传统手工艺传承、社区环境保护、电脑能力建设与社区事务参与等,通过能力建设,培养"种子志愿者",搭建老年人交流和服务平台,让老年人积极参与社区事务。第三阶段是中期评估与计划修订阶段。内容包括初步完成相关研发成果,同步跟进宣传推广、引领和示范工作。第四阶段是服务提升阶段。内容包括在中期评估与再计划基础上,继续进行对服务对象能力的建构,扩大服务对象社区事务参与的范围与人数。第五阶段是项目总结评估阶段。内容包括建构老人年社会工作服务项目模式和标准,产出服务成果,并进行宣传推广。

(二)老年人社区参与项目的实施队伍

基爱建立了多方参与的项目管理小组。小组由1名机构副理事长、1名合作机构负责人、1名机构副执行总干事构成。每月定期召开例会,负责项目的决策、管理和监督。基爱组建了多元的项目实施团队,调配具有香港理工大学硕士专业学位背景的社会工作者作为负责人,带领具有项目经验的1名员工执行项目,组织社会工作专业的实习生和志愿者参与项目。因为重视老年人的参与,项目团队也积极邀请老年人领袖和积极分子定期召开活动和讨论,共同参与项目发展。

项目团队设立了境内外的项目督导团队。基爱一直重视发展督导团队,由有专业背景、实务经验和督导经验且有意愿和兴趣的济南本地高校教师组成的项目督导团队负责项目的专业品质和督导培养,定期、定时、定场域、定内容地开展督导;同时与香港相关社会服务机构达成战略合作,由该机构专业人士作为顾问每月来机构为项目发展提供建议。

项目团队成立了多方参与的行动研究小组。小组由1名副理事长、1名项目参与者和1名督导组成,进行项目执行、创新性服务模式以及老年人社会工作标准化体系的建构、项目评估研究等。通过"计划—行动—考察—反思—再计划"的螺旋式上升行动研究过程,保证参与成效。

项目团队建立了健全科学高效的管理运行机制。包括建立专属财务管理机制,设立专属账户,专人管理、负责科学有效规范安全地使用项目资金。

项目团队建立了系统的宣传与交流互动平台。项目自开展初期起便重视宣传交流,通过自媒体宣传平台如微信公众号等推动进行项目宣传。项目团队也热情接待了其他"大爱之行"项目团队,交流学习,共同研讨项目发展;建立了跨地域合作,发展了"友好伙伴"机构。如借助"大爱之行"的平台,与黑龙江希望社会工作服务中心和北京瑞丰社会工作服务中心结为"友好伙伴"机构,共同交流运作项目的经验,并分享学习共促发展。

项目团队还搭建了多元志愿团队,形成了资源整合平台。项目团队重视社会资源的注入,先后吸引了兴业银行、港华燃气等企业的义工参与项目服务,并发展了高校、老年人和企业三类义工团队。

二、目标社区的概况及老年人服务现状

项目落地后,虽然民政局的相关人员向社区做过介绍,但仍需社会工作者与居委会进行对接。于是,项目负责人带领项目团队与居委会主任进行沟通,介绍了项目的名称、目标、主要内容以及居委会需要提供的相关资源,以增进居委会对项目目标与内容的了解,进而与居委会之间建立了合作伙伴关系。同时,与居委会沟通也有助于增进社会工作者对社区基本情况的了解。通过以上沟通及项目初期的社区走访,社会工作者掌握了目标社区的基本情况及其老年人服务的状况。

(一)目标社区的概况

L社区隶属于济南市历下区DG街道,北临大明湖风景区,社区总面积达0.33平方千米。社区内共有44栋楼、5家驻地企业;共有2971户、5720人,其中待业人员125人,51户领取城市最低生活保障金。在DG街道,L社区是最贫困的一个社区,且社区内贫困老年人比较多。60岁以上老年人1022人,占人口总数的17.9%,70岁以上的老年人占老年人总数的43.4%。

X社区位于济南市中心,社区内常住人口6985人,社区内存在一些归属不清晰地带(单位宿舍、教委职工宿舍、政协职工宿舍等)。因临近世贸国际广场等繁华地段,社区内流动人口较多,个体商铺也较多。作为一个"城中村",X社区相对贫困,且社区人口结构复杂。社区内登记在册的老年人1085人,空挂户口的454人。老年人占人口总数的15.0%,其中60—69岁的老年人551人,70—79岁的348人,80岁及以上的186人;70岁及以上的老年人占社区老年人总数将近一半。

(二) 目标社区的老年人服务现状

由于从社区居委会了解到的信息有限,且出于建立专业关系的考虑,因此在项目开展初期,社会工作者开展了 12 次社区探访。在社区探访的过程中,社会工作者既注重发现社区老年人的主要需求,也通过发放宣传单页、与老年人聊天等方式来增进老年人和社区居民对项目的了解。

总体而言,上述两个社区为老服务的情况基本相似:老旧社区,社区内老年人所占比重较大,老龄化程度高;社区服务偏行政化,不能全面满足老年人的需求,需要社会工作介入。老年人服务需求比较多,居委会因社区行政事务繁忙,开展社区为老服务较少,每年有一次到两次的社区活动,老年人的参与积极性较高——奖品成为老年人社区参与的主要动力。社区内虽有长者日间照料中心,但是刚刚建成不久,同时该中心位于辖区内的历下区老年公寓,利用率较低。

三、老年人社区参与项目的需求评估

通过前期的准备工作,项目团队与居委会之间建立了信任关系,社会工作者对社区的基本情况和老年人(服务使用者)服务现状有了较为全面的认知,而且通过频繁的社区探访,社区居民和老年人对项目也有了一定程度的了解。在此基础上,社会工作者开始着手对社区老年人的需求展开评估。在需求评估阶段,社会工作者面临的挑战是,很多老年人难以准确地表达自己的需求,他们或是不知道自己的需求是什么,或是认为"只要不给子女添麻烦就好"。就此,社会工作者在督导的协助下开始反思:专业社会工作者扎根社区,他们所携带的"专业话语"是否能够"嵌入"居民的日常生活和话语?当专业社会工作者与居民各自拥有一套话语系统或逻辑时,他们之间的"理性沟通"是否可能?换言之,在社会工作者看来,只有发现老年人的真正需求,才能提供有针对性的专业服务;而在老年人看来,"需求"更像是对子女的要求,是对现实的一种"僭越"。经由反思,社会工作者进一步对社区参与加以操作化,并致力于用老年人能够理解的话语来提问,避免直接使用"需求"等专业词语。在此基础上,通过延续基爱之前开展过的传统活动(在前期社区走访和需求评估的时候,社会工作者了解到,老年人对"电脑培训班""串珠小组"等活动抱有很大的兴趣,但一直没有机会参加这些活动),吸引了老年人参与到项目之中,并在他们参与项目活动的过程中进一步发掘其需求。

针对需求评估，项目团队访谈了项目所在社区的居委会主任，入户走访了社区居民，去社区人群聚集的地方找老年人聊天，并采用画社区地图、实地观察等方法，初步了解和评估了老年人的需求；在居委会的大力支持下，社会工作者和高校志愿者共同实施对社区 60 岁以上的老年人进行了问卷调查，共发放问卷 120 份，回收有效问卷 100 份，形成了老年人社区参与的需求评估报告 1 份。通过需求评估发现：社区老年人对娱乐、健身、文化教育、学习新技能等社区活动最感兴趣；对菜市场问题、天然气和暖气的安装等与自身利益相关的社区事务最为关心。另外，问卷需求评估结果显示，大部分老年人认为"人年纪大了还是有用的，对社会有价值"，并表示"自己愿意参与到社区事务中去"。

四、老年人社区参与项目的"阶梯"策略

基于社区老年人的需求，社会工作者在项目初期主要延续了传统的服务，开设了串珠小组和电脑培训班。但传统的服务也存在一些局限：第一，项目旨在促进老年人的社区参与，但未充分通过这些活动促进其与社区之间的联结；第二，传统的服务项目在参与的范围上存在不足，未关注到老年人其他方面的参与需求；第三，传统的服务项目在开展的过程中面临各种各样的挑战。基于此，项目团队在督导的协助下，按照"大爱之行"项目的"成效导向逻辑"模式和重点示范项目的行动研究要求，再次对项目的框架逻辑、服务人群和环境（社区老年人情况、社区环境及问题、社区资源）、理论和假设、介入目标和方向以及产出等进行了梳理，最终认为：项目在老年人社区参与的形式上分为社区公共事务参与和社区活动参与两部分，在具体内容上则聚焦社区文化、教育、康乐、卫生、环保、福利救济等不同方面；项目应在现有服务的基础上，搭建老年人社区参与的平台，推动社区老年人自组织的发展，进而促进老年人对社区公共事务的参与，发挥其在社区治理中的主体性作用。在此基础上，项目形成了"以兴趣为起点、以互助参与为基础、以居民议事为发展"的"阶梯"策略和老年人社区参与由老有所学、老有所乐到老有所为的"层级"目标（见图 1）。

（一）以兴趣为起点

针对老年人喜爱的社区文化类参与活动，在评估老年人兴趣爱好与前期提供的传统服务的基础上，社会工作者在 L 社区先后继续开展了"好声音之家"社区老

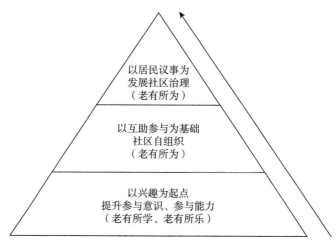

图 1　老年人社区参与项目的"阶梯"策略

年 KTV 小组、"舞动美好"老年舞蹈队、"养生太极"学习班以及"丝竹弦韵"乐器坊 4 个小组活动,并每周常规开展 1 次服务活动;在 X 社区接着开展了"泉声雅韵"合唱团、"旧物改造 DIY"小分队、"俏夕阳"老年广场舞、"武动夕阳"太极小组等。每个小组选出了自己的负责人、制定了小组规则。在活动过程中,社会工作者与老年人逐步建立了关系,不断向老年人传递社会工作理念,老年人由之前的消极被动参与逐步发展为积极主动参与社区活动。项目发展至中期时,在小组中总计发展出小组领袖 5 人、积极分子 15 人,实现了老年人由主动参与到骨干积极分子的转变。之后,项目组建的社区老年艺术团初具雏形。在此过程中,项目团队运用社会工作的增能理论使得社区老年人的社区参与意识不断提升、参与能力不断增强,老年人的参与动机与自我效能感也得到了提高。在项目服务过程中,社会工作者还针对社区老年人的兴趣爱好,运用社会工作的支持网络理论,每月组织开展在社区内的大型康庆活动以及户外旅游等,得到了社区老年人的喜爱、支持和参与。通过这些活动,老年人之间的联系日益密切,其支持网络得到了巩固。

(二)以互助参与为基础

为了促进老年人之间以及老年人与社区之间的联结,社会工作者在开展兴趣活动小组的基础上,开始致力于推动老年人之间的互助,从而为之后的社区事务参与(居民议事等)奠定了基础。在互助参与方面,社会工作者围绕社区老年人所关心的健康和志愿服务议题,推行了一系列"社区专案计划"。如动员老年人参与"社区互助之大爱暖冬计划",招募大爱敲门行动志愿者 11 人,开展敲门行动 10

次,获得贫困老年人基本资料63户,实际入户34户;开展"腊八节"送粥活动1次、"社区教育之健康理念推行计划"及健康讲座1次,健康知识学习小组4次,并推选社区健康达人4人;在此基础之上,组建了健康达人小分队,它作为社区老年人爱心义工队的一支重要力量,搭建社区志愿服务活动;参与社区文化之百姓大舞台,成立了"大爱"老年人艺术团,提供文化演出的机会,如走进老年公寓开展文艺演出2次,丰富了老年公寓内老年人的文娱生活。

此外,社会工作者积极推动老年人自组织的建设,以使社区老年志愿服务活动制度化、规范化和常态化。项目团队组建了爱心义工队,发展老年义工17人;开展关爱高龄独居老人服务2次;发展爱心义工队健康达人小分队和青松创美小分队2支;正式成立"大爱"老年文化艺术团,并推选团长1人;推行"伏枥社"老年领袖培训计划,开展老年领袖培训前期需求调研1次、前期见面会1次。截止到2015年9月,义工队已初具规模。在前期一系列会议以及行动的基础之上,社会工作者与义工队成员不断梳理与总结经验,共同制定并整理了"大爱之行"L社区老年爱心义工队管理手册初稿,初步形成了义工队标准化流程及老年志愿者管理制度,义工队伍的制度化、标准化建设不断加强。

(三) 以居民议事为发展

项目发展至中期时,针对社区老年人参与社区事务的需求,社会工作者在前期需求评估的基础之上,了解到社区老年人对于社区养狗问题(环保方面)感到比较苦恼。针对此问题,社会工作者进行了前期的社区环境探访与了解,随后在老年义工队的月例会上,聚焦社区养狗问题,与社区老年人进行了一系列的商讨。结合当时义工队刚刚建立的情况,考虑到养狗问题的复杂性,最后会议决定,爱心义工队的成员用自身的行动去影响社区居民。此时正值济南市创卫工作如火如荼,项目的爱心义工队环保小分队配合社区居委会的工作,在社区内组织开展了环保参与活动,得到了社区居委会的肯定与支持,并在各大媒体进行了报道宣传。活动的开展也引起了社区居民的重视与支持,社区环境得到了明显的改善。此外,在"伏枥社"老年领袖培训计划成功开展的基础上,项目团队积极引导社区老年人从参与社区活动的筹备,逐步转向对社区公共议题的关注,形成了"聚仁馨"居民议事会。议事的范围主要包括楼道引进物业、安装天然气、建造换热站、县学街商铺改造等贴近日常生活的议题。由社区老年人组成的居民议事会的成立,意味着社区老年人能够对社区公共事务的决策和行动产生一定的影响,成为社区治理的主体之一。

五、服务反思：老年人的社区参与、社会工作与社会治理

（一）老年人的社区参与

社区社会工作旨在促进社区的发展，社区自组织的形成和社区居民对公共事务的积极参与是社区发展的重要表征。作为社区的重要成员，通过促进老年人自组织及其对社区事务的参与，有助于培育社区的能动主体，进而推动社区发展。济南基爱社会工作服务中心在老年人服务方面，坚持社区为本的理念，同时致力于回应老年人的各种需求和推动社区的发展。社区参与是基爱服务项目（"大爱之行"）的重要目标，但在实际推动老年人社区参与的过程中，社会工作者面临诸如参与领域和层次等的挑战。为此，基爱的社会工作者采取了参与"阶梯"，即"以兴趣为起点、以互助参与为基础、以居民议事为发展"的策略。基爱老年人社区参与的行动研究表明，推动老年人的社区参与是一个循序渐进的过程，不可能一蹴而就。因此，首先，社会工作者可以从容易切入的地方开始服务，在提供基础服务的过程中与服务对象建立更为深入的信任关系，并继续发掘服务对象的需求。其次，社会工作者应在此基础上，从老年人中发现积极分子，充分发挥他们的宣传动员功能，进而顺势推动社区老年人自组织的形成，并为其搭建社区参与的平台，促成社区老年人之间的互助。最后，通过前期的参与，老年人的参与意愿得到激发，参与能力也得以提升，加之社会工作者长时间扎根于社区，对社区事务及其权力结构有了更深刻的了解，这些都为老年人参与社区公共事务（如通过居民议事影响社区决策等）创造了条件。

（二）社会工作参与社会治理

社区是社会的基本单位，由于基爱的老年人社区参与的项目着眼于老年人需求的满足和社区的发展，故而能够实现从服务到社会治理的跨越。党的十八届三中全会提出，要推进国家治理体系和治理能力的现代化，标志着我国开始从社会管理向社会治理阶段过渡。自社会治理受到党的重视以来，很多学者对社会工作与社会治理之间的关系进行了探讨。如王思斌教授提出，社会工作主要通过提供服务的形式来参与社会治理，社会工作服务能够实现"源头治理"，且社会工作本身作为社会治理的主体，能够通过行业自律，为社会的善治提供增量。开展老年人社区参与的服务项目在某种程度上印证了王思斌对"基础—服务型"治理的判断，同

时也显现出社会工作服务向社会治理跨越的其他可能性:社会治理最重要的特征是多元主体的形成和参与,通过为服务对象提供增能取向的服务,社会工作得以培育社会治理的能动主体(包括个体与自组织);而且,社区为本的老年人服务有助于社区的发展,作为社会的基本单位——社区的发展有助于社会力量的发育,从而也将有助于社会参与治理。

案例使用说明

一、教学目的与用途

本案例教学使用说明是以将本案例应用于"高级社会工作实务"课程中的老年社会工作部分的教学为基础撰写,主要讲解社区参与。案例的编写以此组织相关内容,对案例的分析和总结也是基于这一目的。若将本案例应用于其他课程,则须做相应调整,本案例使用说明可做参考。

(一)适用的课程

本案例适用于"高级社会工作实务",也可以作为"社会服务项目设计""行动研究方法""社会工作理论"等选修课程的辅助案例。

(二)适用的对象

本案例适用的对象包括社会工作专业硕士,以及社会工作专业高年级本科生。

(三)本案例教学目标规划

1. 覆盖知识点

本案例在"高级社会工作实务"课程中应用主要覆盖的知识点有:

(1)老年人社区参与的需求;

(2)增能理论、参与式发展理论的应用;

(3)行动研究方法的应用;

(4)服务方案的设计;

(5)推动老年人社区参与的途径;

(6)老年人能力建设与社区治理和发展的路径。

2. 能力训练点

本案例在"高级社会工作实务"课程中规划的主要能力训练点有:

(1)评估和分析老年人社区参与的需求;

(2)针对老年人的需求设计相应的服务方案;

(3) 根据项目发展的不同阶段相应地调整服务方案；

(4) 评估和应用社区已有资源；

(5) 培育社区自组织；

(6) 运用自组织推动社区治理和发展；

(7) 总结、反思、应用和推广项目实践。

3. 观念改变点

本案例在"高级社会工作实务"课程中规划的社会工作服务理念有：

(1) 以服务对象为本；

(2) 老年人的需求是开展老年人社会工作的基础；

(3) 增能理论、社区参与理论、积极老龄化理论是开展老年人社会工作的重要视角；

(4) 行动研究是项目运作过程中较为有效的一种方法；

(5) 居委会、老年公寓等是社区工作中很重要的合作方，而不是对立方；

(6) 充分挖掘并运用社区资源是推动项目顺利开展的重要因素；

(7) 社区治理需要多元主体共同参与和协商；

(8) 专业服务应以"成效导向逻辑"执行。

二、启发思考题

(1) 本案例是如何评估老年人需求的？

(2) 本案例是如何针老年人需求设计项目计划的？

(3) 社会工作者与社区居委会关系如何？

(4) 本案例是如何体现行动研究的？

(5) 在项目实施过程中，如何体现老年人的能力建设？

(6) 项目是如何培育社区自组织并推动社区发展的？

(7) 项目可持续发展的关键是什么？

(8) 基于老年人对"需求"理解的模糊性，社会工作者该如何回应？

(9) 老年人社区参与服务的逻辑模式是怎样的？

三、分析思路

案例分析的基本思路是将案例相关情景材料通过教师事先设计好的提问逻辑引导和控制案例讨论过程。

因此，本案例分析设计的本质是提问逻辑的设计，案例中社区参与的内容的确定和如何推动社区参与是分析案例的关键路线,社区参与的相关理论应用、如何提升社区参与能力以及如何建设社区自组织等是教学的目标。

本案例中促进老年人社区参与的关键路线是:

(1)社区参与内容确定:通过需求分析,确定社区参与的内容,即社区活动参与和社区事务参与。

(2)社区参与方法确定:老年人社区参与"阶梯",尤其是由被动的参与者转变为积极主动的参与者。

围绕促进老年人社区参与的关键路线,相关的内容有:

(1)如何评估老年人社区参与的需求?

(2)如何以"需求为本"和成效导向逻辑模式为指引制订社区参与计划?

(3)如何促进老年人的社区参与?

(4)如何根据项目发展阶段调整相应的服务方案?

(5)如何建设老年人义工服务队伍?

(6)如何培育老年人自组织,促进老年人社区参与的可持续发展?

(7)如何运用督导者资源?

(8)服务标准化与项目过程中的服务内容调整是怎样的关系?

(9)如何提升社区参与者的参与意识和能力?

(10)如何在项目实施中运用行动研究?

因此,案例分析的基本逻辑如图2:

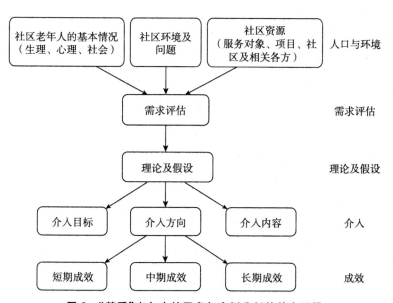

图2 "基爱"老年人社区参与案例分析的基本逻辑

（1）老龄化背景、社区老年人的基本情况和社区参与需求、社区环境及问题、社区资源（服务对象、项目、社区及相关各方）等对开展老年人社区参与服务中存在契机和挑战。

（2）根据增能理论、参与式社会发展理论，在需求评估基础上设计相应的服务方案，明确老年人参与的目标、策略和预期成效，并始终贯彻行动研究的思想，及时调整方案。

（3）基爱老年人社区参与服务结合已有的项目发展逻辑，在具体服务过程中确立了"以兴趣为起点、以互助参与为平台、以居民议事为发展"的策略，通过小组活动、社区活动、专案计划等形式促进了老年人的社区参与，最后培育了老年自组织，以促进老年人社区参与的可持续发展，进一步提升老年人社区参与的能力，从而推动社区治理和发展。

四、理论依据与分析

（一）增能理论及其运用

1. 增能理论

B. 所罗门在1976年出版的《黑人的增能：受压迫社区中的社会工作》中首先提出了"增能"的概念，并使增能的观点被社会工作界广为接受。社会工作真正进入"增强权能时代"是在1980年前后。在这个时期，增能的观点无论是在理论上还是在社会工作实务中都有快速发展，强调尊重受助者，帮助其增强权能，让他们对自己的问题和需要进行自主判断，并鼓励有相同处境的受助者建立互助团体，在团体中促进个体意识的觉醒、摆脱无力感、建立自尊心，共同推动社会公平与正义。

增能是指增强人的权利和能力。增能取向的社会工作认为，个人需求不足和问题的出现是由于环境对个人的压迫，社会工作为服务对象提供帮助应该着重于增强其权能，以对抗外在环境和优势群体的压迫。

增能观点已经被社会工作者广为接受，并形成了较为完善的理论体系，可以从伦理价值、干预认可、概念框架和助人过程四个方面来阐述增能社会工作。

增能社会工作在伦理价值上强调推动社会正义、尊重服务对象的自决与自我实现，以及充分参与服务计划的制订。

干预认可是指各个方面对干预计划可能的允许范围。社会工作者要尽可能在各方面允许的范围内为服务对象争取更多资源；要协调各方面的限制，使之能够在最大程度上达成一致。权能是一种能力，具有权能的个体能够在社会中获得他们应该得到的社会资源,掌握自己的生活空间。相反,如果个人对自己生活空间的掌控受到阻碍,从而不能决定自己的生活目标和活动,那他就是缺乏权能。

在概念框架方面,增能观点认为,权能不是稀缺资源,经过人们的有效互动,权能是可以不断被衍生出来的。权能一般发生在三个层次:一是个人层次,包括个人感觉有能力去影响或解决问题;二是人际关系层次,是指个人和他人合作以促成问题解决的经验;三是环境层次,是指能够改变那些不利于个人权能发展的制度安排。

增强权能取向的社会工作注重独特的助人过程,包括以下五个方面:

(1) 服务对象即受助者与工作人员要建构协同的伙伴关系;

(2) 重视服务对象的能力而非缺陷;

(3) 注重人与环境这两个工作焦点;

(4) 确认服务对象是积极的主体,告知其应有的权利、责任、需求及申诉渠道;

(5) 以专业伦理为依据,有意识地选择长期处于缺乏权能状态中的人成为服务对象。

2. 增能理论在社会工作中的运用分析

所罗门提出要从以下四个方面帮助服务对象增强权能:

(1) 协助服务对象确认,自己是改变自己的媒介;

(2) 协助服务对象了解,社会工作的知识和技巧是可以分享和运用的;

(3) 协助服务对象认识,社会工作者只是帮助其解决问题的伙伴,自己则是解决问题的主体;

(4) 协助服务对象明确,无力感是可以改变的。

李(Lee)根据增能理论的要求,提出了社会工作的十项实践原则:

(1) 所有的压迫对于人们的生活都是破坏性的,社会工作者和服务对象应该挑战环境的压迫性。

(2) 社会工作者应该对压迫的环境采用整体视角。

(3) 人们要自己增强自己的权能,社会工作者则是协助者。

(4) 推动具有共同基础的人们相互增强权能。

(5) 社会工作者与服务对象之间应该建立互惠关系。

(6) 社会工作者应该鼓励服务对象以自己的语言进行表达。

(7) 社会工作者应该坚信,人是胜利者而非受害者。

(8) 社会工作者应该聚焦于社会持续不断的变迁。

(9) 在社会工作服务实践中,社会工作者与服务对象是一种双向合作关系。

(10) 干预可以分为三个层面:一是,社会工作者与服务对象建立合作关系,满足服务对象眼前的需要,包括链接服务对象所需的资源、提供意识觉醒、寻找和申请资源;二是教授技巧和知识,并评估服务对象的权能动态机制,包括开展各类小组或团体活动;三是集体行动,旨在形成集体、参与倡导或进行社会行动。①

在社会工作服务过程中应用增能理论,应避免以权威的姿态出现,而是要与服务对象建立平等的伙伴关系。应视助人过程为分享权能的过程,因为通过分享可以使参与者获得更多的权能。权能不是由他人授予的,而是在人们积极互动的过程中不断生长出来的。在社会工作者与服务对象的关系中,如果存在权威,就只能降低服务对象的权能。在助人过程中,社会工作者应真正做到与服务对象对话,鼓励他们讲出自己真实的经验。在针对团体运用增能理论时,社会工作者应鼓励团体成员之间建立协同关系,实现团体成员之间的互相帮助。在与服务对象的关系中,社会工作者的角色是多元的,但是其最基本的角色是服务对象的伙伴。

本案例以增能理论为理论基础,认为老年人通过主动参与社区的过程,能够提高自身能力,对抗来自环境的压力。项目团队从个人层面的社区参与、互动层面的社区参与和社区(治理)层面的增能出发,设计了针对性的服务方案,助力老年人通过有效的社区参与互动,获得自我效能感、自信心,以及团队归属感和对环境资源的掌控力。

(二) 社区参与理论及其分析

不同的学者对于社区参与有不同的定义。

康宇认为,所谓社区参与就是社区居民和组织以各种方式或手段直接或间接地介入社区治理或社区发展的行为和过程。② 周华伟、沈伟雄认为,社区参与是一种主动表达和实现权益性主张的行为和行动。社区参与聚焦于社会范围或社会尺度内的公共性事务,即表达和实现社区范围内的公共利益而不是个人利益。③ 概括而言,社区参与就是一种受益人影响某个发展项目的实施及其方向的积极主动的过程。谭芳丽认为,所谓社区参与,广义上讲,既是指政府或非政府组织介入社区发展的过程、方式和手段,更是指社区居民参加发展计划、项目等各类公共事务

---

① 参见全国社会工作职业水平考试教材编写组编写:《社会工作综合能力(中级)》,中国社会出版社2014年版。
② 康宇:《对于当代中国社区参与的理论分析》,《理论与现代化》2007年第4期。
③ 周华伟、沈伟雄:《社区参与理论渊源探讨》,《价值工程》2013年第30期。

与公益活动的行为和过程,体现了居民对社区发展责任的分担和对社区成果的分享。① 无论是哪一种概念都对主体和内容做出了要求。

左冰认为,社区参与是一种主动表达和实现权益性主张的行为和行动。② 袁方成总结了多个学者的观点指出,社区参与是社区治理的重要组成部分,它既被视为社区发展的动力,也被认为是社区治理的手段与目的。从广义的角度看,社区参与的各种主体既包括社区居民,也包括相关政府部门、社区组织、社会团体、驻社区单位等,各主体有效地介入与其利益相关的社区公共事务,能够在有关社区建设的决策、管理和监督过程中及时获得相关信息,表达自己的意愿和诉求。③ 社区参与是指,社区居民共同期望社区进步与发展,愿意投入思想、行为,投入个人的有形和无形的资源,包括时间、金钱、劳力等,这种个人参与社会活动的过程可以增强个人对社区的认同,这种认同又能够转化为个人对社区环境的情感认知,于是就形成了对社区的归属感。可见,社区参与体现的是一种合作过程,社区居民通过参与分享决策权力,同时必须对决策后的结果承担共同责任。④

根据以上定义,社区参与包括以下四方面的内涵:(1)社区参与的主体是社区居民,这里的社区居民不仅包括行政区域内的社区居民,也包括社区居民利益的代表者——政府、社会团体等维护当地居民利益的企事业团体及个人。(2)社区参与的客体是能体现当地居民利益或与大部分居民利益相关的各项事务,范围涵盖各个方面。(3)社区参与的动机是公共参与精神,不单是为了谋取经济利益,也是为了居民的自我价值、自身潜能得到更好的实现、发挥。(4)社区参与的目标是最终实现社区与居民的共同发展、全面发展及可持续发展。

社区参与的层次和形式是告知—咨询—协商—共同行动—社区居民自治。推动社区居民参与的策略包括:促进社区居民对参与价值的肯定;提升社区居民的参与意愿;提高社区居民的参与能力;等等。⑤ 社区参与是老年人社会参与的重要路径,是满足老年人精神需求、增强老年人归属感、实现老年人自我价值的重要途径。老年人社区参与需更加关注老年人的主体责任意识和自我发展意识,在满足其物

---

① 谭芳丽:《社区参与理论视角下的乡村旅游开发模式构建研究》,《中小企业管理与科技》2014年第14期。
② 左冰:《社区参与:内涵、本质与研究路向》,《旅游论坛》2012第5期。
③ 袁方成:《增能居民:社区参与的主体性逻辑与行动路径》,《行政论坛》2019第1期。
④ 全国社会工作者职业水平考试教材编写组编写:《社会工作实务(初级)》,中国社会出版社2021年版,第279—280页。
⑤ 同上书,第280—281页。

质精神文化需要的同时,应当注重培养老年人的社区归属感。①

我国的社区参与始于20世纪80年代中期政府推行的社区建设。康宇认为,其在具体实践上主要体现在以下方面:居民参与社区服务,形成社会救助制度;参与改善社区环境,提高社区居民生活质量;参与社区综合治理,维护社区安全、稳定;帮助困弱群体,促进社区思想道德建设;参与社区文体教育等活动,使社区居民素质得到进一步提高等。②

基爱所做的社区参与在参与主体上,主要集中于社区居民和社区自组织。在参与内容上,结合社区工作的内容,划分为社区活动参与和社区事务参与,旨在通过社区参与,一方面挖掘社区积极分子和领袖,培育社区自组织,提升老年人社区参与的能力;另一方面,集思广益,推动社区治理和社区发展。

(三) 活动理论及其分析

活动理论不是方法论。它是研究作为发展过程的不同形式的人类实践的哲学框架,同时包括相互联系的个体层面与社会层面,并且人类与环境客体之间的关系是由文化内涵、工具和符号中介联系。

活动理论研究的代表人物库蒂认为,活动理论是一个研究作为发展过程的不同形式人类实践的跨学科框架,包括同时联系的个人和社会层面,以及制品的使用。库蒂为活动理论的研究范围做出了一定的界定,它包括个人、社会及其联系,是个人在社会中的实践过程。从库蒂的观点可以看出,活动理论关注的是实践过程而非知识本身,是人们在发展过程中使用工具的本质、不同的环境作用、社会关系、活动目的与意义,最终达到对主体或客体进行改变的过程和结果。活动理论是人的实践过程。③

活动理论认为:(1)活动水平高的老年人比活动水平低的老年人更容易感到生活满意和适应社会;(2)老年人应该尽可能长久地保持中年人的生活方式,用新的角来取代因丧偶或退休而失去角色,从而把自身与社会的距离缩小到最低限度。

活动理论对老年社会工作的意义在于,无论从医学和生物学的角度分析,还是

---

① 和红、闫辰聿:《互联网使用对老年人社区参与的影响研究——"隔离"还是"融入"》,《人口学刊》2022第2期。
② 康宇:《对于当代中国社区参与的理论分析》,《理论与现代化》2007年第4期。
③ K. Kuutti, "Activity Theory as A Potential Framework for Human-computer Interaction Research", in B. Nardi, ed., *Context and Consciousness: Activity Theory and Human Computer Interaction*, Cambridge: MIT Press, 1996, pp. 17-44.

日常生活观察都表明,"用进废退"是生物界的一个基本规律。因此,社会工作者不仅要在态度和价值取向上鼓励老年人积极参与他们力所能及的一切社会活动,而且需要为老年人的社会参与提供更多的机会和条件。①

项目的价值、理念和方法都是通过各种各样的活动来实现的。项目团队最初以老年人最感兴趣的文娱活动为主,在此基础上挖掘了社区积极分子和领袖,这是一个个体通过活动增能的过程;同时活动也一方面使得老年人可以看到自己的价值,增加对老年生活的满意度,另一方面使得老年人重建了社会关系和社区关系,融入社区生活,为社区的发展贡献了力量。

五、关键要点

本案例分析的关键在于,把握老年人社区参与服务模式建构的主导因素,特别是老年人社区参与需求分析、社区资源的发掘与链接、自组织的建立与发展、老年人自身的能力建设等方面。教学中的关键要点包括:

(1) 需求评估方法的学习和运用;

(2) 对社区参与的内容和策略的深度分析;

(3) 不同发展阶段老年人的参与需求的变化;

(4) 应对需求变化设计与调整服务方案;

(5) 社区自治组织的培育与自我运作;

(6) 社区参与相关理论的应用;

(7) 志愿者队伍的建立;

(8) 服务标准化、制度化和规范化的建构。

六、建设的课堂计划

本案例主要按照3—4学时进行设计,要求学生在课前事先预习到位,需要一定的时间阅读相关文献资料,然后在课堂上分组进行案例讨论、提问和回答以及知识点总结和归纳等。

课堂教学详细安排计划如下(见表1):

(1) 课前阅读相关文献资料2小时;

(2) 课堂安排:200分钟。

---

① 参见范明林、马丹丹主编:《老化与挑战:老年社会工作案例研究》,华东理工大学出版社2017年版。

表 1 课堂教学安排计划

内容	时间
阅读案例	20 分钟
分组讨论	50 分钟
分享讨论成果	40 分钟
知识梳理总结	30 分钟
学生提问、老师解答	30 分钟
老师提问、学生回答	20 分钟
机动安排	10 分钟

本文作者：张洪英，山东大学哲学与社会发展学院副教授。

反家暴领域社会服务：妇女社会工作案例

一、案例背景

全国妇女联合会和国家统计局发布的"第三次妇女地位社会调查"显示，24.7%的女性曾遭受家庭暴力。[①] 在登记离婚的案件中，有60%的案件和家庭暴力相关，家庭暴力受害者平均在遭受了25次家暴后才会选择报警。[②] 她们大多会选择利用非正式系统，向婆家、娘家或朋友求助解决。一些妇女也会选择向正式支持系统求援，包括单位、派出所、妇联、社会服务机构和法院等。研究表明，由于缺乏法律依据，这些机构在提供服务中存在很多问题，例如缺乏服务主体和主体责任；缺乏专业的工作程序和服务标准；服务中出现二次伤害；没有一个完善的社会服务体系为受暴人提供一个安全的保障体系，使受暴人远离暴力伤害。[③]

2016年3月1日，《中华人民共和国反家庭暴力法》（以下简称《反家庭暴力法》）正式施行，该法共6章、38条，明确对家庭暴力的范畴、预防、处置和人身安全保护令以及法律责任作出规定，并对遭受家庭暴力的未成年人、老年人、残疾人、孕期和哺乳期的妇女以及重病患者给予特殊保护，这意味着，此后家庭暴力不再只是"家务事"。在法律中，从行为类型来看，除了身体暴力，家庭暴力还明确包括精神暴力，如以"经常性谩骂、恐吓等方式实施的身体、精神等侵害行为"。该法确定了预防和制止家庭暴力的五原则：对家庭暴力零容忍的原则；共同责任原则；预防为

[①] 马春华：《中国夫妻间暴力的"性别对称性"》，《河北学刊》2013年第5期。
[②] 张剑源：《家庭暴力为何难以被认定？——以涉家暴离婚案件为中心的实证研究》，《山东大学学报（哲学社会科学版）》2018年第4期。
[③] 李莹、刘梦、辛欣：《中国反家庭暴力二十年回顾与展望》，《甘肃联合大学学报（社会科学版）》2013年第6期。

主,教育、矫治与惩处相结合原则;尊重受害人真实意愿,保护当事人隐私原则;特殊群体特殊保护原则。强制报告义务、公安告诫制度、人身安全保护令、对受害者给予损害赔偿也成为这部法律的亮点。《反家庭暴力法》在受害人法律援助制度、公安机关处置制度、学校幼儿园开展反家庭暴力教育内容、引入社会工作服务机构开展预防救助服务工作等方面都有新的突破。据此,中国的反家庭暴力实践已经进入法治时代。如何有效地干预家庭暴力个案?探索在中国现有的社会服务框架下有效干预家庭暴力个案,已经成为专业社会工作者关注的一个热点问题。

二、服务机构介绍

家庭暴力危机干预中心是由全国妇联主导开展的国家级项目,机构设立在中华女子学院,依托一支由多部门、多学科、多地域的专家学者组成的专家团队开展家庭暴力研究和服务。中心旨在消除家庭暴力,推进社会性别主流化,增进妇女权益,促进性别平等,推动社会和谐与进步。

家庭暴力危机干预中心的具体职责/任务具体如下:

第一,建设反家庭暴力资源库。广泛收集、整理、翻译国内外的相关文字资料和音像资料(内容涉及理论研究、实务推展、典型案例等)。根据数据资料的开放权限,分别向专家团队、干预主体和社会公众免费开放,推进家庭暴力干预信息和资源的共享。依托中华女子学院中国女性图书馆,建设专业网站,发布中心的研究成果、工作报告,提供在线咨询、服务等,搭建家庭暴力危机干预资源共享和倡导宣传的有力平台。

第二,开展家庭暴力危机干预理论和实务研究。依托专家团队,开展家庭暴力、家庭暴力干预现状的实证研究和相关基础理论研究,探索家庭暴力危机干预模式,提出具有权威性、指导性、可操作性干预理论、方法和技巧,开发培训手册、工作手册和指南,并通过试点不断加以完善。

第三,开展直接培训和培训者培训。针对妇联维权干部、基层妇女之家工作人员以及立法人员、警察、法官、检察官、医务工作者等关键人群,开展社会性别意识和家庭暴力干预理论、工作方法培训,同时开展针对培训者的培训,建设一支分布于全国的培训者队伍,使直接培训常态化、经常化。

第四,提供家庭暴力危机干预工作指导和咨询。对基层妇联及家庭暴力危机干预中心的工作进行具体指导和技术支持,为有关社会组织提供家庭暴力危机干预工作的咨询和服务。

第五,开展重大家庭暴力案件的干预服务。对情节严重、社会影响恶劣的重大家庭暴力案件,组织专家进行干预,为受暴妇女和未成年人提供援助和支持,推动理论研究与实践工作的结合。

第六,进行政策倡导和媒体宣传。提供反家庭暴力的立法、司法、政策的相关建议,并通过各种途径向全国人大、地方各级人大、政协会议递交,推进《反家庭暴力法》施行进程,推动司法、执法部门有效开展反家庭暴力工作,实现研究成果的转化。充分运用各类媒体及多种宣传手段,广泛宣传预防和制止家庭暴力的做法,提高公众反家庭暴力的意识。

中心还在河北、湖南、江苏等地设立了家庭暴力危机干预分中心,依托地方妇联组织,通过协调地方政府资源、吸收社会组织参与、提供专业服务的方式,为家庭暴力受害者提供服务。以下案例就来自一个地方性家庭暴力危机干预中心的实践。

三、案例情况

唐女士经人介绍结识周先生,经过一年多的相处、恋爱,双方走进了婚姻殿堂。唐女士来自南方农村家庭。周先生是北方本地人,父亲早逝,母亲一人将他拉扯大,因此周先生对母亲言听计从。为了能够更好地照顾母亲,婚后,夫妻俩跟周先生的母亲住在一起。

唐女士在一家私企工作,经常加班,下班比较晚。对此,婆婆的意见很大,认为唐女士既然嫁到周家,就要遵循周家的规矩,回家要把做家务、伺候婆婆和丈夫当作本职。对此,周先生也表示支持妈妈的观点,而这成为唐女士与丈夫、婆婆之间矛盾的主要来源之一。为了让母亲开心,周先生对唐女士经常参加同学、同事、朋友聚会的意见也很大。他认为,结了婚,唐女士就要以家庭为重,不能像单身那样成天出去玩。唐女士也慢慢开始远离同学朋友的圈子,专心跟丈夫和婆婆一起过日子。

一年后,女儿出生了。婆婆表示,自己无力照顾孙女,周先生要唐女士辞去工作,专职在家照顾孩子。带孩子、做家务、伺候婆婆成了唐女士的主要职责,她与婆婆之间的摩擦越来越多。孩子夜间哭闹、孩子生病、饭菜不可口、唐女士没有收入等,都成了婆媳不和的导火线,唐女士成了婆婆眼中的"寄生虫"。婆媳之间的矛盾很快升级为夫妻之间的矛盾,丈夫也因此开始对唐女士动手。久而久之,夫妻之间的关系也越来越冷淡。

为了让孩子有一个完整的家,唐女士一直隐忍,她认为自己不够能干、干不好家务、带不好孩子、不能讨婆婆欢心,她希望不断努力改进自己做饭和带孩子的技术,来减少婆婆对自己的不满。唐女士的努力并没能改变婆婆和丈夫对自己的态度,婆媳之间的争执仍时有发生,丈夫常常会站在婆婆一边,而对唐女士动手。唐女士曾经萌发离婚的念头,但是鉴于自己目前的状况,觉得离婚后的生活难以想象。终于有一天,失望的唐女士抱着孩子,走进了自己小区附近的家庭暴力干预中心求助。

四、服务对象需求评估

通过与唐女士的访谈,工作人员发现,这是一起典型的家庭暴力案例,婆媳矛盾成为家庭暴力的主要诱因。婆婆一人将儿子拉扯大,成家后,为了保持与儿子的亲密关系,还与儿子和儿媳妇同住;婆婆坚持传统的角色期望,认为"为人妻、为人媳"就要听话、守规矩,希望儿媳能够按自己的期望来扮演好儿媳妇和妻子的角色;丈夫为了顺从其母亲的意思,支持母亲,婚后开始约束唐女士与外界交往,甚至在孩子出生后,让唐女士辞去了工作,专心在家带孩子、照顾母亲。失去了经济独立性的唐女士明显处在一个非常弱势的地位:娘家远在南方,婚后与亲朋好友来往较少;没有独立的住房;为了经营好自己的婚姻关系,努力改变自己,甚至为了照顾孩子,辞职在家;婆媳关系与夫妻关系交织在一起,成为暴力关系的主要来源。唐女士遭受的暴力伤害已经给她的身心带来极大的压力和负面影响,她开始担心自己和婚姻的未来。

通过访谈评估,工作人员发现,唐女士当时的状态包括:

(1)轻微焦虑;

(2)委屈(自己的付出没得到认可);

(3)自责、内疚感(觉得自己没有本事,不能经营好家庭,对不起孩子);

(4)紧张、害怕(与婆婆相处时比较紧张,担心自己出错);

(5)社会交往甚少,社会支持网络不健全(与同事、同学、朋友交往少);

(6)经济依赖(没有经济收入);

(7) 对未来的生活没有方向感(犹豫是否要保持婚姻关系)。

很多研究表明,社会性隔离加上经济依赖,使得受虐妇女形成了强烈的无权感,让她们感到自己没有能力离开这种暴力的关系。[①]

接下来,工作人员运用优势视角,进一步对唐女士进行了优势评估:

(1) 一个坚强的女性,吃苦耐劳。她出生于南方农村,家中排行老大,还有三个弟弟妹妹,她从小就非常懂事。为了能够走出农村,一方面要好好学习,另一方面还要帮助父母照顾弟弟妹妹、干家务,吃了很多苦,最后考上大学,并留在了城市。

(2) 夫妻感情基础较好。唐女士认为,家庭暴力事件基本上都与自己和婆婆之间的冲突有关,夫妻之间的矛盾很少导致暴力冲突。

(3) 改变动机很强,目标明确。唐女士表示,求助的目的是希望有人能够帮助解决目前面临的困境,摆脱暴力冲突,给孩子一个良好的家庭环境。

(4) 工作能力较好。根据唐女士的叙述,工作员了解到,原来在工作期间,唐女士表现突出,每年年终,她都能够拿到特等奖励。

(5) 接受新事物的能力很强。工作人员在与唐女士第一次见面时就发现,她对新观点的接受和理解能力很强,工作人员在解释"社会工作服务"等概念时,她能很快认同。

(6) 随着女儿一天天长大,唐女士对个人的职业发展有所期待。唐女士对自己目前的全职家庭主妇的生活不满意,希望孩子上幼儿园之后,自己可以走出家庭,继续工作。

根据这次评估结果,工作人员与唐女士一起讨论,将服务重点界定在以下几个方面:

(1) 缓解负面情绪,提升自信心和生活信心;
(2) 通过技巧学习,改善婚姻关系;
(3) 增强社会支持网络,改变孤立状态;
(4) 厘清对婚姻的期望,并做出决定;
(5) 逐步创造条件就业,提升经济自立能力。

---

① I. M. Johnson, "Economic, Situational, and Psychological Correlates of the Decision Making Process of Battered Women", *Families in Society: The Journal of Contemporary Human Services*, 73, 1992, pp. 168-176.

五、社会工作介入家庭暴力的原则和基本要求

（一）社会工作介入家庭暴力的基本原则

社会工作者在处理家庭暴力个案时，需要遵循下列原则。[①]

（1）暴力的不可接受性原则。家庭中所有的成员皆有其基本人权，每个人都有权决定自己的生活，家庭中没人有权强迫他人服从自己，没人该受到他人对自己的身体、情绪或性的虐待，任何理由的暴力行为都是不能接受的。

（2）社会性别意识。家庭暴力问题与两性角色及两性关系的观念有关，家庭暴力产生的根源与传统的性别角色和角色期望有关，与传统的父权制传统有关。家庭暴力从本质上讲，是施暴者利用自己的权力，通过身体、心理、精神、经济等方面的伤害，对受害者进行控制的主要方式。社会工作者需要有敏感的社会性别意识，运用社会性别分析，才能有效地帮助服务对象提高认知，找到解决问题的方法。

（3）安全至上的原则。在任何情况下，要把服务对象的安全当作优先考虑。

（4）服务对象为中心的原则。不要把家庭完整、孩子利益凌驾于服务对象利益之上。

（5）不批评指责的原则。不要批评受害者，如指责是其隐忍纵容了施暴者，或者是受害者的言语行为激发了施暴者的行为。

（6）避免二次伤害原则。要以负责的态度和敏锐的社会性别意识来履行自己的专业责任，避免在服务中造成对受害者的二次伤害。

（7）无条件关怀的原则。长期遭受家庭暴力的妇女不容易信任他人。因此，在与服务对象开展工作时要信任和理解她们，要营造一个安全、支持性的工作氛围。

（8）尊重服务对象的自决。不要把自己的想法强加给服务对象，不要替代服务对象做决定，要尊重他们的想法和选择。

（9）可能的条件下，建议夫妻共同接受服务。家庭暴力的出现表明，在夫妻沟通模式或家庭内部处理分歧和冲突中出现了问题，因此在服务过程中，如果对方愿

---

① D. Collins, C. Jordan, and H. Coleman, *An Introduction to Family Social Work*, 5th edition, Belmont, CA：Brooks/Cole, 2014.

意的话,夫妻双方需要共同接受干预服务。这样才能解决家庭内部的问题,帮助家庭摆脱暴力行为,重建和谐家庭关系。

(二) 社会工作者应具备的知识和能力

鉴于家庭暴力案例的特殊性,社会工作者在处理家庭暴力案例时,需要具备特殊的知识和能力,主要包括:

(1) 了解家庭暴力及其类型、后果与危害性。
(2) 了解暴力危机评估及安全计划制订的知识和技巧。
(3) 熟悉危机干预技术,处理好危机干预和个案辅导的关系。
(4) 熟悉相关的法律、法规以及多机构合作的方式。
(5) 了解建设非暴力家庭的基本知识和技术,包括问题解决和沟通技巧等。
(6) 掌握相关的治疗技术,帮助受害者处理创伤性经历,必要时进行转介。
(7) 根据个案情况,整合资源,整合方法,来协助服务对象解决问题,满足他们的需要。
(8) 掌握与施暴者工作的知识、技术和方法,例如认知重建、情绪控制、良好人际关系与和谐家庭关系建设的方法和技术等。
(9) 掌握夫妻辅导技术。

六、服务方案与干预过程

根据之前的需求评估,工作者将服务方案分成了两大部分:安全计划和个案辅导(包括后来的夫妻辅导)。

(一) 安全计划

工作人员运用安全评估量表对唐女士进行了危险性评估,发现唐女士目前的状态尚可。在征得唐女士同意之后,与唐女士一起制订了一个安全计划。

安全计划的内容包括:

第一,协助唐女士学习如何以合适的方法来应付婆婆和丈夫的负面情绪和激动的行为表现,在出现危险时要以安全为重,放下对与错或是与非等问题的争执,在适当的时候要懂得暂离或暂避。

第二,建议唐女士做好准备,如把重要身份证明文件、现金、财物、证物等集中收纳,以便随时带走。

第三,不要向婆婆和丈夫透露自己的计划。

第四,避免在高度危险的地方,例如厨房发生争执;在危机出现时要靠近门口等可随时逃生的地方。

第五,学习在如感受到人身或子女安全受到威胁时,如何报警和向外求助。

(二)个案辅导

个案辅导计划开展六次,主要任务是帮助唐女士缓解负面情绪,学习技巧,改变目前的处境,重建生活控制力和决策力。在个案过程中,唐女士将丈夫也带进服务关系中,因此工作人员又给周先生提供了三次面谈。唐女士个案辅导的主要内容见表1。

表1 唐女士个案辅导的主要内容

面谈次数	主要任务和目标	主要方法
第一次	建立信任的工作关系,确定工作任务和目标	尊重,接纳,支持,帮助唐女士感受外部支持的力量
第二次	认知重建:认识家庭暴力,缓解自责和内疚等负面情绪	暴力循环分析,解构暴力迷思,建立对暴力本质的认知,分析过往的暴力事故及经验对服务对象造成的恐惧,建立"任何理由的暴力都是不可以接受的"和"我不应该受到暴力伤害"的观念,逐步减轻自责感和内疚感
第三次	自信心培养:运用优势视角发现唐女士的优势所在,并运用其过去的成功经验,来鼓励唐女士体会并发现自己应对生活压力的潜能和优势	放松练习,缓解负面情绪 发掘唐女士的能力、资源,包括职场经验、学历水平、过去的社会支持网和成功处理职场冲突经历等,帮助重建"我可以"的信念 学习问题解决技巧
第四次	增强自我概念:学习表达自己的想法和感受,尝试与丈夫就暴力问题进行表达和沟通	感受、识别和表达自己的情绪和感受 沟通技巧——非暴力方法解决冲突

(续表)

面谈次数	主要任务和目标	主要方法
第五次	澄清自己的需求:我需要怎样的婚姻、我需要这个婚姻吗?	评估婚姻暴力的影响,包括对自己及子女的身、心、社交方面的影响 帮助唐女士厘清自己到底想要什么,自己的选择和资源,然后讨论不同选择的后果是什么,帮助她了解自己的优势,自己有哪些出路 帮助唐女士重新体验控制自己生活的感觉
第六次	规划未来生活:重建没有暴力的婚姻关系(夫妻共同参与)	发掘外在和内在的资源及作为规划未来生活的基础 建立新的社会支持网络,探讨经济自主的可能性等 计划搬出去单独居住 安置好母亲的生活

在第四次辅导结束后,唐女士尝试与丈夫周先生进行了沟通,丈夫在了解到妻子接受个案辅导后,表示理解和支持,同时也希望在顺从母亲的前提下,跟妻子好好过日子。因此,在第四次辅导结束后,工作人员单独约见了周先生。

通过与周先生的访谈,工作人员发现,周先生与唐女士的婚姻基础还是比较牢固的,家庭暴力出现的主要原因在于:首先,周先生的母亲对儿子家庭生活的涉入太多,使得小家庭几乎没有独立的空间;其次,周先生在面对婆媳矛盾时缺乏处理冲突的技巧,一方面要扮演孝子的角色,另一方面又要扮演好丈夫和好父亲的角色,周先生有点招架不住。工作人员与周先生进行了三次面谈。

第一次面谈:与周先生一起讨论和谐婚姻的要素和家庭暴力的性质、范围及危害性,提高周先生对自己家庭问题的严重性的认知,协助其认识到自己的大男子主义思想对婚姻关系的影响,协助其逐步树立夫妻平等的意识。同时,充分肯定了周先生对自己的母亲和婚姻所做出的努力和贡献,激发其将自己的婚姻朝着和谐婚姻方向发展的愿望。

第二次面谈:与周先生对照和谐婚姻的要素,查找不足,协助其控制和学习如何正确表达负面情绪,进行压力管理。同时,鼓励他将这些方法运用到与家人相处的过程中。

第三次面谈:主要与周先生讨论如何处理角色冲突,如何在婆媳之间发挥"双面胶"的作用,平和地解决婆媳之间和夫妻之间的矛盾。

三次面谈之后,周先生的态度发生了很大的变化。他表示,自己的大男子主义思想是有问题的,要树立尊重女性、男女平等的观念,自己应当对婚姻冲突负主要责任。他表示,愿意与妻子一起,共同经营好婚姻和家庭关系。因此,夫妻双方共同参与了第六次面谈。通过这次面谈,他们做出了这样的决定:第一,周先生表示,夫妻吵架中坚决不动手;第二,就近给女儿找一个幼儿园,支持妻子外出工作;第三,做好自己母亲的工作,着手在附近租房,夫妻俩带着女儿搬出去,但承诺每周末带孩子回奶奶家与她同住。

七、服务效果评估

由于接案比较仓促,没能进行系统的效果评估,工作人员根据每次的面谈记录以及唐女士的反馈,进行了效果评估,应该说这样的评估是比较主观的。

在前几次的面谈后,工作人员发现唐女士的心态在改变,她能够每次按时来面谈就是一个很好的指标。第四次面谈之后,她开始将丈夫带入辅导过程,也说明,至少她对工作人员的工作还是比较认可的。丈夫的加入巩固了辅导效果,对家庭矛盾的解决是非常重要的一个因素。

六次个案辅导结束后,唐女士表示,自己的心情开朗很多,特别是来到中心参加了一些讲座,明白了很多关于夫妻关系、婚姻关系的知识,夫妻关系明显改善。虽然夫妻间还会出现口角,但是周先生努力用工作人员教的方式来处理夫妻冲突。婆媳矛盾出现后,周先生也开始尝试在中间做调解和化解的工作。不久,工作人员又介绍唐女士参加了一个妇女就业培训。半年后,唐女士找到了新的工作,并与丈夫、女儿搬出了婆婆家。在后来的跟进家访中,我们发现,唐女士夫妻关系趋于稳定,婆媳关系也得到了极大的缓解,夫妻每周都会带孩子回老人家与其相聚。

家庭暴力的案例有不同的类型,有的家庭在发生家庭暴力之后,夫妻双方(主要是受害者)会选择离婚,这样他们很少会找到社会服务机构求助。有的家庭会在发生家庭暴力之后,出于很多原因选择不求助,夫妻双方不断冲突,暴力不断升级,最后可能会导致悲剧发生。有的家庭在出现家庭暴力之后,双方或一方积极向外求助,希望解决问题,摆脱暴力冲突,如本案例。应该说,这个家庭中出现了暴力行为,但是其婚姻基础较好,夫妻双方都有重建婚姻关系的愿望,同时暴力关系尚未常态化。因此,通过专业人士的介入,婚姻关系得以明显改善。

当然,我们在反思中也发现,本案例如果能够配合支持性小组工作,也能改变唐女士的孤立状态,帮助其更快地建立自己的社会网络。一般来讲,在给受家暴妇女提供的支持性小组中,组员会有机会分享各自遭受的家庭暴力情况,以及自己是如何应对的,这种分享有效地降低了妇女的隔离感。妇女开始意识到,自己不是唯一受到婚姻暴力伤害的人,这种普遍性的感受能帮助受家暴妇女减少自我批评,减少她们的无能感。通过倾听别人的故事,与他人分享自己的经历,受家暴妇女会感到自己有很多选择来解决自己的问题。此外,受家暴妇女常常还很欣慰地发现,在那种情况下自己的反应是"正常的",别人也会感到害怕、无助、愤怒、内疚、羞耻、想要对暴力负责等。①

本案例如果能够开展针对唐女士婆婆的工作,效果将会更加明显。

案例使用说明

一、教学的目的与用途

（一）适用的课程

本案例适用于"高级社会工作实务",也可以作为"妇女社会工作"和"个案工作"等课程的辅助案例。

（二）适用的对象

本案例适用于社会工作专业硕士生。

（三）本案例教学目标规划

1. 覆盖知识点

（1）社会性别意识；

（2）家庭暴力；

（3）优势视角；

（4）赋权模式；

（5）个案工作；

（6）问题解决技术；

---

① R. J. Gelles, and M. A. Straus, *Intimate Violence: The Definitive Study of the Causes and Consequences of Abuse in the American Family*, New York: Simon & Schuster, 1988.

（7）沟通技术。

2. 能力训练点

本案例在课程规划中的能力训练点有这样几个方面：

（1）学习并掌握社会性别意识，特别是性别平等的观念和意识在社会工作中的运用。作为"妇女社会工作"课程教学的一个部分，我们希望学生能够明白，妇女社会工作与用"社会工作方法"来服务妇女的主要区别在于：妇女社会工作是社会工作的一个重要服务领域，妇女社会工作是坚持社会工作的基本价值观和原则，具有明确的社会性别意识和敏感度，秉承妇女为本的原则，强调尊重妇女、赋权妇女，通过服务提供和政策倡导，促进性别平等、妇女发展的专业服务。[①]

（2）学习家庭暴力相关的知识。了解家庭暴力的定义、类型、特点、产生根源、危害及后果，了解家庭暴力干预的基本理论、方法和模式、基本立场和原则。

（3）学习并掌握优势视角。主要是学习和掌握优势视角的理论基础、主要原则和分析思路，并将其运用到实际的案例中。

（4）熟悉并掌握个案工作流程，包括从接案、需求评估、工作关系建立、安全计划制订，到目标实现和结案。

（5）学习并掌握问题解决和沟通技巧，并将其运用到实际的案例中。

二、启发思考题

（1）如何理解家庭暴力事件？

（2）在与家庭暴力受害者开展工作时，社会工作者应该遵循哪些基本原则？为什么？

（3）家庭暴力干预与一般的婚姻冲突案例干预的区别在哪里？

（4）本案例是否还可以采用其他工作方法进行干预？哪些方法也可以用来帮助家庭暴力受害者？

（5）本案例是如何运用优势视角理论的？本案例还可以采用其他什么理论来指导干预服务？

（6）在本案例中，社会工作者扮演了哪些角色？

（7）从本案例中可知，我们可以开展哪些社会倡导的工作？

[①] 参见刘梦、矫杨：《妇女社会工作服务与发展》，载王杰秀、邹文开主编：《中国社会工作发展报告（2011—2012）》，中国社会出版社 2013 年版。

三、理论依据与分析思路

(一) 认识家庭暴力

1. 定义

根据《中华人民共和国反家庭暴力法》规定：家庭暴力，是指家庭成员之间以殴打、捆绑、残害、限制人身自由以及经常性谩骂、恐吓等方式实施的身体、精神等侵害行为。根据这个定义，家庭暴力受害人不限于妇女，男人、儿童和老年人也会成为家庭暴力受害人，但是针对妇女的家庭暴力最普遍、最严重。因此，在很多时候，人们会把"家庭暴力"与"针对妇女的暴力"一词互用。发生在夫妻之间的暴力，称为"夫妻暴力"或"配偶暴力"。

2. 家庭暴力的形式

家庭暴力的形式包括身体暴力、精神暴力和性暴力。当前，国际社会把经济控制也视为家庭暴力的形式之一。

(1) 身体暴力。身体暴力是最常见的暴力，包括施暴者对受害人身体各部位的所有攻击行为，如推搡、打耳光、扯头发、脚踢、使用凶器攻击等。从施暴程度来看，轻如打巴掌，重到杀害。

(2) 精神暴力。精神暴力包括精神伤害和控制自由。

精神伤害包括施暴者以某种语气、神情或言辞威胁恫吓、诽谤辱骂，或展示凶器等物品，使受害者感到害怕，直接影响受害人的自我表达和自我价值判断；施暴者以自残、自杀等行为威胁受害人，或强迫受害人做其不愿意做的事情；施暴者通过心理和情感上的伤害等引起受害者精神上痛苦的行为，如言语嘲讽、侮辱或对受害人不予理睬，让受害人目睹其虐待动物等。

控制自由是指施暴者以语言、行为或者借助某种工具，控制受害人的行动自由，如干扰睡眠、饮食、定规矩、下命令、禁止出门或与外人接触，限制工作，限制与亲人、朋友的联系时间、地点、范围、频率等。

(3) 性暴力。性暴力是发生在夫妻之间以及亲密伴侣之间最常见、最具隐蔽性的暴力。性暴力包括两种极端情况：一种情况是指施暴者攻击受害人的性别部位、强行与受害人发生性关系或强迫其与他人发生性关系等；另一种情况是指停止或敷衍性生活等隐性暴力行为。

(4) 经济控制。经济控制即指施暴者限制或控制受害人的财产决定权和使用权，包括限制或控制受害人用钱的时间、方式、数量，限制受害人对物品、住房等的使用。

3. 家庭暴力的本质

从国际范围而言,家庭暴力是一个全球性的人权问题、社会问题、健康问题和发展问题。根据《反家庭暴力法》的规定,家庭暴力是严重侵犯人权的行为,是要受到法律制裁的,因为任何家庭成员都不得以任何理由,对其他家庭成员使用暴力。由此可见,家庭暴力是对妇女等的人权的侵犯,反对家庭暴力就是维护妇女等的权利的实现。

家庭暴力是一个社会问题。家庭暴力的根源是社会不平等观念下的性别歧视和相应的社会、文化机制。很多文化传统和习俗赋予了男性"控制"家庭和妻儿的"权力",因此对妻儿使用暴力是不需要受到惩罚的。社会文化支持男性通过暴力行为来实现对妻儿的控制,但家庭暴力可能会导致家庭解体、婚姻破裂,甚至受害者以暴制暴,出现恶性事件等。

家庭暴力是一个健康问题。家庭暴力的出现不仅会直接伤害受害者,还会让目睹家庭暴力的子女在生理、心理和社会发展上受到极大的伤害,并直接影响他们未来的婚姻生活。

家庭暴力是一个发展问题。家庭暴力的本质是由权利不平等导致的施暴者对受害人实施的控制,包括身体上的控制、精神上的控制和经济上的控制等。这种伤害不仅制约了女性的发展,也影响家庭的健康发展,更影响社会的文明发展。

4. 家庭暴力的认识误区

(1) 家庭暴力是夫妻之间的私事。家庭暴力的确发生在家庭私领域,但是因为这是一个关乎人权的问题,因此公权力需要对其进行干预。它绝不只是家庭私事,家庭成员之间的暴力行为是不可以被接受的。

(2) 打是亲,骂是爱。家庭成员之间表达亲密的手段很多,但绝不是通过暴力伤害和言语伤害来实现的。家庭成员之间可以有很多有不同的意见,甚至分歧和争执,但是可以通过非暴力的方法去解决,暴力不是解决家庭矛盾的出路。

(3) 家庭暴力的受害者没有尽责,对方施暴是情有可原的。家庭暴力的任何理由都是不可以被接受的,没有人应该受到家庭暴力。即便在一些情况下,受害人的言语行为触动了施暴者的情绪,施暴者也不应该以暴力相向。

(4) 家庭暴力会随着夫妻双方年龄的增长而逐步消失。暴力不会自动消失,且会逐渐变得更严重。很多时候,施暴者会暂时对其暴力行为感到歉意,但过不多时,便会故态复萌,且会升级以往的暴力行为。

(5) 家庭暴力只会发生在一些受教育程度低和社会阶层低的家庭。根据国内外的研究,家庭暴力会在多种类型的家庭出现。不论家庭及其成员的社会、经济、职业、教育、种族等背景怎样,暴力都有可能发生。

(6) 受害人不愿意离婚,是因为有被虐倾向。绝大部分的受害人之所以仍留在暴力的婚姻关系中,是因为她们所拥有的资源和选择非常有限,她们因肩负着很多照顾子女的责任而无法离婚。

(二) 优势视角下的家庭暴力干预

作为社会工作的一个重要的实务视角,优势视角相信,人们天生具有一种能力,即通过利用他们自身的自然资源来改变自身的能力。① 家庭暴力作为一种亲密关系中的伤害行为,具有重复性、私密性、隐蔽性和亲密性等特点,会给受害人带来持久性的伤害,特别是在当社会服务体系不健全的情况下,受害人更容易处在无助境遇。因此,要解决这些问题,需要利用和挖掘受害人的优势资源,激发他们的改变动机,从而真正解决问题。因此,运用优势视角来帮助家庭暴力受害人,成为干预家庭暴力中最常见的实践。

1. 优势视角的基本假设

(1) 每个人都有自己解决问题的力量与资源,并具有在困难环境中生存下来的能力。即便是处在困境中备受压迫和折磨的个体,也具有他们自己从来都不曾知道的与生俱来的潜在优势。

(2) 优势视角认为,社会工作者在助人实践过程中关注的焦点应该是服务对象(案主)个人及其所在的环境中的优势和资源,而非问题和症状,改变的重要资源来自案主自身的优势,个人的经验是一种优势资源。

(3) 助人过程要聚焦于案主如何生活、如何看待他们的世界,以及从自己的经验里找出意义。

(4) 社会工作者应协助案主以另一种态度去思考自己的问题与改变的机会,使得问题对于案主或其他人较不具威胁性,当危险性降低时,案主与他人解决问题的动机便会提高。

(5) 人是具有抗逆力的。创伤和虐待、疾病和抗争具有伤害性,但它们也可能是机遇。优势视角相信,人在遭遇挫折、痛苦、打击时会产生一种反弹的能量,这种力量有助于人们克服困难、走出逆境,这可以被看作一种抗逆力的体现,类似于人

---

① 参见 Dennis Saleebey 编著:《优势视角——社会工作实践的新模式》,李亚文、杜立婕译,华东理工大学出版社 2004 年版。

类身体的自愈功能。抗逆力能促使人习得抗争的经验与个人成就感,无论是人生的重大挑战还是微小的困难、挫折,都是宝贵的经验和过程,是个人优势的源泉。①

2. 优势视角下的评估原则

卡普兰等人提出了12项指标来指导社会工作者对服务对象的优势进行评估:(1)重视服务对象了解的事实和对自己处境的看法;(2)相信服务对象;(3)了解服务对象希望在服务关系中获得怎样的帮助;(4)注重评估个人和环境的优势而不是问题;(5)对服务对象进行多维优势的评估,包括服务对象的人际交往能力,动机和情感的优势,环境、家庭网络、组织和社会团体的优势等;(6)坚持个别化原则,关注服务对象的独特性;(7)使用服务对象可以理解的语言;(8)评估过程需要服务对象与社会工作者之间的合作与共同努力;(9)对评估结果达成共识;(10)避免责备;(11)避免线性因果关系式的思考;(12)评估服务对象的情况而不是诊断服务对象的问题。②

在处理家庭暴力个案时,优势视角至少可以在这样几个方面发挥作用:(1)正确认识家庭暴力的受害者,他们不是问题人群,而是社会问题的受害者;(2)从优势视角入手,社会工作者可以有效去了解家庭暴力受害人的过去的经历、面对困境时表现出来的抗逆力、应对困境的能量和优势,并做出准确的评估,确定干预目标,与服务对象一起寻找解决问题的出路;(3)重视信任、避免责备,强调工作者与服务对象之间的合作伙伴关系本身就具有治疗作用,会推动信任的专业工作关系的建立。

(三)赋权理论:协助家庭暴力受害者实现个人和人际层面的赋权

很多研究表明,社会性隔离加上经济依赖使得受家暴妇女形成了强烈的无权感,让她们感到自己没有能力离开这种暴力的关系。受害人因为很多原因不愿意离婚,她们出于爱情、依赖、担心或绝望,依然相信自己的生活会发生改变。学者们发现,受家暴妇女所处的陷阱似乎是:"当自我责备、依赖、抑郁和无权感与经济依赖、司法系统的冷漠,以及自己无法可逃的信念交织在一起时,这种净效应造就了一个受害人,其心理上完全不具备自卫或逃跑的能力。"③因此,运用赋权模式来帮

---

① 参见 Dennis Saleebey 编著:《优势视角——社会工作实践的新模式》,李亚文、杜立婕译,华东理工大学出版社 2004 年版;杜立婕:《使用优势视角培养案主的抗逆力一种社会工作实务的新模式》,《华东理工大学学报(社会科学版)》2007 年第 3 期。

② C. P. Kaplan, S. Turner, E. Norman, and K. Stillson, "Promoting Resilience Strategies: A Modified Consultation Model", *Children & Schools*, 3, 1996, pp. 158-168.

③ M. Maynard, "Violence towards Women," in D. Richardson, and V. Robinson, eds., *Introducing Women's Studies*, London: MacMillan Press Ltd., 1993.

助家庭暴力受害人,消除他们的无权感,提升他们改变生活的信息和能力,是协助他们摆脱暴力关系的重要途径和手段。

1. 赋权的内涵

"赋权"的概念是由所罗门于 1976 年在其《黑人的增能:受压迫社区中的社会工作》一书中首次提出,来描述美国社会中的黑人少数群体因长期遭受同辈团体、优势团体与宏观环境的负面评价,以至于感受到深切、全面的无权。因而他建议,社会工作的介入应致力于增强黑人群体的权力,以解除社会中的"制度性种族主义"所施加的压迫与疏离,增进案主个人的自我效能与社会改革的力量。① 此后,经过很多学者和实务工作者的发展和丰富,逐步形成了一个理论模式,在社会工作实务中得到广泛应用。②

2. 赋权模式的核心

赋权模式的核心包括:第一,个人的无力感源于环境的排挤和压迫。社会中的困弱群体之所以处于弱势地位,并非因为他们自身有缺陷,而是因为他们长期缺乏参与机会。无力感的根源有三个:(1)受压迫个人或群体的自我负向评价;(2)受压迫个人或群体在与外部环境互动过程中形成的负面经验;(3)宏观环境的障碍使他们难以有效地在社会中行动。

第二,社会环境中存在直接和间接的障碍,使人无法发挥自己的能力,但是这种障碍是可以改变的。

第三,每个人都不缺少能力,个人的能力可以通过社会互动不断地增加。

第四,服务对象是有能力、有价值的。社会工作者的作用在于,通过共同的活动帮助服务对象祛除环境的压制和他们的无力感,使他们获得能力,正常地发挥社会功能。

第五,社会工作者与服务对象的关系是一种合作性的伙伴关系。③

3. 赋权的层面

赋权涵盖以下三个层面:

(1) 个体层面的赋权。所谓个体赋权是指,个体得以控制自身的生活能力以及对所处环境的融合与影响能力,包括实际控制能力和心理控制能力两个方面。

---

① 参见佩恩:《现代社会工作理论》,何雪松等译,华东理工大学出版社 2005 年版。
② J. A. B. Lee, *The Empowerment Approach to Social Work Practice*, New York: Columbia University Press, 1984.
③ J. Rappaport, "Terms of Empowerment/Exemplars of Prevention: Toward a Theory for Community Psychology", *American Journal of Community Psychology*, 15(2), 1987, pp. 121-144.

(2) 人际关系层面的赋权。人际关系层面的赋权一方面可以增加一定的社会资源或社会资本,另一方面可以提升个人的形象,争取公平的社会环境。

(3) 社会参与层面的赋权。社会参与层面的赋权目标指向对社会决策的影响,表达利益诉求和参与社会资源的分配,争取与健康社会和进步文化相匹配的社会公正和社会平等的待遇。[①]

4. 赋权取向社会工作的特点

西蒙认为,赋权取向社会工作的特点在于:

(1) 和案主、案主群、社区领导人等建立互相合作的伙伴关系;

(2) 强调案主和案主群的能力而不是无能力;

(3) 支持着眼于个人及其社会和物质环境的双重工作焦点;

(4) 承认案主和案主群是积极的主体,具有相互关联的权利、责任、需求、要求;

(5) 利用自主选择的方式,把专业的能量指向历史中被去权(disempowered)的群体及其成员。[②]

(四) 干预思路

在进行了基本的需求评估和安全评估之后,社会工作者要运用优势视角,发掘受害人的资源和能量,激发受害人的改变动机。同时,运用赋权模式确定干预的具体目标和任务,从情绪疏导入手,邀请受家暴妇女参与到问题解决过程中。帮助她了解自己到底想要什么,帮助她厘清自己的选择和资源,然后讨论不同选择的后果是什么,进而帮助案主了解自己的优势,自己到底有哪些出路。这种问题解决的视角特别适合受家暴妇女,因为当人们面对严重压力时,往往会失去正常思考能力,很容易失望。通过问题解决,提高个人的自我控制意识,成为社会工作的一个明显的目标。

也许对受家暴妇女来讲,最重要的概念就是无论发生什么事情,她们都不应该受到暴力,同时要帮助受家暴妇女意识到,不要为自己遭受的暴行而自责。社会中流行的刻板印象和迷思常常会传递这样的观念,即受家暴妇女激发了暴力行为、有些妇女喜欢受虐待。一些受家暴妇女常常也同意这种说法,这强化了她们的自责

[①] L. M. Gutiérrez, R. J. Parsons, and E. O. Cox, "A Model for Empowerment Practice", in L. M. Gutiérrez, R. J. Parsons, and E. O. Cox, eds., *Empowerment in Social Work Practice: A Sourcebook*, Pacific Grove, CA: Brooks/Cole Publishing Company, 1998, pp. 3-23.

[②] B. L. Simon, *The Empowerment Tradition in American Social Work: A history*, New York: Columbia University Press, 1994.

意识,阻碍了她们向外求助。社会工作者要努力消除这些错误观念。受家暴妇女接受外界帮助后,就能够获得更多的帮助,并给自己的家庭带来新的改变。①

当然,本案例还可以运用家庭系统理论、角色理论等不同的理论视角进行分析和服务方案设计。需要注意的是,不同的理论视角会有不同的立场和关注点,服务成效也会有所不同。

四、关键要点

本案例从性别平等的角度出发,运用优势视角和赋权模式,来协助家庭暴力受害人发掘自身能量,提升自我意识和能力,缓解自责和内疚感,增进解决问题的能力,增强掌握自己生活的信心。同时,服务对象将丈夫带入辅导过程,逐步改变了暴力的婚姻关系。本案例教学中涉及的关键要点在于:

(一)如何从性别平等的角度来看待家庭暴力案例

家庭暴力绝不是简单的婚姻冲突或者家务事,而是对妇女权利的侵害,是不平等性别关系的体现,家庭暴力事件需要全社会的高度关注和干预。根据《反家庭暴力法》的规定,社会组织、群众团体、企事业单位、学校、医院和社区,都有权利进行制止和干预家庭暴力事件,同时法律还就家庭暴力案件进入司法程序作出了具体的规定。这表明,家庭暴力事件在中国已经成为一个需要公权力进行干预的社会问题。

(二)社会工作者在处理家庭暴力案件时需要坚持特别的立场和原则

在处理家庭暴力个案时,社会工作者在坚持专业性的同时,需要掌握一些特殊的知识:包括对家庭暴力性质、特点、方式、类型、后果等的认识;对任何理由的暴力都要说"不";要保持社会性别敏感度,坚持妇女为本的原则;尊重妇女、支持妇女、信任妇女、赋权妇女,通过服务提供和政策倡导,促进性别平等;坚持不伤害的原则,时刻保持警觉和反思;避免对妇女造成二次伤害。

(三)处理好优势视角与赋权视角之间的关系

在本案例中,我们运用了优势视角来分析和发掘服务对象解决问题的资源和能力,同时在赋权视角的指导下,开展具体的干预服务。

(四)把握好个人辅导与夫妻辅导的关系

在很多家庭暴力个案(包括一些婚姻冲突个案)辅导中,往往是夫妻一方(通

---

① J. Giles-Sims, *Wife Beating: A Systems Theory Approach*, New York: Sage, 1983.

常是女性)来求助,这样的辅导常常带来一个后果,即一方改变了,另一方则没有改变,这样,夫妻关系不能得到根本性改变。要把握好辅导的过程,在条件成熟时,可以尝试将另一方带入辅导,工作人员要协助夫妻双方就如何改进暴力关系达成共识,并制订计划,逐步加以落实。这样才能推动暴力婚姻向非暴力婚姻的转变。

五、建议的课堂计划

案例教学的效果与学生的知识储备非常相关。因此,学生要在课前做好充分的准备工作。根据本案例涉及的知识点,学生需要课前预习的内容包括社会性别意识、家庭暴力相关知识和社会工作干预家庭暴力的基本立场、原则和方法、优势视角以及赋权视角等。

本案例建议课时为4课时,分两次进行。

第一次教学安排为2课时(90分钟),具体安排为:

分组讨论:什么是家庭暴力?为什么?(15分钟)

集体讨论与梳理(25分钟)

分组讨论:我应该如何处理家庭暴力个案?(20分钟)

集体讨论与梳理(30分钟)

第二次教学安排(90分钟),具体安排为:

案例回顾(20分钟)

小组讨论:在本案例中,处理的重点和难点是什么?有哪些不足,如何改进?(30分钟)

集体讨论与梳理(30分钟)

反馈与解答(10分钟)

本文作者:刘梦,浙江师范大学法政学院教授。

社会工作事业发展

学校社会工作多专业合作的实践
——基于中国四川灾后学校社会工作服务项目的经验*

摘要：儿童与青少年问题的多元性与形成原因的复杂性，使得偏差行为学生、学习障碍学生、心理障碍学生、留守儿童学生等有特殊需求的学生，无法在学校体系中享有完整的学习参与权利和生活照顾权利。世界各国都在致力于推动学校社会工作专业服务。在推进学校社会工作及其制度建构过程中，教育、心理、社会工作等专业间的有效合作成为各国学校社会工作研究都需要面对的重要内容。在中国现有的政治、经济、社会体制及文化背景下，学校社会工作与现有学生服务体制如何实现专业合作，成为学校社会工作本土制度性建构的重要实践内容。本案例以汶川"5·12"地震灾后学校社会工作服务经验为背景，探讨了学校社会工作者在学校体系中开展专业合作时出现的认识误区和实践困境，以及学校社会工作者与学校内其他专业人员的互动过程、角色定位、服务策略，以帮助学校社会工作者找到较为清晰的专业合作路径。

关键词：困境儿童与青少年，学校社会工作，多专业合作

一、问题背景

在我国，社会变迁带来了家庭变迁，当代儿童与青少年在学习、生活条件总体改善的同时，也面临着成长成才、身心健康、就业创业、社会融入等方面的新的困难和问题。儿童与青少年问题形成的原因很多，包括个人因素、家庭因素、学校因素

---

* 本文系教育部人文社会科学研究规划基金项目"学校社会工作服务的有效性研究——以抗震希望学校社会工作志愿服务项目为例"（项目批准号：11YJA840031）的研究成果。

和社会/社区因素。我国现有福利、教育体系在制度、组织层面仍存在局限性,尚缺乏有针对性的个别化服务来应对儿童与青少年由复杂、多元因素造成的生理、心理、社会等各类、各层次的服务需求问题。鉴于问题的多元性与复杂性,解决问题无法仅依赖学校一方,而需要多专业的团队合作——各自发挥所长,相互合作,以实现由"学校—家庭—社区"联合对学生问题实行三级预防的服务成效。

我国现有的大中小学学生服务体系由德育教育、心理教育、法制教育、班主任班级管理、共青团或少先队组织及后勤保障服务等六大系统构成,形成了中国特有的学校学生服务机制。现有的学生工作机制在理念、方法、管理机制、工作人员队伍的素质等方面存在局限,尚无法满足儿童与青少年全面发展的需要。

我国社会福利制度与资源供给为补救性政策导向,在对家庭问题的认识、专门负责家庭政策的职能部门、对家庭成员服务行为的政策支持等方面存在不足,这都使得具特殊需求的学生,例如偏差行为学生、学习障碍学生、心理障碍学生、留守儿童学生等,无法在家庭体系中享有完整的学习参与和生活照顾权利。

在我国社区层面,面向儿童、青少年提供权益保护的专业社会服务机构、医疗机构资源数量稀少,专业服务体系缺失,服务于儿童、青少年的专业人才呈现人数有限、专业能力不足的困境。社会福利机构间难以建立有效的整合服务机制,相应的服务政策和供给机制分散在民政、人力资源和社会保障、卫生、教育、人口和计划生育、住房和城乡建设等部门,以及总工会、共青团、妇联、残联等群众组织中。由于各部门各司其职,对家庭中儿童、青少年等成员的照顾服务政策不完全一致。

在现有的学校学生工作体系中注入社会工作的专业元素不失为一种儿童、青少年社会工作服务的有益探索。国内外相关研究文献在理论层面都得出了共性结论:社会工作者在学生与学校、家庭、社区等三方中能发挥整合作用,开展学校社会工作服务有其必要性。

虽然"跨专业合作"并不是一个新概念,但在学校体系中,由于各国的社会制度、教育理念、教育目标、福利制度的多元性、差异性和教师、行政人员、德育教育工作者、心理辅导人员各自价值取向和专业利益的复杂性,以及专业文化的独特性,学校内各类专业人员对学校社会工作的理解和定位存有差异,在实务层面很难放弃各自的价值立场与利益而实施有效的合作,无法对解决服务对象的多元复杂问题产生有益的帮助。

在我国,即使有部分研究者提出要通过专业与社会资源的整合,探索"学校—

社区"服务模式的建立,呼吁充分了解彼此的专业理念,认为这将有助于双方合作共识的建立[①],但很少有资料具体说明,应通过何种机制让学校社会工作参与多专业合作的实践得以有效开展。

在我国,社会工作专业制度体系的整体社会环境尚未形成,学校社会工作服务体系构建和专业发展正处于在局部地区开展理念宣传和倡导的服务探索阶段。中小学教育系统的人员对此并没有太多的了解,人们对学校社会工作的重要性、必要性的认识模糊;学校社会工作往往是由没有经过社会工作专业训练的人士兼任,社会工作服务与心理咨询服务、思想品德教育工作被混淆;培训督导机制匮乏;社会工作专业服务水平不高。

在上述背景下,学校社会工作的多专业合作需求毋庸置疑是存在的,关键问题是:这种多专业合作何以可能以及如何操作?学校社会工作者能否与学校内的不同服务对象有效互动合作,成为社会工作者融入学校现行运作体系并发挥专业功能的关键。这是一个理论与实践结合较为紧密的现实问题,需要我们在社会工作教学与学习过程中认真思考。

二、我国学校社会工作多专业合作的实践探索——"抗震希望学校社工服务项目"

在我国,自20世纪90年代以来,学校社会工作在北京、上海、广东深圳、四川等地陆续试点推进。上述四地学校社会工作发展的一个共同经验是,发现并充分利用社会工作嵌入和发展的契机很重要。2008年9月,中国青少年发展基金会、中国社会工作教育协会联合推出了"抗震希望学校社会工作服务项目",整合全国社会工作专业开办较早的9所高校的专业人力资源,在四川德阳和广元地区选取了8所学校对口提供专业社会工作服务。服务包括带入物质资源,利用心理课程开展生命教育,以班主任助理介入班会并开展各种小组活动,配合团队工作设计、组织、实施各种课外活动,通过社会工作信箱、社会工作者小屋对学生进行个案辅导,通过小组体验活动帮助教师释放压力,进行家访以及培养本土社会工作者等一系列内容,服务效果显著。学生、教师、家长,甚至社区其他民众都知道了:有困难找"社

---

① 陈金燕:《助人工作中的"光环中队":谈不同专业人员分工合作之彰化经验》,《咨商与辅导》2003年第216期;许瑛珨:《参加"发展社会工作师与咨商心理师在实务上之分工与合作"专题座谈之我见》,《辅导季刊》2009年第3期。

工姐姐""社工哥哥"。2010年,项目成员在广元成立了"利州区希望社工服务中心",并依托利州区教育局、政府购买服务与"青基会"资助,开展学校社会工作①,至今运作良好。

在国内,这方面的工作几近空白,而该项目通过将学校社会工作引入灾区学校的恢复与重建工作,为社会工作专业理念、方法及实务模式在中小学的实施创造了实验的机会。该项目采取驻校服务模式,具备了一定的规模及一定的服务周期,在国内尚属首创,具有先驱性。更为重要的是,该项目构建出了一个政府、社会组织与社会工作专业教育团体及其所派驻学校内各类专业人员合作的实践形态。在中国现行教育制度及驻校服务方式的情况下,驻校社会工作者与学校内的不同服务对象有效互动合作,成为其融入学校现行运作体系并发挥专业功能的关键。

认真总结这一项目所取得的经验对于在中国现有的政治、经济、社会体制及文化背景下,探索学校社会工作服务体制的构建与学校社会工作跨专业合作模式,具有十分重要的理论与实践意义。

凡是大型的服务项目的立项及服务的过程都是各相关利益方上下沟通、表达各自需求、互相融合、寻求解决问题方式的合作过程。以"抗震希望学校社会工作服务项目"为例,该项目进入学校体制内的路径是自上而下的,即"两会"(中国青少年发展基金会、中国社会工作教育协会)找到地方政府教育行政部门,政府部门召集学校校长落实,社会工作者进入学校。② 此种进入路径虽然极富效率,但在资源有限的情况下,资源配置的精细化原则比气势恢宏的资源组织重要得多。基于绩效管理的基本原理,项目的运作绩效取决于组织环境、项目运行机制、项目负责人及其团队成员的个人能力、各相关利益方的综合决策、参与和合作等因素,只有把各相关利益方纳入其中,才能更全面地考察影响项目的重要因素。

本案例试图通过回顾"抗震希望学校社会工作服务项目"合作各方的合作互动关系的形成与演变过程,侧重展示进入学校后的学校社会工作者如何自下而上地与学校内现有的六大服务体系的人员进行沟通合作,不同合作方在项目实施中扮演了何种不同的角色,其互动关系、互动过程对项目的运作带来了何种不同的绩效,使读者了解多专业团队协调和团队关系治理的重要性,社会服务项目实施过程中多专业合作关系构建的基本规则、演变路径和多专业合作发展机制的特点,反思

---

① 许莉娅:《专业社会工作在学校现有学生工作体制内的嵌入》,《学海》2012年第1期。
② 同上。

学校社会工作项目团队成员应具备何种沟通合作的素质要求,从而最大限度地促成各相关利益方合作关系的建立,并在多专业合作服务情境下,推动我国学校社会工作服务体系的构建和制度安排。

三、学校社会工作多专业合作的结构分析

（一）项目团队的组织运作概况

抗震希望学校社会工作志愿服务团队由中国青少年发展基金会(青基会)项目管理人员以及中国社会工作教育协会(教育协会)组织的高校专业社会工作团队构成(见图1)。项目组采用社会工作行政的专业理念和方法为来自9个高校的社会工作专业志愿服务队伍提供服务和支持。项目管理包括人才选聘、专业培训、服务拓展和对外交流、研讨等。

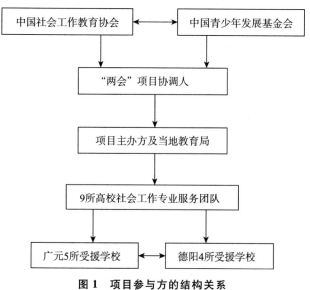

图1　项目参与方的结构关系

项目采用了院校包点,设立驻校社会工作者(驻校社工)来开展服务。这不仅为学校参与重建工作提供了便利条件,同时也有利于服务团队和学校师生的融合,形成了某种意义上的"团队",见图2。项目采用"1+2+3"模式。"1"是指由一位来自高校的社会工作资深教师担任督导;"2"是指每个项目点需要配备两名社会工作专业院校毕业的学生担任专职社会工作者;"3"是指每个项目点受援学校至少要指派三名本校教师和社会工作者共同参与服务项目,以便在服务合作过程中提

高其对社会工作的认同和服务能力。该模式力图着眼于学校社会工作体制建构的视角,尝试探索社会工作服务的长效机制。

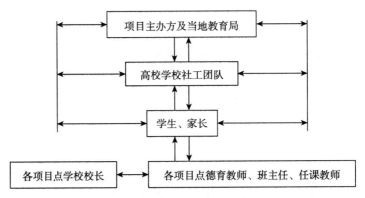

图2 学校社会工作的制度构架

中国社会工作教育协会为参与该项目的院校制定了招募标准,并在此基础上筛选了项目的执行高校,各校依据标准确定了人选。招募及筛选结束后,中国社会工作教育协会多次为社会工作者提供包括灾后压力缓解、灾后危机干预和灾害社会工作的专业介入、项目介绍、实务经验分享以及灾害抗逆力小组工作等专业培训。

据统计,在两年半中,共有73名社会工作者参与了该项灾害救助学校社会工作,共提供个案服务1983人次,小组工作876次,讲座139次,学校活动84次,班会401次,社区工作110次,社会工作课堂342节,辐射服务99次。社会工作服务覆盖教师、学生和家长累计84 236人次。此外,各高校团队的督导以现场和远程督导的方式帮助参与的社会工作者获得了专业成长,次数难以用数量统计。①

项目资金由中国青少年发展基金会和香港凯瑟克基金会共同提供。资助内容包括社会工作志愿服务津贴和每个服务点的工作经费、督导费、培训费以及对外交流研讨费、受援方特定需求的小额资助项目。

(二) 学校社会工作多专业合作结构分析

1. 合作对象

"抗震希望学校社会工作服务项目"的合作对象包括当地教育局主管负责人

---

① 资料来源于中国社会工作教育协会。

和入驻学校的校长、德育政教处主任、中学团委书记、小学少先队辅导教师,及其教学系统中的各年级班主任、任课教师、心理辅导教师,以及高校专业服务项目团队中的社会工作专业督导教师。

2. 合作层面

(1) 组织间合作:地方政府和来自不同地区、不同层次的高校、基金会,不同层次的中小学以及基层社区的部门与单位间的合作

跨部门的合作一直是社会服务治理的一个热门话题,该项目实施过程中跨部门合作积累的经验和教训对我们思考政府与不同社会组织间跨区域、跨部门合作的含义、形式、类型、具体运行机制以及提升组织绩效中需要注意的问题,具有较大的启示作用。

(2) 职能间合作:行政与专业的合作

现行学校组织是否适宜社会工作的专业发展,对这一问题的判断应以对现行学校组织的现实特征的分析为前提。"学校是一个特殊的社会组织。"①不少研究从应然层面提出了对学校组织特征的分析,如认为学校组织应是科层取向和专业取向的结合体,学校是一个科层组织和松散联结的双重组织系统,学校是一个开放系统等。② 但从实然层面来看,现行的大部分学校组织则是科层制特点典型。"抗震学校社会工作服务项目"中九个服务点学校的组织共性特征也是如此。这一特点既表现于显性的学校组织结构中,更蕴涵于隐性的学校组织文化中。在抗震救灾与社会工作专业化双重背景下,进驻学校的专业服务团队提供的则是专业主义取向鲜明的服务。"抗震希望学校社会工作服务项目"的实践经验说明,在我国,学校社会工作的发展需要在科层取向与专业取向间寻求合作与平衡,否则将会在某种程度上制约学校社会工作的专业发展。

受援学校的行政控制力与高校服务团队专业能力的结合、互动关系大致包括四种情形:一是行政控制力强,专业能力强。受援学校校长的行政管控水平较高、社会工作服务团队的专业能力较强,这种互动结构带来的终极结果是借助行政推力,社会工作专业发展获得良好的服务发展空间,保障了可持续性。但在项目初期、中期阶段,行政会对专业自主性有较强的干扰,这对社会工作者的行政沟通能力要求极高;专业人员容易将专业特质与行政体制对立起来,忽略对自身专业能力

---

① 张新平:《论学校管理的科层取向与专业取向》,《教育评论》2001 年第 5 期。
② 范国睿:《多维视野中的学校及其变革》,《教育发展研究》2004 年第 10 期。

的反思,高校的人才培养质量跟不上专业推动的需要等。

二是行政控制力强,专业能力弱。这种互动结构带来的有利结果是,一旦被校方行政所接受,专业可以获得较强的支持,这对专业能力弱的服务团队有一定的包容性。不利的结果是,初期进入较难,社会工作者来不及成长,专业自主性较差,容易形成恶性循环,需要更多时间、更多继续教育培训和督导资源的投入。

三是行政控制力弱,专业能力强。这种互动结构的好处在于,进入体制内比较容易,专业自主性有保障,因在专业发展初期服务效果显著,容易得到体制内的认同。不利的结果是,资源有限,社区承接示范效应的能力有限。

四是行政控制力弱,专业能力弱。这种互动结构带来的有利结果是,专业自主性较高,社会工作者有成长的时间和空间,在专业发展初期进入体制内比较容易。不利的结果是,资源有限,可持续性得不到保障。

目前,我国学校社会工作服务模式的建构仍处于初期阶段,因此行政与专业互动关系的复杂性造成了项目实施的多重组合结果。学校行政的强势推动和社会工作服务的专业性呈现应是我国学校社会工作服务模式建构在应然层面的两个必备要素。实然层面则会因互动情境而异,探索各种多元发展路径和结果。

(3) 专业内合作:社会工作者与督导的合作

督导被视为社会工作教育、社会工作实务及机构管理的一个独特过程,也是保证服务水准和专业发展的过程。督导制是指一种在社会工作教育体系中或社会服务机构内设立的,由资深的教育者和机构高层次要员对社会工作专业学生或机构中其他较低层级员工在工作知识、技能、工作态度、工作关系等方面进行指导的制度。充分的督导是合理的管理和社会工作实践的一个核心部分。无论是在国外,还是在国内,无论是在学校社会工作,还是在医疗社会工作或者企业社会工作中,督导老师都是必不可少的。

督导者的基本功能就是发现问题、反映问题和解决问题。督导主要呈现为一个支持性的教育过程,偏重传递知识技术给缺乏经验的学生或新进人员,偏重关心、协助志愿服务学生处理在工作与生活中所遇到的问题。督导者的作用有两方面:一是可以把握方向,起到引领的作用。年轻的社会工作者往往缺乏实务经验,难免陷于一些教条或瓶颈中不能自拔。督导者因其专业素养和丰富的经验可以看到问题的本质,把握住根本方向。二是为一线社会工作者提供专业和情感支持。社会工作并不是万能的,特别是当前,社会工作过程中面对的常常是体制性问题,并不是社会工作者单方面能解决的。当社会工作者不堪重负时,他们也可能会在心理上产生适应不良、消极的情绪反应，此时督导者可以为其提供专业的指导，并通过一定的方式疏导社会工作者的负面情绪，使他们能重新以饱满的热情迎接新的工作挑战。

因此，在本项目的发展过程中，督导被赋予了重要的地位和职责。"抗震希望学校社会工作服务项目"的专业督导支持系统包括中国社会工作教育协会提供的专业培训团队、各高校服务团队的督导教师以及广元、德阳两地项目的受援学校的校长，同辈辅导的项目团队成员。经过两年半的发展，项目形成了三级督导模式：项目办聘用巡回督导、高校督导、社会工作者自我督导（同辈）督导。

2009年4月，在项目进入第二阶段后，中国青少年发展基金会、中国社会工作教育协会联合四所高校老师中有经验的督导在广元市召开了广元、德阳两地服务团队的联合督导交流会，与会者包括各项目点校长、本土社会工作者、学校德育教育工作者。交流会上，各校社会工作团队既介绍了各自的服务特色和取得的成绩，也就自己工作过程中遇到的各种困惑和困难与督导、各位同工之间进行了相互交流；与会的学校老师、领导也分享了各自的感受和体会；督导以集中督导的方式对大家提出的问题一一进行了回应，并结合各自了解的情况和大家的工作分享了自己的思考和建议，提供了直接的专业支持。自此，"两会"项目办公室每年组织召开项目交流会，采用集中督导、巡回督导、网络远程督导、同辈督导（提供经费，广元、德阳两地的社会工作者有机会每月聚会两次，以促进交流）等方式，为一线社会工作者提供行政协调、专业培训、专业督导等支持。这些督导措施在一定程度上保障了学校社会工作的专业成长，使服务的专业性得以不断提高、服务模式的探索有所推进。但由于巡回督导方式的次数有限，督导不能常驻在项目点上，因此督导内容在配合协调性、回应即时性、支持有效性方面都有不足。多驾马车并驾齐驱的状况也让这些还未毕业或刚毕业的社会工作专业的学生备感压力，社会工作者较易出现耗竭状态。

2008年，中国青少年发展基金会、中国社会工作教育协会联合组织的项目评估组对项目执行者的调查反馈显示：在学校社会工作者中，68.8%认为督导的主要功能体现在支持上，12.5%认为体现在教育上，2.1%认为主要是行政功能。2009年，在学校社会工作者中，认为主要是支持功能的人数比例高达95.7%，4.3%认为督导的功能体现在教育功能上。

2011年的项目终期评估调查问卷显示，近70.0%的学校社会工作者认为，项目督导对自己的工作有比较大的帮助。其中，22.7%认为帮助非常大。督导的帮助主要体现在帮助学校社会工作者个人成长、专业技能提升与增强专业知识水平上。另外,学校社会工作者也认为,督导对增强自己的专业认同起到了相当大的作用。在项目督导中,一对一的个别督导是主要的督导形式。在社会工作者中,47.8%表示主要接受个别督导,34.8%主要接受团体督导,17.4%主要接受同辈督导。2008年,朋辈督导的比例占41.3%,团体督导占30.4%,个别督导占13.0%。2011年的调查显示,只有30.4%的社会工作者能接受到每月一次以上的督导,相对于项目开始之初的督导情况来看,降幅较大。①

调查显示的数据说明,由于"抗震希望学校社会工作服务项目"的开创性、志愿性与探索性,灾区学校社会工作服务面对问题的多元性、复杂性,灾区学校社会工作服务对象需求的不确定性和变动性,社会工作者与督导关系的不稳定性,突击完成临时交办工作的时间性,直接服务与间接服务交织在一起的高压力的工作情境,社会工作者所设计的服务方案的实验性,督导缺乏直接服务与督导的经验、角色多元性等因素,社会工作者与督导在工作默契与共识上深受影响。督导的作用更多体现在支持功能上,其次是教育和行政功能,项目的督导与实际需求之间尚有差距。尽管在2008年项目中期评估中,项目主办方和实施方均已注意到督导问题的严重性,并给予了建立"层级督导"机制的建议②,但是后来的情况显然相对于2008年,只增加了督导的来源,并未有效满足一线社会工作者对较具专业性内涵的督导的需求。许多学校社会工作者表示需要更多督导,特别是比较深入的专业督导。

繁重的工作任务使得前线社会工作者充分认识到了"情绪管理"的重要性,在督导工作相对缺位的情况下,社会工作者摸索出了团队讨论、分工合作的同辈督导的应对方式:一是同工团队互动讨论;二是同工团队合作关系紧密;三是在做中学,自行摸索,不断修正。

督导在灾区学校社会工作服务项目中有效发挥功能的实际情形可以概括为以下五个方面:一是在行政性功能上,协调性功能的发挥相当重要。督导行政性功能主要体现在工作方向的指引、工作进度的掌控、工作职责的分工、工作气氛的协调

---

① 资料来源于中国社会工作教育协会。
② 在2008年对项目的评估中,评估组认识到专业督导的匮乏,针对这一问题提出了层级督导机制。它由四层督导组成,分别是现场督导(由各校带队专家担任,积极推动同伴督导形式,急切需要得到督导的回应)、区域督导(在广元和德阳实行学校与学校交叉、地点与地点交叉的交错督导形式,通过转换角色、脱离场域、去角色化达到督导效用)、本校督导(建立由社会工作者派驻学校的老师、研究生和有经验的本科生组成的督导志愿队)、协会专家督导(由中国社会工作教育协会和中国青少年发展基金会在全国范围内招募学校社会工作、实务社会工作方面的专家组成)。

等方面。二是结构性、时效性的专业指令有利于新手明确工作目标和内容,产生工作的掌控度和确定感,并能在有限的时间内迅速获得服务的成就感。三是即时性的情感支持有助于社会工作者化解压力。四是充分授权,建立集权威与伙伴于一体的督导关系。在压力极高的服务工作情境下,督导者如能获得社会工作者的尊重,使其愿意服从指令,则可提升其工作动机和意愿。五是在巡回式督导中,团体督导功效大于个别督导;在驻点督导中,个别督导功效大于团体督导。

综上,学校社会工作与学校教育体系内及体系外的各类人员都以学生为主要对象,服务提供过程中势必存在社会工作系统与行政管理体系,社会工作者与督导之间的相互交叉与结合。由于多种专业的训练背景不尽相同,所以人们在管理和服务等工作取向上各有侧重,这就需要社会工作者通过沟通、协调、合作,形成多专业合作的模式。

(4) 多专业合作:社会工作者与教师、德育教师、心理咨询教师的多专业合作

其实在我国学校中已经存在社会工作性质的工作,它由其他角色的学校员工分散负责,表现为心理辅导和学生德育、思想政治工作等。然而,现实中许多学校因种种限制,仍秉持精英教育理念,重视应试,追求升学率。当面对层出不穷的学生问题时,大家也多在学校教育的视野内寻求解决的办法。社会工作理念强调人的行为与社会环境之间的相互关系,强调人的心理和行为的社会性。其专业价值理念是提倡社会平等、尊重个人价值与尊严,强调个人的社会责任、服务社会等。其服务模式采取"学校—社区—学生"关系模式,工作重点在于处理学校运行的缺陷、家庭与社会的不足,并改变学生个人特质方面的缺陷。学校社会工作者的角色是学生和教师的辅导者、咨询者、协调者、教育者和支持者。这在一定程度上可以弥补现有学校教育体系在结构、功能方面存在的理念与方法缺陷。从两年半的"抗震希望学校社会工作服务项目"实践情况看,目前的学生问题中常包括家庭问题或社会环境问题,这需要学校以外的各种社会福利资源或其他社会资源来解决。显而易见,学校需要学校以外的资源系统的协助。

然而,由于我国学校社会工作的开展仍处于初始阶段,在"抗震希望学校社会工作服务项目"试点学校中,服务对象相关的各方都缺乏对学校社会工作的认识,教师、社会工作者,甚至研究者都很难一下子分清学校心理辅导、学校思政工作和学校社会工作这三者的专业分工和工作界线,这使得学校社会工作的介入难免产生角色定位的困扰,如职责不明晰、找不准介入的空间和恰当的立足点等。原因在于,学校社会工作者本身的教育训练不足,角色功能发挥不充分,服务效

果不明显,学校原有教育系统人员不清楚学校社会工作究竟能提供何种帮助。教育行政与社会工作专业人员在学校系统里无法实现充分对话、相互配合、发挥互补的功能。学校社会工作者在学校体系内的设置是一个全新的尝试,对于学校教育系统是一项重大改变。角色的困境需要社会工作与学校教育体系增加对彼此的了解与认知,这样方能产生合作所必需的信任,从而对协助解决学生问题达成共识。

"抗震希望学校社会工作服务项目"的实践成效验证了我国学者对学校心理辅导、学校德育教育(思想政治工作)和学校社会工作这三者间的区别所做研究的结论。学校现有的学生教育工作重团体纪律,学校社会工作重个别需求;学校德育教育工作重理想,学校社会工作重实际;学校德育教育工作重权威,学校社会工作重自主;学校教育工作重教师单项评估,学校社会工作重双向共同评估;学校教育工作重学业成就,学校社会工作重多元系统目标。学校心理辅导、思想政治工作和学校社会工作的区别见表1。①

表1　学校心理辅导、学校德育教育和学校社会工作的区别

	学校心理辅导	学校德育教育工作	学校社会工作
基本理论	心理学理论	思想政治教育理论	社会工作理论
工作方式	治疗取向	问题取向	合作发展取向
主要方法	诊断、测量、治疗	面谈、劝告、协商	个案、小组、社区
涉及层面	心理测量诊断及治疗	思政教育及辅导	社会文化环境和人际关系调适
对象范畴	个别学生	个人或小团体	学生、家庭、学校、社区
专业资格	学校心理学训练	不限	社会工作专业训练

对于德育教育工作的惩处性、心理辅导的病态化假设,学生难以接受,学校社会工作人性化的服务弥补了现有学校工作的功能不足。行政与专业的共同合作将会是有中国特色的学校社会工作专业体制建构的发展之路,专业人员的能力不足与提升是发展的过程之一。

3. 合作的内容

与传统教育理念不同的是,学校社会工作强调对学生资源的关注,以需求取向

---

① 闫广芬、茌庆辉:《美国学校社会工作体系架构及其启示》,《外国教育研究》2008年第4期。

替代问题观念,将学生的不利处境与遭遇的困难或问题看作是学生的需要,以弱化传统学生工作中的"问题学生"的标签化倾向;依据需要取向将学校社会工作的内容划分为对学生一般性需要、特殊性需要、预防性需要、改善性需要与发展性需要的介入,以引导社会工作者及服务对象在解决问题的同时坚持以人为本、优势视角、关注资源、注重个人潜能的挖掘和社会资源的运用,更好体现社会工作赋权增能的价值理念。①

学校社会工作的服务内容大致包括:(1)学生对学校环境的适应问题;(2)学生学习问题;(3)学生人际关系协调问题;(4)学生情绪困扰问题;(5)特殊家庭学生问题;(6)偏差行为学生问题;(7)生命教育问题;(8)职业生涯管理问题;(9)自我成长问题;(10)建设安全、有秩序、无药物滥用的校园环境问题;(11)提高父母参与教育的能力;(12)教师专业培训;(13)社区环境改善。

"抗震希望学校社会工作服务项目"的实践表明,在四川灾后重建背景下,学校社会工作行之有效的服务重点内容包括四个层面。(1)学生层面:一是与周围他人(教师、家长、同学)的人际沟通和关系处理能力;二是解决个人成长中的烦恼和困难;三是学生学业辅导与课外活动等方面的需求。(2)教师层面:一是压力管理;二是教学能力提升;三是团队激励;四是师生关系养成。(3)家长层面:一是家校关系;二是亲子关系;三是社区家庭关怀与救助;四是家长教育理念与方法改善。(4)社区层面:一是社区活动参与;二是社区家庭教育。

师生服务需求决定了多专业合作的必要性以及合作内容的多元性,上述合作内容得以实施取决于学校社会工作各方人员的合作能力。"抗震希望学校社会工作服务项目"的实践经验是,应根据对解决学生不同层次问题所需专业知识的不同侧重点,将学校教师、心理辅导人员及社会工作者的职能加以分工和界定,明确各自的专业边界,以有序地合作。由于学生问题的差异性、复杂性,学校社会工作者与教师的专业合作无法以单纯的工作项目做分工,因而学校社会工作者与教师究竟如何分工与合作就成为学校社会工作者亟待思考的问题。

"抗震希望学校社会工作服务项目"的执行团队对合作内容的选择原则与策略是:(1)互补性:做互补性工作,帮助教师解决他们需要却做不到的事情。(2)共同性:设计专业间合作服务方案,使得学生与教师受益;构建共同目标和价值观,带动教师一起参与服务设计和发展,从而使其愿意承担共同的责任。(3)协作性:调

---

① 许莉娅主编:《学校社会工作》,高等教育出版社 2009 年版,第 399 页。

整与反思,促使合作者关注一起工作的过程,思考彼此的工作角色和工作关系,增强合作关系与效益。

4. 合作的频率

"抗震希望学校社会工作服务项目"团队成员进入学校后,通常都面临学生的课业繁重和校长、教师的行政与教学任务繁重的现状,找不到相应的服务时间和空间,因此多专业合作还需要考察合作各方的合作紧密程度。"抗震希望学校社会工作服务项目"采取的是驻校模式,全天候驻校的学校社会工作者得以与校长、班主任、任课教师就学校社会工作的价值目标、组织结构、制度规范、信息共享、物质资源等方面不断进行沟通、讨论。学校社会工作者可以参与学校教师的例会、课程设计、班会活动,组织设计学生的社团活动、教师培训,就某一个学生的个案问题与相关教师、家长沟通等,通过合作不断明确各自的专业角色、规范各自的职能分工,实现彼此的"共赢"。合作的信任基础使得服务资源在时间、空间和功能上实现了全面整合,合作的紧密度、系统性大大增强,合作的有效性得以提升。

从上述学校社会工作者不同层面的合作实践过程中,可提炼出值得思考的问题有:在学校社会工作不同服务模式取向下,合作机制构建的基本要素是什么?合作机制建立的关键是合作能力,还是合作内容?检验合作能力的重要指标是什么?合作是否有边界?合作是否需要核心领导?合作能力在哪些条件下更容易得到提升?

四、学校社会工作多专业合作过程分析

从专业服务视角看,"抗震希望学校社会工作服务项目"的实施过程可分为三个阶段:志愿服务期、模式探索期、模式提炼期。从多专业合作视角看,学校社会工作者与学校各方人员的校园互动是一个持续不断进行的动态过程,而非一个结果。

在我国,学校社会工作尚处在理念宣传、倡导阶段,中小学教育系统的人员对此并没有太多了解。学校社会工作者如何敲开合作学校的大门,如何向教师说明社会工作的功能,如何使得教师学会使用对自己来说并不熟悉的服务资源,如何突破这样的模糊期、协调出一个合作模式,是学校社会工作者走向成功合作的第一步。本案例将侧重分析在合作互动的不同阶段中"抗震希望学校社会工作服务项目"的学校社会工作者的合作策略。

1. 学校社会工作者在破冰阶段的合作策略

(1) 主动寻求合作

针对学校的校长与教师,学校社会工作者必须主动评估学校组织生态并寻求合作的机会。

在合作前,学校的校长与教师一般不知道社会工作者的工作目标、内容和方式,也不知道社会工作者能在哪些方面给予他们帮助,也就是说,开始时教师对社会工作者是没有需求的,合作与否完全取决于社会工作者能否在较短的时间内让学校原有人员了解学校社会工作的功能与作用。行政引荐与行政例会是社会工作者向全校员工介绍学校社会工作内涵和服务内容的极好机会。同时,学校社会工作者也要利用个人社交技巧,在校建立起良好的人际关系,增加与合作人员的正式与非正式的相处时间,以更好地融入校园组织环境。

(2) 澄清专业分工后合作

针对学校的德育教师和共青团、少先队辅导教师,学校社会工作者必须澄清社会工作与思想政治工作、心理咨询的专业界限,说明彼此在工作内容上的关联与区分,找到各自的服务空间,这样才有机会通过个案需求、彼此服务理念与方法的差异来确定合作的可能。

(3) 因有效回应个案需求而合作

学生的问题通常比较复杂,比较棘手,学校原有学生服务体系中的教师及行政人员也需要更多专业的协助,这样才能产生有益的效果,在这种情形中才有合作的机会。

因此,学校社会工作者在破冰阶段应能做到:有效回应学校组织整体教育目标和校园文化建设需求,化解行政与专业的分歧与冲突,有效回应教师专业发展需求及学生个案需求,有效澄清专业分工和各自的职能边界,对督导的专业权威及能力有信任感,对自身的专业发展有追求。这样方能建立良好的多专业合作关系。

2. 学校社会工作者在项目发展中期阶段的合作策略

(1) 寻找双赢目标,探索合作形态的定位

第一,学校社会工作者与校长的合作。校长在逐步了解社会工作的理念与方法后,对社会工作专业及学校社会工作者有了认同,同时发现学校社会工作者可以在帮助学校发展学习型组织、有效应对危机管理等方面有所作为,对社会工作服

的需求就会日益增加。在此基础上,双方的合作必将会有深入的进展。校长与学校社会工作者的合作形态大致可分为:

① 校长主责,社会工作者支持:学校负责教育发展整体规划、资源筹集;

② 社会工作者主责,校长支持:教师的教育效能提高,学生各类需求得以有效回应。

第二,社会工作者与班主任、任课教师的合作。班主任通过转介,协助社会工作者获得服务对象的在校行为及家庭状况信息。社会工作者负责服务对象的整体信息搜集及评估,澄清社会工作者的服务方式和个案工作程序,并期待进一步合作的机会。根据满足学生需求所需的专业性程度,班主任、任课教师与社会工作者的合作形态大致可分为:

① 教师主责,社会工作者支持——一般预防性需求;

② 社会工作者主责,教师支持——治疗、发展性需求。

第三,学校社会工作者与心理咨询教师、德育教师的合作。社会工作者与一般教师的关系是建立在工作需求基础上的。然而,社会工作者与心理咨询教师、德育教师的关系属于同事关系,需要在建立关系的基础上进行专业分工。合作双方需要根据学生个案服务目标的程度进行区别,慢慢区分彼此的工作期待、专业边界和工作领域。社会工作者和心理咨询教师、德育教师的合作形态可分为:

① 心理咨询教师主责,社会工作者支持;

② 团体与方案执行的合作;

③ 社会工作者提供专业咨询;

④ 工作提醒、反思与讨论。

(2) 针对服务环境与合作者的复杂性,分析合作中的冲突与问题

首先,专业间的认知差异使得不同合作者的合作态度因人而异。随着项目进展到中期阶段,多专业人员存在的专业教育背景和价值观差异,如对学生问题和教育目标的认识差异、工作价值的差异、教师的专业权威认识的差异等,使得他们在合作态度上也存在较大的差异。班主任及任课教师的合作态度会出现分化状态,例如一些教师不愿意将有需要的学生转介给社会工作者;一些教师在把学生转介给社会工作者后,就一推了之;一些教师则不管大事小事都要找社会工作者。在这些实践合作困境中,社会工作者往往会感到为难和困扰。

其次,专业服务制度设计的缺失会影响合作关系的建立。学校社会工作者进入校园,除了要面对与人的合作关系外,还要面对由学校组织结构与专业服务制度

等环境因素造成的合作障碍。例如,学校组织的更替造成领导流动率较高,合作不易正常开展。再如学校领导与教师搞不清社会工作与心理咨询的专业性差异,或高度认同社会工作,对社会工作的需求与期待很高,社会工作者容易被耗竭,合作也不易进行;要么只重视心理咨询,社会工作的进入则成为一个两难的困境。

总之,学校社会工作者在多专业团队合作中需要有能力突破传统教育体制的限制,对身份、角色、专业能力等自我认识问题有较清晰的认识,搞清楚"我在哪里""我是谁""我能做什么",对工作职责的界定与限制等问题有较深入的思考,既要能适应学校行政制度和学校文化,又要对学校行政和校园文化的变革有一定的影响力,并对合作需求的把握和合作目标、对象的选择、合作资源的整合、合作信息的处理等具备较高的专业能力。这样才能使得合作各方形成可持续性的良性互动形态。

3. 社会工作在项目后期阶段的合作策略

（1）扩展服务领域,构建服务模式

随着该项目进展到后期阶段,学校各方人员的教育理念的不断更新,学校内合作对象在专业训练上的不足,家长对学校管理的更多介入,学生需求的多元、复杂性,社会工作对服务目标的更深度的专业追求以及专业服务机构和资源的增加等所有在宏观、微观层面发生的这些环境变化,使得"学校—社区"服务模式的构建成为学校社会工作者不能回避的发展方向。跨领域的专业合作在这个阶段势在必行。学校社会工作者的合作对象将扩展至司法、医务等领域,提升专业成长及督导管理机制将有助于建立有效的合作模式。

（2）总结有效合作经验,完善合作机制

在"抗震希望学校社会工作服务项目"后期阶段,学校社会工作者在合作经验的总结、服务成效的评估、合作机制的完善、服务模式的提炼等方面都进行了有益的探索。为了建立良好合作关系与合作机制,该项目团队成员在项目后期就合作过程及合作策略进行了评估与总结。

① 自我调适:不断思考自身的身份、角色、寻找学校社会工作者进入学校的路径与方法,并在合作中后期建立了合作过程的反省机制;

② 贴近需求:针对学校的校长、教师、学生、家长开展多元化的需求评估,为学校协调、整合所需的各类社会资源,为学校社会工作注入了新活力,扎实工作,以成效获取了学校师生的认可;

③ 澄清与沟通：传播社会工作理念，用专业理念与学校的校长、教师沟通，协商服务方案，共享决策，相互支持，贡献知识；

④ 寻求支持与援助：赢得校长与教师的认同，达成共识，争取学校领导和师生的支持和配合。

五、案例中的发现与启示

第一，多专业合作的发展历程是交流互动的动态过程。

合作的起源既来自服务需求，也需要彼此的了解与信任。在合作进行过程中，准确评估需求，认清价值差异，找准共赢目标，区分工作权责，协调合作冲突，有效解决问题，是合作得以有效开展的重要因素。在合作结束前，学校社会工作者应与学校内其他相关合作方讨论双方在合作过程中的期待、认知及做法上的差异，澄清误解，寻求理解。

第二，多专业合作机制建立的关键在于学校社会工作者多专业合作能力的提升。

学校社会工作者应具备寻找共同目标，与教育、行政、心理等不同专业人员相互沟通与合作的知识与能力。其合作策略可归纳为：（1）了解专业差异；（2）把握合作机会；（3）凸显社会工作的功能；（4）提升教师效能；（5）软化负面态度；（6）扩大合作空间。

第三，多专业合作与协同需要强有力的核心领导与高水平的社会服务管理。

影响学校社会工作多专业服务团队建构的重要因素是校长和学校社会工作服务项目组织者的认同与支持，校长努力建立多专业团队组织，成为学校组织变革力量的重要来源。这些因素动态变化过程可根据校长教育行政控制能力的强与弱、学校社会工作者专业能力的强与弱，演变出十分复杂的动态互动关系。

以团队为基础的合作包括五个重要的内涵，即需求认定，方案发展与规划，团队内部沟通，服务对象建构，互惠学习与支持。

以学校为基础的问题解决团队，应探索其人力资源配置构成的质与量，如专业团队成员的专业训练背景要求、专业合作团队成员与服务对象的配比要求。

第四，跨部门社会治理机制的建立是学校多专业合作的制度保障。

学校社会工作体制建构与政府跨部门合作机制的建立、我国社会服务体系的完整与协同息息相关。在我们探索以成效为导向的学校多专业合作模式时，不应忽视在宏观社会治理背景下，政府不同层级与职能部门之间，政府与社会、不同学科、不同专业间的深层次的协调与合作发展,以期进一步搭建可行、有效的学校社会工作多专业合作组织平台,完善相应的合作工作机制,通过不同专业人士的共同努力,让我国的儿童、青少年快乐成长。

案例使用说明

一、教学目的与用途

本案例教学使用说明是以将此案例应用于"社会服务管理""学校社会工作"课程中的学校社会工作的运作模式部分的教学内容为基础撰写,以期通过本案例的介绍,促使社会工作理论与实务界人士进一步认识到,学校社会工作体制建构和服务模式的探索需要校内外多方专业人士的协同努力,其运作过程及结果是动态变化且复杂多样的。

（一）适用的课程

本案例适用于"社会服务管理""学校社会工作"课程,也可作为"非营利组织管理""青少年社会工作"等课程的辅助案例。

（二）适用的对象

本案例适用的对象包括社会工作专业硕士研究生、公共管理类研究生。

（三）本案例教学目标规划

1. 覆盖知识点

本案例在"社会服务管理""学校社会工作"课程中应用的主要覆盖知识点有：

（1）学校社会工作服务的社会生态学观点；

（2）学校社会工作与教育、心理、思想政治等不同专业的工作取向分析；

（3）专业间合作的基础和本质；

（4）学校社会工作者的角色与功能；

（5）跨学科、跨专业组织绩效管理的概念和理论。

2. 能力训练点

本案例在课程中规划的能力训练点包括：

（1）学会了解学校教育体制的现状,分析其改革的驱动因素,尤其是学校中心工作的结构性变革与系统性变革和学校社会工作服务目标选择之间的影响关系。

（2）通过分析专业间合作的本质与内涵,评估各类合作者的需求与利益立场,从而找到合作的目标,明确学校社会工作者的角色定位,在学校与社区环境中寻求专业合作的共同目标与基础,掌握专业合作的内容与步骤。

(3) 基于案例中所探讨的学校社会工作专业合作发展的过程及结果,对整个案例进展进行深入解析与评判,分析学生在复杂环境中所要面对的专业合作困境,以及所需具备的综合分析能力和专业服务能力。

(4) 学会在特定的组织情境中界定学校中各组织职能部门和专业部门之间的管理边界及其协调路径。

3. 观念改变点

本案例在课程中关于多专业合作的管理与服务理念有:

(1) 多专业合作存在需求空间:学生问题的解决涉及学校、家庭和社区三个系统领域,无论学校现有体制如何,多专业合作都是必要的。

(2) 学校教育行政人员、教师与社会工作者的互动质量对学校社会工作服务成效的提高至关重要。学校教育行政人员、教师与社会工作者的合作质量主要取决于学校社会工作者的专业能力与对学生、家长及教师的服务成效。

(3) 应从学校体制以及教育目标出发,思考学校社会工作在学校教育体系中的专业合作职能分工与角色定位,以有效体现学校社会工作服务的专业性,使其免于沦为学校教育体制的人力补充。

二、启发思考题

本案例的启发思考题主要对应的是案例教学目标中的知识传递目标,启发思考题与案例同时布置,并需要学生尽量在课前阅读相关知识。因此,在案例讨论前就应布置学生阅读组织结构理论、策略联盟理论、人力资源管理理论、专业团队建立与发展理论,使学生可以运用相关核心概念分析具体案例,让缺乏经验的新手在进入学校社会工作的实务场域时,可以相对从容地应对他们所要面临的挑战。

(1) 专业间合作的概念、意义、基础、本质、内涵是什么?

(2) 学校社会工作多专业合作应实现的功能是什么?

(3) 影响学校社会工作多专业服务团队建构的重要因素是什么?

(4) 学校社会工作多专业合作需要的环境因素包括哪些内容?社会工作者在专业合作中需要的个人能力及心理经验包括哪些内容?

(5) 从管理角度看,针对教育主管部门和学校社会工作者,你认为应分别从哪些方面促使专业合作得以有效实施?

（6）从实务角度看，应从哪些方面努力促成学校多专业团队的合作？

（7）在专业合作前、合作中、合作后，应如何提高多专业合作知识与技巧？

（8）如果你是在社区服务机构中从事学校社会工作服务的社会工作者，你将如何设计与学校的校长、任课教师，包括心理咨询教师、德育教师、政教室教师和团委书记、少先队辅导教师的专业职能分工，并与他们达成专业服务目标的共识？

三、理论依据与分析

（一）策略联盟理论

1. 资源依赖理论

资源依赖理论在某种意义上揭示了组织寻找替代性的依赖资源来改变自己、选择环境和适应环境[1]，跨组织合作形成的动因之一就是整合不同组织所拥有的互补性资源[2]。组织可以采取许多措施来处理依赖问题，如可以通过与其他组织的合作联盟形成组织间依赖关系，也可以通过诸如非市场战略活动等改变和控制外部环境。[3]

2. 战略行为理论

战略行为理论认为，资源依赖理论无法解决如何在动态、开放的环境条件下保持可持续竞争优势的问题。战略行为研究呈现了多种不同的研究视角，如从能力视角研究组织核心能力与其战略行为的相互关系，认为战略行为决策能力受组织领导者的核心能力、领导者的行为以及组织文化等因素的影响，为实现把自身的资源用于发挥核心能力的杠杆作用，组织必须选择和培养合作伙伴，从而实现组织的可持续发展。[4]

3. 组织学习理论

面对竞争日益激烈的外界环境，组织通过独特的创新过程而实现的价值创造，将是组织未来唯一的核心竞争优势。组织学习整合了组织内部的个人、团队和组织之间的互动以及组织与外部环境之间的互动过程。通过这个过程，组织得以不断检视现有的产品和服务以及相应的运作程序和系统，厘清战略定位并不断进行

---

[1] 马迎贤：《资源依赖理论的发展和贡献评析》，《甘肃社会科学》2005 年第 1 期。
[2] 石梦菊、张新国、许以洪：《FMCG 分销渠道风险综合评估研究》，《上海管理科学》2011 年第 1 期。
[3] 吴小节、杨书燕、汪秀琼：《资源依赖理论在组织管理研究中的应用现状评估——基于 111 种经济管理类学术期刊的文献计量分析》，《管理学报》2015 年第 1 期。
[4] 罗珉：《企业战略行为研究述评》，《外国经济与管理》2012 年第 5 期。

组织变革,进行创造性的学习,培育组织的核心竞争力,最终实现组织的可持续发展。①

综合上述各种理论基础可以看到,人类处理信息或复杂问题的能力有限,知识是具有异质性的。而通过政府、学校与社区社会组织之间资源的整合与互补,可以不断转化与强化组织适应环境变迁的能力,这是提升学校与专业服务机构竞争力,谋求可持续发展的重要途径。从上述案例中我们可以看到,专业合作的产生主要是基于学生问题的多元性,其广度又涉及学校—家庭—社区,无法由单一组织、单一专业来独立处理。照理来说,聘用学校社会工作者是理所当然的。然而,受制于体制问题、组织结构问题、资源稀缺问题,各方在达成专业合作目标的共识时,不一定会将服务对象个人的利益放在首位,去回应为了谁、我可以做什么,而先要回答我是谁、我能做什么、捍卫自身的专业角色和权威被放在了第一位。学校社会工作者在遇到合作不顺利时,首先想到的是校长、德育主任、班主任教师的不配合或是工作分工的不科学等问题,容易忘记思考专业合作的本质是解决服务对象的问题、提高服务质量,以及站在体制创新的高度,从宏观到微观,从组织到个人,从资源到能力,克服部门间的利益冲突,构建基本目标价值一致的、组织结构严密性与灵活性协调的、制度规范完整性和执行力统一的、信息共享畅通无阻的、资金资源充分的跨部门、多专业的合作机制。这才是我们需要努力的方向。

(二) 社会工作人力资源管理理论

(1) 在不同服务模式下,分析我国学校社会工作多专业团队的人力资源配置结构,如在"社区—学校"模式下学校体系中多专业团队的人力资源配置的构成。"抗震希望学校社会工作服务项目"进入服务模式探索阶段后,考虑到志愿服务方式本身的局限性,也为了使专业服务达到最大效果,在社会工作人力资源管理方面,与项目主办方达成了一致共识。

首先,尝试建立校内模式,实行"1+2+3"模式,即一个督导、两个专业社会工作者、三个本校教师。从学校相关部门现有教师[学校(德育)副校长、办公室主任、教研室主任、团委老师、少先队辅导员、班主任和任课教师等]中培养社会工作专(兼)职人员,通过在职学习,尽快获得社会工作任职资格,形成了高校—社工—进驻学校三方合力的机制。项目经历了"1+2+3"服务模式的变迁,由高校轮流派遣督导到联合固定督导制度的调整,本土社会工作教师"旁观—配合—主动参与"的

---

① 戴万稳:《组织学习理论研究视角综述》,《南大商学评论》2006 年第 4 期。

变迁,学校对社会工作"认同—接纳—需要"的转变以及社会工作服务从零散到系统化的改变等发展过程,社会工作服务才逐步走向了系统化和规范化。各学校纷纷建立了社会工作室,制定了学校社会工作相关规章制度。同时,互助学校的设立也有效地扩大了服务范围。

其次,尝试建立校外模式,即校外专业机构提供专门化的社会工作人员,学校以购买服务的方式聘用他们,可针对不同阶段的不同需要,选择不同背景的专职社会工作者。

最后,尝试建立过渡模式,即暂时由相关教师兼任社会工作人员,将学校社会工作服务与学校的德育、思想教育工作有机结合,以解燃眉之急。

实践证明,在每个学校未能普遍设置学校社会工作者的情况下,政府可以委托学校社会工作机构提供服务发挥其功能。无论是从体制内还是从体制外派驻社会工作者,都可以在功能上互相支持与互补。体制内驻校社会工作者扮演了资源整合者的角色,体制外委托机构扮演了资源提供者的角色。就现行状况而言,二者并存有其必要性。

(2)在教育行政目标与专业服务目标冲突的情境下,社会工作者的专业能力是化解冲突与困境的关键。社会工作者在学校社会工作中的"为"与"不为",取决于专业合作互动是否有效。社会工作者是否具备专业成熟度及综合性的专业素质会对专业合作成效产生最直接的影响。

"抗震希望学校社会工作服务项目"的相当一部分经费是投向了参与该项目的专职人员,以及本校相关人员的培训和督导方面,以帮助该项目的专职人员能迅速提升专业能力。

从"抗震希望学校社会工作服务项目"两年半的运作中得到的经验看,在灾后重建的任务压力下,高校社会工作服务团队不得不直面我国社会工作教育在人才培养方面的通病,并承担其后果。在灾区学校所做的一切服务不是一般的操作性实践,而是专业实践、创新实践、科研实践。参与该项目的高校督导教师、高校社会工作专业学生需要在高校、项目团队、驻点学校三种组织体系,以及不同的工作情境中进行不同角色的转换,他们不断面临从职业能力到专业能力的严峻考验,其专业成长过程是一个较为艰辛的过程。社会工作专业学生从新手到成为拥有一定专业自主性的社会工作专业人才的成长过程大致可分为以下四个阶段:①个人能力阶段——日常生活中的助人者,比如志愿者、义工;②职业与专业过渡阶段——个人能力与职业规范、专业教育训练的连接;③专业探索阶段——经受能力不足的痛苦,不断探索自我与专业自我;④专业整合阶段——从经验中整合出较具现实感和自主性的专业自我。①

项目团队也为本校相关人员提供了定期的专业培训、外出参观等专业学习机会,以期帮助驻校社会工作者在学校的支持下与学校相关老师建立起合作关系。

(3)绩效管理与有效合作具有相关性。跨学科组织管理的有效性取决于在学校提供良好政策环境的条件下,组织结构、运行机制和跨专业科研、教育与社会服务的结合以及项目负责人等主要因素及其相互配合。由于多种专业人员的训练背景不尽相同,所以他们在管理和服务等工作取向上各有侧重,这就需要社会工作者沟通、协调、合作,形成多专业的有效合作,方能实现好的服务绩效。

(三)专业团队发展的阶段理论

"团队发展四阶段"由心理学家布鲁斯·塔克曼在1965年首创,现已在全球范围内被大量应用于工作团队过程的评估。团队发展四阶段包括"forming"(相互了解),"storming"(面对潜在的引起分歧的问题),"norming"(建立有效团队),"performing"(计划,实施行动计划)。该理论框架为一个轮状,可从任意一点切入,进入团队发展阶段,甚至两阶段同时进行,见图3。

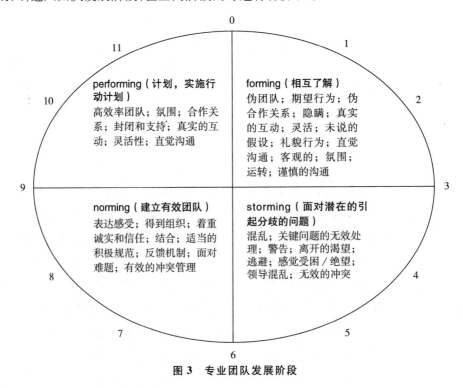

图3 专业团队发展阶段

---

① 张曙:《我国社会工作专业学生专业成长过程探析——以抗震希望学校社工志愿服务项目为例》,《人力资源管理》2010年第11期。

"团队发展四阶段"可以指导团队建立的过程,也可以作为一个评估工具。对于团队成员,该理论可用于评估团队建立的进程;对于领导者,该理论也可作为评估成员对发展阶段感受的辅助工具。比如,美国纽约州立大学开展的 DTBI(Downstate Team-Building Initiative)项目在每次讨论会结束后,都会运用团队发展四阶段模型评估团队建立的进程,1—9 分是团队建立部分,10—11 分是团队行动部分。[1]

并不是所有的多专业合作团队在实施服务的过程中都完全运用了各类专业合作理论,这与各个学校的实际情况和多专业团队合作的目标相关。

"抗震希望学校社会工作服务项目"的驻校社会工作者在需求评估、计划制订、服务过程、总结反馈四个阶段都贯穿了与学校老师共同商讨服务的方案,邀请老师观摩专业的服务比如主题活动、小组,与老师一起策划落实大型的校园活动,必要时充当专业指导老师等行动。驻校社会工作者在这样的过程中,既注重示范专业的方式和理念,又积极与老师沟通,使得服务能够联系实际,且服务示范效果突出。当项目进展到后期阶段时,教师从过去的培训、讲课的施教形式转变为"合作促发展",工作的交流成为促进双方业务能力提升的主要方式。比如,针对复杂的个案,双方合作的过程也是互相学习的过程。如此,社会工作者与老师的合作逐渐常态化,由过去被动的"推"转向现在主动的"合"。社会工作者不仅在专业上给予老师支持,也会协助满足老师在日常教育教学中的需求,比如学科竞赛、班级文化建设、班队活动等。老师们逐渐学会寻求社会工作者的支持,也明白了"到哪儿找社工""找社工干吗""什么事儿找社工",许多老师感叹"社工在,心理就踏实"。

四、方法分析

任何专业合作方法都是手段,不是目的。方法的选择需要围绕学校社会工作专业合作的目标。学校社会工作专业团队合作的目的在于提升组织功能,即推动学校组织的整体发展(组织功能),促进学校社会工作专业制度的建立(专业机制),实现学生全面发展的教育目标(教育效能)。

(一)三种专业团队服务模式的界定及探索

合作伙伴通过建立策略联盟的合作关系,将不同组织进行整合,促使彼此的资源互相流通、互补长短、互惠分享,从而提升彼此的能力及能量。因此,只有与不同

---

[1] J. M. Hope, D. Lugassy, R. Meyer, et al.,"Bringing Interdisciplinary and Multicultural Team Building to Health Care Education: The Downstate Team-Building Initiaive", *Academic Medcine*, 80(1), 2005, pp. 74-83.

专业人员一起合作,才能实现在目前教育系统中满足不同学生的多元服务需求及为教师提供所需支持的根本目标。目前,国内外较常见的有专业分工模式、专业间整合模式以及跨专业合作模式等。

专业分工模式主要是指由不同专业各自评估学生在本专业范围内的表现,然后再各自按评估的结果来计划并推行本专业范围内的服务,专业团队人员各司其职,专业之间没有联系及协同的机制。

专业间整合模式虽是由各专业团队成员在各自的专业范围内为学生进行评估,但是彼此会分享评估结果。在订立服务计划时,不同专业的工作人员通过正式会议或其他方法商讨和协调服务目标,因此专业间的联系比较密切。专业工作人员间因有系统化和全面的沟通和了解,合作的基础和层面就更为巩固和深入。

跨专业合作模式则要求专业间不断进行系统的分享和有关资料的融合。专业团队成员共同评估、共同拟定目标并进行紧密和深入的合作,以便提供互相协调、配合的全面服务。

(二)在教育体系内外制度化地建构专业服务模式

社会工作者应努力引导学校内各类人员思考社会工作与心理咨询、思想政治工作的差异,积极建构在教育领域的社会工作服务模式,避免直接移植国外的服务模式。这包括建立对学生、教师与家庭等的服务方式,与其他专业合作和对话的机制等,从而兼顾专业长期发展与教育体系对专业服务的需求,让专业服务在教育体系生根。

(三)学校社会工作者需要做好充分的专业准备

专业人员对教育体系化服务充满期待,未来各专业可以朝专业认证或分级制度发展,例如学校社会工作师、学校心理咨询师、学校教学督导员等。通过将教育体系纳入专业发展的次系统,以学校教育和在职训练相结合的方式,为有兴趣者提供充分的专业准备。

五、关键要点

本案例分析关键在于把握学校教育体系变革的主导因素,理清学校教育改革背后所体现的教育理念、教育目标、教育方法的变化,寻找教育改革与社会工作专业推进的共同目标,理性分析各专业人员的利益与立场,从而赢得各专业人员及学生、家长对社会工作服务成效的认可,并能与学校教育体系和社区中的成员共享学校社会工作的服务成果。教学中的关键要点包括:

（一）学校组织环境分析

学校社会工作者进入学校后,面临的最大挑战是对学校"适应不良",如与校长及教师沟通不良,对教师的教育理念、教学内容、教学方法不了解,对工作场所要么关注不够,要么持不同见解,或者将着眼点更多地放在有需要的学生身上,而对学校系统环境特质缺乏充分了解,这些都将导致社会工作者与学校组织结构系统中的各类人员产生合作困境。

（二）学校服务对象的问题、需求分析及介入目标的准确定位

学校社会工作者进入学校后,需要对学生各类复杂问题（如旷课、逃学、校园欺凌及暴力行为,性别事件受害学生的保护,学校创伤事件的处理,低学业成就的处理、特殊学生权益保护需求评估等问题）进行梳理,评估分析问题的成因,寻找应对策略,采取恰当的方式干预。基于此,学校社会工作者应具备问题意识,能够采取正确的理念和分析方法分析问题、解决问题,寻求恰当的服务目标定位,找到合适的协同合作方式,最终帮助学生及家长改善问题状况。

（三）专业间协同合作的方式

学校社会工作者应对学校各职能部门、各类专业人员的角色定位、考核与激励制度、学校社会工作专业服务的权利和责任的界定、行政与专业的目标和职能的协调、学校社会工作的功能等内容有比较清晰的认识,以维护学生权益为优先服务目标,明确专业间合作的一些基本原则。学校社会工作者需要按照各类专业人员的强项安排其承担各自的任务,避免安排不恰当的任务,对于专业间重叠的工作应给予适当的协调。

（四）学校各系统人员对社会工作者专业角色及能力培养过程与规律的完整了解

学校社会工作者的成熟度对专业间合作有较大的影响,因此学校社会工作者应通过各种方式,让学校及社区的各类人员理解社会工作者的专业成长规律,求得合作者的理解和包容,避免因个人的专业成熟度不足导致合作的失败。

（五）学校社会工作服务成效的阶段性显性化呈现以及科学评估

学生问题的复杂化使得学校社会工作服务成效很难在短期内得以有效显现。然而在我国现阶段,学校社会工作处于初期发展阶段,要想获得学校内各类专业人员的配合,学校社会工作者应注重短期服务目标的显性化呈现,采用较为科学的评估方式对成效结果加以说明,赢得更多合作者的认同,为学校社会工作服务争取专业实践的空间和时间。

六、建议的课堂计划

本案例课堂计划可以根据学生的差异,尤其是对案例的阅读和课前对相应知识的掌握程度来进行有针对性的设计。

(一)学生的预习

学生事先预习要到位。因实际工作经验少或者学员之间预习效果差异较大,课前预习可能存在不足,此案例讨论过程中需要教师引导的内容相对多一些,因此需要将小组讨论置于课堂讨论之中进行。

(二)时间安排

(1) 课前阅读相关资料和文献 10 小时。

(2) 课前的小组讨论 1 小时:最好根据本案例给出的启发思考题,让学生在课前就有一次讨论与交流,避免因思考时间不充分,影响课堂教学效果。

(3) 考虑到学生的知识基础和对应用的理解能力,要适当增加讨论后的知识总结时间。

(4) 课堂安排:本案例按照课堂 2 学时(100 分钟)进行设计。①案例回顾:10 分钟;②集体讨论:60 分钟;③知识梳理总结:20 分钟;④问答与机动:10 分钟。

(三)集体讨论

本案例的教学课堂集体讨论逻辑为:

(1) 学校各行政职能部门与社会工作有什么关系?学校内非正式组织机构的运作形态是什么?学校教育人员与社会工作者的文化有什么差异?学校社会工作者进入学校前需要做什么准备?

(2) 为什么说与学校社会工作相关的校内专业间合作是必要的?专业间合作的方式是什么?专业间合作的原则是什么?

(3) 如何将社会工作伦理放在学校系统中加以探讨与实施,以确保学生的最佳利益?

(4) 要在一个新的领域发展社会工作,需要关注哪些体制制度方面的问题?

(5) 怎样理解和处理社会工作与相近专业或系(如心理咨询、思想政治工作、行政管理、基层群众工作)之间的关系?

本文作者:张曙,南京理工大学公共事务学院社会学系教授。

专业社会工作助推社区社会组织发展
——以北京市 X 街道老年人协会发展为例*

一、案例背景

北京市 X 街道老年人协会于 2007 年 3 月注册成立,并在街道内的 8 个社区设立了社区老年人协会分会。2015 年,协会登记在册的成员有 124 名,单位会员 13 个,办公地点设在该街道的社区服务中心。X 街道老年人协会的宗旨是,从本街道老年人的需求出发,维护老年人的合法权益,反映老年人的合理诉求,组织广大老年人开展丰富多彩的活动,弘扬本地区尊老、敬老、助老的社会风尚,实现老有所养、老有所医、老有所为、老有所学、老有所乐。X 街道老年人协会主要的工作职责和任务是:一方面,建立健全 X 街道老年人协会的组织和工作队伍,了解老年人的生活情况,反映老年人的需求和愿望,开展各项文体娱乐活动和为老服务,动员和组织社区低龄健康老年人参与社区建设;另一方面,协助街道落实老龄工作任务,并通过宣传老年法规、调解邻里纠纷、提供法律援助等多种形式,维护老年人的合法权益。

(一) X 街道老年人协会的组织架构和人员情况

X 街道老年人协会(以下简称为"协会")的上级主管部门是街道民政科,负责指导协会开展工作。协会的会员代表大会为协会最高机构,每三年进行一次换届选举;协会设有理事会和监事会,1 名会长,1 名秘书长,8 名理事,1 名监事长,2 名

---

* 本案例根据潘嘉琪同学在北京西城区某社会工作机构任职时的一线服务经验编写而成。

监事;协会下设办公室,有4名成员负责日常工作;同时设有8个分会。

X街道老年人协会的基本人员组成为会长、秘书长和成员。协会会长和秘书长由街道办事处指派,会长还兼任当地的敬老院院长。秘书长的工作职责是管理协会的日常运营,偶尔协助街道民政科完成与老年人相关的工作。协会的124名成员全部来自街道辖区,年龄一般在50岁以上,此外协会还有13个单位会员。X街道老年人协会与其他地区的老年人协会的不同之处是协会不向成员收取会费,成员都是免费入会,加入方式主要是熟人介绍参加活动,如由老会员推荐,或者由社区居委会书记、主任或社区居委会主管老龄工作的社区工作者推荐。

(二) X街道老年人协会的资金来源及场地设施

X街道老年人协会的运营资金包括人力成本资金和活动经费。协会会长和秘书长的薪资由街道支付,活动经费主要来自街道支持或争取(西城)区社会建设项目资金。由于协会是在区民政局注册的社会团体,因此每年有资质申请区社会建设专项资金,这部分活动经费的申请和预算由街道每年的指派工作人员协助协会完成。协会的办公场地和活动场地是位于社区内的一个六七十平方米的街道闲置用房,办公场地和活动场地的电脑、桌椅、柜子等基本设备,部分为街道协助购买,部分为街道淘汰的旧家具或设备。

(三) X街道老年人协会的服务内容

1. 开展多种类型的活动

一是文体团队活动。X街道老年人协会里有老年编织班、京剧队、评剧队、健身队、柔力球队、合唱团等老年人文体队伍。部分队伍是由居民自己张罗、自发形成的,文体队伍的成员一般都是自愿加入的,只要社区居民有兴趣、有意愿参加就可以随时加入。这些文体团队除了定期开展活动外,也经常参加街道、社区党组织和居委会组织的综合性活动,部分才艺水平较高的团队甚至能够代表街道参加区和北京市举办的比赛。二是节庆主题活动。协会会在重要节日举办一些主题活动,例如端午节的联欢活动,重阳节的敬老活动、棋牌比赛,等等。三是社区教育课程。协会根据老年人的不同需求,开设了各种相应的教育类课程,实现老有所学的目标。例如,使用短信培训班教老年人如何接发手机短信;电脑培训班教老年人如何使用电脑观看网上新闻、下载网上视听音乐。

2. 定期走访特殊老年人

X街道老年人协会所在的地区多为老旧小区，老年人居多，其中不少是空巢、独居和高龄老人。协会根据其宗旨，组织成员定期走访社区空巢、独居和高龄老人，通过入户探访、陪同聊天，了解这些特殊老年人的生活情况、心理状况，并给予一些关怀和支持。当在走访过程中发现老年人有实际困难且需要更深入的服务时，协会便转介给街道和社区来提供帮助。定期走访服务让协会及其成员认识到，他们不仅可以带去一些物质支持，更重要的是能够给予心理慰藉，并帮助老人建立社区归属感从而认同社区。

3. 链接资源开展健康宣传

X街道老年人协会一方面定期邀请区医院的医生进入社区开展义诊活动，如为老年人免费量血压、测血糖，现场解答一些老年人常见病的早期临床表现和家庭急救知识等；另一方面链接区级医疗资源，开展健康讲座等活动，普及健康知识，帮助老年人掌握疾病预防常识，提高警觉。此外，协会还组织老年人参加养生节目录制，老年人不仅可以学习到有关经络、穴位、中医治病小偏方等的知识，并将其运用到日常生活中，还能走出去，与其他地区的老年人交流和相互学习。

二、专业社会工作助推X街道老年人协会的前提

（一）助推动机

1. 需求导向

X街道老年人协会在发展过程中遇到了一系列问题，这是民办专业社会工作机构参与助推工作的主要原因。这些问题表现在以下几个方面。

一是协会的服务内容和形式有待丰富。X街道老年人协会的服务主要分为两种：一种是定期服务，如合唱团、京剧队、葫芦丝队等会在固定时间、固定场地活动，在元旦、春节、清明、端午、重阳等几个重要节日举办节庆活动；另一种是不定期服务，如心理健康讲座虽然是协会的长期服务，但要根据外请老师的时间空当儿来安排。协会自成立以来，每年的活动内容和形式没有太多变化，活动比较容易组织起来，但活动内容单一，活动形式不够新颖，影响了协会的活力，尤其是影响了新成员

的加入,导致协会在社区居民中的影响力越来越弱。

二是协会的核心带头人能力有待提升。X街道老年人协会的日常运作主要是由秘书长来执行,会长很少参与协会的日常运作,八个分会的会长平时也不参与协会的日常管理,甚至有的分会会长都不常参加协会的活动。在组织规划方面,协会的会长和秘书长对协会的发展并没有太多的想法,基本上抱着政府让做什么就做什么的心态,政府不提要求,协会就不会主动做事,缺少长远规划。在组织领导方面,由于会长是新上任的,因此他对协会的具体运营也不太清楚,与其他八个分会的会长也不熟;秘书长在开展活动的时候,也很少调动分会会长的积极性来获得他们的支持和帮助。在活动开展方面,一般协会秘书长牵头提出活动方案,向街道民政科报告和申请活动经费,然后各社区的主管老龄工作的社区工作者通知本社区的老年人参加活动,活动结束后也很少留下文字记录。总之,X街道老年人协会的会长和秘书长基本上是凭经验管理:一方面缺乏组织管理的专业知识,项目执行的效率不高;另一方面也缺乏研发新活动的热情,以及带领协会向纵深发展、拓展新局面的动力。

三是协会的相关规则制度有待健全和完善。X街道老年人协会自成立之初起,已建立了一些规章制度,包括章程、宗旨、业务范围、职能与基本任务等,但是这些章程制度没能突出本组织的特点,且因为订立时间较久,存在不符合当下现实的情形。协会的会长和秘书长对组织制度的重要性认识模糊,对规章制度的相关条文的执行力度不足。此外,现有的规章制度对某些内容板块的规定不够明确,例如会长和秘书长的工作职责、财务管理制度、项目管理制度、例会制度等有待细化。街道民政科作为协会的主管科室,对协会制度规范所应发挥作用已有一定的认识,但因基层工作任务繁忙,尚未能更严格地按照制度来要求工作人员、工作内容和工作程序。总之,协会制度的欠缺不仅影响了协会的日常管理,也导致协会的日常运营中出现"一个人说了算"和"一个人来张罗"的局面。

四是协会对基层政府的依赖性有待降低。X街道老年人协会近两年有少部分资金是通过申请区社会建设专项资金项目获得,以往大部分或全部的资金则是来源于主管单位——街道民政科,协会的财务由街道财政科代管。街道民政科每年会向街道申请一部分资金给协会,用于支付协会工作人员的薪资和开展日常活动;如果协会临时增加活动,需要追加资金,则由民政科向街道再申请。从某种角度上说,街道就是协会的"大家长",对协会的人员、协会的服务、协会的财务等具有绝对发言权,而协会对街道的高度依赖导致其缺乏自主性,也缺乏对协会自我管理和长远发展等问题的深入思考。

2. 政策保障

自2013年起,北京市政府及西城区人民政府分别出台了动员民办社会工作机构助推社区社会组织的相关政策,且依据政策设专项经费预算,为助推工作提供政策支持和经济保障。《北京市民政局关于印发〈开展专业社工助推社区社会组织发展(1+1)行动方案〉的通知》(京民社发〔2013〕169号)明确指出,助推社区社会组织发展(1+1)行动由民办社会工作机构派遣专业社会工作者深入各个社区开展工作,包括:对社区和社区社会组织进行走访调研并形成调研报告;帮助社区社会组织制定章程、完善制度建设和内部管理;指导社区社会组织针对服务项目进行目标设计和服务计划;指导社区和社区社会组织开展服务案例和项目总结报告的撰写等。2015年,为了落实北京市民政局的相关政策要求,西城区民政局采取了一系列措施,稳步开展"(1+1)"助推工程,提出了"(1+1)"助推行动模式,由西城区"社会工作者联合会"向街道社区社会组织派驻社会工作者,切实承担起统筹协调、人员培训、组织管理、服务项目设计、评审监督工作,并根据需要配备相关设施与人员。2016年,西城区民政局制定了相关行动实施方案,规定了社会工作机构的职责,包括:负责专业社会工作者的选派管理;对专业社会工作者和社区社会组织负责人开展专业培训;机构派驻的专业社会工作者要对社区资源、社区社会组织的基本状况、服务需求、制度建设等情况进行调研并形成调研报告;指导社区社会组织制定章程、完善制度建设和内部管理;指导、协助社区社会组织开展社区服务项目;撰写"(1+1)"助推行动的项目需求调研报告、社区服务项目总结报告和项目案例。

3. 介入契机

2015年,配合西城区政策实施,区层面安排专项资金购买民办社会工作机构的服务,开展了助推社区社会组织工作。区属X街道民政科邀请某民办社会工作机构,合作申请区级政府购买服务专项资金,并以购买服务的方式,引入专业社会工作者进入X街道老年人协会,帮助其实现独立运营、自我管理、自我发展,减少对街道办事处的依赖。在X街道民政科的支持下,某民办社会工作机构以"银铃之光俱乐部"项目和"耆乐安康"志愿服务网络计划项目为切入点,选派两名专业社会工作者进入 X 街道老年人协会,在开展项目服务的同时助推协会发展,包括协助梳理组织架构、完善组织制度,提升协会的带头人的管理能力和服务能力。

(二) 助推目标和策略

1. 助推目标

一是促进社区社会组织发展。通过专业社会工作者的助推,完善协会的组织架构以及相应的规章制度,保证协会工作有章可循和社区服务常态化,提升协会的领袖、核心骨干的服务能力,减少协会对街道办事处的过度依赖,提升独立运营能力,实现自我管理、自我发展、自我服务,推动社区社会组织走向规范化、常态化和公益化的道路,并扩大社区社会组织的影响力、知名度和公信力。

二是鼓励居民参与社会治理。专业社会工作助推社区社会组织,提升社区社会组织的能力的目的是,通过社区社会组织发展,搭建社区居民参与平台,提高其关心社区的意识、参与社区事务的能力,引导其参与社区治理。

2. 助推的策略

一是以专业服务为手段,建立初步关系。社会工作者在正式进入协会开展服务之前,通过街道办事处的引荐开展了三方面工作:(1)协助协会八个分会进行换届选举,初步了解了协会的管理状况;(2)协助八个社区的主责老龄工作的社区工作者(老龄主任)走访社区的空巢、孤寡、独居老人,初步了解了社区志愿者、老人以及社区老年人活动的情况;协助协会和分会开展了一些活动,初步了解了协会的服务情况。经过上述工作,专业社会工作者与协会的会长、秘书长以及八个分会会长、社区居委会的书记、老龄主任建立了良好关系。

二是以项目切入为起点,瞄准服务需求。专业社会工作者带着项目进入协会,以协会的名义开展了长者讲堂、长者工作坊、长者支持网等系列服务,这些服务与以往的服务相比,内容丰富、形式新颖,吸引了一批社区老年人来参加,也给协会带来了人气,激活了协会的日常服务。社会工作者的工作得到协会会长、秘书长及协会成员的认同,进一步巩固了其与协会的关系。与此同时,社会工作者还启动了协会成员招新工作,鼓励社区老年人加入组织,改善了协会原来止步不前的状况。社会工作者在开展项目时,运用了服务中观察、服务前后访谈等方式,不断澄清和定位服务需求,为后续制订更精准的服务计划做了准备。

三是以项目过程为机遇,提升综合能力。在需求分析和原有服务基础上,社会工作者依托项目,对服务内容和服务形式进行了改造升级,进一步深化了服务。同时加强对协会的组织建设,包括:培养协会带头人和成员,提升他们的管理能力和服务能力;完善协会的规章制度,做到有章可循,保证协会的规范运作;梳理组织架构,共同制定组织规划,为协会独立运营奠定基础。

四是以项目结项为契机,专业社会工作者逐渐退出。经过助推工作,在协会能够独自设计服务、开展服务、寻求资金的时候,专业社会工作者逐步放手让协会自主运营,或者转为顾问的身份,最终退出。

总结上述民办社会工作机构助推社区社会组织的前提要素,见图1。

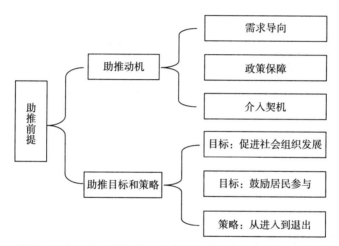

图1 专业社会工作助推X街道老年人协会发展的设计图示

三、专业社会工作助推X街道老年人协会的实践

(一)提升协会的组织能力

1. 制定组织目标

在最初进入协会时,由于专业社会工作者是带着项目进来的,所以完成项目是第一目标。随着项目的推进,以及对协会的深入了解,社会工作者发现,协会的核心问题是协会带头人对组织发展的想法简单,缺乏中长期规划。于是,专业社会工作者、协会会长以及秘书长开始探讨协会的组织目标,经过多次协商,初步锁定了两个组织发展目标:建立服务品牌和扩大协会影响。实现目标的规划是:第一年,

与成员建立关系,完善协会管理制度,激发协会成员的积极性;第二年,建立协会服务品牌,八个分会能独立承接项目,打造老年人协会的宣传品牌,建立"耆援"志愿者队伍;第三年,推动协会自我管理,发展自主寻找项目的能力,社会工作者逐步退出。

2. 重整组织架构

由于协会的日常工作主要是由协会秘书长承担,新上任的会长对很多情况不太了解,分会会长对协会的事情不用心,因此协会秘书长几乎承担了协会的所有工作,每天都很繁忙。专业社会工作者进驻协会后,重新梳理了协会的组织结构,尤其是协会分会的组织结构。会长、秘书长、专业社会工作者与分会会长及其成员代表经过多次讨论和协商,首先对分会组织架构进行调整,将分会的人员结构简化,即分会由会长、秘书长和代表委员三人组成一个核心团队。其次对协会及其分会人员的分工进行调整,确定了各自的工作范围和工作内容,即会长负责与街道民政科沟通、汇报工作;秘书长负责日常的行政工作和日常服务;分会会长负责招募成员以及开展适合本社区的服务。

3. 完善管理制度

协会在成立之初就建立了各种制度,但是这些制度并没有完全发挥作用,主要原因是缺少有助于推动协会良性运营的管理制度,如例会制度、财务制度、宣传制度等。专业社会工作者、会长、秘书长通过讨论,首先确定了例会制度,即每周至少开一次例会,以总结上周的工作和计划下周的工作;每季度开一次季度会,以总结上季度的工作和计划下季度的工作;每年年底开展年度总结会,以总结一年的工作,制订新一年的工作计划。其次确定了财务制度,规定了资金申请、报销的流程,制作了相关财务表格。最后确定了宣传制度:活动要有新闻稿、照片,新闻稿报送街道办事处;每季度出季刊,每年出年刊,并送至街道办事处及各相关单位。

4. 提升团队能力

协会一直以来都是由现任秘书长在维持,几乎都是他一人在工作。因为精力有限,协会的活动次数不多,活动内容陈旧,参加活动的老年人也多是各社区分会的成员,大部分活动需要社区居委会负责老龄工作的社区工作者来通知老年人参加。专业社会工作者介入后,与协会的工作团队协商后,进行了相应的调整,形成了三个梯队。

一是协会领袖梯队。会长和秘书长是协会的领袖,是带领协会前进的领头人,负责规划协会的发展方向。专业社会工作者运用了较多领袖培育的技巧来影响会长和秘书长,一方面进行鼓励和支持,激发他们的工作热情,另一方面培养责任意识,鼓励他们尝试运用新的工作方法和引入新的资源,提高工作效率。

二是协会骨干梯队。分会的会长、副会长和委员核心骨干是协会宣传、服务执行、招募更多参与者的执行者。鉴于协会的大部分工作都是由核心骨干来承担,专业社会工作者通过教练方式,手把手教授了他们一些工作方法和技巧。

三是协会参与者梯队。协会活动参与者是协会存在和发展的基础。由于协会自成立之初就没有收取过会费,所以一直没有会员与非会员的明确区分,只要参加协会的活动就自动成为协会的成员。于是,专业社会工作者一方面继续吸引更多的活动参与者,另一方面也从中遴选出了一些核心骨干的后备人员。

5. 争取场地资源

在专业社会工作者进驻之前,协会的办公场所和活动场所只有一间屋子,专业社会工作助推工作开启后,除了活动内容明显丰富外,活动举办频次逐步增加,活动参加人数也越来越多,原有的场地明显不足。专业社会工作者为协会出谋划策,鼓励协会一方面向街道办事处申请争取更大的活动场地,另一方面发掘辖区单位的闲置场地资源。通过多方努力,最后由街道办事处出资,租下了辖区单位的一间150平方米左右的房子作为协会日常办公和开展活动的场所。协会使用项目剩余资金购置了一些办公用品和活动物资。此外,专业社会工作者还鼓励协会挖掘各社区的活动场地资源,如预约社区的场地资源开展相关活动,免费借用各社区的影音设备、桌椅等资源。

6. 培育公益文化

组织文化是在发展过程中形成的,是组织发展的内在动力和核心竞争力,体现了组织的个性和特征。协会在建立之初所形成的文化是自娱自乐,满足成员个人的社交需求。专业社会工作者介入后,逐渐引导协会服务从自助走向互助,尤其强调关注社区公共事务,参与公共问题的解决,培育自助互助、志愿服务、协商共治的公益文化。公益文化的养成不是通过一两次简单活动就能实现的,为此,专业社会工作者在日常活动中,聚焦组织的带头人,有意识地引导他们思考,不断提升协会的领袖和核心骨干的公共意识,培养公益精神,营造了健康、可持续的组织文化。

(二) 提升协会的服务能力

1. 瞄准服务需求

在服务需求的确定上,协会会长和秘书长通常采取的方法是"服务使用者调查",每次做完活动后,他们会跟参加的老年人聊一聊,询问他们期望开展什么活动,如布艺、编织;在重阳节给老人送礼物等;挖掘老年人的学习愿望,如学习使用微信、开办养生讲座、组织志愿者分享经验并进行培训;等等。专业社会工作者通过分析会长和秘书长转达的老年人的意愿,总结提炼了老年人的需求,并结合马斯洛的需求层次理论与布赖德肖的感觉性需要、表达性需要、规范性需要和比较性需要的分类,定位问题与需求,与协会会长、秘书长一起商议,结合实际,共同提出服务目标。

2. 锁定服务目标

在瞄准服务需求的基础上,社会工作者的任务就是锁定服务目标。以往协会的工作目标主要是活动,基本上只通过"多少人参加"等数量指标来评价服务的效果。专业社会工作者介入后,开始引导协会关注"人的改变",强调关注通过服务提升社区居民的社会意识和解决问题的能力。如社区居民在参加活动后,收获了什么?在哪些地方有所进步,是思想认识提高了还是行为习惯改变了?等等。此外,专业社会工作者还将扩大活动的覆盖面、减少参加者的重复率作为工作目标,以让更多的社区居民都能了解协会的工作,参与到服务中来,增强协会成员和社区居民的认同感和归属感。

3. 开展公益服务

根据协会的实际情况,专业社会工作者与协会会长、秘书长共同商量,把协会的服务分成了社区支持服务、社区教育服务和社区参与服务三类,三者分别以长者工作坊、长者大讲堂和长者支持网三个平台为载体开展活动。

第一,社区支持服务与长者工作坊。这类服务以兴趣小组为主,以主题活动为辅。例如,微信班、电脑班、编织班、布艺班、摄影班等各种类型兴趣班都以小组的形式开展;主题活动则包括节假日联欢活动和棋牌赛、模特赛、书画展、趣味运动会等。长者工作坊的活动满足了社区居民对各种兴趣类、文体类活动的需求,同时也推动了社区居民之间的互动交流和相互信任,为互帮互助奠定了基础。

第二,社区教育服务与长者大讲堂。这类服务以讲座为主,包括养生讲座、心理健康知识讲座、药品安全讲座、居家安全知识讲座、处理家庭分歧技巧讲座、依法维权讲座、家庭财产继承讲座,等等。通过长者讲堂,社区居民可以从中学习一些与生活息息相关的新知识和新技能,并能够把这些知识和技能应用于日常生活中。

第三,社区参与服务与长者支持网。这类服务由志愿者的培育和志愿服务的开展两部分组成。长者支持网是以"耆乐安康"志愿服务网络计划项目为切入点搭建的平台,整合了原有的志愿者,吸纳了新的志愿者,筹建了五支志愿者队伍,成员超过了100人。协会对志愿者开展培训,并建立了一套志愿者管理体系。长者支持网除了开展志愿者动员和培育活动外,更重要的是组织志愿者开展社区互助服务,包括探访空巢独居老人、"一对一"结对帮扶、担任公益讲师、协助筹备活动,等等。长者支持网的活动为老人志愿者提供了服务机会,搭建了居民参与社区互助行动的平台。

4. 提升服务能力

在近十年的发展过程中,协会会长、秘书长、骨干、成员几经更换,尤其是会长、秘书长还兼任其他工作,对协会工作多采取"维持现状"的态度,缺少推动协会发展的意愿和动力。长期以来,运作方式都是街道办事处批复了活动资金,协会就开展一些活动;活动只要保证有人参加就可以了;基本没有规划活动目标。秘书长是协会运营的执行者,其日常工作包括开展活动、招募参加者、申请资金、制订工作计划等;会长几乎不参与管理,八个分会会长只是负责带领各分会的成员参加协会的活动,并不参与协会的日常管理工作。在专业社会工作者介入前,秘书长也因忙于应付日常工作而没有时间思考协会的发展、提升自身能力,工作热情渐渐降低。专业社会工作者介入后,一方面鼓励支持秘书长重新找回工作动力,并协助其举办活动;另一方面重点对八个分会会长进行了有针对性的能力建设,通过以下四个阶段的工作,带动协会成员成长,实现了提升服务能力的目标。

第一阶段,协助开展活动。在介入之初,专业社会工作者主导了活动的策划和实施,包括开办微信班、电脑班、编织班等。专业社会工作者在带领活动时,邀请各分会会长担任志愿者,协助完成签到、拍照、新闻稿撰写等工作。为了保证工作质量,专业社会工作者对各分会会长也进行了相应的培训。

第二阶段,独立组织活动。在经过一段时间的学习和实践后,专业社会工作者将一些活动交由协会分会骨干组织,由他们独立开展活动,专业社会工作者则扮演协助的角色。例如长者工作坊由八个分会的会长及其志愿者策划完成,面向各自社区的居民开展。长者支持网的服务则主要由协会来统筹,由社会工作者进行方案策划,并统筹活动,八个分会的会长和秘书长则负责实施服务。

第三阶段,独立承接活动。八个分会在完成一定数量的本社区服务且取得良好的服务成效后,其能力也明显增强,开始主动要求独立承接本社区"公益金"支持的活动,形成对社区居委会的支持;独立承接协会的工作,形成对协会的支持;独立承接街道办事处的活动,形成对基层政府的支持。独立承接过程基本上是分会会长自己洽谈,自己申请,自己策划,自己落地实施。承办的活动包括绿色环保倡议、楼门环境治理、清扫楼道卫生、垃圾分类等。这些活动不再局限在只为老年人群体服务,而是参与社区公共问题的处理,甚至是跨代互助。这表明,协会从自娱自乐的组织发展成为服务他人和贡献社区的组织。

第四阶段,培养社区领袖。专业社会工作者在助推协会发展的过程中,将工作重点放在培育协会领袖的领导力和核心骨干的项目执行能力方面,且强调了培育的方式、方法的"针对性":对于协会的领袖,注重培养他们的管理能力和组织能力;对于协会的核心骨干,注重培养他们的项目执行能力。区别培养的理由是,领袖和核心骨干的定位不同,对他们的能力要求也不同。协会领袖要把握协会的发展方向,因此需要较强的组织能力和管理能力;核心骨干是协会服务的直接执行者,对老年人群体、社区的需求更敏感,因此需要较强的项目策划和执行能力,以保障项目活动更精确地瞄准社区和老年人群体的需求,取得良好的服务成效。

5. 拓展资金渠道

协会以往的经费主要来自街道办事处的预算拨款,用于活动经费和人员经费。专业社会工作者开展助推工作后,鼓励他们申请市、区两级社会建设专项资金支持项目,以充分运用政府购买服务资金。社会工作者指导并协助协会秘书长撰写项目申请书,争取到市、区两级社会建设经费。2017年,协会成功申请了4个市、区两级社会建设专项资金资助的项目。此外,协会还整合运用了一些非现金资源,如一些社会组织"带资金"到街道与协会合作开展活动,协会协助完成场地支援和招募参与者的工作。这样做,协会不仅节约了人力投入费用,同时也获得了一些免费的物资支持。

总结上述民办社会工作机构助推社区社会组织的实践要素,见图2。

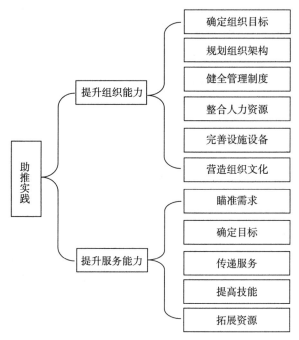

图2 专业社会工作助推X街道老年人协会的实践图示

四、专业社会工作助推X街道老年人协会的成效

(一)支持社区

1. 促进居民的社区参与

最初,X街道老年人协会是从街道办事处立场出发,或者是按照上级主管部门的要求去思考如何开展活动,即使在各社区有分会,也缺少以社区为本或者以居民为本的活动设计。分会的任务主要是招募活动参与者,而且各社区居委会对协会分会的活动关注较少,社区工作人员更关注的是协会分会的成员是不是本社区的居民,他们不认为协会分会能够发挥多大作用,反而觉得只要不惹麻烦就行。专业社会工作者介入后,开始引导协会与各自的社区党组织和居委会合作,强调其所设计的服务内容要与社区实际需求相契合,服务地点不仅要利用协会的活动场地,更要充分利用社区的场地资源,提高服务的可及性,方便居民参与。除了落地社区的

服务,也在辖区的部分楼宇、院落开展活动,让社区居民一下楼就可以参与。由于各分会与其所在社区党组织、居委会合作,在社区和院落开展活动,服务内容更贴近居民的需要,服务形式也更灵活,因此服务对象得以拓展,不再局限于老年人,社区青少年、残疾人及社区其他居民都可以参与其中。各分会开展了丰富多彩的活动,不仅促进了居民社区参与,也分担了社区党组织和居委会服务居民的工作,发挥了社区社会组织参与社区建设的作用。

2. 培育社区的居民领袖

在专业社会工作者介入前,协会主要靠秘书长一人运作,专业社会工作者介入后,重新把协会会长、秘书长及各分会的会长组织起来,开展了有针对性的培训工作,包括:如何撰写活动策划书和实施方案、如何进行活动现场分工、如何拍照、如何撰写新闻稿等,以提升其服务管理能力;与服务对象相关的知识和技巧培训,如老年人的心理特征、与老年人沟通的技巧、手指操带领技巧等,以提升其服务提供能力。经过一系列的培训,协会带头人的管理能力和服务能力明显提升,同时活动也打破了社区的界限,即使不同社区的居民带头人之间也能够相互学习交流,并且通过一带一或者一带二的方式,让更多的人成为社区居民骨干,为社区领袖队伍储备人才。

(二) 服务居民

专业社会工作在助推社区社会组织的过程中开展了各类服务,如讲座、小组、手工坊等,这些活动的规模有大有小,服务覆盖的人群包括老年人、青少年、残疾人和其他居民,不仅推动了更多社区居民参与,增加了社区居民之间的互动,更重要的是让他们学习了新知识和掌握了新技能,更关心社区建设,可以为社区的发展贡献力量。

1. 增加了社区居民的互动

在专业社会工作者介入之前,参加协会活动的居民总是固定的人群,同质性高、封闭性强,甚至部分居民参加的目的是获得小礼品,但相当多居民不参加的原因是,觉得活动简单重复、新颖性不够、收获不多、浪费时间。专业社会工作者介入后,带领协会的工作人员更新活动内容、创新活动形式,打破了固定成员参与的方式,尤其是引入小组工作方法,并把同类型的活动进行系列化,分节开展,加强了活动后的总结和分享,让参与者有更多的收获;同时把部分活动放在社区居委会服务场所开展,方便了居民参与;逐步取消了活动小礼品,让居民更多感受担当负责、正面思考的价值,激发居民关心他人和贡献社区行动力。总之,这些做法打破了以社区为界限参加活动的"常规",分期开展系列活动也让社区居民的互动更加深入,有助于营造信任、互惠、互助和参与的氛围。同时,协会及其各分会的互动也促进了社区与社区之间的沟通和交流。

2.传递了新知识和新技能

活动内容对协会来说是组织发展的生命活力之所在,陈旧的活动内容难以吸引参加者,而参加者数量少也影响了协会的组织生机。专业社会工作者介入之后,根据"互联网+"的发展现实,结合专业理论和居民的实际需求,广泛学习社会工作行业的相关服务经验,引入了药品安全讲座、居家安全讲座、沟通技巧讲座等,帮助社区老年人掌握新知识,而学习微信、丝网花和摄影等也帮助老年人获得了新技能。这些新知识和新技能可以帮助协会成员和社区居民更好地应对信息化社会所带来的日常生活困难,同时也提升了其生活品质。

(三)倡导政策

2015年,专业社会工作者在西城区助推X街道老年人协会发展的经验也为上级政府制定相关政策提供了实践依据。2016年,中共中央办公厅、国务院办公厅印发《关于改革社会组织管理制度促进社会组织健康有序发展的意见》(中办发〔2016〕46号)提道,"要大力培育发展社区社会组织,建立社区社会组织与社区建设、社会工作联动机制,促进资源共享、优势互补,把社区社会组织建设成为增强社区自治和服务功能、吸纳社会工作人才的重要载体"[①]。2017年,《民政部关于大力培育发展社区社会组织的意见》(民发〔2017〕191号)提道,要"鼓励支持有条件的社区社会组织吸纳社会工作专业人才,发挥三社联动优势,推动建立专业社会工作者与社区社会组织联系协作机制,发挥专业支撑作用,提升社区社会组织服务水平"[②]。这两个文件都提到了,要引入专业社会工作人才,建立专业社会工作者与

---

① 中共中央办公厅、国务院办公厅:《关于改革社会组织管理制度促进社会组织健康有序发展的意见》,2016年8月21日,http://www.gov.cn/xinwen/2016-08/21/content_5101125.htm,2021年4月12日访问。

② 民政部:《关于大力培育发展社区社会组织的意见》,2017年12月27日,http://www.mca.gov.cn/article/yw/shjzgl/fgwj/201801/20180100007214.shtml,2021年4月12日访问。

社区社会组织的联动和协作机制,发挥专业社会工作的优势,增强社区社会组织的自治和服务水平,促使双方的资源共享、优势互补。总之,专业社会工作的助推加强了社区社会组织规范化建设,提高了社区社会组织的组织能力、项目能力,扩展了社区社会组织承接社区公共事务、参与社区建设的机会。将社区社会组织纳入社区治理的体系也实现了政府大力发展城乡社区社会组织的工作目标。

总的来说,民办社会工作机构助推社区社会组织发展,取得了如图3所示的成效。

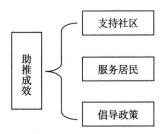

图3 专业社会工作助推X街道老人协会的成效图示

案例使用说明

一、教学目的与用途

本案例教学使用说明为将此案例应用于"高级社会工作实务"课程中"宏观社会工作"部分的教学而撰写,如将本案例应用于其他课程教学安排,应做相应调整,本案例使用说明仅做参考。

(一)适用的课程

本案例适用于社会工作专业硕士课程"高级社会工作实务""社区社会工作实务",也可以作为"社会服务管理"课程的辅助案例。

(二)适用的对象

本案例适用的对象包括社会工作专业硕士生和社会工作专业高年级本科生。此外,本案例也适用于受过社会工作本科及以上教育、在民办社会工作机构任职或从事社区社会工作的社会工作者,以及在基层社区组织工作的持证社会工作者。

(三)本案例教学目标规划

1. 覆盖知识点

本案例在"高级社会工作实务"课程应用中的主要覆盖知识点有:

(1)社区社会组织培育的相关政策;

(2) 社区社会组织的类型和基本特征；
(3) 社区社会组织的培育过程；
(4) 社区社会组织的培育方法。

2. 能力训练点

本案例在"高级社会工作实务"课程中规划的能力训练点有：

（1）学会分析社会政策文本，掌握政策目标、政策内容及其政策执行过程；了解落实社会政策的行政机制，包括从中央到地方以及市、区、街、居的四级工作网络及其相应职责权限。

（2）了解"三社联动"，把握民办社会工作机构参与基层社会治理的过程，包括政府购买服务机制及其财政资源的获取、项目开展过程中与基层社区组织（社区党组织、居委会、服务站或工作站）建立信任关系等的技术。

（3）了解分析社区社会组织的类型及其需求，把握社区社会组织的培育目标；掌握社区社会组织培育过程，包括成长期、发展期和成熟期的主要特征及其主要培育任务。

（4）掌握居民带头人的发现、培育过程和培育方法。

3. 观念改变点

本案例在"高级社会工作实务"课程中规划的专业理念有：

（1）重视制度和环境要素。社区社会工作强调对制度体系和环境系统的改变，因此社会工作者必须要了解社会政策，包括政策的来龙去脉、政策的落实机制、政策的执行成效。

（2）强调"以人为中心"的理念。社区社会工作的本质是促进社区居民的成长，包括其社区意识的提升、社会责任的担当、解决社区问题能力的提升等。

（3）社会资源动员能力的建设。在基层社区层面工作的社会工作者一是要有能力通过政策引领，自上而下地争取政府财政资源，购买专业服务；二是要有能力与基层政府和社区组织建立信任合作关系，顺利开展项目工作；三是要有能力动员辖区单位组织资源，挖掘居民带头人、居民骨干、社区志愿者等人力资源，满足社区的多元化需求。

二、启发思考题

本案例的启发思考题主要对应的是案例教学目标中的知识传递目标，启发思考题与案例同时布置，另外要让学生尽量在课前阅读熟悉相关知识点。在案例讨论前需要布置学生阅读教材中社区社会工作的内容,包括:社区社会组织的定义、特征、功能;社区社会组织的培育过程;居民带头人的培养等。

思考的问题如下:

(1) 案例中专业社会工作者在回应社会政策方面所做出的努力的意义是什么?

(2) 从社区社会组织培育的角度看,推动其走向服务、培养公益精神的意义是什么?

(3) 从案例出发,社会工作者在社区社会组织培育过程中的专业性体现在哪里?

(4) 专业社会工作者应如何助推案例中的 X 街道老年人协会持续发展?

三、理论依据及分析思路

(一) 理论运用

依据皮拉利斯的社会工作理论的结构模型,本文将从解释性理论、介入模式理论两个层面讨论案例中的理论应用。

1. 解释性理论

第一,社会治理理论。社会治理旨在建立一种国家与社会、政府与非政府组织、公共机构与私人机构等多元主体协调互动的治理状态,在科学规范的规章制度的指引下,强调各行为主体主动参与的社会发展过程。[1] 格里·斯托克梳理了各国学者的观点,指出作为理论的治理主要有五种观点:一是,治理意味着一系列来自政府但又不限于政府的社会公共机构和行为者;二是,治理意味着在为社会和经济问题寻求解决方案的过程中存在界限和责任方面的模糊性;三是,治理明确肯定了在涉及集体行为的各个社会公共机构之间存在权力依赖;四是,治理意味着参与者最终将形成一个自主的网络;五是,治理意味着办好事情的能力并不仅限于政府的权力,不限于政府的发号施令或运用权威。[2] 随着时代的发展变化,逐渐产生了新公共管理理论、多中心治理理论、善治理论,形成了相对成熟的社会治理理论。其中,新公共管理理论强调采用授权或分权的方式进行管理,引入竞争机制,重视公共服务的产出,实现公共服务的效率;新公共服务理论强调政府的主要职能是服

---

[1] 向德平、苏海:《"社会治理"的理论内涵和实践路径》,《新疆师范大学学报(哲学社会科学版)》2014 年第 6 期。

[2] 参见俞可平主编:《治理与善治》,社会科学文献出版社 2000 年版。

务,政府也是参与者,重视公民领袖的培养,鼓励公民积极参与;多中心治理理论强调在社会事务管理过程中多个主体对公共事务的参与,通过协商合作来满足公共服务的需求;善治理论重视政府与公民对公共事务管理的合作共治,强调各个中心上下互动,以更好地进行民主协商。①

社会治理理论强调治理主体多元化,通过多个行为主体的自觉互动形成社会治理网络,最终实现善治。它打破了传统的以政府为主导的自上而下的方式,注重以互相合作、全民参与、协商的自下而上的方式来实现社会治理。本案例体现了社会治理的特征,即区政府向民办社会工作机构购买服务项目,而项目的内容是助推社区社会组织的发展,其整体目标是促成合作、参与和协商共治。

第二,自组织理论。自组织理论是20世纪60年代建立起来的研究自组织的现象和规律的一种系统理论,它包括耗散结构理论、协同理论、相变理论等。协同理论研究的是如何保持体系的活力,即研究自组织的动力机制问题。② 自组织理论的研究对象主要是复杂自组织系统(生命系统、社会系统)的形成和发展机制问题,即在一定条件下,系统是如何自动地由无序走向有序、由低级有序走向高级有序的。③ 协同理论认为,在整个环境中,各个系统间存在相互合作与协调的关系,并形成某种结构。哈肯认为,经济学、社会学等社会科学领域中也存在广泛的协同现象。④ 党的十六届四中全会作出的《中共中央关于加强党的执政能力建设的决定》提出,要建立健全党委领导、政府负责、社会协同、公众参与的社会管理格局,这是对新的社会管理体制的表述。这里所说的"社会协同"包括诸多内容,既是指社会力量(社会组织)参与社会生活的管理,也是指社会管理成为社会性的活动,主要是指社会管理主体的多元化。

2. 介入模式理论

第一,地区发展模式。地区发展模式是由美国学者杰克·罗斯曼根据社区发展以及社区建设的相关经验所提出的社区工作实务模式。该模式强调,在一个较大的社区范围内鼓励社区居民通过自助或互助的方式,广泛参与社区事务,解决社区问题,推动社区发展。地区发展模式包含三方面的意义:(1)强调是一种以地区为基础的经济、社会、文化等实质内容的发展;(2)强调是一种发展理念,可以促进当地

---

① 刘湘顺、李雅莉:《西方治理理论对我国社会治理建设的若干启示》,《湖南省社会主义学院学报》2017年第3期。
② 吴彤:《自组织方法论研究》,清华大学出版社2001年版,第21页。
③ 钱宁、田金娜:《农村社区建设中的自组织与社会工作的介入》,《山东社会科学》2011年第10期。
④ 参见 H. 哈肯:《信息与自组织——复杂系统的宏观方法》,郭治安等译,四川教育出版社1988年版。

居民的需求与当地的资源、环境和人口的协调、可持续发展;(3)强调是一种社会工作的介入手法,可以推动社区居民自下而上地参与、合作,让居民集体组织起来掌握、利用社区资源,解决社区问题,满足社区福利需求,增强社区归属感和凝聚力。①

第二,社区组织方法。在社会工作中,社区组织是一种社区工作方法,是基于地域、共同利益或共同关注的议题,自发或在外力协助下形成的团体。社区组织的目标在于通过聚会讨论,运用社区民众集结的力量以及社区内外资源,保障组织成员的福利及解决社区问题。社区组织工作的目的在于协助困弱群众建立互助网络,培养居民参与、自决与合作的素质,在相互协助下改善生活质量。社区组织本质上是基层群众的自助互助团体,亦可被视为增能取向的组织,其特点是自下而上参与决策、互助合作、增能赋权、意识提升与采取优势的集体行动。②

(二) 价值观要求

1. 致力于人的发展

以人为中心,促进社区居民的成长和进步是社区工作的重要目标和实践原则。社区工作的任务目标是解决社区问题,而其过程目标强调人的发展,即发展居民之间的相互关心和合作态度,培养居民解决社区问题的能力和信心。由于社区工作处理的问题较为宏观,每个居民在其中的利益和立场不完全一致,有些问题未必与所有社区成员都息息相关,所以社区工作的任务目标与过程目标会出现不能完全契合的情况,社会工作者在工作实践中有时也感到难以兼顾。在这类情境下,社会工作者需要经常提醒自己:社区工作的最终理想是帮助社区建设集体能力,通过群策群力的方式促进社区改变,社区居民的成长和进步是核心和长远的任务。只有社区居民关注社区事务,有责任意识,参与社区建设,社区才能可持续发展。为此,社会工作者应始终重视培养居民的能力,通过参与式方法,帮助其提升社会意识,培养参与精神,学习解决问题的方法,增强合作能力。③

2. 强调参与和民主

社会工作者相信社区居民有能力解决影响其日常生活秩序和生活品质的各种问题,因此鼓励和推动社区居民参与,认为这既有助于问题的解决,也有利于居民

---

① 参见全国社会工作职业水平考试教材编写组编写:《社会工作综合能力(中级)》,中国社会出版社2014年版。
② 闫红红、张和清:《优势视角下农村妇女组织与社区参与的实践探索——以广东省 M 村妇女社会工作项目为例》,《妇女研究论丛》2019年第2期。
③ 参见全国社会工作职业水平考试教材编写组编写:《社会工作综合能力(中级)》,中国社会出版社2014年版。

的自我成长。社会工作者强调社区居民参与是基于以下理由：首先，培养社区自决。社区工作者相信，只有社区居民自己才最清楚社区的问题和需要，外来人士未必对居民的处境和困难有深刻的了解和体会，所以应该通过参与，让居民界定自己的问题和需要，分析社区问题的表象和成因，并提出解决问题的策略。这样既可以形成有针对性的决策，又可以培养居民的协商合作能力，更有利于社区发展目标的实现。其次，践行民主参与。基于民主的价值观，社会工作者认为每个人都有参与公共事务的权利，因而要努力使社区居民有实践自己参与权利的机会，让社区居民通过实践学习民主技能，包括自由表达、充分交流、协商互谅、达成共识等。最后，激发个人成长。社区居民通过积极参与社区活动，能够发现自我潜能，积累经验，培养自助、互助和参与精神，建立支持网络。

总之，社会工作者在推动社区居民参与集体行动的过程中，不断发现和挖掘居民的潜能，加强居民的自我引导能力，促进其自决和自立能力的提高。更重要的是，这一过程提升了居民的社区意识，增强了居民对社区的认同感和归属感，促进了社区凝聚力的形成。①

四、方法分析

（一）社区社会组织的类型和特征

社会工作者在培育社区社会组织时，首先需要对社区社会组织的类型及其特征进行分析。基于专业理论和实践经验，如图4所示，目前社区社会组织的类型及其特征主要分为以下四种。

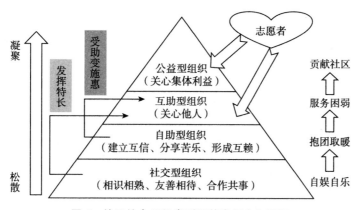

图4 社区社会组织类型及其发展方向图示

---

① 参见全国社会工作职业水平考试教材编写组编写：《社会工作综合能力（中级）》，中国社会出版社2014年版。

1. 社交型组织

例如社区里的合唱队、舞蹈队、摄影队等,其成员特征是具有相同的爱好、兴趣和特长,其自组织的功能主要是自娱自乐。这种组织在社区里大量存在,其组织的带头人主要是有特长且有一定组织能力的居民,这类组织的功能是使居民可以彼此认识、相互熟悉、建立情谊。因而居民之间能够友善相待、合作共事,如排练节目,参加社区或街道演出,或区里组织的群众文艺会演等。

2. 自助型组织

例如社区里的残疾人组织、慢病自我管理组织、精神障碍康复者家属组织等。与社交型组织相比,自助型组织的成员多数面临相同问题或同一困境,其自组织的功能主要是抱团取暖。这类组织的成员一般是由社会工作者召集,通过一系列的小组活动,可以协助成员表达其所面临的困难,交流克服困难的经验和方法,从而推动成员彼此建立互信关系,为行动上互助和心理上互赖奠定基础。社会工作者也可以通过一系列活动,发现潜在的居民带头人,通过一对一的培养过程推动组织建设。

3. 互助型组织

例如社区里的助老服务队等。与社交型组织、自助型组织不同,互助型组织的成员多数是志愿者,他们关心社区中的困难群众,愿意参与社区服务。其组织功能主要是服务困弱。这类组织的成员一般是由社会工作者发现和动员社交型组织、自助型组织的成员加入。志愿者进行组织化后,匹配社区服务机会或搭建公益服务平台,有组织地和持续地参与社区服务。

4. 公益型组织

例如社区里的平安巡逻队、社区环境保护组、停车自管会等。与互助型组织的相同之处是,其成员多数是志愿者,不同之处是公益型组织所关心的问题多属公共议题,如社区安全、社区环境、社区停车等。其组织功能主要是贡献社区。这类组织一般也是由社会工作者进行培育。互助型组织中的更具有社会责任和奉献精神的骨干志愿者被聚集在一起,共同分析社区问题,并参与解决问题的行动。

(二)社区社会组织的核心能力与培育流程

1. 社区社会组织的核心能力

社区社会组织的核心能力主要包括组织管理能力、项目管理能力和社区服务能力。组织管理能力主要是指组织的管理制度及其实施细则、人员分工、年度工作计划、资金筹措和预算管理等能力。项目管理能力主要是指需求调研及瞄准需求、项目设计、活动实施计划、活动总结与项目监测等能力。社区服务能力分为两个部分：一部分是助人的服务能力，包括了解服务对象的特征、与服务对象建立信任关系、根据服务对象的需求提供适当服务；另一部分是参与解决公共问题的能力，包括具有社会意识和社会责任、理性客观分析问题、参与解决问题的实际行动、与他人合作共事、形成集体力量等。

2. 社区社会组织的培育流程

社会工作者在培育社区社会组织过程中，一般以社区居民和社区社会组织两个主体为主线：一方面依托社区群众性自治组织、社区社会组织、社区居民的关系基础及资源，动员社区居民参与，培养其人文关怀和社会责任感；另一方面通过助力培育社区社会组织，推动组织建立规则，培养居民带头人，提升其运作社区服务项目的能力，以及促进团队凝聚建设等。配合社会组织发展理论及其规律，结合社会工作者的实务经验，当前社会工作者培育社区社会组织主要分为三个阶段。

第一阶段为成长期。这个阶段，社会工作者主要协助社区社会组织理清组织发展思路、梳理组织现有的人财物资源，通过文娱类活动，协助社区社会组织吸引居民，营造组织参与社会服务的公益氛围，并在此过程中发现和挖掘热心居民。

第二阶段为发展期。这个阶段，社会工作者以社区社会组织带头人的培养为重点，综合评估其组织管理、项目运作和社区服务能力，通过一对一和小组的形式，通过交流和讨论、咨询和建议的方式，提升社区社会组织带头人的策划、执行和服务评估能力，促进社区社会组织的社区服务从零散性、临时性走向常态化、可持续发展。

第三阶段为成熟期。这个阶段，社会工作者逐步后撤为督导，主要负责协助社区社会组织带头人及其骨干梳理社区现存的公共问题，掌握需要帮助的困难人群名单，制订参与公共问题解决的实施计划，整理定期探访和支援困难人群的服务计划。同时鼓励社区社会组织转型，参与社区治理，推动社区服务的公益化和品牌化发展。

（三）社区社会组织的培育方法①

1. 开展社区探访，融入社区多方联席会议

与社区党组织、居委会建立良好的合作关系是专业社会工作机构融入社区、推

---

① 孙莹、吴骏：《社会工作介入社区社会组织发展研究》，《中国民政》2017年第21期。

动社区发展的第一步。专业社会工作服务机构通过入户探访和社区走访的方式,瞄准社区居民最真实的服务需求,了解社区现有组织的运行和发展状况,评估社区与社区居民需求的发展方向和资源状况,明确社会工作介入社区社会组织发展的阶段性任务和目标,并经由此过程,与社区居民及社区社会组织建立良好的信任合作关系,提升专业社会工作的服务效能。同时,在社区探访的基础之上,专业社会工作服务机构要积极争取参加由街道、社区党组织、居委会、社区社会组织、辖区单位代表、社区居民代表等多方参与的联席会议制度,了解社区情况和当前主要工作,以与街道和基层社区组织配合积极,并推进联席会议定期化和可持续。在会议中,针对社区公共问题,社会工作专业机构要发挥专业优势,一方面建议解决问题的技术和方法,另一方面发现潜在的社区居民带头人,并将提升居民的觉悟融入工作过程。

2. 动员居民参与,壮大社区志愿服务队伍

社区居民参与是社区建设和社区社会工作的重要工作内容。专业社会工作服务机构通过在社区开展社区主题活动、节庆日活动和主题小组等方式,充分发动社区居民关心社区事务,吸引仍处于"观望"的社区居民参与社区活动,提升居民的社会意识。在开展社区服务活动的同时,社会工作者积极寻找乐于参与社区活动居民,动员协助社会工作者开展社区服务,从培养其办事能力入手,提供相关培训,既传播志愿精神,也培养社区服务能力,同时提供机会促成居民参与助人服务,壮大社区志愿者队伍,并推动其形成组织。社会工作者要运用专业技术优势,带领社区志愿者参与社区服务,形成"社工引领义工"的格局,将单纯输出"爱心"的志愿服务,引导成为志愿者与服务对象共同成长、志愿者回馈自我及其所在社区的多向互动的专业服务。

3. 培养居民领袖,提升社区社会组织能力

发掘社区居民领袖和提升社区社会组织能力是社会工作有效参与社区治理的重要方式。在居民的参与程度及居民自治能力都有所提升的基础上,专业社会工作须瞄准居民领袖培养和社区社会组织的核心能力建设两个焦点开展工作。

在居民领袖培养方面,社会工作者可以从居民小组活动中发现和挖掘社区居民领袖,通过举办参与式工作坊,围绕社区公共安全、社区环境、社区助老、社区青少年发展、社区家庭关系发展等问题进行讨论和分析,商讨解决问题的策略和方法,培养潜在的居民骨干。总之,通过一系列工作,帮助居民领袖实现下列目标:在态度层面,能够以公众利益、社会公义为己任;在知识层面,能够具有政策视角,了

解权力资源分布以及政府组织的结构和职责;在行为方面,具有基层动员能力、组织集体活动等领导能力。

在社区社会组织的核心能力建设方面,社会工作者一方面要协助社区社会组织走向自治,包括协助社区社会组织完善组织规则、科学规划组织结构和分工,提升组织带头人的领导能力,维护组织成员对组织的认可和归属感,整理常规活动的档案等;另一方面要协助社区社会组织提高社区服务能力,包括服务资源的筹措、服务项目的计划和实施,以及通过服务合作方、服务对象以及社区居民的评价来把握服务成效等。

五、关键要点

本案例分析的关键在于,在社区社会组织培育过程中社会工作者应把"人"的培养,即居民的参与、志愿者的动员、居民骨干和居民领袖的培养作为主导因素,并理解居民组织化和组织公益化的历程。教学中的关键要点包括:

(1) 社区社会组织培育的逻辑过程;

(2) 社区社会组织在发展过程中可能存在的问题及其解决方法;

(3) 社区社会组织的核心能力及其提升方法;

(4) 社区居民领袖的核心能力及其提升方法。

六、建议的课堂计划

本案例课堂计划可以根据在读社会工作专业硕士研究生的差异,尤其是对案例的阅读和相应知识的掌握程度来进行有针对性的设计。

(一)学生需预习的知识

在读社会工作专业硕士研究生要预习到位,阅读社区工作实践模式、社区组织和社区教育三个部分的内容。建议学生通过小组讨论的方式在课外对案例进行通读。由于多数学生实务工作经验不足,因此案例讨论过程中教师要多加引导。

(二)课堂时间安排

本案例教学可以按3学时进行设计。课前阅读相关资料和文献3小时,小组讨论1小时。

课堂安排:(135分钟)

案例回顾:45分钟

分组讨论:25分钟

交流分享:20分钟

知识梳理总结:30分钟

问答与机动:15分钟

本文作者:孙莹,中国青年政治学院社会工作系教授;潘嘉琪,中国青年政治学院社会工作系2018届社会工作专业硕士毕业生。

RF 社会工作服务机构的发展

摘要： 在政策强力推动、多年专业积累和巨大社会需求的共同作用下，作为吸纳社会工作人才的主阵地、整合社会工作服务资源的渠道、开展社会工作专业服务的载体，一批民办社会工作服务机构在 2008 年后应运而生。但是，受到国家购买社会服务政策、专业人才自身成长规律以及民办非企业单位生存环境和管理法规等现实因素的影响，社会工作服务机构的发展一波三折，经历着使命、资金、人员、服务、管理等多方面的考验。作为一个典型案例，本教学案例以 B 市 RF 社会工作服务机构在五年间的创建、发展、变革等组织发展历程为基础，阐述社会工作专业服务面临的机遇和挑战，并反思社会工作服务机构发展背后折射出的社会工作作为一个专业、职业、行业在发展过程中所面临和需要解决的关键问题。

关键词： 社会工作服务机构，组织创建，组织发展，社会工作成长，专业价值

B 市 RF 社会工作服务中心（以下简称 RF 社工机构）是一家由该市某高校社会工作专业教师于 2011 年底发起，2012 年正式在 B 市 F 区民政局注册，以社区综合服务、社会救助等为主要服务领域的社会工作服务机构。其英文名称是"Rich-Future Social Work"，寓意社会工作的"丰富的未来"。机构的使命愿景是"生命影响生命，专业铸就品牌"。在发展巅峰时期的 2017 年，机构有专职、兼职员工总数接近 20 人，承接大小项目 23 个，年度项目资金 300 多万元。员工当中，社会工作专业硕士生占了 70%，助理社会工作师和中级社会工作师持证率约 90%。在全国民办社会工作服务机构飞速发展、快速扩张的十年（2009—2019）中，RF 社工机构顶多算是一个中小型机构。但是，这样一个规模不大的机构，因为坚持人员和服务的专业性，收获了很多服务奖项和行业荣誉。在机构成立短短五年

内,RF社工机构不但被F区民政局评为5A级社会组织,入选过某世界500强驻华企业的公益供货商名录,而且,多个社会工作服务项目获得省部级奖励(如B市2017年最佳社工服务团队的称号),其社会工作者的服务和事迹也被中央电视台、《中国青年报》等媒体,以及《中国社会工作杂志》《财新周刊》等专业刊物进行过特别报道。

然而,RF社工机构的发展却并非一帆风顺,其间赶上过政策的利好时期,也经历过人员、资金等多方面的生存危机。至今,RF社工机构仍处在组织转型的阵痛当中。其发展过程大致可以看作是部分社会工作服务机构真实经历的一个缩影。

一、RF社工机构成立的背景

(一)政策推动、专业积累及社会需求

民办社会工作服务机构在中国包括B市都是一个新生事物,其产生和发展的历史也不过短短的十年。从其快速而迅猛的发展势头来看,以下三个方面发挥了直接的推动和影响作用。

1. 政策法规的推动

2006年10月,党的十六届六中全会通过了《关于构建社会主义和谐社会若干重大问题的决定》的纲领性文件,其中提到"要加快建设一支宏大的社会工作人才队伍"。以此为契机,民政部作为"社会工作人才队伍"建设的主责部门和重要推动力量,联合多个部委陆续出台了一系列有助于社会工作专业发展的政策文件。

(1)社会工作人才队伍建设方面

其中影响比较大的文件有《关于印发〈社会工作者职业水平评价暂行规定〉和〈助理社会工作师、社会工作师职业水平考试实施办法〉的通知》(国人部发〔2006〕71号)。此外,《国家中长期人才发展规划纲要(2010—2020年)》(中发〔2010〕6号)还把社会工作人才作为六大类统筹推进建设的人才队伍之一。2012年,19个部委和群团组织联合发布《社会工作专业人才队伍建设中长期规划(2011—2020年)》。同样地,B市也在2012年发布了《B市中长期社会工作专业人才发展规划纲要(2011—2020年)》,作为该市社会工作人才队伍建设的纲领性文件。

(2) 促进社会工作服务机构发展方面

比较典型的是,2009年10月民政部发布《关于促进民办社会工作机构发展的通知》指出:民办社会工作机构是吸纳社会工作人才的重要载体,是有效整合社会工作服务资源的重要渠道,是开展社会工作专业服务的重要阵地。促进民办社工服务机构发展,对于进一步推进社会工作及其人才队伍建设,预防和解决当前社会发展中存在的各种矛盾和问题,推动政府转变职能,创新社会管理和公共服务方式,加强以改善民生为重点的社会建设,促进社会和谐,具有重要意义;也是增强民政基层服务力量,提升民政管理与服务专业化水平,实现民政工作又好又快发展的重要途径。

(3) 政府向社会力量购买服务方面

2013年9月,国务院办公厅印发《关于政府向社会力量购买服务的指导意见》(国办发〔2013〕96号),要求充分认识政府向社会力量购买服务的重要性、正确把握政府向社会力量购买服务的总体方向、规范有序开展政府向社会力量购买服务工作、扎实推进政府向社会力量购买服务工作等。实际上,早在这个文件印发之前,各级各地政府部门、群团组织已经陆续通过项目购买、委托服务等不同形式开展了服务购买工作。

2. 专业发展的积累

我国的社会工作专业自20世纪20年代在燕京大学正式开办,至今已经有约100年的历史。"social work"(社会工作)当时被翻译为"社会服务"。在1952年全国院系调整、社会工作专业被取消之前,医务社会工作、儿童福利、青年工作、社区建设、边疆民族社会工作等领域已经取得了一定发展。改革开放后,在民政部和高等教育界的共同推动下,1988年,北京大学等四所高校率先恢复重建社会工作专业。经过近40年的发展,截止到2017年底,全国已有近400家社会工作高职、本科专业以及150家硕士学位授权点,每年培养约3万名高职、本科、硕士等不同层次的社会工作毕业生。① 在B市,社会工作专业院校数量居全国前列,共有21所高校开办了社会工作高职、本科、硕士和博士等不同层次的专业教育,为社会工作服务机构的开办积累了大量专业人才。

由于社会工作行业与职业尚处在起步阶段和发展之初,社会工作专业毕业生

---

① 数据来源于中国社会工作教育协会。

从事本行业和本职业的人数相对有限,而且从业人员的流失率较高。即使如此,近40年专业教育和专业实践的发展依然积累了一大批认同社会工作专业价值的从业者。特别是,随着2006年以来各方面政策的大力推动,社会工作行业和职业的前景日益向好,吸引着越来越多的社会工作毕业生和其他有志之士投身于社会工作行业。

3. 现实社会的需求

(1) 转型社会的需求

随着中国经济社会的高速发展,社会福利和社会服务的单位制、家庭型解决模式逐渐向社会、社区模式转型,原来由单位和家庭承担的照顾责任慢慢转向了社会和社区。以社区为例,社区已由过去单纯的居民居住点,转变为各种社会组织的落脚点、各种社会群体的集合点、各种利益的交汇点、各种社会矛盾的聚集点。社区工作进入了一个全新的历史发展时期,因此需要新的形式和新的方法来解决社区和社会所面临的新问题。为此,B市先后发布了若干政策文件,如2009年的《B市加强社会建设实施纲要》,2011年的《中共B市委关于加强和创新社会管理 全面推进社会建设的意见》等。

(2) 社会福利与社会服务的需求

党的十九大报告指出,中国特色社会主义进入了新时代,我国社会主要矛盾已经转化为人民日益增长的美好生活需要和不平衡不充分的发展之间的矛盾。报告中特别提到了"幼有所育、学有所教、劳有所得、病有所医、老有所养、住有所居、弱有所扶"等民生和保障问题。社会工作者需要不断探索,采用专业的服务和创新的方式来满足社会需求,回应社会问题。

(二) 社会工作服务机构发展概况

1. 数量在短期内迅猛增加

全国最早的一批社会工作服务机构是从2006年党的十六届六中全会以后,在广东、上海、北京、山东、福建、江苏等一些经济相对发达的城市陆续建立发展起来的。此后,不断向其他城市和中西部地区发展。民政部的统计数据显示,截至2016年10月底,我国社会工作专业人才队伍人数总量达到76万,相关社会工作专业岗位超过 20 万个,社会工作服务机构超过 6600 家。① 此外,从以下几个数据也大致可以看出不同区域社会工作服务机构发展的概况和轨迹。

在政府购买服务和社会工作服务机构发展迅猛的广东省,截至 2016 年 9 月,仅广州一地就有社会工作服务机构 417 家,机构数量居全国各城市首位。2008 年汶川地震后,灾害社会工作在四川省迅速崛起,社会工作服务机构也得到了快速发展。截至 2014 年底,四川省社会工作服务机构数量突破 400 家。在中部地区的河南省郑州市,截至 2016 年 5 月,社会工作服务机构已发展到近 50 家,并已经规划到 2020 年争取达 100 家。

在 B 市,根据该市社会工作委员会负责人的统计,从 2009 年第一家社会工作服务机构诞生开始,到 2017 年 12 月止,B 市专业社会工作机构已达 410 家。② 而 RF 社工机构正是其中的一家。

2. 创办人的背景与机构类型

组织研究者的一项重要课题是分析组织创办人的自身信念、经历等对组织文化、发展前景、管理风格等的影响。数量众多的社会工作服务机构在短时间内迅速成立,其创办者的背景无疑赋予了各自机构不同的先天禀赋和后天差异,对机构的发展思路、管理方式、专业水平、服务品质乃至发展前景等烙下了浓重的影响印记。以 B 市为例,社会工作服务机构创办人的背景大致包括以下几个方面(相应地,机构也可以据此分成不同的类型)。

(1)高校社会工作专业或相近专业背景的机构

这类机构的创办人是高校社会工作专业或相近专业的教师或毕业生,一般是出于本校或自身专业发展的考虑成立机构,专业认同度较高。高校社会工作专业背景的机构在服务开展中,相对比较注重专业价值理念、专业方法和服务品质与效果。但是,因其职业训练或社会阅历相对有限,这类机构可能在职业管理、社会资源方面存在一定程度的不足。当然,这里指的是一般情况,即使同属高校社会工作专业背景,机构创办人各自的社会工作专业训练差异、对专业的不同理解、个人的

---

① 数据来自 2016 年民政部副部长顾朝曦在广州"全国社会工作推进会"上的讲话,2016 年 11 月 7 日,中华人民共和国民政部,https://www.mca.gov.cn/article/xw/mzyw/201611/20161115002350.shtml,2022 年 4 月 11 日访问。

② 《北京市专业社会工作机构已达 410 家》,2018 年 1 月 4 日,搜狐网,https://www.sohu.com/a/214489244_161623,2022 年 5 月 1 日访问。

不同经历等也会造成机构的风格相差较大。

(2) 政府部门或群团组织背景的机构

这类机构的创办人通常是获得相关政府部门、群团组织、街道等的支持，或者本人曾经在上述单位工作过，为了更好地承接该部门转移出来的部分政府职能或者拓展新的工作领域而成立社会工作服务机构。他们的优势是政府部门对其信任度比较高、项目资源较为充足，但在服务的专业性和创新性方面有所不足，容易沿用以往的行政性的工作思路和方法。

(3) 企业背景的机构

来自企业背景的创办人开办社会工作服务机构的初衷一般有三个方面：一是试图通过政府购买服务项目开拓新的业务领域。随着近年来中国经济发展模式的转型，承接政府工程或其他项目的原有企业发展模式难以延续，而社会工作服务类的项目购买有可能成为企业新的业务增长点。二是希望通过承接政府购买服务项目，提升企业的社会公信力，从而带动相关领域经营性活动更好开展。三是企业具有一定的公益心，愿意服务社会，但又不希望公益活动成本太高，影响企业正常的经营活动，故而成立社会工作服务机构，以政府购买服务项目达到自收自支的效果。企业背景的社会工作服务机构在成本控制和制度管理方面具有比较成熟的经验，但在专业理念和专业方法方面相对欠缺。

(4) 社会能人背景的机构

社会工作服务机构的创办中还有一类"社会能人"，他们不属于上述任何一种背景，可能是灵活就业的自雇佣者，或者是曾经任职于NGO①，也可能是已经退休的热心人士。他们的共同特点是，人际交往广泛，对政府需求非常敏感，擅长链接与整合资源。一旦捕捉到了某种需求，他们就可以在很短的时间内，迅速调动和整合资源，组合出一套至少在表面上看起来非常合理的需求满足方案。在社会工作服务机构和政府购买服务处在初级发展阶段，人们对社会工作的专业服务能力和服务效果尚缺乏更多认识和了解的情况下，由社会能人创办的社会工作服务机构很容易获得更多的项目资助，甚至可能获得较高的评价和荣誉。这类机构的最大问题就是，专业服务似是而非甚至鱼目混珠，开展的服务相对来说较为粗浅而且流于形式。

需要特别说明的是，以上关于机构创办人的背景差异和机构特点的分析更多

---

① 非政府组织的英文简称，也叫民间组织，是指不以营利为目的、提供各种社会服务的组织。

着眼于各类机构的共性特点。实际上,不管是哪一类背景的机构创办人,因为个人经历不同,对社会工作专业的理解不同,其所创办的社会工作服务机构均在一定程度上具有不完全符合上述共性特征的个体差异性,因而针对个别机构需要进行个别分析,不能一概而论。

二、发展历程:RF 社工机构的五年成长路

(一)为了留住社会工作专业毕业生而创业

自 2001 年从事社会工作专业教学以来,B 市 C 校社会工作系的 L 老师一直致力于和 NGO 的合作,从学生的志愿服务和专业实习开始,逐步在几家机构建立了相对稳固的实习基地。L 老师曾在自己的一篇论文里面提到,NGO 为社会工作提供了组织平台,社会工作者则是 NGO 的重要人力资源。然而,直到 2010 年全国首届社会工作专业硕士进入 C 校以后,L 老师才发现,这些 NGO(此时有些已经开始转型并注册为社会工作机构)并不能给社会工作毕业生,尤其是高层次的社会工作硕士毕业生提供一个发挥专业才干的就业环境。

C 校属于全国首批 33 所试办社会工作专业硕士的院校之一。入读 C 校的第一届社会工作专业硕士研究生十分优秀,70% 来自全国各地出色的社会工作本科院校,30% 还是跨专业考取。也许是受到了"黄埔一期"效应的激励,这批学生在学习、实践、论文等各方面均有突出表现,这使 L 老师感觉非常振奋,对专业发展前景有了更多的期待。两年的硕士学习阶段转瞬即逝,很快,第一届社会工作专业硕士学生迎来了自己的毕业季。然而,放眼望去,市场上并没有太多适合他们从事本专业的就业机会。NGO 虽然是大有希望的一个专业发展平台,但是基于多年合作的经验,学生们却并没有首选甚至是没有选择它。L 老师在做机构督导和实习督导时,通过学生反馈,结合自己的亲身经历发现,很多 NGO 提供的服务缺少足够的专业性。当发现越来越多的学生提到 NGO 给自己在专业认同方面带来的迷惑和困扰后,L 老师萌发了自己创办一家专业社会工作服务机构的想法,希望以专业的机构吸引专业的人才。这样,既能留住优秀的社会工作毕业生,也能为社会工作在校生提供稳定的专业实践、实习机会。为了能赶上第一届社会工作专业硕士毕业,事不宜迟,说干就干。

于是,2011 年 12 月初,在 B 市第一场冬雪来临的时候,在 C 校东校区南门外

的一个咖啡馆,由 L 老师发起,3 位专业教师和 5 位对社会工作专业认同度较高的社会工作硕士生召开了第一次机构筹备会。会上,大家对机构成立的意义、时机等进行了分析,并对接下来需要处理的事情进行了分工。随后,RF 社工机构的筹备工作便紧锣密鼓地开展起来。

(二) 创业初期的磨炼

1. 两年前的偶然相遇

根据筹备会的分工,L 老师负责机构的注册事宜。此时,沉睡在通讯录里快两年的 B 市 F 区社会建设工作办公室的 X 科长即将被 L 老师唤醒。

时间退回到两年前,在 2010 年 3 月的国际社会工作日,B 市曾举办了一场盛大的宣传活动。活动中,B 市主管社会建设的领导为各区县率先成立的 10 家社会工作服务机构举行了揭牌仪式,并宣布 B 市将加快成立社会工作服务机构的步伐,推动社会建设事业的发展。正是在这次会上,带领学生参加宣传活动的 L 老师邂逅了同样来参加活动的 F 区社会建设工作办公室的 X 科长。F 区是 C 校本部所在的城区,因为地缘关系,两人互留了电话。但是,在此后长达两年的时间内,L 老师和 X 科长几乎再没有任何交集和联络。

2011 年,在前述政策背景的大力推动和影响下,B 市已经注册成立了十几家社会工作服务机构。其中,第一家社会工作服务机构成立于 2009 年。两年多过去了,B 市有关社会工作机构的政策发生了哪些变化？X 科长所在区的政策又如何呢？通过 X 科长的电话号码是否还能联系上他？联系上之后,他又是否还记得 L 老师？即便记得,是否有机会注册机构？一连串的问题映入了 L 老师的脑海。

电话拨通,X 科长接起电话,声音还是那么低沉有力。"是 L 老师啊……您想办机构？下周来我们办公室一趟吧,我约上主管领导一起谈……"电话没变、人有印象、要办的事情也基本上推进了。想象中的困难都没有出现。

2. F 区批准成立第五家社会工作服务机构

在 X 科长安排的会上,对 RF 社工机构后来的成立和发展起到不小影响作用的 F 区社会建设工作办公室的主管领导 W 主任出现了。W 主任若干年前曾是一名中学教师,十分重视机构的文化水平和专业背景。鉴于此前 F 区成立的四家社会工作机构均没有很明显的专业优势,他认为,辖区内 C 校社会工作专业师生的加盟肯定会带来不一样的东西。L老师和W主任虽然素昧平生,但是在推动社会工作事业发展以及对知识和专业的尊重方面却一拍即合。当然,W主任在RF社工机构发展初期强调最多的是"注意本土化"和"接地气"。这也许是出自他当初弃学从政的亲身经历和经验。直到今天,L老师仍然十分清晰地记得W主任当初那称不上豪言但掷地有声的话语:"我们一起闷头干三年!"

W主任之所以这么说,完全是由F区较为突出的社会问题以及相对落后的经济发展水平所致。F区有大量的城乡接合部区域,老旧小区集中连片,军事准军事单位扎堆,火车站长途汽车站数量多、人员密集……安全稳定、综合治理、环境卫生、养老助残、社区秩序等,每一个问题都很重要。同时,区政府能够用于社会建设的资金却非常有限。因此,基于撬动更多社会资源的考虑,W主任特别愿意支持更多的社会工作服务机构落户F区,共同解决F区的社会建设和社会治理问题。

这样,RF社工机构的申请审批工作在W主任和X科长的大力协助和支持下,得以快速推进。过完春节没多久,RF社工机构就拿到了F区社会建设工作办公室的红头文件,同意做RF社工机构的上级主管机构、同意RF社工机构去区民政局办理登记注册手续。而且,两位领导还考虑到高校教师和学生的难处,积极帮忙协调注册场地与项目落地街道。可以说,在RF社工机构发展的初期,W主任和X科长几乎把机构当成是自己的亲生孩子一般,呵护备至、关爱有加,风雨同舟、患难与共,亲力亲为地帮助第五家机构渡过了机构初创期普遍会遇到的一个又一个难关。

3. 出乎意料的注册过程之缓慢

在传说中的"社会工作的春天"到来的时候,RF社工机构进入了实质性的登记注册环节。当L老师和几位社会工作毕业生兴高采烈、摩拳擦掌,准备大干一场的时候,没想到,"不起眼"的注册环节却拖住了前进的脚步,并且一拖就是半年之久。事后,RF社工机构的同仁发现,由于当年的政策扶持,与RF社工机构同期创办的社会工作服务机构的平均注册时间是一个月,最快的15天。而从获得F区社会建设工作办公室正式批文的那一天算起,RF社工机构足足花了六个月!

六个月的等待是值得的,虽然中间还经历了项目资金断裂、重要人员流失以及L老师因自我怀疑而差点放弃等事件,但也让RF社工机构更加清楚,生命的成长远远超越对事情的处理,"做正确的事比做成一件事更重要"从此成为机构面临困惑与挑战时的基本原则。

当然,这个艰难的过程给 L 老师和 RF 社工机构的同仁上了一堂生动的"关系建立"的专业课。任何关系的建立都需要两个具体的当事人之间的信任与磨合。具体经办注册事务的办事员也是一个有血有肉的生命,需要尊重和理解。因此,与办事员的沟通是很重要的,特别是面对面的沟通,你需要让他们有机会认识和了解你所做的事情。既要坚持自己内心认定的原则和信念,同时也要在不违背基本原则的条件下,学习灵活地处理一些事情。

(三)始终面临的生存危机

1. 尴尬的人员危机

从 2011 年底到 2012 年 6 月,处在筹备和等待注册过程中的 RF 社工机构就开始面对机构尚未成立而初创人员即将流失的危机。在第一次筹备会议之后没多久,三位专业教师中的 H 老师就显得不甚热情,很快 H 老师就宣布自己要退出。另一位 Q 老师此时大概是尚未看好社会工作机构的"发展前景",对 RF 社工机构表示了精神上的支持,而在行为方面则十分谨慎与保守。相反,五位社会工作学生倒是非常投入,有的负责项目设计,有的负责行政协调,有的还拉来了社会资源和资深顾问。L 老师为几位优秀社会工作专业硕士毕业生终于能有机会留在社会工作行业而深感欣慰。然而,"丰满"的理想终究没有战胜"骨感"的现实。随着毕业季的到来,五位学生中的四位陆续因为找到了可以解决户口或编制的事业单位的岗位而相继离开。只有 P 同学勉强答应留了下来,但还是先去社会工作发展更好的南方 S 市办理了研究生落户。

这位 P 同学此后尽职尽责地工作了三个多月,其社会工作专业价值和专业方法均在开展项目中得到了出色的体现。至今 RF 社工机构的同仁还时常想起他,而项目合作方也深深地惦记着他。P 同学在度过了几乎任何毕业生都很难经受的三个多月的拮据且窘迫的生活之后,在当年的 11 月份回到了其落户的 S 市。虽然,P 同学因为自身信念的关系,并不特别在意物质条件,但是当时机构长时间卡在了注册的环节,无法往前推进:拿不到机构注册,就无法开立银行账户;没有银行账户,就无法拨付项目资金;无法拨付资金,机构就不能给员工发工资。不得已,L 老师只好自己垫付资金,咬牙坚持。此时,P 同学真实的生活状态是这样子的:每月基本生活费 2000 元,住在 100 元标准的狭小两人间宿舍,及以 L 老师赠送的老旧自行车作为主要的交通工具。

然而，正如一句歌词描述的那样："没有什么能够阻挡，你对自由的向往。"此时此刻，被社会工作服务机构将要成立带来的目标达成感以及即将投身于其中的专业发展前景所激励，L老师像开足了马力的汽车一样，正热情四溢、充满斗志地往前奔跑，根本没有多余的时间和精力去想几位社会工作毕业生离开的真正原因到底是什么，对于哪些因素在根本上影响着社会工作毕业生从事本行业或职业，更缺乏基本的专业反思。

在2012年7月的酷暑当中，项目必须要开始走访合作街道进行需求调查了，而RF社工机构上上下下可以调动的人员只有L老师孤身一人。为了不让RF社工机构人员方面捉襟见肘的窘态影响项目的落地和执行，L老师拉上了自己的社会保障学在校研究生（宣称是机构的工作助理）开展工作。就这样，L老师度过了最初的人员危机。

在人手极其窘迫以及注册程序久拖未决、需要专人盯守的情况下，L老师在一次与W主任无意聊天中解决了RF社工机构的一个关键人选问题。C校社会工作专业的本科学生Z，因为家在B市，一直深受某知名NGO人士的影响，毕业后无心就职于所谓的"正式工作"，又赶上了政府鼓励创办社会工作服务机构的大潮，于是有意自己创业，希望开办一家社会工作服务机构。但出于种种原因，Z同学创办机构的事情并不顺利。得知这个消息后，L老师和Z同学促膝长谈，希望Z同学加入RF社工机构担任总干事一职。经过反复沟通和不断协商，Z同学最终同意加入RF社工机构。从此，RF社工机构逐渐化解了困扰多时的人员危机，之后社会工作毕业生陆续加入，人员总数开始缓慢但稳定地增长。

总体来看，RF社工机构当时乃至之后一段时间的员工队伍还是以C校社会工作专业硕士毕业生为主。尽管此后，其他院校的社会工作和非社会工作的毕业生也陆续加入，同时一些毕业生也相继离开，但是社会工作专业硕士毕业生始终是RF社工机构最核心也最稳定的工作团队。

2. 不期而至的资金危机

2013年7月，RF社工机构已经有六位员工，其中四位为全职社会工作者。并且，在F区社会建设工作办公室W主任和X科长的牵线和协调下，员工以运营机构的身份进驻F区T街道的社会组织服务指导中心，结束了长达一年多的在咖啡馆移动办公的状态，有了稳定的办公场地和服务场所。但是，就在刚刚解决了人员问题之后，RF社工机构又遇到了资金的问题。

当年度市级社会建设资金资助项目公示后,以此为主要收入来源的RF社工机构突然发现,自己信心满满申报的三个项目全面沦陷、无一成功。此时,如果不能尽快寻找到新的项目资金,机构最多坚持到当年中秋节,就将因为没有钱给员工发工资而难以为继了。

L老师和机构的四位全职社会工作者为此进行了多次探讨和分析,最后大家得出了两个基本结论,这也成为此后指导机构项目设计和申请的重要原则。这两个原则也是RF社工机构此后能够维持生存并逐步发展的重要基础。第一,准确把握项目资助方的基本需求和资助方向,不能只考虑自身的专业兴趣;第二,项目资金来源尽可能多元化,避免单一渠道。一个初创机构出现问题不可怕,关键是要找到问题的根源并持续加以改进。RF社工机构陷入资金危机的根源之一在于,过多考虑自己的专业兴趣和需求,没有很好地结合项目出资方、项目落地方的需求。而一个好的项目,一定是上述三方面需求的完美结合:既考虑项目承接方(社会工作服务机构)自身的能力、意愿,又结合项目落地方(街道和社区)的实际需求,还满足项目出资方(社会建设工作办公室)的资助方向,这样才是真正有生命力的项目。同时,基于资源依附理论,提供社会服务的社会工作机构必须开发更多的资源渠道,不断拓展自己的生存空间。

危机也激发了大家的斗志。于是,RF社工机构开始积极寻找更多的项目资助单位。此后,与区民政局、工会、团市委和慈善基金会、街道等不同部门的项目合作就这样一步一步地建立起来。事实证明,只要有专业服务的理念与技能,社会工作就大有用武之地。与F区民政局救助站合作的流浪乞讨人员外展救助项目就是这一情况的典型体现。这个项目的专业设计与执行的出色表现使之成为RF社工机构接下来几年内相对稳定的项目之一。

2013年中,B市救助管理中心开始尝试在未成年人保护领域引入社会力量。此时在社会建设资金项目中一无所获的RF社工机构开始主动出击,根据救助管理中心的要求参加了项目申报。由于事先缺少足够的了解和沟通,RF社工机构设计的项目依然偏离了该项目当年的资助重点,所以没有获得该中心的项目资助。但是,他们的项目书传递出来的社会工作专业理念和服务方法却引起了另外一个在场的潜在资助方的注意。这便是F区主管救助工作的Y局长。Y局长年轻有为,敢于创新。他在评审答辩现场看到RF社工机构的项目书以后,顿感眼前一亮。就在RF社工机构因为项目申请未果而失落之时,Y局长抛来了橄榄枝,邀请机构参加F区社会力量参与流浪乞讨人员救助服务的项目申报工作。此时,十年前L老师在香港学习期间的与关怀无家者协会的一段外展社会工作实践经历派上了用场。在借鉴该机构服务模式的基础上,通过对B市F区流浪乞讨人员特点的分析,RF社工机构设计并提交了一份相当专业且符合现实情况的项目书。Y局长抛来的橄榄枝解决了RF社工机构的燃眉之急,使机构避免了资金断裂的危机。

几乎是按同样的思路,RF社工机构针对市慈善基金会、市工会、团市委等,设计了最大限度满足三方需求的社会工作专业服务项目,陆续获得了这些部门的资金支持。以此为契机,RF社工机构在第二年以及此后的时间里重新发力,申报的相关项目均获得了市级社会建设资金的支持。RF社工机构终于度过了暂时性的资金危机。

3. 信念危机还是管理危机?

L老师发起成立RF社工机构的初衷是,做一家专业的社会工作服务机构,通过提供专业的平台,留住专业的人员、做专业的事情,既证明社会工作专业的价值、推动专业的发展,又服务群众、服务社会。这样的信念吸引了学习社会工作专业的一批有理想、有情怀的学生。他们在社会认同度不高、薪资待遇处于市场中下水平的情况下,毅然选择加入RF社工机构、加入社会工作服务的第一线,很大程度上是因为相信自己的专业大有用武之地;相信只要勤勉刻苦,社会工作的职业前景是值得期待的;相信通过一代又一代社会工作者的努力奋斗,一个更加公平正义、更加幸福美好的社会必将逐渐实现。

RF社工机构在发展的最初两三年内虽然经历了人员流失、项目(资金)危机,但是机构的整体氛围非常温暖,大家相互支持、彼此鼓励。当然,为了保证专业素质,RF社工机构始终按照B市社会工作行业内的最高工资水平支付社会工作者工资。同时,其员工每年有1—2次去外地优秀社会工作服务机构交流学习的机会,以及每年至少一次外出休整和团队建设的机会。随着项目和人员数目的不断增加,机构还适时推出了带薪休假、培训补贴等制度,方便员工休养生息、提升自我,以最好的状态出现在自己的工作岗位上。

时光转到2015年,随着RF社工机构项目来源逐步稳定,项目资金量不断增长,渐渐地,RF社工机构内部开始出现了一些不和谐的声音。首先,机构的发起人也是出资人之一的Q老师明确提出要求,希望自己能够分享机构的项目增长收益。其次,平时工作表现突出的资深员工M越来越多地抱怨自己的付出与所得不成正比,并且不断地提出要求,希望改变报酬分配方式,以获得自己认为合理的收入水平。接下来,一些新员工则表示自己越来越累,不得不接受一些"苦活儿""累活儿",工作时间越来越长,而且感受到一种与社会工作专业精神不相符合的压迫感和不公平感。于是,不和谐的声音越来越多,机构氛围也相应地出现了微妙的变化,员工们开始在一些小事上相互计较。项目的开发和执行整体上出现了原地踏步、止步不前的局面,员工们似乎正在日益失去以往的工作激情和服务创新能力。表面上机构的运行波澜不惊,实际上各种矛盾越来越尖锐。

终于,在2017年4月,以一位员工的离职为导火索,RF社工机构发生了一场以组织变革为目标的"震荡"。至今,余震未消。

(四)发展困境的回顾与展望

对于这场看似突如其来,但也许是早有端倪的变化,创办人L老师在RF社工机构发生改革的震荡一年以后,对RF社工机构发展过程中遇到的困境进行了回顾与反思,大概有如下几个方面。

1. 机构治理的相关法律法规及其他

对于民办社会工作服务机构,即法律意义上的民办非企业单位,现行法律中存在许多空白和漏洞。1998年开始施行的《民办非企业单位登记管理暂行条例》中的很多规定过于粗略,对于近些年如火如荼发展壮大的社会工作服务机构(民办非企业单位)在实际经营和管理中所遇到的一些问题,无法提供明确的具有规范性和指导性的意见和指引。以对于所有组织治理都十分关键的组织章程为例,《民办非企业单位登记管理暂行条例》对其仅给出了一条共八项的框架性说明。而对比之下,中国证券监督管理委员会专门发布了《上市公司章程指引》,共包括12章、近200条细则。并且,《上市公司章程指引》每隔几年就会根据实际情况予以修订,最新版的已经修订到2016版。而民办非企业单位依然在沿用二十多年前的版本。其适用性、针对性由此可见一斑。这样,无论是民办非企业单位的创办人、法人乃至普通员工都对自身应有的权益缺少明确而基本的认识和了解,更无法准确地界定和有效地主张自身的权益。

当然,上述分析有点"事后诸葛亮"的意味。机构治理方面固然存在法律法规不清晰的问题,但是RF社工机构从创办开始对于法律法规问题的意识缺乏更是值得吸取的沉重经验或教训。L老师最初带着推动专业发展的一腔热血投入机构创办,随着项目量和人员的增多,依然把专业服务放在第一位。殊不知,社会工作服务机构的运行和管理是一个包括法律、人员、资金、专业等众多因素在内的复杂系统。忽视或者遗漏任何一个方面都将成为机构发展中的隐患。仅在法律法规方面,RF 社工机构其实已经遇到了机构治理中出资人与员工权益、项目设计与产出方面的知识产权等若干棘手问题。

2. 项目购买制的利与弊

各级政府部门通过项目购买的方式引入社会力量参与公共服务,确实为包括社会工作服务机构在内的社会组织以及社会工作专业人员的生存和发展提供了最基本和最主要的资金来源,也在很大程度上促进了社会工作服务的快速发展和社会工作人员队伍的不断壮大。并且,随着项目购买量的不断扩大,政府各部门也在不断促进项目购买制度体系的相对完善。然而,项目购买制的先天缺陷是一事一议、一事一项。这对于社会工作服务机构来说,最大的影响是由资金的不稳定导致的专业服务难以持续和无法深入。

以 B 市为例,因为绝大多数政府购买服务项目的周期只有一年,今年可以做的项目,不确定明年是否还能继续做。或者,连续做了两年的服务,刚刚产生了一些成效,第三年因为新的政策热点转移了,机构就要另起炉灶。因为项目资金不稳定、项目的持续性弱,社会工作服务机构在聘请专业社会工作者的时候不得不非常谨慎,以最大限度地保证已有人员的生计和稳定性。而且,很多社会工作者在收入待遇不高、社会认同度较低的情况下选择到社会工作服务机构工作,是因为相信并愿意看到专业服务的效果。当因项目资金不稳定而导致专业服务不稳定成为常态时,社会工作者内心的无力感不断累积,他们渐渐产生了职业倦怠,有些甚至因此离开了社会工作行业。

3. 看不见的组织心理动力与个人生命成长课题

和其他所有的组织一样,RF 社工机构同时在一明一暗两条相互交织的主线中生存和发展。明线是大家都看得见、有意识地追求目标、完成任务,如发展战略、治理结构、管理方式、专业水平、资源等。暗线则是深层、内隐的,由组织成员无意识的愿望、恐惧、防御、幻想、冲动和焦虑组成,即组织当中每一个人对从事社会工作服务的动机、目的、需求和信念、观念等,个人的性格特质、人生经历、生存状态等,以及在此基础上形成的组织体系互动模式和结果。

对于创业初期或发展初期的 RF 社工机构来说,由于人员规模不大,组织的正式规范、结构、机制等尚处于形成与磨合期,因此组织心理动力这条看不见的暗线似乎成为组织和个人发展状态的重要主导因素。尽管相较于其他职业而言,社会工作在学校教育乃至职业发展过程中,有着更多的自我觉察、自我反思和自我成长的专业要求和训练,但是,当社会工作师生个人真正置身于社会工作服务机构这样一个具体的组织场域中的时候,也许是因为受到每天各种各样具体事务和组织发展状态这类表层现象的牵制和迷惑,也许是因为"只缘身在此山中"过于投入自我、不够超脱,也许是因为功力不够、有待继续学习和进修,机构的创办者L老师以及参与其中的其他社会工作者很难了解组织深层心理动力对自身和组织产生的消极或积极影响。

社会工作机构当中的每个人都有自己天生的气质特点,每个人也都有自己或简单或复杂的家庭和人生经历,因此每个人形成了自己人性当中或软弱或幽暗的一面。同时,每个人还带着自己未必清楚但需要完成的阶段性人生任务。当这些表面上看起来似乎只有年龄、性别、身份等差异的人组合在一起的时候,各种各样的人际关系模式、行为方式乃至互动结果,其实在他们相遇的那一刻,似乎都已经成为必然……人们可以计划、可以反思、可以学习、可以成长,但是最终无法让生活完全按照自己的意愿"被操纵"。面对种种不如意、不可能、不应该、不确定,也许我们唯一能做的就是让自己谦卑和顺服。唯有如此,社会工作机构中的个人才有可能历练出新的品格、生长出新的勇气和能力,去迎接新的人生任务和挑战。

三、RF社工机构发展过程中遇到的问题及其反思

(一)对专业的坚守是社会工作服务机构生存和发展的根基

作为一种社会现象,在2006年以后,社会工作服务机构从无到有,高速发展,既是国家政策强力推动的产物,又是社会工作专业教育和实务工作者将近四十年来共同努力的结果,更是经济社会发展到一定阶段时各种社会问题不断累加对社会关怀和社会变革的呼唤的必然。社会工作作为一个专业,在中国经历了约40年的恢复重建,逐步明确了以人为本的专业价值理念、科学的助人理论与方法、相对成熟的职业伦理体系。这使得社会工作在满足社会需求、提高社会福利、影响社会变革等方面有着独特的不可替代的自身价值。

在 RF 社工机构不断成长的五年间,以项目为载体提供专业社会工作服务是其生存的根基,也是其得以持续发展的生命力。好的项目设计一定是结合了现实的社会需求,好的项目执行也需要运用专业的理念方法,才能达成项目购买的自身目标及延展目标。现实当中,由于项目购买制本身的问题以及与之相配套的制度建设尚在不断发展完善,因此社会工作服务机构在承接项目过程中如何坚持专业的价值理念、不断提升专业服务水平就变得至关重要。

1. 以专业价值理念和专业伦理为服务指引,注重专业反思

在服务目标的设定和服务开展方面,RF 社工机构注重坚持相对独立的专业立场和专业判断,既考虑服务对象的需求,也关注出资方(通常是政府部门)的要求,同时还要兼顾公共服务的社会效应,并通过项目设计和执行努力在三者之间达成合理的均衡。因而,五年来,机构的项目合作方(资助方和落地方)数量一直在稳步增加并不断扩展。

但是,RF 社工机构也在一定程度上面临项目的"非专业竞争"和"劣币驱逐良币"的问题。例如,B 市有些机构在项目设计与实施过程中,一味迎合出资方的要求,把服务对象当成项目的被动接受者和强制配合者,把服务项目变成了出资方意图的单向输出活动。从表面来看,这些机构比其他机构获得了更多的项目(资金),日子过得很好。实际上,它们却从根本上危害着社会工作服务的整体发展,不但透支了服务对象对社会工作专业的信任,而且使得部分年轻的社会工作者因此对自己的专业价值产生了怀疑和动摇,过早出现职业倦怠,甚至远离了社会工作行业。

2. 关注社会工作者的专业成长和自我成长,培养和留住专业人才

要提供良好的专业助人服务,社会工作者需要充分调动自我能量,以最佳生命状态来影响和感染服务对象。这意味着,社会工作是一个高情感投入的职业,对社会工作者的自我觉察、专业反思和不断学习能力提出了很高的要求。基于创办者 L 老师的教育者身份,RF 社工机构从一开始就非常关注社会工作者自身的成长问题,并注重发挥高校教师的专业督导优势,建立了相对完备的学习培训和内部督导体系。这样,机构一方面鼓励社会工作者以参加会议、行业交流、专题培训等形式开展定期学习,不断提升社会工作者的专业水平;另一方面,每周以例会形式进行集体督导。此外,机构还通过项目督导、个人督导等方式,解决机构在项目推进、社

会工作者个人成长等方面遇到的问题和困扰。关注社会工作者成长的学习,督导体系的建立和不断完善,都在很大程度上保证了员工的稳定性和成长性,相对于社会工作全行业平均的高流动率和高流失率来说,过去的五年内,RF 社工机构在这方面的做法并非尽善尽美,但是在保持员工队伍稳定性方面的情况比较好。这表明,在社会工作行业整体薪资水平不高、职业环境相对不成熟的大背景下,社会工作服务机构内部良好的组织氛围和社会支持网络是吸引和留住社会工作人才的重要因素。

(二)不仅专注项目服务,也要注重政策倡导

像很多地区一样,当前 B 市的专业社会工作服务主要靠社会工作服务机构承接政府购买公共服务的形式来开展或提供。项目购买制本身具有一定的优势,比如目标清晰具体、注重效率和结果、试错成本相对较低等。但是,项目制的劣势也十分明显,比如周期过短、无法稳定持续地开展服务。以 RF 社工机构承接的各个项目为例,其周期基本上都是一年。而且,受到财政预算和拨付程序的影响,经常出现项目时间过半,而经费尚未到账的情况;或者,经费到账之后没多久就接近项目验收期,机构必须想办法尽快用完项目资金。再比如,为了满足项目中期和结项时对过程评估的要求,社会工作者开始花越来越多的时间在对各种文字、图片、表格和报告的整理上,反而不得不压缩了真正的服务时长和服务内容。这也给一些善于做表面文章的机构以可乘之机:服务本身做得差强人意,但只要它在结项时提交的各种报告、报表做得看起来规整、漂亮、厚重,似乎就证明了"项目做得好"。当然,随着项目购买制的不断完善,如延长项目周期、支持和鼓励优秀项目的延续,项目购买制的部分问题也得到不断修正。然而,无论在技术层面对项目购买制进行怎样调整和改进,如果不从根本上解决服务资金来源的稳定性和可持续性的问题,最终都将损害专业社会工作服务本身的质量和效果。

项目购买制的最大弊端是,基本的公共服务被切割成了支离破碎的细小单位,专业社会工作者在缺少整体服务体系和制度框架的观照下,一头扎进具体的服务项目里,沉醉于专业服务的成效和结果,而对整体服务存在的问题和缺陷缺乏觉察与反思。以 RF 社工机构承接的社区困境家庭儿童成长辅导项目为例,机构在托管的服务场地设置了儿童图书角,招募了一批大学生志愿者,开设了绘画、音乐、戏剧等学习小组,以为困境家庭儿童提供全面发展的服务。服务的设计和开展得到了街道、社区和困境家庭的高度认可,小朋友也表现出了很多积极正面的变化。但

是，很多困境家庭依然更注重孩子的学业问题，希望能将辅导的重点放在学校的课业辅导方面。此外，局限于资金和场地，图书数量和种类都相对有限的小小图书角很难有效发挥拓展儿童视野、进行文化熏陶的作用。对于此类有明确项目周期和具体目标的服务项目，社会工作者自然而然地会将服务的重点聚焦在具体的儿童辅导小组活动以及家庭个案上。然而，如果只是一味地就微观服务论服务、缺少政策变革的视角，不能观照、思考和解决现实教育体系中的缺陷、家庭综合服务政策的缺失以及公共图书资源的稀缺等这些在根本上影响困境家庭儿童成长的宏观问题，那么当社会工作服务到某个特定阶段的时候，就一定会碰到绕不开的瓶颈或困境，也很难在根本上帮助困境家庭儿童突破真正的成长壁垒。

因此，作为一个中观层次的公共服务发送者和传递者，社会工作服务机构其实具有承上启下、下情上达的中转站职能。一方面，社会工作服务机构通过承接特定领域的服务项目，把宏观公共政策设计的初衷传递给服务对象及大众；另一方面，在直接面对服务对象及大众的项目执行或服务过程中，社会工作服务机构可以发现或收集宏观政策在落地中可能隐含的缺陷或问题，再将其反馈给政策设计部门。于是，在社会工作服务受到政策制约的相关领域，社会工作服务机构可以据此提出有理、有力的倡导性建议或改进方案，并通过相对策略性的渠道和方法，推进相关政策或制度的逐步完善，从而在整体上不断推进公共服务的发展。

案例使用说明

一、教学目的与用途

（一）适用的课程

本案例适用于"社会服务管理""社会政策"和"社会工作项目管理"，也可以将本案例作为"社会工作伦理"课程的辅助案例。

（二）适用的对象

本案例适用对象包括社会工作专业硕士研究生和高年级社会工作专业本科生。

（三）本案例教学目标规划

1. 覆盖知识点

（1）社会工作服务机构发展的时代背景与政策背景；

（2）政府职能转移与社会工作机构发展；

（3）社会工作专业化与职业化；

（4）社会工作服务机构发展中的使命、价值与伦理问题；

（5）社会工作服务机构的资金、项目、人员管理；

（6）社会工作的专业服务与政策倡导；

（7）社会工作服务项目设计与执行等。

2. 能力训练点

（1）分析社会工作服务机构创立和发展的影响因素；

（2）分析和判断社会工作服务机构发展的政策因素、组织因素和个人因素；

（3）分析社会工作服务机构生存与发展面对的环境压力和成长任务；

（4）分析影响社会工作服务项目开展的不同因素；

（5）分析和判断社会工作机构管理与项目管理中的难点与重点问题。

3. 观念改变点

（1）社会工作专业化发展的结构制约要与社会建构共同发生作用；

（2）社会工作服务机构的价值与使命是其持续发展的根本动力；

（3）初创期的社会工作服务机构需要重视组织深层心理动力对组织发展的深刻影响。

二、启发思考题

（1）有人说，当前社会工作行业和社会工作服务机构的发展是"政策强力推动"的结果，你怎么理解和看待这一现象？在当前的政治经济社会背景下，法律法规、现实需求和专业教育对社会工作服务机构的建立和发展各自有哪些影响？

（2）社会工作服务机构与政府部门、商业公司最根本的差异是什么？在社会工作服务机构的发展与管理方面，这种差异是如何体现的？

（3）社会工作服务机构生存和发展面临的最大危机究竟是什么，使命、人员、资金、管理还是其他？如何在根源上解决社会工作服务机构的生存危机？

（4）如何认识社会工作服务机构在宏观政策和微观服务之间的中转站职能？社会工作服务机构如何向上影响社会政策、向下影响具体服务？

（5）社会工作服务项目应该如何平衡或协调专业需求、政府需求和居民需求三者之间的关系？

（6）社会工作服务机构与社会工作者之间应该是简单的雇佣关系，还是共同成长的伙伴关系？从社会工作服务机构的发展来看,影响社会工作专业毕业生从事本行业或职业的最大因素是什么,是户口、薪资待遇、职业前景还是其他？

(7) 社会工作服务机构的组织文化如何影响社会工作者的专业认同和职业承诺？

(8) 项目制在目前的政府购买社会工作服务中非常流行,如何看待项目制的优缺点？在资源相对稀缺的条件下,社会工作服务机构如何能够既获得维持生存所需的资源,又保持相对的专业独立性？

(9) 如何看待社会工作服务机构创办人的不同背景及其给机构发展理念、管理方式、组织文化、专业服务等带来的相应影响？

(10) 在社会工作专业能力和服务效果尚没有得到广泛认可的情况下,如何识别社会工作服务项目的专业性和有效性？

(11) 为什么说对专业性的坚守是社会工作服务机构的生命线？

(12) 从社会建构理论的角度,谈谈社会工作服务机构在推动社会工作行业整体发展中的作用和影响。

三、分析思路

案例分析的基本思路是将案例相关情境材料通过教师事先设计好的一系列关键问题,引导和带领案例讨论过程。因此本案例分析设计的本质是提问问题的设计,通过揭示这些关键问题背后隐藏的知识点、能力点和观念点,促进学生的学习,达到案例教学的目标。

本案例的分析思路是:

首先,分析思考作为一种社会组织,社会工作服务机构的产生、发展、壮大、变革等所处的时代背景、政策背景、专业背景和地方背景。了解社会工作服务机构在2008年以后高速成长的种种影响因素,特别是政府职能转移、专业教育成果、现实社会需求等对社会工作专业发展的促进作用。

其次,分析社会工作服务机构发展壮大过程中如何受到专业发展现状、政府购买服务政策变迁、社会工作专业人员个人努力、民办非企业单位相关的法律法规约束等方面的制约,从而理解并反思社会工作组织、社会工作职业、社会工作行业的生存现状、发展机遇及努力方向。

再次,启发思考社会工作服务机构发展过程中遇到的使命、资金、人员、管理等困境及其解决方案。从更广泛的社会福利制度的变迁,社会工作的专业化、职业化发展历程等方面来思考社会工作服务机构面临的机遇和挑战。

最后,启发思考社会工作服务机构在发展过程中所遇到的组织管理、项目管理等具体问题及其解决方案。

四、理论依据与分析

(一)生态系统理论

宏观生态系统理论认为,社会工作实践的产生与发展处在当时当地的政治、经济、社会、文化等一个整体的生态系统中,这些因素彼此相互影响,相互塑造。中国的政治体制、经济发展水平、社会福利体系、人口与社会结构、传统价值观念等深刻地影响着社会工作服务机构的发展历程以及社会工作的服务内容与服务形式;同时,社会工作服务机构及其日常专业实践反过来也在不断影响着政治、经济、社会、文化等生态系统。这些生态系统在社会工作的具体场域,如社会福利服务体系的完善、社会工作专业毕业生的就业选择、社会对社会工作专业的接纳和认同等问题当中交汇相遇,反映出彼此之间的交错关系和相互影响。社会工作服务机构十多年的高速发展,正是现实社会需求、政策推动以及专业力量的积累等不同环境因素与社会工作专业共同体内部的不断努力的交互影响的结果。

当前,社会工作服务机构不仅要专注做好具体的社会工作服务,更要注重从服务中发现现行社会福利观念、制度、体系等需要进行调整和完善的地方。在微观服务方面,社会工作服务机构的专业服务能力将不断塑造社会福利服务的面貌和状态;在宏观政策方面,社会工作服务机构健康、良性、持续的发展,也将有力地推动社会工作行业和整个社会的进步与成长。

(二)组织心理动力学理论

组织心理动力学理论认为,任何组织同时具有两个层面。表层的、外显的层面是工作团体,成员有意识地追求目标、完成任务。而深层的、内隐的层面是由成员的无意识的愿望、恐惧、防御、幻想、冲动和焦虑组成。那些隐藏在阴影之下的张力形成了组织深层心理动力,塑造和影响组织中领导、员工的行为和组织体系的互动。这是组织发展基础层面的解码。组织心理动力学理论提供了一个内观的视角,帮助人们观察、了解、探究组织成员在组织情境中出现的情绪感受、边界、权威、角色、任务等议题,进而逐步理解并有效利用组织场域中的潜意识动力,形成个体成长和组织发展的丰富资源。

对于多数处在创业初期或发展初期的社会工作服务机构来说,由于人员规模不大,组织的正式规范、结构、机制等尚处于形成与磨合期,因此组织心理动力这条深层的、内隐的线索是观察、了解和思考组织和个人发展的重要视角。尽管,相较于其他职业而言,社会工作者在学校教育乃至职业发展过程中,有着更多的自我觉察、自我反思和自我成长的专业要求和训练。但是,当社会工作者个人真正置身于社会工作服务机构这样一个具体的组织场域中的时候,很容易被每天的具体事务、任务和目标等表层现象牵制和迷惑,从而忽视了由不同个人构成的组织深层心理动力对自身和组织产生的消极或积极影响。

(三)社会建构理论

社会工作的专业化和职业化像任何社会现象一样,是社会建构的产物,是由政治、经济力量以及个人与社会的预期共同建构而成。在社会范围内,有影响力的个人、群体和机构,与有需要的个人、群体和社区等共同形成了关于社会问题及其回应方式的一些看法。① 社会建构理论的视角很好地解释了在不同时期或不同领域,社会工作服务机构之所以形成某种特定的发展路径、主导模式或基本特征,主要受到了哪些因素或力量的影响,特别是,一些关键人物、关键群体、关键组织的作用怎样塑造了社会工作服务机构发展的实际面貌。

社会工作服务机构的迅速发展虽然是近十年来的事情,但它的出现与国内外社会工作专业人员(譬如民政等相关政府部门的政策制定与执行者、社会工作教育者、社会工作实务工作者等)长期以来坚持不懈的努力密不可分。事实上,一些与社会工作行业看起来并不怎么相关的领域和人员,也对推动社会工作服务机构的发展、对社会工作行业的发展做出了相应的贡献。

(四)非营利组织管理理论

宗旨和使命是组织赖以生存和发展的重要基础和基本动力,对于非营利性的社会工作服务机构来说,尤其如此。"某个组织的存在,是因为它满足了某个特定服务群体的需求。"② 一旦失去了特定服务群体的信赖和支持,组织获得发展动力的血脉就将中断,组织的生命也就同时消失了。这意味着,组织的精神动力源泉永远隐藏在服务对象的身上,因为只有面向决定组织生存与发展的关键性要素——服务对象的需求,一个组织才有可能获得持久的、正当的、适合的、有价值的精神动力源泉。

---

① 参见佩恩:《现代社会工作理论》,何雪松等译,华东理工大学出版社2005年版。
② 参见德鲁克:《非营利组织的管理(珍藏版)》,吴振阳等译,机械工业出版社2009年版。

受到资源的约束与限制,作为非营利组织的社会工作服务机构,很可能会受各种思潮、利益等的影响而迷茫甚至动摇。因此,社会工作服务机构需要不断澄清组织的宗旨与使命,不被一些暂时的外在困难所影响,始终坚守专业的价值理念与伦理,具备专业反思精神,注重适时调整和改变自己的策略和方法。这也将是组织发展壮大并保持强大生命力的根本之道。

五、关键要点

本案例分析的关键在于把握社会工作服务机构建立、发展与变革过程中所面临的一系列机遇和挑战,以及在不同发展阶段面对不同问题和挑战时,如何秉持专业使命与理念去应对和处理。教学中的关键要点包括:

(1) 社会工作服务机构需要坚守专业信念和使命。这是机构生存和发展的根基,也将对社会工作者的专业认同和职业承诺产生重要的影响,具体体现在机构的组织文化、管理制度和工作方式等日常运营当中。

(2) 在社会福利制度转型、社会福利体系重新构建的背景下,社会工作服务机构不仅要注重具体专业服务的开展,更要注重政策倡导和公众教育,不断推动公共服务整体的改进和完善。

(3) 社会工作是价值为本的专业,在资源约束条件下,社会工作服务机构更加需要秉持专业价值观、提升专业服务质量来拓展生存和发展空间。

(4) 在以项目购买制为载体的专业服务提供中,评估和协调项目出资方、服务对象和自身专业能力三者之间的需求,是社会工作服务机构生存和发展的重要专业能力。

(5) 自我觉察、自我反思和自我成长是社会工作服务机构及实务社会工作者的重要任务和关键能力。

(6) 非营利组织管理的管理哲学和管理理念对于社会工作服务机构认识自己的专业使命与宗旨具有重要的启发作用。

(7) 社会工作服务机构的管理和发展趋势有两条线索可以追寻,一条是表层的组织目标、任务和团队,另一条是由员工的愿望、恐惧、防御、幻想、冲动和焦虑等构成的组织深层心理动力。

(8) 社会工作服务机构的产生和发展是现实需求、政策推动和专业力量等多方面因素共同促成的结果,社会工作同仁坚持不懈的努力是社会工作行业不断前进的重要原因之一。

（9）完善与民办非企业单位（社会工作服务机构）治理相关的法律法规十分必要，社会工作服务机构的管理是一项包括法律、人员、专业、资金、心理等领域在内的系统工程。

六、建议的课堂计划

学生要预先学习包括社会学、心理学、管理学、社会工作导论、社会工作理论、社会工作实务、社会工作伦理等课程的内容。

时间安排：4 小时。其中：案例回顾 1 小时，集体讨论 2 小时，知识梳理及总结 0.5 小时，问答 0.5 小时。

本文作者：吕新萍，首都经济贸易大学劳动经济学院社会工作系主任、教授，MSW 教育中心执行主任。

乐仁乐助组织的发展与变革

乐仁乐助社会创新机构[①]最初是由江苏师范大学社会工作专业师生共同创立的综合型、枢纽型、平台型社会组织,在江苏、浙江、湖北等地开办有社会组织,也是江苏省内首家校地合作建设的专业社会工作服务机构,并逐步发展成为在国内较有知名度的融合创意研发、社会工作实务、社会组织培育、孵化园托管、社区服务建设等多层次的社会建设与社会管理领域的综合性服务机构。

乐仁乐助秉承"再生产社会"的历史使命,创办了多家乐助社会工作事务所,除此之外还创办了乐助社会创新研究院、乐助公益发展中心、乐仁乐助公益发展与评估中心、乐仁公益发展中心、乐助公益创意研发中心、乐仁乐助社会创新中心、C善+孵化器和乐仁乐助义工多种类型的社会组织,其中有4家5A级社会组织。多家机构构成了一个社会组织发展技术综合体。

乐仁乐助在发展过程中由于业务不断扩展,技术不断创新,带动了组织结构的三次大变革,这种组织变革一直都是乐仁乐助自身发展的不竭动力源泉之一。

一、组织缘起与组织结构的亚创新

乐仁乐助社会创新机构的发源地是江苏省无锡市锡山区,缘起于2010年"孤儿社会工作介入项目"的成功运作,该项目将"矿山安全项目管理系统+社工项目"有效地叠加在一起,第一次把可视化项目管理引入社会工作项目管理,对社会工作项目绩效系统、风险系统、质量系统做了较大改良,该项目后来夺得"首届中国公益慈善项目大赛"金奖。该社会工作项目的顺利实施不仅为无锡乐助社会工作事务

[①] 乐仁乐助社会创新机构在2014年2月之前全部简称为"乐助";此后,为避免重名的困扰,均简称为"乐仁乐助"。

所的诞生储备了专业的社会工作人才队伍、宝贵的项目实施经验及丰富的资源网络,同时也迅速提升了项目运作团队在无锡民政系统、公益慈善领域的社会影响力。该项目特殊的运作方式也为乐仁乐助第一次的组织建立与变革奠定了良好的组织基础。2011年9月开始,在"孤儿社会工作介入项目"顺利结束之后,乐仁乐助社会创新机构的首家社会工作事务所——无锡市锡山区乐助社工事务所(以下简称乐助社工)正式成立,这也是无锡市第一家专业社会工作机构。

在最初的发展过程中,乐助社工实际面临的问题在于,没有较为成熟的前例可循,无论是业务发展、组织架构还是人员体系,都是摸着石头过河。在组织结构与功能上,乐助社工基本上是照搬非营利组织的管理范式,设立了理事会、监事会、管理层、执行层,但是这种组织架构在当时政策环境与社会环境里是较难有生命力的。因为当地还没有较好的政策支持与社会资源,所以乐助社工从成立之初就面临资源较少、联动性不强、独木不成林的挑战。

对于破解这些难题,乐助社工的基本做法是将上一年度的项目实施经验加以组织化并固定下来。当时,机构联合创始人W老师基于项目运作的经验,对机构的组织架构在传统的非营利组织的架构基础上叠加嵌套了新的组织发展结构,就是"乐助社工+乐助义工+乐助社会创新综合体"的三重组织架构。这是基于项目运作过程中关于运作主体、运作资源、运作方法、运作路径、参与机制、服务对象、孵化体系的七重社会化运作经验所做出的组织固化。三重组织架构(见图1)、项目经验七重社会化固化组织架构的基本形态,基本破解了乐助社工发展之初的资源较少、联动不足的问题,这样的组织架构也在未来几年内为乐助社工的发展提供了良好的组织保障。W老师将这种运作模式看作是"扩维增能"式社会工作发展模式。这一创新实际只是在原有组织基础上叠加了部分创新,即小步快跑思维迭代亚创新方式,这也构成了乐助社工未来五年变革创新的主要方式。

二、发展期与管理架构的系统变革

经过半年的运作,乐助社工事务所和几个大型企业进行了合作,运营状况稳定。2011年12月,乐助社工经苏州大学教师介绍,进入江苏苏州发展。在乐助理事会的决议下,无锡锡山乐助社工事务所事务交由联合创始人D老师主要负责。同时,W老师、D老师带领黄柳、魏忠杰、范亚运、欧海云、钱琦、陆丽丽等团队成员开始进入苏州市,参加了苏州市的首届公益创投。

图 1 乐助机构的三重组织架构

W 老师和 D 老师在和苏州市 C 区民政局领导沟通后,敏锐地察觉,社会工作既可以开展一线实务,又可以创设社会工作发展环境的战略机遇出现了,抓住这样的发展机遇,不仅可以在苏州推进社会工作事业的发展,也可以在建构制度环境、社会环境、文化环境、组织体系上取得重大突破。

在乐助团队从无锡进驻苏州之前,D 老师确立了一线社工服务、二线项目管理、三线组织建设、四线平台的苏州发展战略,在当时机构中绝大多数人不明白具体战略意义的情况下,机构按照魏晨的设计有步骤地推进了四线战略的实施。

2012 年 2 月,苏州市沧浪区(现姑苏区)乐助社工事务所(以下简称苏州乐助)在民政部门登记注册,落地于二郎巷社区。

在一线战略上,在苏州市首届公益创投中,苏州乐助申报的(以下简称苏州乐助)"快乐星期八——城市低收入家庭周末关爱空间项目"及"苏州市社区社会组织领袖培养计划"两个公益项目经过评审,脱颖而出。

在二线战略上,W 老师与 D 老师敏锐发现,参加苏州市公益创投的社会组织与社会工作机构在原有项目运作中的项目设计、项目团队构建、项目指标设计、项目绩效评价等方面存在较大问题,因此选择辅助社会工作机构进行项目设计与项目开发成为当时进入苏州的第一个重要抓手。乐助辅助了 33 家社会组织与社会工作机构进行项目设计,结果是 17 家机构项目中选了。

在三线战略上,团队通过"压缩式六合一成长模式"建构,结合原有的在无锡及徐州组织孵化培育经验,开始了公益孵化器运营。与国内其他公益孵化器的运作不同,W 老师制定的方向是从孵化器的角度做公益,而不是从公益角度做孵化器。传统的公益孵化器相当于在孵化器内部提供注册、办公、能力提升等服务。W 老师制定了第一版乐仁乐助的孵化器运营模式。通过研究比对发现,公益孵化器与科技孵化器存在三个基本差别:公益孵化器的外部性与科技孵化器的外部性不同,公益孵化器孵化对象的社会组织特性与企业特性不同,公益孵化器的运营原理与科技孵化器的运营原理不同。在承接二郎巷孵化器与托管苏州市沧浪区社会组织培育中心后,在"用创新支持公益,用专业促进成长"理念支持下,围绕人才、项目、组织、平台四个公益生产力要素,抓住孵化器的外部性生态、组织筹资、人力与能力建设三个部分,开始打造具有乐仁乐助特色的孵化器。

在四线策略上,建设枢纽型支持性组织平台,为未来的乐仁乐助政社、社企、校社、社媒、社社、社群、社融等七个枢纽平台建设奠定了良好基础。最初的平台主要践行三重使命:第一,为公益项目提供标准化督导服务,主要内容包括技术督导、行政督导以及教育培训督导;第二,为公益组织提供标准化指导服务,主要内容包括八大块,即为社会组织提供评估服务、可供参考的框架服务、人力资源管理服务、志愿者管理服务、财务管理指南、筹资策略、组织战略规划指南、精选管理文章、书目以及网站;第三,为公益人才提供实训服务,主要内容包括竞争结业及模拟创投、实际演练、沙盘推演、工作坊、同课异构等五大块。苏州乐助在托管社会组织培育中心期间,承办了苏州市C区首届微公益创投比赛,组织了社区评估,开展了"社区工作者3U计划",辅导了区内组织申报市创投、省创投的公益项目且以绝对优势中标。

在这一阶段,乐仁乐助先后在江苏省K市注册了乐仁公益发展中心,在江苏省苏州市注册了乐仁乐助公益发展与评估中心、乐助社会创新研究院等组织机构。苏州乐助转型之后,一边打造青少年社会工作品牌项目,一边继续探索枢纽型组织的发展之道,先后于2013年3月托管苏州市助残社会组织孵化园(昌和公益坊),2013年6月托管苏州市G区景德公益坊、K市和Z区等地孵化器。自此,苏州乐助的业务运营拓展为五条主线:一线社工服务、二线项目管理、三线组织建设、四线平台、五线产品。

同时,在运作项目中,形成了乐仁乐助社会创新机构特有的"实务+研究+标准+反思+综合"的压缩式复合人才与复合项目运作方式。这种方式解决了一般社会工作机构只做业务,无培养、无研究、无产出、无标准、无系统的问题。内部组织系统重视孵化成为乐仁乐助组织发展的显著特征,这种"实务+研究+标准+反思+综合"的人才成长系统为机构未来的人才快速、成群和高质量涌现奠定了良好的基础。

这一时期,为了内部业务线的发展、匹配项目发展与团队建设的要求,乐仁乐助组织架构基本秉持了轻行政成本、重项目运行的管理方式,整体上是项目制体系的管理结构,见图2。

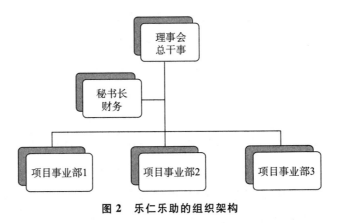

图2 乐仁乐助的组织架构

而到了这一时期的发展后段,苏州乐助沿着"实务+研究+标准+反思+综合"的压缩式复合人才与复合项目运作方式,迅速通过实践、反思、比较、实验、标准制定,在2013年到2015年间产出了大量操作指南与标准化文件。同时,苏州业务与无锡业务也发生了较大的变化。

无锡乐助基本仍然是以一线社会工作项目为主的社会工作机构,苏州乐助则转型成为枢纽型、平台型、综合性社会组织。为匹配组织转型、成长之需,苏州乐助专门以乐助总部形态对应地成立了社会工作部、孵化园事业部、政府购买服务部等三大职能部门,全权负责条线的运营。

苏州乐助组织结构变革主要秉承了W老师共线性发展的理念,在五条线及业务创新的基础上,通过压缩式五合一方式锻造团队;在团队成型的基础上,通过组织化形态固化发展成果,沿着"业务创新—团队内化—组织固化"的模式实现组织形态的创新。在这样的组织架构之下,对内是团队匹配项目,组织匹配团队体系,对外是组织匹配业务发展,组织结构也沿着这种变化路径,逐步由项目事业部向区域事业部结构转化。

区域事业部体系的建立意味着管理权限特别是用人权限、财务权限的下放,构成了综合项目管理、人才资源管理、部门管理的复合系统管理体系,见图3。

区域事业部最为重要的改革是人力资源体系的整体变革。区域事业部的人力资源体系有三个系列。管理系列分九阶:项目助理、专员助理、专员、项目主管、高级主管、事业部主管、区域总干事、副总干事、总干事。技术系列与研究系列匹配相关一线技术岗位与研究岗位。与人力资源体系匹配的就是"实务+研究+标准+反

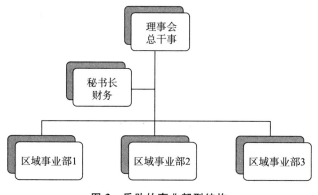

图 3　乐助的事业部型结构

思+综合"的整体团队建设体系,这个体系分为三个管理系统:一是个人成长系统;二是团队成长系统;三是组织激励系统。

个人成长系统基本上是做业务在前、团队整合与管理在中、研究在后的递进成长体系。每个系列都是一线工作,二线团队建设,三线研究。社会工作者每天做完之后都要沿着管理、协调、沟通、学习、技术维度,对每个环节进行研究性和管理性反思,写作成文,以行动研究方式打造复合型社会工作人才(见图4)。

图 4　乐助的区域事业部内项目团队与人力成长逻辑

团队成长系统通过整体"团队建设四步减灶型"模式,即以团队组队、团队减员、个人担当、个性组队四个环节快速压缩建构团队管理能力,寻求裂变式成长,从一个团队向两个到三个团队建设转变。

组织激励系统在这一时期分为价值、利益、管理、未来四项内驱力:在价值体系上,机构塑造了创新、公益、再生产社会的核心价值观;在利益激励体系上,机构每年分两次进行跨级、跨阶竞聘,保证真正的人才能够在一年内脱颖而出;在管理内驱力上,机构打造了纵向管理与横向管理双元体系,构建了内部相互促进体系;在未来内驱力上,从战略到策略构成了全员参与格局。

基于三个系统,乐仁乐助整体构建了个人、团队、组织系统化的成长系统,见图5。

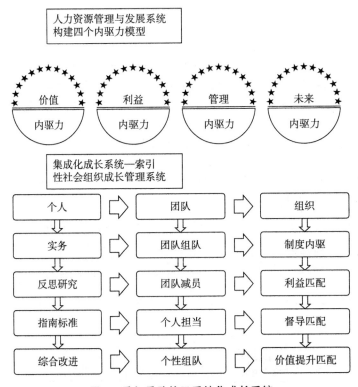

图5 乐仁乐助的三系统化成长系统

三、业务拓展期与跨界创新的管理架构

2014年苏州乐仁乐助总部建立以后,快速形成了标准化体系,这为乐仁乐助推广自己的业务模式奠定了良好的基础,同时按照五合一模式培养了一大批既精通一线实务,又精通孵化器运作、公益创投的复合型社会工作人才。乐仁乐助以项目复制的形式,分别在昆山、杭州、武汉、徐州、泰州、南通、南京、宿迁、常州、宁波、海门、启东、靖江、姜堰等多地开展了业务。

除了这种区域的拓展,乐仁乐助在社企合作领域也做了较多的尝试。无锡乐助(成立无锡大区)先后与博世、红豆、新日(无锡)、希捷、松下、康明斯等五百强企业合作项目。苏州乐助(成立苏州大区)先后与启迪控股、启迪之星、启迪众创公社、凤凰传媒、"断舍离"、中国基金会发展论坛、正荣集团等企业与组织建立了广泛性的合作,与省内外多家高校建立了紧密型合作机制,并成为河海大学研究生联合培养基地。至2016年底,孵化器链接的社会组织累计已经超过1000家,社会组织服务的社区覆盖超过2000个,企业合作单位累计超过50家,专业人才链接网络累计超过1400人,专家、督导累计近100人,承接第三方平台下管理的公益创投项目累计超过500个,构成了较为庞大的社会组织发展综合体。

截至2016年底,乐仁乐助的成长历程可从两个维度进行简要概括。横向上,乐仁乐助起源于社会工作,但又不是单纯的社会工作机构。乐仁乐助已成功转型为综合型、枢纽型、平台型社会组织,既作为社会工作机构专注于打造社会工作项目品牌,同时又作为孵化器、公益创投的研发平台、研究平台、枢纽平台,培育公益人才、开展项目督导、引导组织成长、建立发展体系、参与制度建设,打造了多平台生态体系。

纵向上,乐仁乐助的业务范围从单线的社会工作服务,拓展为目前的五条线,即一线社会工作服务、二线项目管理、三线组织建设、四线平台、五线产品。这种内部裂变式的发展既是组织体可持续发展的需要,也是回应市场需求的必然举措。随着乐仁乐助组织体的发展壮大,其业务条线还会继续变革、发展下去。这也体现了管理学中"最好的管理在于基于需求衍生的管理变革"的原理。

这一阶段,因为机构的快速发展,基于标准化基础上的组织结构出现了各种问题,主要原因在于:不同地区的经济社会发展水平有差异,同样的社会问题与需求会涉及不同的利益主体和发生原因。标准化只能解决普遍性问题,无法解决当地的具体问题。这些问题需要用不同的社会工作方法、不同的社会动员机制、不同的社会协同平台、不同的社会资源体系协作解决。这就对组织在当地落地的现实可能性提出了较大挑战,对组织架构改革提出了更大挑战。

解决这些问题需要对业务创新与整体结构进行改革,而不仅是对项目系统与人力资源系统进行改革,过去的经验已经不能够解决新的问题。

针对这些问题,乐仁乐助组织架构实际上把"业务创新—团队内化—组织固化"的内部发展逻辑做了垂直深化,在将业务行动与团队建设、组织变革一体化的整体设计思路下,设计了内部项目管理、机构管理与外部生态系统协同发展,构成了内外统一的集成发展管理系统。乐仁乐助原有的事业部的扁平化结构已经适应不了这样的发展变化,满足不了这种集成发展管理系统对组织结构的要求,机构必须对组织内部的垂直管理体系做进一步的改革。

首先是法人治理系统的整体变革。传统的社会组织法人治理系统存在三个问题:一是理事会权力过大,相关法律法规对于理事会的约束机制不健全;二是监事会机制不健全,对理事会的监管形同虚设;三是理事会在跨域管理中缺乏有效信息与管理体系,难以对各地问题做出快速反应。

同时,在各地复制过程中也出现了应对实际情况的各种偏差,急需对法人治理结构寻求突破。W老师在对法人治理结构进行研究后,基于三个目标,对法人治理结构提出了较大改革意见:一是机构法人治理结构需要突破单一的从上至下的管理体系;二是员工需要真正参与机构治理的各个环节;三是此次治理结构改革要为未来机构内部创业奠定组织基础。

原有法人治理结构为理事会、监事会、管理层、执行层。新的法人治理结构在理事会上面设员工代表大会、工会代表大会,员工代表大会与工会代表大会分别提出福利提案与发展议案,从下至上行使权利,两个大会对理事会的整体发展进行讨论与决策;同时在管理层之外匹配自治委员会,用以督办具体提案的落实情况。

同时,管理结构改革重建了中央职能部门,设秘书处、研究院、创新大部、运营部以支撑各地发展业务的创新(见图6)。

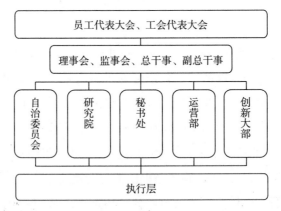

图6 重建后的乐仁乐助组织架构

其次是重新打造了多螺旋式组织体系。

如果从组织内部结构出发,组织结构已经基本形成了内外部发展的整体中轴线,就是成长中轴、管理中轴、自治中轴、外部生态中轴、文化中轴、创新中轴。而从外部创新性来说,组织形成了统一的政社、社企、社媒、社校、社社、社群、社融之间的枢纽桥梁。整体来说,机构既建立了外部生态与服务供给系统,也打造了以中轴线为基础的内部成长平台。

从组织的外部性来看,沿着中轴变革,乐仁乐助开创了社会组织管理的新内容——社会组织的外部管理。外部管理体系以螺旋互动方式契合对应了内部中轴,这些螺旋体系以投入—回报方式,形成了反馈机制,最终产生了外部管理体系与内部管理体系的协同作用。这种反馈有正反馈和负反馈之分,如果有合理的动力牵引,正反馈会超越抵消负反馈,多方关系就会演化成为更加深入与复杂的社会创新系统。

一般来说,多螺旋系统在初级阶段是两两之间一对一的双边交换,类似于我们常说的服务型交换模式,比如技术转移、委托研究、技术咨询和服务、捐赠、政府购买、企业CSR外包等,这一时期乐仁乐助与外部七个平台就处于这种关系中。

多螺旋系统在中期发展阶段时,社会组织与其他社会创新主体进行阶段映射式关联互动,或两两合作而产生新组织,比如联合建立新组织、新的社会创新实验室、社会创新研究院,等等。

到了成熟时期,多螺旋系统实际是聚合了所有服务资源、服务主体、服务动力的社会创新综合体,比如孵化器、新枢纽型社会组织,等等。(见图7)

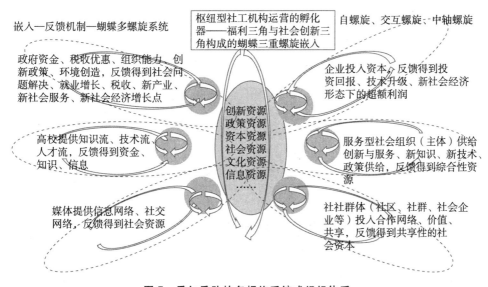

图7 乐仁乐助的多螺旋系统式组织体系

在2016年前,乐仁乐助的外部管理还处于第一阶段向第二阶段转型的过程中,在政社互动管理架构上针对政府社会创新需要,提供政策研究供给与政策咨询等服务;在社企互动管理架构上提供合作平台、创意研发、整合企业社会责任服务供给、联合价值投资等服务;在社校互动管理架构上提供案例研究、联合培养、后续实习、储备干部、储备人才等多重互动教育管理体系等服务;在社媒互动管理架构上提供自媒体联合运作、社会动员、宣传推广等服务;在社社互动管理架构上提供服务对象转化、社区能力建设、个案管理与社区综合管理体系等服务;在社群互动管理架构上提供网络体系服务、课程辅导、在线诊断、在线督导等服务。(见图8)

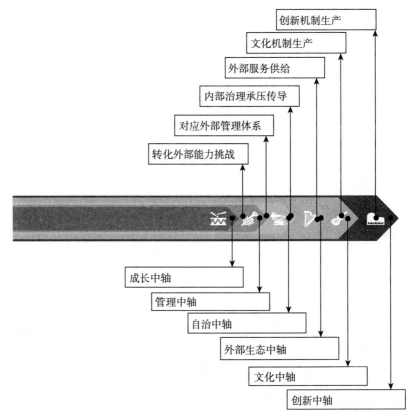

图 8　社会组织系统化多线变革中轴图

四、迭代与螺旋平台管理架构实现

进入 2017 年以后,W 老师觉察到了社会创新方面的三个变化:一是,社会创新领域并非社会组织、社会工作者、社区、社会企业等社会化主体独有的领域,"四社"也不应只在社会领域内部进行创新;二是,社会创新领域愈发强调方法与技术的跨界使用;三是,社会主体、社会方法、社会途径、社会资源、社会性配置、社会化对象、社会化生成、社会化网络愈发成为社会工作机构进行业务创新、团队创新、组织创新的外在社会基础。

基于这个整体变化,乐仁乐助一方面整合了较分散的业务体系为基础一线、平台二线、社会云网络三线的基本业务。在一线业务上回归社区与社会工作业务,在整体架构上向矩阵式架构转变,在中轴体系上转化为沿着业务中轴匹配个人成长、团队成长、组织成长的体系,同时由矩阵式架构统摄所有事业部的财务管理体系、技术管理体系、业务管理体系。(见图9)

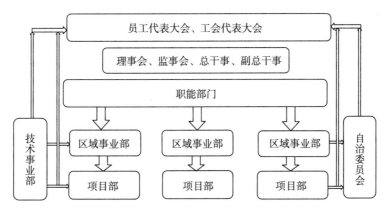

图9 向矩阵式架构转变的组织结构

在整体法人治理结构清晰化以后,乐仁乐助对人才成长机制、培训机制、项目机制、管理机制进行了深化。

第一,创新人才成长机制。乐仁乐助进一步明确了员工的招聘、培训、薪酬、福利、职业生涯规划等体系,不仅设定了一般性员工的选拔、培训、进阶流程,也为应届毕业生量身定做了"毕业生培养计划",既保证了应届毕业生由学生身份到工作者身份的顺利转型,也为其提供了参照性职业生涯规划的脚本。除此之外,乐仁乐助还积极为员工谋福利,降低其生活成本,如先后增添了交通补贴、住房补贴、餐饮补贴等福利内容。每年,乐仁乐助都会举办关于管理系列、技术系列的跨级竞聘升阶仪式,从员工中提拔高级主管、项目主管、项目助理等人才,这成为员工上升的主要通道。

第二,创新项目机制。乐仁乐助采用了"社会工作工程管理方式"创新项目机制。其优势在于:(1)是国内较为领先的总体监控体系;(2)是工程项目运作方式;(3)采用"project"软件全程管理,真正实现了"过程管理与目标管理"的结合;(4)引入了第三方的绩效考核体制。除此之外,在管理方式上,乐仁乐助还配套建立了"小步快跑"的管理机制,实行"日清、周清、月清",一步一个脚印,以确保项目管理成效。

第三,创新组织内部机制。这主要体现在三个方面:(1)组织管理软件化。乐仁乐助开发了"公益创投项目管理软件",实现软件化管理和在线监控,减少了实地监控的成本。(2)组织管理标准化。乐仁乐助开发出了一套标准化的管理文件,涵盖孵化园管理标准化体系、项目管理标准化体系、政府招投标标准化体系等,实现了组织管理的可持续运作。(3)组织管理弹性化。乐仁乐助管理层积极进行"放权",给予员工更多锻炼与实践的机会,促进他们的快速成长。

第四,整体打造外部螺旋结构体系。社会创新体系需要政府的社会创新政策,需要聚集大批具有知识技术以及企业家精神、社会公益情怀的创新人才,需要完善创新中介支持与网络服务,需要吸引大量创新资金和风险资金,需要广泛社会动员与社会志愿者动员,需要集聚更多的社会资源,需要传播改变社会的知识体系。更为重要的是,这种聚合资源体系可以通过螺旋体系加以组合。

第五,进一步明确机构的组织属性。社会创新协作体系是机构的未来属性。按照法律的相关规定,各地机构拥有独立法人,彼此互不隶属,需要通过支持性、枢纽性社会工作机构共同建立起社会创新协作体系。

乐仁乐助是枢纽型组织,架起政社、社企、校社、社媒、社社、社群、社融七座桥梁;是支持性组织,提供技术、融资、孵化、"五务"等多方面的支持;是社会工作机构,提供各种社会问题的解决方案与服务;是社会化协作网络,协作各种社会化资源,协同各方力量,协力解决社会问题。

五、反思

社会组织架构改革的终极目标在于,依靠组织体系的变革实现整体发展,用组织化的动力推进组织使命与战略的实现。无论哪种组织架构,组织的核心要素都在于人、事、财、团队、文化、价值等,组织的核心竞争力在于以什么样的组合方式组合这些要素。社会组织的组合方式不同于企业内部的"成本—利益模型",而是"成本—收益模型"+"价值成本—自我实现模型"+"社会资本—社会生态模型"三重叠加的组织形态,其复杂性远远超过一般的企业与政府单位。

在这一模型之下,机构管理需要解决的问题不是用最小的投资获取最大的收益,而是在组织成本考量之下建设三重叠加的组合管理架构。

"成本—收益模型"是社会工作机构自我生存必须要满足的管理模型;"价值成本—自我实现模型"是在社会工作自身在利益、价值、团队等方面的管理模型;"社会资本—社会生态模型"是服务领域政府、企业、社会工作机构共同解决社会问题的管理模型,是在面对社会问题与促进社会发展时抽象社会的多元主体集合性投入的成本与收益管理模型。

社会工作机构的最大管理考验在于,它无法用理事会、监事会、管理层组织架构包括这三种模型。也就是说,社会工作机构既要实现内部盈余,又能带来团队价值满足、员工自我实现以及社会问题的解决,这是非常困难的事情。这需要机构对其外部生态、自身生存以及员工价值进行统筹管理。

但是,三个组合方式叠加的管理模式一般会比其他的管理模式消耗更多的管理成本,同时会带来更多的管理环节,降低管理效率。2017年后,乐仁乐助在改革过程中融入了内部自治机制,建立了自治委员会的组织化设计,借以实现员工的自我价值,降低内部的组织成本;把外部社会资源与生态体系纳入统一管理,建构了多种资源的外部螺旋,建构了组织社会资本,以社会资本替代组织成本,力求组织成本外移,降低外部的交易成本。因此,乐仁乐助组织机构管理变革寻求用社会资本+组织成本+交易成本的复合运作方式,容纳"成本—收益模型""价值成本—自我实现模型""社会资本—社会生态模型",以实现社会使命、组织生存、员工价值实现的三重目标。

从2017年开始,乐仁乐助社会创新机构试行制定了新的"三三三"战略发展规划,在三个领域,即社会工作社区领域、跨界创新领域、公益创业与第三方付费市场领域,开始了新的创新探索。

案例使用说明

一、教学目的与用途

本案例教学使用说明是基于"社会服务管理""非营利组织管理""社会工作项目管理"等课程中的社会工作机构管理与非营利组织的治理结构部分的教学需求撰写的,用于讲解组织结构设计的理论基础、主要原则、流程方法等方面的内容,案例的编写以此为出发点和落脚点组织相关内容,对案例的分析和总结也是基于这一目的。若将本案例用于其他课程,则需做调整,本案例使用说明可作为参考。

(一)适用的课程

本案例适用于"社会服务管理",也可以作为"非营利组织管理""社会工作项目管理""社会政策"等课程的辅助案例。

(二) 适用的对象

本案例适用的对象为社会工作专业硕士研究生。

(三) 本案例教学目标规划

1. 覆盖知识点

本案例在"社会服务管理""非营利组织管理""社会工作项目管理"中的主要覆盖知识点有:

(1) 组织结构的内涵;

(2) 组织结构的基本类型;

(3) 组织结构设计的原则;

(4) 组织结构设计的理论;

(5) 组织发展与组织结构设计。

2. 能力训练点

本案例在"社会服务管理""非营利组管理""社会工作项目管理"课程中规划的主要能力训练点有:

(1) 组织结构设计的条件与变量;

(2) 组织部门设计的程序与方法;

(3) 与组织职能发展相对应的结构类型;

(4) 组织内部治理与组织授权体系的设计方法。

3. 观念改变点

本案例在"社会服务管理""非营利组织管理""社会工作项目管理"课程中规划的主要观念改变点有:

(1) 组织结构有固定的模式;

(2) 非营利组织的职能是单一的,不可能跨界;

(3) 非营利组织的部门是专业化的,没有共通性;

(4) 非营利组织要恪守专业理念,不应从事经营。

二、启发思考题

本案例主要通过乐仁乐助机构转型发展的历程,完整系统地呈现了组织结构随着外在环境、组织业务拓展、组织规模扩大等变化而不断动态调整的图景。案例涉及组织结构调整的环境因素识别、组织结构模式的选择方法、组织职能、部门与岗位的设计等核心知识点与技能点。案例启发思考题应建立在详细阅读教材中有关组织结构设计的内容,包括组织结构设计的内涵、原则、程序、方法等,深入理解组织结构设计与环境变化、组织目标转型、组织战略调整、业务拓展等因素之间的关系。在熟练掌握组织结构设计的基础原理和知识基础之上,运用相关知识对案例内容进行系统的剖析与反思。

（1）乐仁乐助社会创新机构的组织结构属于哪一种模式,为什么?
（2）乐仁乐助社会创新机构的组织结构的变化可分为哪几个阶段?
（3）乐仁乐助社会创新机构的组织结构转型与哪些环境因素相关?
（4）乐仁乐助社会创新机构的组织结构与组织战略是什么关系?
（5）乐仁乐助社会创新机构的组织结构匹配了怎样的管理制度?
（6）乐仁乐助社会创新机构的组织结构转型与人力资源管理是什么关系?
（7）乐仁乐助社会创新机构采用了怎样的授权模式,为什么?
（8）非营利组织的组织结构设计要考虑哪些因素?

三、分析思路

案例分析的思路是引导学生运用所学知识,根据案例相关情境材料,通过一定的逻辑思路,对案例进行细致解剖和系统分析。案例分析思路是确保达到教学目的的重要教学过程。本案例依据非营利组织的组织结构设计的基本原理和知识,结合乐仁乐助社会创新机构的发展历程,设计了层层递进的提问引导逻辑。非营利组织的组织结构作为实现组织使命的最重要形式,与组织战略、组织业务范围、人力资源条件结合,通过结构创新、机制创新、制度创新,助力非营利组织发展,这是本案例教学的核心;组织结构体系不断迭代创新的背后潜在的建构理念和建构原则是教学的目标。

本案例中的非营利组织的组织结构迭代更新的关键点是:
（1）初创期的乐仁乐助选择了什么组织结构模式,道理何在?
（2）在业务条线扩展的情况下,乐仁乐助的组织结构模式发生了哪些变化?
（3）项目制与事业部式的组织结构模式对乐仁乐助的加速发展有什么意义?
（4）乐仁乐助社会创新机构跨界的组织结构模式的产生条件有哪些?
（5）乐仁乐助社会创新机构跨界的组织结构模式的基本特点是什么?
（6）乐仁乐助社会创新机构的组织模式与组织文化是什么关系?
（7）乐仁乐助社会创新机构的组织结构迭代发展有什么启示?

在组织发展的不同阶段,随着组织规模的扩大和能力的改变,组织结构也需要相应变革以适应组织的发展。在初创阶段,组织需要降低成本、提高效能,保证生存,组织结构需要简单地围绕主要职能来设置部门,如果组织结构过于臃肿、部门过多,就会造成流程割裂、效率低下,组织的生存就会出现问题。当组织发展壮大时,如果组织仍然粗略地设置结构,就会造成重要业务领域的职能薄弱或缺失,组织就会缺乏相应的能力,发展就会受到影响。因此,案例分析的基本逻辑是:以乐仁乐助社会创新机构历次组织结构模式迭代创新为背景,对比分析其在每个阶段的组织结构模式特点,学生可以从每一次迭代创新时组织战略目标的变化与组织所处的内外部因素变化来思考。

第一,外部环境对组织结构的影响。

在最初发展过程中,从组织结构模式来说,乐仁乐助没有较为成熟的前例可循,无论是业务发展、组织架构,还是人员体系都是摸着石头过河。在组织结构与功能上,乐助社工基本上是照搬非营利组织的管理范式。随着社会治理创新的不断加速以及社会组织培育力度的不断加大,非营利组织如雨后春笋般地快速发展,乐仁乐助的环境也在发生变化:一方面,政府支持的力度持续加大,但是对机构的业务范围和业务能力的要求也越来越高;另一方面,大量的非营利组织不断成长,竞争越来越激烈,组织的管理效能和效率受到极大考验。转型发展是不二的选择。

第二,内部组织规模的变化对组织结构的影响。

从初创期的三五个员工发展到一百多名员工,组织的规模发生了极大变化。一百多名员工隶属于社会工作实务、公益创投运营、社会组织孵化园区托管、新媒体运营等多个业务条线。这种内部裂变式的发展既是组织体可持续发展的需要,也是回应市场需求的必然举措。随着乐仁乐助组织体的发展壮大,其业务条线还会继续变革。

第三,业务领域的拓展对组织结构的影响。

初创期的乐助社工主要从事一线社会工作实务服务项目,业务条线单一,技术标准、评价标准相对简单,机构模式主要围绕一线服务项目安排。随着业务领域的拓展,乐仁乐助变为起源于社会工作,但又不是单纯的社会工作机构。乐仁乐助已成功转型为综合型、枢纽型、平台型社会组织,既作为社会工作机构专注于打造社会工作项目品牌,同时又作为孵化器、公益创投的研发平台、研究平台、枢纽平台,培育公益人才、开展项目督导、引导组织成长、建立发展体系、参与制度建设,打造多平台生态体系。

第四,授权体系在发展变化。

乐助的最初阶段主要是面向青少年开展服务的社会工作机构,业务单一、员工数量少,权责体系相对容易划分。随着业务条线的不断拓展,机构的组织形态为了匹配项目发展与团队建设,基本是秉持轻行政成本、重项目运行的管理方式,整体上是基于项目制体系的授权体系结构。但是从根本上而言,传统的组织结构形式已经远远适应不了集成发展管理系统对组织结构的要求。

第五,组织结构的迭代更新与组织文化的关系。

组织文化是组织发展的重要软实力,乐仁乐助社会创新机构的组织结构与组织文化的培育是一种什么样的关系?乐仁乐助社会创新机构的组织结构重点关注"业务创新—团队内化—组织固化"的内部发展逻辑,探索"实务+研究+标准+反思+综合"的整体团队建设体系,个人成长系统基本上是做业务在前、团队整合与管理在中、研究在后的递进成长体系。这又为组织持续创新奠定了基础。

四、理论依据与分析

(一)组织理论与组织结构设计理论

组织结构设计是在组织结构设计理论的指导下进行的,组织结构设计理论是组织理论的一部分。组织理论又称广义的组织理论或大组织理论,组织结构设计理论则为狭义的小组织理论。组织理论包括组织运行的全部问题,如组织运行的环境、目标、结构、技术、规模等;组织结构设计理论主要研究组织结构的设计,而把环境、战略、技术、规模、人员等问题作为组织结构设计中的影响因素来加以研究。二者在外延上是不同的,从逻辑上讲,组织理论包含组织结构设计理论。

(二)组织理论的发展

整个组织理论的发展历史可以分为三个阶段:一是古典组织理论阶段,二是行为科学时期的组织理论阶段,三是现代组织理论阶段。古典组织理论以行政组织理论为依据,强调组织的刚性结构;行为科学时期的组织理论以行为科学理论为依据,着重强调人的因素,从组织行为的角度来研究组织结构;现代组织理论是从行为科学中分离出来的,主要以权变管理理论为依据,它既吸收了以前两种组织理论的有效成果,又强调应按照组织面临的内外部条件而灵活地进行组织结构设计。

(三)组织结构设计理论的分类

组织结构设计理论又分为静态的组织结构设计理论和动态的组织结构设计理论,静态的组织结构设计理论主要研究组织的体制(权责结构)、机构(部门划分的形式和结构)和规章(管理行为规范)。动态的组织结构设计理论除了包含上述基本内容之外,还加入了人的因素、组织结构设计,以及组织在运行过程中的各种问题,诸如协调、信息控制、绩效管理、激励制度、人员配备及培训等。现代组织结构设计理论无疑属于动态的组织结构设计理论。但是在动态组织结构设计理论中,静态设计理论所研究的内容仍然占主导的地位,依然是组织结构设计的核心内容。动态组织结构设计理论是静态组织结构设计理论的进一步发展,两者相互依存和包容。

（四）组织结构设计的原则

在组织变革的长期实践活动中,西方管理学家曾提出过一些组织结构设计的基本原则,如管理学家厄威克曾比较系统地归纳了古典管理学派中泰罗、法约尔、马克斯·韦伯等人的观点,提出了八条指导原则:目标原则、相符原则、职责原则、组织阶层原则、管理幅度原则、专业化原则、协调原则和明确性原则;美国管理学家孔茨等人,在继承古典管理学派的基础上,提出了健全组织工作的15条基本原则:目标一致原则、效率原则、管理幅度原则、分级原则、授权原则、职责的绝对性原则、职权和职责对等原则、统一指挥原则、职权等级原则、分工原则、职能明确性原则、检查职务与业务部门分设原则、平衡原则、灵活性原则和便于领导原则。非营利组织的组织结构设计既具有共性,又由于其服务性质而具有一定的独特性。

1. 任务与目标原则

组织结构设计的根本目的是实现非营利组织的使命、愿景和战略目标。这是一条最基本的原则。组织结构的全部设计工作必须以此作为出发点和归宿点,即非营利组织的任务、目标同组织结构之间是目的同手段的关系;衡量组织结构设计的优劣,要以是否有利于实现非营利组织的任务、目标作为最终的标准。从这一原则出发,当非营利组织的任务、目标发生重大变化,例如从单一领域的服务型组织向综合服务型组织、从服务型组织向支持型组织转变时,组织结构必须做相应的调整和变革,以适应任务、目标变化的需要。

2. 专业分工与协作原则

现代非营利组织的管理工作量大,专业性强,分别设置不同的专业部门有利于提高管理工作的质量与效率。在合理分工的基础上,各专业部门只有加强协作与配合,才能保证各项专业管理的顺利开展,达到组织的整体目标。要贯彻这一原则,组织结构设计就要十分重视横向协调问题。

3. 有效管理幅度原则

现代非营利组织的规模也在不断扩大,跨领域、跨地域开展服务的组织越来越多。由于个人精力、知识、经验条件的限制,一名领导人能够有效领导的直属下级人数是有一定限度的。有效管理幅度不是一个固定值,它受职务的性质、人员的素质、职能机构健全与否等条件影响。这一原则要求在组织结构设计中,管理幅度应控制在一定水平,以保证管理工作的有效性。

4. 集权与分权相结合原则

相较于其他组织类型,非营利组织的管理设计更加强调民主管理,更加强调合理授权。非营利组织的结构设计既需要权力集中,又需要权力分散,两者不可偏废。集权是组织规模化的客观要求,它有利于保证统一领导和指挥,有利于人力、物力、财力的合理分配和使用。而分权是调动下级积极性、主动性的必要组织条件。合理分权有利于一线员工根据实际情况迅速而正确地做出决策,也有利于管理层摆脱日常事务,集中精力抓重大问题。在确定非营利组织内部上下级管理权力分工时,应考虑的主要因素有组织规模的大小、组织业务领域的技术特点、组织员工的素质与能力等。

5. 稳定性与适应性相结合原则

稳定性与适应性相结合原则要求,非营利组织的组织结构设计既要保证在组织外部环境和组织目标发生变化时,组织能够继续有序地正常运转,同时又要保证在运转过程中,组织能够根据变化的情况做出相应的变更,具有一定的弹性和适应性,应当选用一些具有较好适应性的组织形式和措施,以在变动的环境中具有一种内在的自动调节机制。

(五)影响组织结构设计的因素

在组织结构设计的过程中,必须综合考虑各种因素的影响,如使命与战略、环境条件、业务领域、组织规模等,才能产生良好的组织绩效。

1. 使命与战略

使命是组织存在的理由与价值。战略是关于组织的长远目标、发展方向、资源配置的设想与筹划。组织结构必须服从组织所选择的使命与战略的需要。随着组织规模的变化、环境的变化和经营重心的转移,组织的战略不断发生变化,战略的变化要求组织做相应的调整,重新确立关键性职能及其承担机构的地位,调整各职能部门的分工协作关系,甚至改变组织成员的工作方式方法等,因此组织结构也要做出相应的调整。

2. 环境条件

任何组织都是在一定的环境之中生存和发展的,组织结构必须响应环境变化,才能和环境动态匹配,在环境中生存下来。如果环境是稳定的,组织就可以采用稳定的组织结构。在快速变化的环境中,组织就需要设计有机的组织结构。

3. 业务领域

业务领域是指组织从事的业务领域的情况,包括直接服务型、资源支持型、技术研发型、枢纽平台型等不同的业务领域,组织结构的设计会因此不同。

4. 组织规模

组织的规模不同,与之相适应的组织结构模式亦有很大的差别。一般来说,规模越大的组织,管理层次越多,工作和部门的数量越多,职能和技能的专业化程度越高,组织正规化程度越高,组织分权程度越高,高层领导的比例越小,专业技术支持人员的比例越高,书面沟通的文件越多。当然,规模不是决定组织结构设计的唯一因素,使命与战略、环境条件、业务领域等因素也一同决定着组织结构的设计。

(六)组织结构设计的内容

1. 职能结构

职能结构是指实现组织目标所需的各项业务工作及其比例和关系。其考量维度包括职能交叉(重叠)、职能冗余、职能缺失、职能割裂(或衔接不足)、职能分散、职能分工过细、职能错位、职能弱化等方面。职能结构的设计包括两个层次:一是基于组织主要业务领域及其关键价值链的主流程所需的一级职能设计,包括主流程的各个环节,加之对关键控制点的检查和控制,即构成了一级职能。这也往往是划分部门职能的依据。二是在主流程之外的其他流程和辅助流程所需的职能设计。这往往是设计岗位职能的依据。

2. 层次结构

层次结构是指管理层次的构成及管理者所管理的人数(纵向结构)。其考量维度包括管理人员分管职能的相似性、管理幅度、授权范围、决策复杂性、指导与控制的工作量、下属专业分工的相近性等。管理层次是从最高管理机构到最低管理机构的纵向划分,其实质是组织内部纵向分工的表现形式,主要是各种决策权在组织各层级之间的划分。一般地,管理层级取决于组织的规模、分散程度和管理者的能力、员工的素质、外部环境的复杂性等因素。

3. 部门结构

部门结构是指各管理部门的构成(横向结构)。其考量维度主要是关键部门的缺失或优化。部门结构的设计有三个方面。首先,要依据一级职能设立部门,需要遵循的原则包括分工协调原则、最少部门原则、目标统一原则、指标均衡原则等,最重要的原则是面向客户原则。其次,部门之间的横向关系设计。部门关系包括协调协作和监督制约,横向协调是调节组织部门之间关系的重要手段,制约机制的设计就是从反面来预防部门行为偏离航向。最后,部门内部结构的设计包括部门二级职能划分和岗位设置。岗位设置需要依照以下原则进行:因事设岗、工作丰富化、最少岗位数、客户导向、规范化与系统化以及基于一般性规律。

4. 职权结构

职权结构是指各层次、各部门在权力和责任方面的分工及相互关系。主要考量部门、岗位之间权责关系是否对等。职权设计就是全面正确地处理上下级之间和同级之间的职权关系,把各类型的职权合理分配到各个层次和部门,建立起集中统一、上下左右协调配合的职权结构。职权设计成功的关键在于,要设计一个能够在组织运作过程中发挥优势的动态模型,以便及时根据环境变化,做出适当的自我修复与调整。

5. 管理流程

管理流程是指组织结构不但需要符合组织的核心业务流程,还需要与组织的管理流程相配套,组织结构中的各个部门需要借助流程进行有机链接,既明确各自的合理分工,又规定跨部门合作的流程规则。部门设置不合理、部门之间壁垒重重是引发管理流程问题的主要原因。

(七)组织结构设计的程序

组织结构设计是一项系统工程,组织结构设计要在总体上进行把控,需要系统、缜密的全过程分析。组织设计的总体程序如下:

(1)分析组织结构的影响因素,选择最佳的组织结构模式。主要因素包括组织的使命与愿景、组织的战略目标、组织的外部环境、组织的规模、组织的业务领域、组织的员工素质、组织的财务状况,等等。

(2)根据所选的组织结构模式,组织可以划分为不同的、相对独立的部门。

(3)为各个部门选择合适的部门结构,进行组织结构设置。

(4)将各个部门组合起来,形成特定的组织结构。

(5)根据环境的变化不断调整组织结构。

(八)组织结构的主要模式

1. 直线型组织结构

直线型组织结构是从最高管理者到基层工作人员自上而下形成的垂直领导隶属关系,没有职能机构,如同直线,所以又称为直线制。直线制的垂直领导的特点为现代组织的组织结构模式奠定了基础。

直线制的组织结构的特点:组织中的每一位主管人员对其直接下属拥有直接职权。组织中的每一个人只对他的直接上级负责或报告工作。主管人员在其管辖范围内,拥有绝对的职权或完全职权。

直线制的组织结构的优点:关系简单,责任清楚;主管人员与下属沟通较容易;决策迅速,对外部环境反应迅速、灵活;信息传递快,管理效率高。

直线型组织结构的缺点:没有职能机构,各种管理的问题都由组织负责人决定,当组织规模扩大、管理工作繁重时,组织负责人个人的知识、能力就难以应付,不能进行有效的管理。

直线型组织结构的适用范围:适用于小型非营利组织、业务领域单一、员工数量较少的情况。

2. 职能型组织结构

职能型组织结构(又称职能制)在各级直线指挥机构下之下,设置了相应的职能机构和人员从事专业管理,从而代替直线结构中的全能管理者,这些职能部门在自己的业务范围内,有权向下一管理层次的部门下达命令和指示,下级既要服从上级主管人员的指挥,也要听从上级各职能部门的指挥,从而出现多条指挥线。

职能型组织结构的优点:对管理工作实行专业化分工,更好地发挥了职能管理人员的作用。

职能型组织结构的缺点:破坏了统一指挥的原则,下级部门除了服从上级行政领导的指挥外,还要服务上级职能部门的指挥,这样形成的多头领导会使下属无所适从。

3. 直线职能型组织结构

直线职能型组织结构是各类组织中最常用的组织结构形式。它将直线制与职能制的优点相结合,以直线领导为主体,同时也发挥了职能部门的作用。这种结构把管理部门和管理人员分为两类:一类是直线指挥结构和管理人员;一类是职能部门的管理人员。直线指挥人员在自己的职权范围内拥有对下级进行指挥或命令的权力,并对主管的工作全面负责。职能机构及其人员只是直线指挥人员的参谋和助手,无权直接对下级命令进行指挥,只能在业务范围内提供建议和进行业务指导。这样既发挥了职能专业化的优势,又保证了统一指挥。

直线职能型组织结构的优点:既有直线管理的统一指挥、统一命令的特点,又有发挥参谋人员作用和专业化程度高的优势;专业分工细,部门和岗位职责清楚,工作效率高;组织结构的稳定性高。

直线职能型组织结构的缺点：由于按职能划分部门，因此部门目标不同，相互之间的协调工作量较大；由于直线部门的全局性和职能部门的专业目标性，两者之间矛盾较多；由于系统稳定性高，因此在组织环境变化时的适应性较差。

直线职能型组织结构的适用范围：一般适用于稳定环境中的中小型非营利组织，这类组织规模不太大，服务领域相对简单，服务技术和方法与项目来源较为稳定。

4. 事业部制组织结构

事业部制组织结构是在总部下面按业务领域、业务地区等划分事业部。每个事业部都是实现组织总体目标的基本单位；事业部下设职能部门；各事业部的负责人直属于组织总部，受组织总部监督。

事业部制组织结构的优点：有利于组织总部负责人从烦琐的日常事务中解脱出来，而着力策划组织的长期发展战略；事业部与服务领域联系紧密，便于掌握服务市场的动态和适应服务市场变化；有利于调动各事业部的积极性和主动性；增大了有效管理幅度。

事业部制组织结构的缺点：由于各自利益的独立性，事业部之间容易各自为政，忽视长远发展和整体利益，影响部门之间的协调；在对事业部授权的权限上难以把握，即不是过于集权就是失之松散。

事业部制组织结构的适用范围：适用于处在不稳定或不确定的社会环境中的组织，多地开展执业服务的规模较大的非营利组织和业务领域多元化的非营利组织。

5. 矩阵型组织结构

矩阵型结构又称规划目标结构。它是在组织结构上既有按职能划分的垂直领导系统，又有按项目划分的横向领导系统的结构。为了完成某一项目，各职能部门抽调有关专业人员组成项目组，并配备项目负责人来领导他们的工作。这一结构中的执行人员既受纵向的各职能部门领导，又同时受水平的、为执行某一专项职能而设立的项目小组领导。

矩阵型组织结构的优点：工作目标明确；人员配置灵活，人员因项目而定；加强了横向联系，解决了职能部门之间互通信息不足的问题；专门职能知识适用于所有项目，专业人员利用率高，能充分发挥专门人才的作用；组织协作攻关，有利于解决较难的技术、研发等方面的问题。

矩阵型组织结构的缺点：项目部负责人和职能部门负责人在组织中容易形成多重领导，发布不一致的命令，从而导致无效冲突和短期管理危机；人员容易产生临时工作心理，造成工作不细、不深入；项目与部门间的协调成本可能会大幅度上升；员工由于被分配到多个部门，可能会产生困惑、压力和焦虑。

矩阵型组织结构的适用范围：因社会环境而变化较快、业务领域多且创新性强、管理复杂，具有较大的复杂性和不确定性的协作项目；需要关注其产品和专业技能整体的项目；需要资源共享的项目。

6. 委员会

委员会是共同执行某一方面管理职能的一组人。委员会作为一种集体管理的形式而被广泛地采用，在管理尤其是决策方面扮演着越来越重要的角色。

各种组织中的委员会的形式和类型可以说是多种多样的。它可以是直线型的，也可以是参谋式的；可以是组织结构的正式组成部分，有特定的职权和职责，也可以是非正式的，虽未被授予职权，但常常能发挥与正式委员会职能相同的作用。此外，委员会既可以是永久性的，也可以是临时性的。在组织的各个管理层次都可以成立委员会。非营利组织的最高层一般叫作理事会，行使制定重大决策的职权，负责决定组织的大政方针。理事会是组织的最高决策机构，由若干理事组成。

委员会的优点：集思广益；协调作用；避免权力过于集中；可以激发管理者的积极性；加强沟通联络；代表各方面利益；有利于管理者的成长。

委员会的缺点：成本较高；妥协折中；优柔寡断；职责分离；一个人或少数人占支配地位。

委员会的运用：权限和范围要明确；规模要适当；选择委员；选择议题；主席的重要性。

7. 网络型组织结构

网络型组织结构（虚拟组织结构）可以视为一个平台型的组织结构形式，是利用现代信息技术手段建立与发展起来的一种新型的组织结构。网络型组织结构是一个精干的中心机构，以契约关系的建立和维持为基础，依靠外部机构进行创意、设计、执行活动。

网络型组织结构的优点：降低了管理和运营成本，实现了更大范围内的资源整合。

网络型组织结构的缺点：松散型的合作模式对沟通的要求更高。

五、关键要点

本案例分析关键在于把握非营利组织结构设计的影响因素以及非营利组织结构设计的主要原则、要素与程序,尤其是要把握非营利组织结构的变革与组织的使命战略、发展规模、业务领域、内部文化、制度建设等方面的关系。教学中的关键要点包括:

(1) 非营利组织的结构理论;

(2) 非营利组织结构设计的原则;

(3) 非营利组织结构设计的要素;

(4) 非营利组织结构设计的影响因素;

(5) 非营利组织的变革。

六、建议的课堂计划

本案例课堂计划根据学生的差异,尤其是对案例的阅读和课前对相应知识的掌握程度来进行有针对性的施教。本案例按照2学时进行设计。

A 计划:学生事先预习到位,对于本科生和全日制研究生,可以将小组讨论布置在课外进行。因为这类学生实际工作经验少,所以案例讨论过程中需要教师引导的内容要相对多一些。

B 计划:在职 MSW 学生课前预习不一定完成得很好,或者学员之间预习的差异较大,因此需要将小组讨论置于课堂讨论之中进行。

两种课堂教学详细安排计划如表1:

表 1 课堂教学安排计划

A 计划	B 计划
课前阅读相关资料和文献3小时 小组讨论1小时 考虑到本科生的知识基础和对应用的理解,要适当增加讨论后的知识总结时间。 课堂安排:90分钟 　案例回顾:10分钟 　集体讨论:50分钟 　知识梳理:20分钟 　问答与机动:10分钟	课前阅读至少0.5小时 考虑到在职 MSW 学生课前阅读和讨论的可行性,建议将小组讨论置于课堂中进行。 课堂安排:90分钟 　案例回顾:10分钟 　小组讨论:20分钟 　集体讨论:50分钟 　知识梳理:5分钟 　问答与机动:5分钟

在课堂讨论本案例前,应该要求学生至少读一遍案例全文,并尝试回答案例启发思考题。具备条件的学生还可以小组为单位,围绕所给的案例启示题进行讨论。

本案例的教学课堂讨论提问逻辑为:

(1) 乐仁乐助社会创新机构的组织结构经历了几次转型?

(2) 初创期的乐助社工是什么组织结构形式,为什么?

(3) 发展期的乐仁乐助社会创新机构是什么组织结构形式,为什么?

(4) 业务拓展与跨界创新阶段的乐仁乐助社会创新机构是什么组织结构形式?

(5) 迭代与螺旋平台管理架构是什么组织结构形式,为什么?

(6) 乐仁乐助社会创新机构的组织结构形式变革的影响因素有哪些?

(7) 乐仁乐助社会创新机构的组织结构形式变革与人力资源管理是什么关系?

(8) 乐仁乐助社会创新机构的组织结构形式变革中有哪些配套制度支撑?

(9) 乐仁乐助社会创新机构的组织结构形式变革与组织文化是什么关系?

(10) 乐仁乐助社会创新机构的组织结构形式变革为什么能成功?

本文作者:魏晨,江苏师范大学公共管理与社会学院副教授;董明伟,江苏师范大学公共管理与社会学院教授。

从隔离到契合：社会工作在少年司法场域的嵌入性发展
——以北京市的实践为例*

关于社会工作与少年司法场域的合作，人们最早认知的是社区矫正工作。一个未成年人在犯罪之后直至进入社区矫正或监禁矫正之前，还要经历公、检、法三个刑事诉讼程序，在这长达半年至一年甚至更长的刑事诉讼期间，涉嫌犯罪未成年人面临着人生最大的困境，普遍会感到焦虑、彷徨、无助、迷茫，因此急需社会工作服务的介入。然而在我国，由于过往司法体系的结构性缺陷，社会工作在公检法三个司法程序或领域内并无法定的位置。这种状况既不利于涉嫌犯罪未成年人的社会矫正与社会康复，也不利于少年司法制度的人性化建设。

自2009年起，北京市开始探索少年司法社会工作模式，取得了显著的成效。从关系角度看，社会工作与少年司法形成了紧密的合作关系；从结构上来看，社会工作与少年司法场域达成了初步的契合。也就是说，社会工作实现了在少年司法场域的嵌入性发展。那么，社会工作在少年司法场域嵌入性发展的过程如何？社会工作在与少年司法场域的嵌入性发展中，二者的结构与关系发生了何种变化？在此期间，行动者如何促进社会工作与少年司法场域间的良性互动？这不仅是学术研究的焦点，同时也是司法社会工作实务中必须理解和面对的现实问题，因此有必要以教学案例的方式呈现给 MSW 专业学生，供大家参考和讨论。

---

* 本案例以北京超越青少年社工事务所过去八年的实践为基础撰写，在此对所有实践先行者表示感谢。

一、机构简介

本案例源于北京市的真实事件,记录了北京超越社工事务所和北京市公检法相关部门以及共青团北京市委员会(北京共青团)等多家单位和机构参与的青少年司法社会工作实践。参与实践的主要行动主体包括北京超越青少年社工事务所、北京市公检法司机关、北京共青团。

2009年,首都师范大学社会工作系师生开始与检察院合作探索开展青少年司法社会工作服务。这是北京市最早开展的社会工作专业与检察机关的合作,具有创新性。2010年,首都师范大学成立少年司法社会工作研究与服务中心,并与海淀检察院建立了长期合作关系。2012年,在北京团市委的支持下,北京超越青少年社工事务所成立。历经10年的发展,首都师范大学少年司法社会工作研究与服务中心和北京超越青少年社工事务所专注于青少年司法社会工作服务,形成了"1+8"的青少年司法社会工作服务格局[①],已为近4000名陷入司法困境的青少年开展了专业服务。2016年和2018年,北京超越青少年社工事务所(以下简称超越事务所)两次被评为年度百强社会工作服务机构,并在青少年司法社会工作服务方面积累了丰富经验。

北京市海淀区人民检察院(以下简称海淀检察院)是北京市最早与社会工作合作的司法机关。海淀检察院地处久负盛名的中关村核心区,其中的多位检察官毕业于北京大学、中国人民大学、中国政法大学等名校并且具有硕士、博士学位,因此海淀检察院承担着北京市检察系统多项创新性制度的探索工作,在北京市检察系统中各项工作都处于领先水平,而且在全国都享有很高的知名度。超越事务所与海淀检察院的合作取得初步成效后,又相继与北京市门头沟区法院和北京市人民检察院第二分院建立了长期合作关系。

北京共青团负责全市青少年权益维护工作,同时也是北京市未成年人保护委员会办公室和首都社会治安综合管理委员会办公室(简称首都综治办)预防青少

---

① "1+8"工作格局:"1"是指一个核心理念,即处于诉讼流程中的未成年人享有特殊、优先保护的权利,社会工作者有必要为其开展专业服务,而且相信通过社会工作的服务,违法甚至犯罪的孩子及其家庭会发生良性转变;"8"是指八项具体服务内容,即具有不良行为青少年综合服务、违法行为青少年训诫及教育矫正服务培训、涉罪未成年人社会调查服务、涉罪未成年人教育矫正服务、涉罪未成年人合适成年人服务、刑事犯罪被害未成年人服务、涉未民事案件观护服务、司法社会工作督导培训服务,以上八项服务涉及预防类、维权类和补救类三大类服务。

年违法犯罪专项组办公室所在地,关注着青少年权益保护以及犯罪预防工作的创新性实践。超越事务所与司法机关的合作,属于未成年人保护中的司法保护工作的重要内容,同时也与未成年人犯罪预防工作息息相关。2012 年,社会工作与司法机关的创新性合作被北京市司法机关和团市委领导所关注并在全市各区推行。经过三年的试点推动,2015 年,在前期成功试点的基础上,北京团市委联合北京市公检法司等相关部门出台了未成年人司法保护"1+6 文件"①,社会工作介入少年司法机关开展服务成为全市的制度安排。

二、理念及政策背景

社会工作与少年司法场域的合作具有深厚的理念基础和政策背景,这是二者得以合作的重要前提。

司法理念是指导司法制度设计和司法实际运作的理论基础和主导价值观,也是基于不同的价值观(意识形态或文化传统)对司法的功能、性质和应然模式的系统思考。司法理念是司法的重要组成部分,体现在司法体制、司法组织、司法程序中,并直接作用于司法人员,是形成"行动中的法"即司法实践的重要因素。② 少年司法的理念是指导少年司法制度设计和运作的信念体系,可以指导少年司法的具体实践。中外从事少年司法研究的学者一致认为,现代少年司法制度应在以下司法理念指引下构建:首先是国家监护权,即国家对未成年人的健康成长负有监护责任③。其次是教育刑理念,即刑罚的目的在于教育而不是惩罚。再次是少年宜教不宜罚思想,即通过教育的方式可以有效实现预防少年犯罪。最后是恤幼思想,即中国传统文化中渗透对未成年人关爱和保护的强大传统。④ 以上理念强调国家对未成年人成长负有不可推卸的重要责任,并主张用教育而非惩罚的方式处理犯罪的未成年人。这是社会工作得以与少年司法机构合作的价值基础。

在立法层面,中国作为联合国相关法律文件的签署国,承诺要遵守相关法律文件的具体规定。在联合国关于少年司法的指导性文件中,最重要的三个分别是《儿童权利公约》《联合国少年司法最低限度标准规则》(《北京规则》)和《联合国预防

---

① "1+6 文件":"1"是指未成年人司法保护整体性规定文件;"6"是指未成年人司法保护六项具体制度文件,分别涉及未成年社会调查、合适成年人、逮捕必要性评估、附条件不起诉、法律援助、犯罪记录封存。
② 范愉:《现代司法理念的建构》,《检察日报》2001 年 7 月 17 日,第 8 版。
③ 又为"国王亲权""国家亲权""国亲思想"等意思。
④ 姚建龙:《长大成人:少年司法制度的建构》,中国人民公安大学出版社 2003 年版,第 46 页。

少年犯罪准则》(《利雅得准则》)。以上三个法律文件对世界各国少年司法制度构建的一个总的指导思想是:对于违法犯罪的儿童不应强调监禁和惩罚,而应更多地使用非监禁的社会化手段帮助其顺利地回归社会。我国的少年立法与联合国的青少年立法是一脉相承的。《中华人民共和国未成年人保护法》(以下简称《未成年人保护法》)和《中华人民共和国预防未成年人犯罪法》(以下简称《预防未成年人犯罪法》)都特别强调,对于违法犯罪的未成年人,要实行"教育、感化、挽救"的方针,坚持"教育为主、惩罚为辅"的原则,强调社会力量介入少年司法过程开展服务的必要性。除了以上基本立法,为了适应少年司法实践的需要,最高人民法院、最高人民检察院、公安部等司法机关陆续颁布了一些司法解释、通知、意见。《中华人民共和国刑事诉讼法(2012年修正)》增加了未成年人刑事案件诉讼程序专章,以强调对涉罪未成年人的司法保护。可以说,社会工作专业介入少年司法制度是联合国立法和我国立法的要求,而后者也是社会工作专业介入少年司法领域开展服务的制度保障。

然而,通过对《未成年人保护法》和《预防未成年人犯罪法》等相关法律和法规的考察也可以发现,虽然它们为社会专业力量介入司法保护问题提供了宏观保障,但由于尚缺乏可操作的制度设计,社会工作参与少年司法保护服务面临依据不足、制度保障缺位等现实困境。

三、社会工作嵌入少年司法领域开展服务过程简述

2009年以前,北京市的社会工作与少年司法场域是相对隔离的,即二者未发生过任何形式的互动。历经10年的探索与实践,社会工作与少年司法场域的结构关系发生了重要变化。从其行动逻辑来看,北京市社会工作嵌入少年司法领域开展服务可分为理念嵌入、服务嵌入、制度性建构。

社会工作在少年司法场域嵌入性发展的基础是理念的嵌入。少年司法与成年人司法问题的最大不同之处在于其对涉罪未成年人的人文关怀。近现代以来,伴随着犯罪学等学科研究的进步与发展,人们对未成年人犯罪原因的认识更加客观,"教育刑"逐渐成为少年司法的基本理念。也就是说,不应强调对未成年人犯罪进行惩罚,而应采用非监禁化、非刑事化的手段给予矫正,这已经成为人们的共识。少年司法的以上基本理念与社会工作的人道主义、社会福利等基本价值理念不谋而合。正是理念的一致与契合使社会工作与少年司法的合作顺理成章。

社会工作在少年司法场域嵌入性发展的第一阶段实现了"服务的嵌入"。自2009年起，北京市的社会工作与基层司法机关开始合作，在合作的过程中，司法人员最关切的问题是：社会工作服务能做什么？这种服务能取得何种效果？也就是说，在社会工作与少年司法场域合作的初级阶段，双方合作的核心是社会服务，社会工作实现了在少年司法场域的"服务性"嵌入。具体的服务内容涉及涉罪未成年人社会调查服务、涉嫌犯罪未成年人帮教服务、犯罪未成年人合适成年人服务、刑事犯罪被害未成年人救助服务、违法行为未成年人教育训诫服务等方面。司法人员和社会工作者都希望通过以上服务，保护涉罪未成年人和被害未成年人的基本权利，改善他们的生活困境，提升他们的福利水平。

社会工作在少年司法场域嵌入性发展的第二阶段实现了"制度性建构"。自2012年起，北京市市级司法机关和"综治"部门开始关注少年司法社会工作在基层的探索，并在关注基层实践经验的基础上，开始着手相关制度与政策的制定，于2015年颁布实施了少年司法保护"1+6文件"。在"1+6文件"中，社会工作服务被明确界定为少年司法保护的机制和措施。自此，社会工作在少年司法领域的服务实现了初步的制度性建构。制度性建构的实现需要具备一系列基本条件，比如完善的组织体系和制度体系、专业化的人才队伍建设、服务资源的配置等。为此，市级司法机关和"综治"部门做了大量工作与精心的准备。

理念嵌入、服务嵌入和制度性建构是社会工作嵌入少年司法的基本行动逻辑。理念嵌入是服务嵌入和制度性建构的基础和前提，而且在整个行动过程中发挥着决定性的影响和作用。服务嵌入是嵌入行动的核心内容，是少年司法场域引入专业社会工作的初衷和最终目标。制度性建构是嵌入行动得以稳定、持续发展的重要保障，也是理念和服务有效嵌入取得的必然成果。理念嵌入、服务嵌入、制度性建构虽然具有事物发展的阶段性特征，但这三个方面之间相互渗透、紧密联结，存在相互支撑的内在逻辑关系。

四、社会工作嵌入少年司法场域开展服务的具体内容

按照超越事务所的经验，社会工作嵌入少年司法场域的具体服务内容包括八项：涉罪未成年人社会调查服务、涉嫌犯罪未成年人帮教服务、犯罪未成年人合适成年人服务、刑事犯罪被害未成年人救助服务、违法行为未成年人教育训诫服务、驻校社会工作服务（具有不良行为青少年综合服务）、涉未民事案件观护服务、司法社会工作督导培训服务。社会工作介入少年司法程序开展以上服务，一方面可

以有效维护未成年人的合法权益,另一方面可以提升涉嫌犯罪未成年人帮教工作的有效性,提升少年司法过程的规范化和人性化水平。

(一) 涉罪未成年人社会调查服务

它是指具有专业资质的司法社会调查主体围绕涉罪未成年人的生活背景、成长经历、主观恶性程度、犯罪前后的表现、回归社会的社会支持条件等一系列要件展开的专业调查活动。司法社会调查的目的有二:一是在收集资料的基础上,对涉罪未成年人的社会危害性及再犯可能性做出专业评估,以服务法官的量刑过程;二是在收集资料的过程中,找出帮教涉罪未成年人的内容和线索,以指导审判后矫正工作者的矫正工作,帮助涉罪未成年人更加顺利地回归社会。

(二) 涉嫌犯罪未成年人帮教服务

它是指在社会调查的基础上,社会工作者以社会学、心理学等学科知识为基础,运用个案工作、小组工作、社区工作等专业方法,针对犯罪未成年人开展的专业服务,旨在改善犯罪未成年人的偏差认知和行为习惯,帮助其搭建良性的社会支持网络,从而帮助其顺利地回归社会,重新过上健康的生活。

(三) 犯罪未成年人合适成年人服务

未成年人年龄较小、社会认知程度较低,因此其在犯罪后接受司法机关讯问时,往往不能维护自身的合法权益。为了对涉罪未成年人进行更好的保护,联合国相关法规明确规定:未成年人在接受司法机关工作人员讯问时,必须有合适的成年人在场,以便更好地维护其合法权益不受侵犯。合适成年人一般是孩子的父母,如果孩子的父母不能及时到场旁听讯问,也可以由社会工作机构派出的人员承担。自 2012 年起,合适成年人服务成为青少年司法社会工作服务的重要内容。

(四) 刑事犯罪被害未成年人救助服务

它是指国家、被害人救助机构以及其他社会组织和个人为刑事犯罪被害未成年人提供包括经济救助、法律援助、医疗救助、心理救助等各种救助服务,从而使其摆脱因犯罪侵害所造成的人身伤害、财产损失及精神创伤,得到基本的生活保障,最终顺利回归社会。①

---

① 参见李莉:《构建我国刑事被害人救助制度的思考》,湖南师范大学硕士学位论文,2013 年。

（五）违法行为未成年人教育训诫服务

它是指在青少年犯罪案件的侦查阶段，警察经常会遇到行为已经违法但尚未构成犯罪的未成年人，这些未成年人的行为同样具有明显的社会危害性，但因我国少年司法是窄幅制管辖，公安机关并没有针对这些未成年人的多样化的处理措施，只是简单训诫后放人，而没有任何服务的跟进。这种状况就导致有些未成年人不能从违法事件中得到有效的教育，进而实施更加严重的违法犯罪行为。于是，公安部门依托社会工作专业力量，针对已经违法但尚未构成犯罪的未成年人开展服务，以预防其实施更加严重的违法行为。

（六）驻校社会工作服务

它是指社会工作机构在工读学校里派驻专业社会工作者，为具有不良行为的中学生开展专业服务，以预防其实施违法甚至犯罪行为。此项服务的缘起是，超越事务所在针对具有犯罪行为未成年人开展调研的过程中发现，绝大多数犯罪未成年人在犯罪前都有2—4种不良行为，因此将服务前延到未成年人实施不良行为的阶段，以防患于未然。

（七）涉未民事案件观护服务

它是指由法院委托社会工作者作为社会观护员，在未成年人民事案件审理中，对涉诉未成年人的背景情况进行社会调查，参与案件调解，在案件审结后对生效裁判文书的执行情况进行跟踪考察，对涉诉未成年人权益受侵害情况进行及时干预的工作机制。其目的是，在涉未民事诉讼中践行未成年人利益最大化理念，协助法院准确判断涉诉未成年人成长的利弊，为判后司法延伸搭建社会支持平台，从而不断提升未成年人司法保护工作的水平。

（八）司法社会工作督导培训服务

它是指由专家及资深社会工作团队对其他社会组织和合作单位中从事青少年司法社会工作者的人员开展专业督导与培训，督导与培训的目的在于丰富和完善当前司法社会工作队伍的专业知识、专业技能，提升司法社会工作的专业化和规范化水平，推动司法社会工作的整体发展。

五、社会工作嵌入少年司法的实践困境与行动策略

依据布迪厄的场域理论和帕森斯的行动研究框架,针对场域中行动者的行动困境与策略的研究需要关注三个基础性因素:一是行动者的观念基础,具体而言就是行动者的价值和信念;二是行动者所处的情境,具体而言包括行动者所处的场域特征、自身在场域中的具体位置等;三是行动者所拥有资本情况,具体而言包括经济资本、文化资本和制度资本等。这三个因素对行动者行动策略的选择皆产生了决定性的影响。见图1。

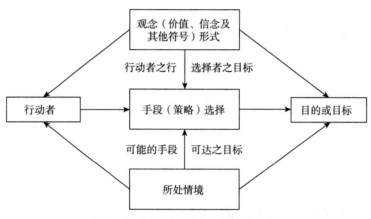

图1 帕森斯行动研究的模式框架图

基于以上三个因素,笔者对十年来社会工作嵌入少年司法的实践情境与困境进行了梳理,并在此基础上提炼出了实践者的行动策略。

(一)合法性困境及其行动策略

合法性困境是指在没有法律明确规定的情况下,司法场域及社会各界对社会工作服务的合法性质疑而带来的实践困境。这是社会工作与少年司法场域合作初期遇到的一个很现实的问题,这一质疑一度令社会工作者的身份和角色处于尴尬境地。社会工作介入少年司法的合法性困境的产生原因主要有两个。一是,我国对社会工作介入少年司法场域尚无明确的法律规定。尽管在中国少年司法制度改革中,司法人员已经意识到了社会工作专业力量介入少年司法程序开展专业服务的重要性,但尚缺乏明确的规定。二是,司法场域的行动规则要以法律规定为前提。司法场域与其他传统的社会服务领域不同,是一个相对刻板、灵活性较小的场

域,司法场域的惯性思维会让人们不自觉地去思考、探索行动背后的法律依据。在这种情况下,社会工作介入少年司法所面临的合法性困境就在所难免了。

面对以上困境,行动者要采取以下行动策略:

首先是模糊界限的变通策略。布迪厄指出:"任何场域都将自身体现为各种可能性——报酬、获益、利润乃至制裁的可能性——的结构,但也始终隐含了某种程度的不确定性。……即使是在那些充满各种普遍规则和法规的领域,玩弄规则、寻求变通也是游戏规则的重要组成部分。"①布迪厄指出在场域发展过程中,行动者会通过寻求变通策略带动场域的改变,这一观点与社会工作在介入少年司法场域初期遇到的情形非常相似。涉罪未成年人社会调查服务和涉嫌犯罪未成年人帮教服务是社会工作在介入少年司法场域初期所开展的最重要的两项服务。关于这两项服务的主体,具有权威性指导意义的六部委相关文件一方面指出由司法行政机关负责,但另一方面也提出可委托"共青团等相关组织负责"。也就是说,六部委的文件对介入主体的规定相对宽泛,虽然没有提及"社会工作",但也给社会组织的介入留下了一点空间。基于六部委文件的规定,对社会工作介入少年司法领域开展服务质疑的人士就会强调,六部委的文件没有将"社会工作者"作为服务主体,社会工作介入没有法律依据。但是有一批行动者,包括社会工作者和少年司法人员也会以六部委文件为基础进行主张,如六部委文件也提到了"社会组织可以介入"。两种观点交锋的依据是同一部法律,这从某种程度上说明,正是法律规定的某种弹性给行动者提供了变通的机会,让行动者勉强可以说明,社会工作者的介入是有法律支持的。行动者利用法律规定的模糊性而采取的变通策略在实践中取得了预期的效果,社会工作实践所面临的合法性质疑暂时得到了缓解,这为社会工作者的介入赢得了时间和空间。

变通策略运用中需要提醒的事项是,作为新生事物的社会工作无论嵌入哪个场域开展服务,都首先需要理解场域的基本特征和行动规则,在法律场域开展服务尤其如此。如果不了解法律场域的相关规则,那么社会工作者极有可能无法"进场",场域合作就更无从谈起了。

其次是"你退我进"的积极行动策略。六部委的文件明确指出,司法行政机关是承担涉罪未成年人社会调查服务的主体,然而在实践中它们却不愿意承担这些服务。司法行政部门对涉罪未成年人社会服务的推诿态度在某种程度上为社会工

---

① 皮埃尔·布迪厄、华康德:《实践与反思:反思社会学导引》,李猛、李康译,中央编译出版社 2004 年版,第 18 页。

作介入提供了机会。在这种情形下,社会工作者态度积极,主动与检察院、法院等司法机关沟通合作开展服务。一方面努力通过服务,提升涉罪未成年人社会调查和帮教服务的质量和水平,另一方面积极探索与司法机关合作的工作机制。在社会工作者的积极努力下,基层检察院、法院对社会工作专业服务的接纳度越来越高。而且,有些区域的司法局虽然承担了少量的涉罪未成年人社会调查服务,但因其专业基础和专业训练的不足,其所完成的社会调查报告难以让检察院和法院满意。因此,基于专业性考量,基层司法机关更愿意跟社会工作机构合作,社会工作机构与少年司法机构的合作关系也越来越稳固。2015年,北京市在制定"1+6文件"之前,对实践的情况进行了详细的调研,出于对实践的尊重,文件在界定相关社会服务主体时,将"社会工作者"列为相关司法社会调查服务的法律主体,社会工作服务的合法性问题最终得到有效解决。也就是说,在司法行政机关的"退让"中,社会工作者勇于"前进",就是这"一退一进"使社会工作服务有效嵌入司法场域,并最终为自己赢得了与少年司法领域的合法空间。

最后是服务效果的推介策略。在社会工作服务效果推介过程中,社会工作专业机构建立了"精品案例评议沙龙制度"。精品案例评议沙龙提升了社会工作服务的效果,更重要的是对社会工作服务的效果进行了推介。在社会工作与少年司法场域合作的初期,社会工作机构每个月都会组织精品案例评议沙龙,邀请司法机关等政府部门、法学界、社会工作学界、新闻学界的人士参与讨论。这一制度坚持了两年多的时间,合计邀请了几百名社会各界人士参与讨论。可以说,社会各界人士就是通过社会工作的案例分享,了解社会工作的服务,从而开始慢慢接纳并逐渐支持社会工作服务。社会工作服务精品案例的推介不仅影响了其中的司法工作人员,也影响了很多领导以及领导的某些决策。服务效果宣传与倡导是社会工作发展初级阶段不可忽视的行动策略。在北京,依托这种行动策略的有效运用,少年司法场域最终接纳了社会工作服务的介入,社会工作在少年司法场域开展服务的不稳定状态也得到了有效改善。

(二)资源性困境及其行动策略

资源性困境是指社会工作在进入少年司法场域开展服务时因经费及相关保障、支持不足而遭遇的实践困境,这也是现阶段我国NGO发展面临的共同难题。在社会工作与少年司法场域合作过程中,可以说社会工作机构一直面临着资源性困境,尤其在双方合作的初期,资源性问题一度成为合作能否持续的关键因素。根据笔者的观察，社会工作嵌入少年司法场域开展服务的资源性困境是由多种原因造成的。首先，政府部门、具体司法机关对社会工作机构的信任机制尚未建立起来。张樹沁、郭伟和在针对三个 NGO 组织质性研究的基础上提出，目前我国 NGO 组织面临资源性困境的根本原因是：在后总体性社会中，虽然国家放松了对资源的控制，但国家对市民社会的发展依旧抱有不信任的态度。政府因并不了解 NGO 组织的运作模式，无法对其项目做出准确的评估，虽然解决民生问题的投资逐年增加，但资金多半流向了官方背景的非营利组织，政府不愿意将资金投入民间 NGO。① 其次，从社会工作服务角度来说，社会工作在少年司法场域的服务尚处于初步探索阶段，其服务内容、服务标准尚未确定，相对应地，其服务资源的配备标准尚未统一，这在一定程度上影响了社会工作服务的资源供给。因此，作为一项全新的实践与探索，社会工作在介入少年司法过程中的资源性困境在所难免，而且这种困境将长期持续。在过去八年里，为了消除服务过程中的资源性困境，行动者也采取了一些有效的行动策略。

第一，文化资本的运用策略。"文化资本"是布迪厄场域理论中的重要概念，是指借助不同的行动传递的文化物品，它是以教育资格的形式被制度化的。文化资本的三种存在形式分别是具体的形态、客观的形态和体制的形态。② 在北京超越事务所为社会工作机构争取资源的过程中，体制化状态的文化资本运用是前提。所谓体制化状态的文化资本是指通过学术资格和教育凭证制度加以认定的文化能力。在社会工作服务初始化探索阶段，大学教师的参与不仅是服务专业性的重要保障，而且大学教师所拥有的文化资本可以帮助社会工作机构争取到更多的资源。相对而言，政府更加信任大学教师所拥有的学术能力和文化资格，如果大学教师出面与政府相关部门沟通，资源的配备问题也更容易得到解决。另外，除了体制化状态的文化资本的运用，文化能力的运用也是文化资本的重要方面。文化能力可以说是精神和身体持久的性情形式。布迪厄认为，文化能力是社会性生成的，包括语言能力、沟通能力等相关部分，内化于个体之中，具有不可剥夺性。③ 北京超越事务所的几位社会工作者骨干在多年的教育下，养成了良好的思维能力和语言表达能力，可以与社会各界人士进行良好沟通，从而争取到相关资源的支持。这些能力

---

① 张樹沁、郭伟和：《去行政主导的草根 NGO 发展策略——基于三个草根 NGO 的社会资本实证研究》，《东南学术》2012 年第 2 期。

② P. Bourdieu, and L. D. Wacquant, *An Invitation to Reflexive Sociology*, Chicago: The University of Chicago Rress, 1992, p. 98.

③ Ibid., p. 102.

与素质对于联络社会资源产生了重要影响。

第二,社会资本的运用策略。社会资本是某个个人或群体凭借拥有一个比较稳定,又在一定程度上制度化的相互交往、彼此熟悉的关系网而累积起来的资源的总和。① 在过去的八年里,行动者争取资源的又一策略是社会资本的有效运用,社会工作服务资源的获得或多或少都与社会资本的有效运用密切相关。在中国这样一个注重关系、注重人情的社会环境中,"关系"的力量体现在社会行动的各个方面。社会工作服务得以在少年司法场域顺利推进,并获取相关的资源支持,自然不能忽视社会资本的运用这一重要途径。

第三,权威者的运用策略。场域中的权威者是影响场域发展的重要因素,在社会工作者与合作伙伴共同推进少年司法社会工作服务的过程中,具有丰富行政经验的官员深谙,要推动某项实践的快速发展,必须注重与权力场域中的权威者进行沟通,并通过这些权威者的推动,获取更多的支持资源。

(三) 专业性困境及其行动策略

专业性困境是指因专业服务对象和服务过程的复杂性而带来的实践困境。专业性困境贯穿社会工作嵌入少年司法场域整个行动的过程,社会工作者针对涉嫌犯罪未成年人开展的服务对社会工作的专业性要求相对较高。社会工作者经常因无法满足服务对象的需求而产生深深的无力感。众所周知,犯罪是多种消极因素的综合反映,这些消极因素既有来自服务对象自身的,也有来自服务对象家庭以及社会的,其中有些服务需求是社会工作者根本无法协助满足的。另外,社会工作者陪伴服务对象的时间有限,很难在短时间内帮助服务对象解决其面临的困境。长此以往,社会工作者就交易产生无力感、职业倦怠,这是司法社会工作者要直面的困境和问题。在克服以上困境的过程中,社会工作机构主要采取了以下策略。

首先是专业价值的回归,即通过专业价值观的巩固来指引社会工作者克服专业困境。价值观的训练不仅是社会工作专业学生在学习阶段需要重点关注的问题,同样是社会工作者在职业生涯中需要时时跟进的重点。尤其是,在相对艰难的涉罪未成年人服务领域,关于价值的讨论与回归更显重要。从某种程度上来说,社会工作服务最坚强的支撑是社会工作的专业价值与信仰。在涉罪未成年人社会工作服务中,通过价值的训练与培养,提升社会工作者服务能力的事例非常多。社

---

① 陈宇光:《论布尔迪厄社会实践理论的三个核心概念》,《南通职业大学学报》2003 年第 4 期。

工作机构的督导要做的就是,运用犯罪学、心理学、社会学等学科的知识基础以及成功案例,帮助社会工作者更加客观地看待青少年的犯罪行为,并始终坚持"相信人是可以改变的"这一基本理念。"相信人是可以改变的"这一理念毫无疑问是社会工作服务的动力之源,也是社会工作者克服实践困境的重要策略。在社会工作介入少年司法领域开展服务的过程中,督导与社会工作者一起讨论的大部分内容是关于工作中价值理念的冲突,双方最终有效地解决了社会工作者的专业困境。

其次是加强专业督导与培训。越艰难的服务对服务专业性的要求越高,专业的督导与培训也就越重要。在社会工作介入少年司法场域开展服务的过程中,社会工作者的专业督导与培训具有两个重要意义:一是提升社会工作服务的专业化水平。社会工作服务的专业性是其合作伙伴的基本要求,正是看到了社会工作服务的专业性带来的服务效果,司法机关才愿意接纳社会工作服务,并希望与社会工作机构建立长期稳定的合作关系。社会工作与少年司法场域的契合正是由此而来。二是由于我国开展青少年司法社会工作服务的时间较短,所以在这个领域服务的社会工作者年龄偏低。这些年轻的社会工作者在决定以社会工作为自己的职业时,一方面看重的是这个职业能否满足自己的精神追求,另一方面,更看重的是这份职业能否让自己实现专业成长。相对于物质追求,年轻的社会工作者更在意价值实现与专业成长。

最后是专业服务的绩效考核手段的运用。绩效考核是社会工作机构管理需要依靠的基本手段,同时也是衡量社会工作服务质量和水平的基本指标。对社会工作专业性进行的考核一方面需要考察社会工作者的价值信仰,另一方面需要考察社会工作者的专业服务能力。绩效考核是一个管理手段,也是鼓励社会工作者进行专业化服务的手段。相对于专业价值的回归和加强专业督导与培训,绩效考核只是一个外在的补充手段,只有与内在激励综合运用,才能达到良好的效果。

六、社会工作嵌入少年司法场域的结果

(一)社会工作在少年司法场域的结构性嵌入

格兰诺维特提出的结构性嵌入研究框架一方面强调网络的整体功能和结构,另一方面强调要关注企业作为网络节点在社会网络中的结构位置。据此,在研究社会工作在少年司法场域的嵌入结构时,首先需要研究少年司法的整体结

构特征与缺陷,其次研究少年司法与社会工作形成紧密结构关系的过程和机制,见图2。

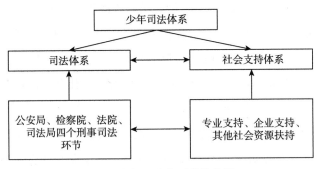

图2 少年司法体系的结构图

图2是少年司法体系的结构图。从中我们可以发现,完善的少年司法体系一方面需要建立有效的司法体系,另一方面需要建立完善的社会支持体系。司法体系包括公检法司等机关,而社会支持体系的建设则通过社会资源的链接,帮助涉罪未成年人顺利回归社会,提升涉罪未成年人教育矫正的效果。也就是说,社会支持体系是少年司法体系不可缺少的组成部分。然而在现实中,我国目前的少年司法体系的结构尚不健全,尤其是社会支持体系部分。包括社会工作专业在内的社会专业力量对少年司法介入的力量不足,其中既有理念及制度的影响,也有实践的不足,但结果就是,少年司法体系中存在明显的结构性缺陷。换句话说,少年司法体系中存在诸多需要社会工作介入的"结构洞",这些"结构洞"的存在是社会工作介入少年司法的基础和空间。

2009年以前,虽然北京市少年司法领域中有社会工作介入的空间,但是社会工作服务并未介入。随着社会工作在少年司法领域开始服务探索,这些"结构洞"才得以被填充,这对少年司法场域的建构产生了良性影响。更为重要的是,社会工作服务的介入不仅填充了未成年人司法领域原有的结构洞,同时还运用自己的专业能力拓展出了新的介入空间。新空间的拓展不仅使未成年人司法体系得以进一步完善,同时也让社会工作与少年司法领域形成了更密切的结构关系。社会工作在少年司法场域的结构性嵌入实现了少年司法领域对社会工作吸纳和承认。

少年司法领域对社会工作的吸纳是指少年司法对社会工作介入服务的接纳。少年司法领域吸纳社会工作服务介入的前提是,少年司法结构洞的客观存在,少年司法吸纳社会工作服务介入的动力是行动者的责任感、人文情怀与工作需求。责任感、人文情怀属于精神层面的主观倾向。在北京市十年的少年司法社会工作实践中,少年司法场域中多位行动者的基本理念及人文情怀令笔者印象深刻。"承认"是指,少年司法场域对社会工作全面认可,并为社会工作的介入解决了一系列保障及制度性障碍问题。少年司法部门与政府部门对社会工作的承认基于以下两个基本理由:一是社会工作服务犯罪未成年人的效果。司法部门及政府部门最初对社会工作的承认并非建立在对其专业知识系统的了解基础之上,而是在社会工作者服务的基础之上,看到了犯罪未成年人的成长与转变,看到了这项服务的社会价值。这是促成司法和政府部门承认社会工作的直接原因。二是对社会工作专业优势的整体性理解与接纳。在社会工作服务效果的基础上,司法部门及政府部门相关人员开始有意识地去了解社会工作,了解其服务背后的价值观、知识基础和方法体系,并在学习基础上逐渐理解了社会工作所具有的整体专业优势,从而理性地全面接纳社会工作。

在少年司法领域吸纳和承认社会工作的过程中,社会工作与少年司法领域的合作逐渐加深,并最终建构了起北京市少年司法社会工作的服务体系与框架。图3是北京市少年司法社会工作服务的体系和内容,其中涉及公检法司等具体机关与社会工作的全面合作,社会工作与少年司法在互构的基础上形成了紧密的结构关系。

(二) 社会工作在少年司法场域的关系性嵌入

关系性研究视角集中于由互惠预期发生的双向关系。关系性嵌入主要用关系的内容、方向、延续性和强度等指标来测量。格兰诺维特提出用4个指标来衡量关系的强弱,分别是互动的频率、亲密程度、关系持续时间以及相互服务的内容。[①]依据格兰诺维特提出的衡量嵌入关系的具体指标,笔者对社会工作在少年司法场域嵌入的互动关系进行了分析。

关于互动的频率。在少年司法场域吸纳社会工作服务之后,双方就处于高频率互动的状态。社会工作与少年司法场域进行高频率互动的原因主要有两个:一个是,少年司法场域的服务需求量比较大,二者不得不频繁互动。另一个是,二者的频繁互动是基于法律的明确规定。这里需要提及的是,2012年《中华人民共和

---

① M. Granovetter, "The strength of weak ties", *American Journal of Sociology*, 78(6), 1973, pp. 1360-1380.

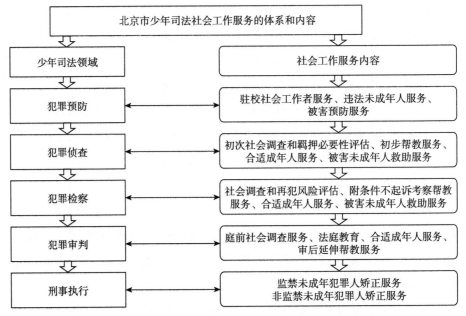

图3 北京市少年司法社会工作服务的体系和内容

国刑事诉讼法》修正后设置了六项未成年人司法特殊制度,这六项特殊制度的实施成为法律的刚性规定。以合适成年人服务为例,假如司法机关在讯问未成年人时,没有合适成年人在场旁听和监督讯问过程,那么司法机关讯问的证据将被视为"非法"。也就是说,少年司法机关的司法行为必须有社会工作专业服务的跟进,这已经成为法律的明确规定,是少年司法过程中的"规定性动作"。这就要求两个场域必须频繁互动。

关于关系持续的时间。社会工作与少年司法场域的合作关系已经被北京市未成年人相关的司法保护文件所确立,同时也已经成为北京市未成年人犯罪预防工作机制之一。因此,二者的互动关系会一直持续下去。更为重要的是,这样的一种合作关系还得到了长期稳定的经费保障,这也为二者的持续合作奠定了基础。

关于亲密关系的程度。如果说犯罪数量的增加、法律的规定是这两个场域频繁互动的外在原因的话,那么亲密关系的维系则不能单纯依靠外在力量的强制干涉。社会工作与少年司法场域关系密切的原因一定是二者发自内心的接纳和吸引。首先,二者都认为,应该全面关注人而不仅关注人的行为后果。在现代教育刑理念指引下,司法人员开始关注涉罪未成年人的犯罪行为背后的原因,并希望采用更多的方法开展犯罪预防工作,这样的理念与社会工作的理念非常一致,因此二者的合作成为可能,二者也注定在合作中形成了志同道合的亲密关系。其次,二者的亲密关系也源于合作取得的显著成效。这些成果不仅对司法工作本身的规范化是极大的促进,更为重要的是,通过社会工作服务的成效,司法场域看到了其服务的深远价值,最终二者的合作关系更加亲密了。

关于二者相互服务的内容。社会工作与少年司法场域的频繁互动对双方都产生了深远的良性影响。首先,双方的合作使各自的场域结构进一步走向完善。社会工作与少年司法两个场域都存在某种程度的结构性缺陷,而场域的持续互动与合作是场域结构不断走向完善的重要动力。其次,双方的合作使各自的场域功能得到了更好的发挥。

总而言之,社会工作在少年司法场域服务空间的确立实现了社会工作在少年司法场域的结构性嵌入。同时,源于一系列内在和外在因素的影响,两个场域形成了紧密的合作关系。两个场域的合作不是机械性动作,而是具有内在吸引力的自觉行动,社会工作与少年司法领域实现了名副其实的"互惠互利"的关系状态。

案例使用说明

一、教学目的与用途

(一) 教学目的

青少年司法社会工作已经成为社会工作实务的重要领域,并在近年来获得快速发展,前期实践者需要提供微观、中观及宏观视角的案例,以备 MSW 学生讨论和参考。

本案例从中观视角出发,分析了社会工作与少年司法场域的互动过程,从纵向逻辑出发对过去十年的实践历程给予了回溯,从横向逻辑出发揭示了每一发展阶段面临的实践困境以及实践者的行动策略。案例中既关注到了来自宏观方面的价值冲突,法律、政策的基础与保障等相关问题,同时也对社会工作嵌入少年司法场域开展服务的具体内容进行了清晰的呈现。该案例还描述了青少年司法社会工作被司法系统接纳与二者发展合作的过程。

本案例可以帮助学生理解当前我国开展青少年司法社会工作的政策基础、服务内容以及可能面临的冲突和挑战;既可以帮助学生理解青少年司法社会工作实务层面的具体问题,同时也可以引发学生对当前我国开展司法社会工作的学理性思考,从而做好理论与实务两个方面的准备,为将来从事此类工作与研究积蓄力量;还可以帮助学生了解,社会工作在我国的发展是一个充满探索和进取的过程。

(二) 适用的对象

本案例可以用于"高级社会工作实务""青少年社会工作""司法社会工作""社会服务管理"等课程的案例教学，也可以作为"社会工作行政"等课程中的辅助案例进行讨论与分析。

二、启发思考题

（1）当前我国开展青少年司法社会工作的价值与贡献有哪些？

（2）当前我国开展青少年司法社会工作的理念、法律及政策基础是什么？

（3）社会工作与少年司法场域存在何种价值冲突？二者如何实现有效整合？

（4）少年司法场域引进社会工作的现实需求与动力因素有哪些？

（5）社会工作的专业优势弥补了少年司法场域的哪些缺陷与不足？

（6）当前社会背景下，我国开展青少年司法社会工作的实践困境与策略有哪些？

（7）根据本案例，社会工作机构存在和发展的主要影响因素有哪些？

（8）依据青少年司法社会工作的具体内容，社会工作者应具备的专业能力有哪些？

（9）根据本案例，如何理解我国社会工作的"嵌入性发展"问题？

（10）根据本案例，如何理解我国社会工作的开拓发展是专业与行政系统的场域性互动？

三、理论依据

本案例讨论主要涉及三个理论：场域理论、嵌入性理论和犯罪预防理论。

（一）场域理论

本案例在分析社会工作进入少年司法领域开展服务的影响因素及行动者的行动策略相关问题时，较多运用了场域理论的相关概念。关于"场域"（field）这一概念，布迪厄指出："我将一个场域定义为位置间客观关系的一个网络或一个形构，这些位置是经过客观限定的。"[①] 布迪厄的"场域"概念不能理解为被一定边界包围的领地，也不等于一般的领域，而是有内含力量的、有生气的、有潜力的存在。也就是说，场域是充满力量的，甚至场域的确定和场域边界的确定中都充满不同力量关系的对抗。他以个体间的互动来定义场域的界限，场域的界限是由场域自身决定的，

---

① L. D. Wacquant, "Towards a Reflexive Sociology: A Work-shop with Pierre Bourdieu", *Sociological Theory*, 7, 1989, p. 39.

没有先验的答案,"场域的界限在场域作用停止的地方"①。

布迪厄认为,社会空间中有各种各样的场域,场域的多样化是社会分化的结果,他将这种分化的过程视为场域的自主化过程。如美学场域、法律场域、宗教场域、政治场域、文化场域、教育场域,每个场域都以一个市场为纽带,将场域中象征性商品的生产者和消费者联结起来。

"惯习"和"资本"是在理解场域理论时必须解释的两个概念。"惯习"被布迪厄定义为"一个持久的、可转移的禀性系统"。柯尔库夫这样来解释这一定义:"禀性,也就是说以某种方式进行感觉、感知、行动和思考的倾向。这种倾向是每个个人由于其生存的客观条件和社会经历而通常以无意识的方式内在化并纳入自身的。持久的,这是因为即使这些禀性在我们的经历中可以改变,那它们也深深地扎根在我们身上,并倾向于抗拒变化,这样就在人的生命中显示出某种连续性。可转移的,这是因为在某种经验的过程中获得的禀性(例如家庭的经验)在经验的其他领域(例如职业)也会产生效果,这是人作为统一体的首要因素。"②

布迪厄认为,"惯习"和"场域"是两个密不可分的概念。"场域"是一个客观的关系系统,而在场域中活动的行动者是有知觉、有意识、有精神属性的人,每个场域都有属于自己的"性情倾向系统"即"惯习"。因此场域和惯习是不可分割的,每个场域中都有惯习,而惯习和产生它的场域是对应关系。场域可以分为不同的类型,惯习也不例外。另外,场域与惯习之间不是简单的"决定"与"被决定"的关系,而是一种通过实践为"中介"的"生成"或"建构"的关系。③

场域是充满斗争和力量的网络系统,而这些活跃的力量是那些用来定义"资本"的东西,场域中的行动者运用自身的"资本"获取更多的资源。布迪厄将资本分为四类:经济资本、文化资本、社会资本和符号资本。

综合国内外学者对场域概念的界定,首先,场域是一种客观存在,是社会分化的结果。比如社会工作、司法就是我们身边所存在的不同场域之中的两个。它们分别是社会工作者及法律从业人员参与社会活动的场所。其次,场域不是一个物理环境,而是一个由客观关系组成的网络系统。在这个网络系统中,个体之间的联结与互动是形成和推动场域发展的内在力量。最后,在场域的发展过程中,社会主

---

① P. Bourdieu, and L. D. Wacquant, *An Invitation to Reflexive Sociology*, Chicago: The University of Chicago Press, 1992, p. 98.
② 菲利普·柯尔库夫:《新社会学》,钱翰译,社会科学文献出版社 2000 年版,第 36 页。
③ 李艳培:《布尔迪厄场域理论研究综述》,《决策与信息(下半月刊)》2008 年第 6 期。

体的积极作用明显,这也是场域充满活力的重要原因。

（二）嵌入性理论

"嵌入性"这一概念最早是由波兰尼提出的,他在《大转型:我们时代的政治与经济起源》一书中指出:"人类经济嵌入并缠结于经济与非经济的制度之中,将非经济的制度包括在内是极其重要的","经济作为一个制度过程,是嵌入在社会和文化结构之中的"。① "嵌入性"这一概念的提出对经济社会学研究产生了深远的影响,让学者认识到,要深入理解经济问题就必须深入研究人与组织所处的社会关系。1985 年,格兰诺维特在他的论文《经济行动与社会结构:嵌入性问题》中指出,经济活动是在社会网络内的互动过程中做出决定的,新古典经济学在分析经济行为时存在社会化不足,社会学理论中则存在过度社会化,嵌入性理论成了连接经济学、社会学和组织理论的桥梁。②

在波兰尼和格兰诺维特的研究基础之上,很多学者继续开展了嵌入性研究,进而提出了嵌入性理论的分析框架,格兰诺维特提出了结构嵌入性和关系嵌入性的分析框架,祖金和迪马吉奥提出了结构嵌入、认知嵌入、文化嵌入和政治嵌入的分析框架。格兰诺维特提出的结构嵌入性和关系嵌入性的分析框架非常经典,被很多经济学家和社会学家所引用。

结构嵌入性的理论基础在一定程度上源自经济学中的网络分析,研究视角是网络参与者间相互联系的总体性结构。它一方面强调网络的整体功能和结构,另一方面关注企业作为网络节点在社会网络中的结构位置。在结构嵌入性研究中,伯特提出了著名的"结构洞"观点,认为企业在网络中拥有的结构洞的数量越多,企业在整个信息传递网络中占据的位置越有利。结构洞的位置体现了企业在网络中的桥梁作用。③

关系嵌入性的理论在很大程度上来源于社会学研究中的社会资本研究。研究视角集中于基于互惠预期而发生的双向关系。关系性嵌入主要用关系的内容、方向、延续性和强度等指标来测度,格兰诺维特提出可用四个指标来衡量关系的联系强弱,分别是互动频率、亲密程度、关系持续时间以及相互服务的内容。

---

① K. Polanyi, *The Great Transformation: The Political and Economic Origins of Our Time*, Boston, MA: Beacon Press, 1944.

② M. Granovetter, "Economic Action and Social Structure: The Problem of Embeddedness", *American Journal of Sociology*, 91(3), 1985, pp. 481-510.

③ R. S. Burt, *Structural Holes: The Social Structure of Competition*, Cambridge, MA: Harvard University Press, 1992.

近年来,嵌入性理论在中国社会工作研究中获得了普遍应用。在运用嵌入性理论针对中国社会工作开展研究的过程中,王思斌教授在"嵌入性"这一基本概念基础之上,建立了"嵌入主体""嵌入对象""嵌入机制""嵌入后果"等基本概念,并运用这一系列概念对中国社会工作的发展过程进行了宏观的解读。他一方面从宏观上描述和分析了专业社会工作与传统服务体系之间的嵌入性关系,另一方面深入分析了专业社会工作嵌入传统服务体系的机制和过程。

虽然嵌入性理论最早产生于经济社会学,但其关于经济与社会网络之间的嵌入性关系的描述对社会工作研究具有重要启发意义,因此国内学者将嵌入性理论引入了社会工作研究。众所周知,专业社会工作在中国恢复的时间较短,其在各个领域的发展无法避免地要与传统社会服务及管理体系产生对话与冲突,甚至需要经历一个从无到有的嵌入性发展过程。因此,经济学研究领域所产生的"嵌入性发展"的概念,对于分析中国社会工作的发展过程与路径具有重要的借鉴意义。

(三)犯罪预防理论

西方犯罪预防理论产生于18世纪,其间来自生物学、社会学、心理学等学派的观点都对犯罪预防实践产生了深远影响。自20世纪70年代中期以来,西方国家的犯罪学理论研究有了新的发展,涌现出了许多新的犯罪学观点和学说,这些观点和学说有一个显著的特点就是"整合",即把原来分别提出的不同的理论观点结合起来,吸取各自的精华,扬弃各自的不合理成分,从而形成一种新的理论观点。这说明,西方犯罪学的研究已经从分析走向了综合。[①]

詹姆斯·奎因·威尔逊和理查德·朱利叶斯·赫恩斯坦在1985年出版合著的《犯罪与人性》一书中,将犯罪学古典学派的理论、社会学理论、生物学理论和心理学理论结合在一起,提出了一种犯罪的社会生物学理论,用来解释犯罪发生的原因。在对犯罪原因分析的基础上,威尔逊和赫恩斯坦提出,不能把严厉的惩罚作为解决犯罪的方法,而是要帮助家庭培养子女的道德情操和守法意识,促使青少年形成良好性格、良心和对道德秩序的尊重,只有这样才能预防犯罪。[②] 克拉伦斯·雷·杰弗里在1989年发表的论文《犯罪行为的科际整合理论》和1990年出版的著作《犯罪学:科际整合的探讨》中,论述了一种犯罪行为的科际整合理论,也是将生物学、社会学、心理学理论加以整合,用来解释犯罪行为。其基本观点是:犯罪

[①] 吴宗宪:《西方犯罪学》,法律出版社1999年版,第604页。
[②] Jame Q. Wilson, and Richard J. Herrnstein, *Crime and Human Nature: The Definitive Study of the Causes of Crime*, New York: Simon & Schuster, Inc., p. 18.

行为是由社会学、心理学和生物学因素的相互作用引起的。杰弗里认为,整个有机体是三种基本系统的产物,即遗传学、大脑结构与功能、学习。这三种系统之间以及它们与环境之间都存在相互作用。整合理论的产生源于学者对犯罪原因的综合分析与评价,其对犯罪的认识不再仅限于某一理论视角的解读,这既是科学发展的结果,也是人类对犯罪原因认识的升华。那么,架构在整合理论基础之上的犯罪预防策略也必然要走向综合化、复合化的发展道路。

综合中西犯罪学家关于犯罪预防策略的基本观点,可以得出以下几点结论:

第一,犯罪原因的认识是刑事司法政策的基本依据。在犯罪学研究进程中,受到时代和科学发展的限制,人类对犯罪原因的认识经历了一个漫长的发展过程。犯罪是个体原因,还是社会消极因素的综合反应?两种不同的观点势必导致不同的刑事政策出台。随着科学的发展,犯罪是个体和社会消极因素的综合反应已经成为人们的共识,同时也为综合性刑事政策的出台奠定了基础。

第二,非监禁化、非刑事化的刑事政策已经成为人们处理少年犯罪案件的基本原则。少年犯罪研究一直是犯罪学研究中的重要课题,鉴于人类犯罪学研究的整体进步,人们在处理少年犯罪问题上,逐步接受了"目的刑论"的基本主张,即刑罚的目的不是处罚犯罪人,而是更好地帮助其顺利回归社会。假如通过刑罚的方式处罚犯罪的少年,"犯罪人"的标签将成为少年回归社会的重要阻力。

第三,利用多种专业手段,通过社会资源的整合来预防少年犯罪行为的再次发生已经成为现代犯罪预防策略的基本主张。对犯罪原因的研究已经走到了"整合主义"的发展阶段,那么相对应地,犯罪预防的策略也进入了多种资源整合性运用的发展阶段。早在20世纪初,美国芝加哥学派就已经在少年犯罪预防整合性策略方面做出了范例。

通过以上文献梳理可以发现,社会工作作为专业化、社会化的资源进入少年司法场域开展服务具有深远的理论渊源。在有些人看来,社会工作与少年司法是两个风马牛不相及的事物,二者的牵手与合作匪夷所思。殊不知,在漫长的人类关于犯罪原因的研究中,二者的合作早已埋下伏笔。任何制度的产生都具有一些偶然性发展诱因,但其背后一定有必然的因素。社会工作与少年司法两个场域的合作既不是二者的偶然相遇,也不是少部分人的先知先觉,而是社会进步与司法文明发展的必然趋势。

四、建议的课堂计划

建议至少安排 6 课时。

2 课时讲解与分析当前我国开展青少年司法社会工作的理念基础和政策基础,帮助学生理解当前的政策框架,尤其是体会我国开展青少年司法社会工作的理念与法律的优势与不足,这也是学生将来从事青少年司法社会工作的逻辑起点。

2 课时引导学生结合案例中介绍的资料与情况,深入理解社会工作与少年司法场域的互动过程,尤其是理解少年司法场域引入社会工作专业服务的必要性,以及社会工作服务参与其中的专业优势。同时深刻体会社会工作嵌入少年司法场域开展服务过程中可能面临的实践困境,以及可以采取的行动策略,从而为学生将来从事此领域的服务奠定信念及能力基础。

2 课时讲解青少年司法社会工作的服务内容,可以通过案例分析,让学生理解青少年司法社会工作服务的知识基础及能力要求,从而为将来从事此类服务奠定基础。

本文作者:席小华,首都师范大学政法学院教授。

教师反馈及教辅申请表

北京大学出版社本着"教材优先、学术为本"的出版宗旨,竭诚为广大高等院校师生服务。为更有针对性地提供服务,请您认真填写完整以下表格后,拍照发到 ss@pup.pku.edu.cn,我们将免费为您提供相应的课件,以及在本书内容更新后及时与您联系邮寄样书等事宜。

书名		书号	978-7-301-	作者	
您的姓名				职称、职务	
校/院/系					
您所讲授的课程名称					
每学期学生人数	_____人_____年级			学时	
您准备何时用此书授课					
您的联系地址					
联系电话(必填)				邮编	
E-mail(必填)				QQ	
您对本书的建议:					

我们的联系方式:

北京大学出版社社会科学编辑室

北京市海淀区成府路 205 号,100871

联系人:董郑芳

电话:010-62753121 / 62765016

微信公众号:ss_book

新浪微博:@未名社科-北大图书

网址:http://www.pup.cn

更多资源请关注"北大博雅教研"